경찰·해경 | 간부·승진 | 7·9급 | 공무원 | 변호사

I

수사·증거

2024
김종욱
형사소송법

경찰청 사이버강좌 대표교수

김종욱 편저

멘토링

| 가장 중요한 기출지문과
| 중요지문을 쉽게 이해하도록 구성

| 읽으면 바로 이해되는
| 시험에 최적화 된 서술 구조

| **최신 개정 법률과**
| **주요 판례 완벽 반영**

eduwill
동영상강의 cop.eduwill.net 에듀윌 경찰 공무원
카카오톡 오픈채팅 **김종욱 형사법 1일 1제** 검색

PREFACE

이 책의 머리말

2022년부터 경찰채용(육경 및 해양)시험이 형사소송법이 형사법으로 바뀌면서 필수과목 되고, 형사소송법의 공판 부분이 시험범위에서 빠지게 됩니다. 이는 형사소송 절차에서 경찰업무와 관련된 부분만 채용시험에서 평가하고자 하는 경찰청의 의지이기도 합니다.

바뀐 형사법 시험에서는 형법 28문제, 형사소송법(수사 및 증거) 12문제로 총 40문제가 출제됩니다. 그만큼 형법 및 형사소송법이 기존보다는 깊이있게 출제된다는 의미입니다.

바뀐 시험제도에 맞춰 「김종욱 형사법(형사법Ⅲ - 수사 및 증거)」 기본서를 출간하였습니다. 본 교재를 다음과 같이 구성하였습니다.

1. 최근에 제정 및 개정된 형사소송 관련 법령을 모두 반영하였습니다.

최근에 형사소송 관련 많은 변화가 있었습니다. 수사권 조정으로 인하여 형사소송법 및 소송규칙이 대폭 개정되었고, 「검사와 사법경찰관의 수사준칙에 관한 규정(대통령령)」과 「고위공직자범죄수사처 설치 및 운영에 관한 법률(공수처법)」이 신설되었습니다. 이런 관련 내용을 모두 반영하였습니다.

2. 각종 국가시험 기출문제를 반영하였습니다.

수험생이 공부하면서 가장 궁금한 것이 시험에서 어느 부분이 중요하고 그렇지 않은지, 해당 지문이 얼마나 자주 출제되는지를 아는 것입니다. 그래야 중요도에 따라 우선순위를 두고, 강약을 조절하면서 효율적인 공부를 할 수 있기 때문입니다.

본 교재는 각종 국가시험의 기출문제를 모두 반영하여 수록 및 기출표시를 하였습니다. 이 지문이 시험에서 얼마나 자주 출제되는지, 그리고 얼마나 중요한지를 알고 공부하는 것과 그렇지 않은 상태에서 공부하는 것은 그 과정뿐만 아니라 결과에서도 큰 차이가 있습니다(참고로, 형사소송법은 각종 고시[법원행시, 사법시험]와 경찰간부시험[공채]에서는 출제되지 않습니다)

〈수록된 기출문제〉
- 변호사 시험
- 경찰승진 시험
- 경찰간부 시험(특채)
- 경찰채용 시험
- 법학특채(경찰채용) 시험
- 해경승진 시험
- 해경간부 시험
- 해경채용 시험
- 검찰9급 시험
- 검찰7급 시험
- 법원9급 시험

3. 교재를 논리적, 체계적 흐름에 따라 구성하여 공부하기 한결 수월하도록 하였습니다.

형사소송법은 형사소송 절차를 규정하는 것으로 매우 체계적이고 논리적인 흐름을 가지고 있습니다. 다른 한편으로는 절차법이기에 그 제도나 절차가 나온 입법적인 이유(입법목적)이 있습니다. 논리적 흐름과 입법목적을 알고 형사소송법을 접근하면 형사소송법이 한결 수월하게 느껴집니다.

4. 정제된 지문으로 구성되었습니다.

기본서에 수록된 판례나 내용은 실제 시험에서 출제될 수 있는 형태의 정제된 지문을 수록하였습니다. 이 정제된 지문은 대부분 기출지문들로, 시험에 출제되는 형태로 다듬은 지문입니다. 그래서 기본서를 본 후에 문제를 풀면 문제가 수월하게 풀릴 것입니다.

기본서로 공부를 하다보면 장황하고 긴 판례지문에 다시 정리하는데 많은 시간이 걸립니다. 그리고 이렇게 긴 지문들로 공부를 하다보면 실제 시험 문제에 응용이 잘 되지 않은 경우도 많습니다. 본 교재는 시험에 나오는 지문 중심으로 해서 정제된 지문으로 수록하였기에 공부하는데 부담이 한결 줄어들 것입니다.

5. 가독성을 극대화시켰습니다.

수험서는 수험생들이 오랫동안 반복해서 보는 책입니다. 따라서 한번보고 마는 책과는 달리 활자와 편집 등의 시각적인 측면이 매우 중요합니다.

첫째, 책의 분량이 늘어나는 것을 감수하면서도 활자 크기를 줄이지 않았습니다. 오랫동안 반복해서 책을 봐야 하는 상황에서 활자 크기가 작으면 눈의 피로도 그만큼 커집니다.

둘째, 중요 내용에 대해 키워드로 요약 정리하였으며, 중요 키워드는 볼드처리 하였습니다. 그리고 필요에 따라 두문자도 정리함으로써 이 한권으로 완벽히 단권화될 수 있도록 하였습니다.

6. 시험과 무관한 매우 지엽적인 이론이나 내용은 배제하였습니다.

시험에 출제되지 않은, 그래서 시험과 무관한 학자들의 주장이나 이론은 수록하지 않았습니다. 가장 좋은 수험서는 시험에 최적화된 교재로 시험에 나올 내용들 중심으로 수록된 교재이지 시험과 전혀 무관한 내용까지 총 망라해서 수록한 교재가 아닙니다. 이는 차칫 수험생들에게 불필요하게 공부량만 늘리는 결과를 초래할 수 있기 때문입니다. 본 교재는 공무원시험을 위한 수험서이지 학문을 위한 학문서가 아닙니다.

좋은 교재를 만든다는 것은 그만큼 많은 시간과 노력이 들어가는 것 같습니다. 본 교재가 수험생에게 많은 도움이 되기를 바랍니다.

2023년 11월

김 종 욱

CONTENTS
이 책의 목차

제1편 서 론

제1장 형사소송법의 기본개념 ... 8
제1절 형사소송법의 의의 ... 8
제2절 형사소송법의 법원과 적용범위 ... 9

제2장 형사소송의 이념과 본질 ... 15
제1절 형사소송의 3대이념 ... 15
제2절 형사소송의 기본구조 ... 21

제2편 수 사

제1장 수사의 의의와 구조 ... 26
제1절 수사의 의의 ... 26
제2절 수사의 구조(수사구조론) ... 27
제3절 수사의 조건 ... 28

제2장 수사기관과 피의자 ... 36
제1절 수사기관 ... 36
제2절 피의자 ... 52

제3장 수사의 개시 ... 54
제1절 수사의 단서 ... 54
제2절 불심검문 ... 55
제3절 변사자검시 ... 60
제4절 고 소 ... 61
제5장 고 발 ... 80
제6절 자 수 ... 82

제4장 임의수사　　　　　　　　　　　　　　　　84
　　제1절 서 설 ·· 84
　　제2절 임의수사의 방법 ······························ 96

제5장 강제처분과 강제수사　　　　　　　　　　　111
　　제1절 서 설 ··· 111
　　제2절 체포와 구속 ································· 113
　　제3절 압수·수색·검증 ···························· 172
　　제4절 수사상 증거보전 및 증인신문 ············ 226

제6장 수사의 종결　　　　　　　　　　　　　　　232
　　제1절 수사종결의 의의와 종류 ·················· 232
　　제2절 불기소처분에 대한 불복 ·················· 243
　　제3절 공소제기 후의 수사 ························ 255

제3편 증 거

제1장 서 론　　　　　　　　　　　　　　　　　260
　　제1절 증거법의 기본개념 ························· 260
　　제2절 증명의 기본원칙 ···························· 265

제2장 증거능력 관련 문제　　　　　　　　　　　293
　　제1절 위법수집증거배제법칙 ····················· 293
　　제2설 자백배제법칙 ································ 307
　　제3절 전문법칙 ····································· 315
　　제4절 당사자의 동의와 증거능력 ················ 371

제3장 증명력 관련 문제　　　　　　　　　　　　382
　　제1절 탄핵증거 ····································· 382
　　제2절 자백보강법칙 ································ 388
　　제3절 공판조서의 증명력 ························· 401

CONTENTS
이 책의 목차

제4편 참고사항

제1장 재 판 408
　　제1절 재판의 기본개념 ···408
　　제2절 종국재판 ···410

제2장 상 소 413

제 1 편

서 론

01 형사소송법의 기본개념
02 형사소송의 이념과 본질

김종욱 **형사법3** [수사, 증거]
cafe.naver. 김종욱형사법

01 형사소송법의 기본개념

제1절 형사소송법의 의의

1 형사소송법의 의의

1. 형사소송법의 개념

범죄가 발생한 경우 이를 수사·소추·심판하고 형벌을 집행하는 절차를 형사절차라고 하는데 형사소송법은 이러한 형사절차를 규율하는 법률체계를 말한다.

2. 형법과 형사소송법의 관계

형법은 국가형벌권의 발생요건과 법률효과를 규율하는 실체법이라면 형사소송법은 형법에 기초하여 발생한 국가형벌권을 구체적으로 실현하기 위한 법적 절차를 규율하는 절차법이다.

2 형사절차법정주의

1. 의 의

형사절차법정주의란 수사·공판·형집행의 형사절차는 국회에서 제정한 법률로써 규정하여야 한다는 원칙을 말한다. 형사절차를 통해 국가형벌권을 실현함에 있어서 필연적으로 국민의 기본권(자유권, 재산권 등)을 침해하지 않을 수 없는데, 이러한 기본권 침해를 억제하여 피의자·피고인의 인권을 보장하기 위한 기본원칙이 바로 형사절차법정주의이다.

2. 근 거

헌법 제12조 제1항은 "누구든지 법률에 의하지 아니하고는 체포·구속·압수·수색 또는 심문을 받지 아니하며, 법률과 적법한 절차에 의하지 아니하고는 처벌·보안처분 또는 강제노역을 받지 아니한다"고 규정하고 있다.

제2절 형사소송법의 법원과 적용범위

1 형사소송법의 법원(法源)

형사소송법의 법원이란 형사소송법이 생기게 하는 근거를 말한다. 형사소송법의 법원은 법률로 제한됨이 원칙이지만 헌법은 법률보다 상위규범이므로 당연히 형사소송법의 법원이 될 수 있고, 이외에도 헌법과 법률의 위임에 따라 제정된 대법원규칙도 형사소송법의 법원이 된다.

I. 헌 법

제12조
① 모든 국민은 신체의 자유를 가진다. 누구든지 법률에 의하지 아니하고는 체포·구속·압수·수색 또는 심문을 받지 아니하며, 법률과 적법한 절차에 의하지 아니하고는 처벌·보안처분 또는 강제노역을 받지 아니한다.
② 모든 국민은 고문을 받지 아니하며, 형사상 자기에게 불리한 진술을 강요당하지 아니한다.
③ 체포·구속·압수 또는 수색을 할 때에는 적법한 절차에 따라 검사의 신청에 의하여 법관이 발부한 영장을 제시하여야 한다. 다만, 현행범인인 경우와 장기 3년 이상의 형에 해당하는 죄를 범하고 도피 또는 증거인멸의 염려가 있을 때에는 사후에 영장을 청구할 수 있다.
④ 누구든지 체포 또는 구속을 당한 때에는 즉시 변호인의 조력을 받을 권리를 가진다. 다만, 형사피고인이 스스로 변호인을 구할 수 없을 때에는 법률이 정하는 바에 의하여 국가가 변호인을 붙인다.
⑤ 누구든지 체포 또는 구속의 이유와 변호인의 조력을 받을 권리가 있음을 고지받지 아니하고는 체포 또는 구속을 당하지 아니한다. 체포 또는 구속을 당한 자의 가족등 법률이 정하는 자에게는 그 이유와 일시·장소가 지체없이 통지되어야 한다.
⑥ 누구든지 체포 또는 구속을 당한 때에는 적부의 심사를 법원에 청구할 권리를 가진다.
⑦ 피고인의 자백이 고문·폭행·협박·구속의 부당한 장기화 또는 기망 기타의 방법에 의하여 자의로 진술된 것이 아니라고 인정될 때 또는 정식재판에 있어서 피고인의 자백이 그에게 불리한 유일한 증거일 때에는 이를 유죄의 증거로 삼거나 이를 이유로 처벌할 수 없다.

제13조
① 모든 국민은 행위시의 법률에 의하여 범죄를 구성하지 아니하는 행위로 소추되지 아니하며, 동일한 범죄에 대하여 거듭 처벌받지 아니한다.
② 모든 국민은 소급입법에 의하여 참정권의 제한을 받거나 재산권을 박탈당하지 아니한다.
③ 모든 국민은 자기의 행위가 아닌 친족의 행위로 인하여 불이익한 처우를 받지 아니한다.

제27조
① 모든 국민은 헌법과 법률이 정한 법관에 의하여 법률에 의한 재판을 받을 권리를 가진다.
③ 모든 국민은 신속한 재판을 받을 권리를 가진다. 형사피고인은 상당한 이유가 없는 한 지체없이 공개재판을 받을 권리를 가진다.
④ 형사피고인은 유죄의 판결이 확정될 때까지는 무죄로 추정된다.

⑤ 형사피해자는 법률이 정하는 바에 의하여 당해 사건의 재판절차에서 진술할 수 있다.

제109조
재판의 심리와 판결은 공개한다. 다만, 심리는 국가의 안전보장 또는 안녕질서를 방해하거나 선량한 풍속을 해할 염려가 있을 때에는 법원의 결정으로 공개하지 아니할 수 있다.

헌법에 규정된 다음의 형사절차에 관한 사항은 형사소송법의 법원이 된다.

헌법에 규정 ○[1]	① **영**장주의(제12조 제3항) ② **변**호인의 조력을 받을 권리(제12조 제4항) ③ **고**문금지와 진술거부권(제12조 제2항) ④ 가족 등이 체포·구속사유 **통**지를 받을 권리(제12조 제5항) ⑤ **국**회의원의 불체포특권과 면책특권(제44조, 제45조) ⑥ **군**사법원의 재판을 받지 않을 권리(제27조 제2항) ⑦ **무**죄추정의 원칙(제27조 제4항) ⑧ 형사**보상**청구권(제28조) ⑨ **자**백배제법칙과 자백의 보강법칙(제12조 제7항) ⑩ **헌**법소원권(제111조) 등 ⑪ **신**속한 공개재판을 받을 권리(제27조 제3항) ⑫ 체포·구속**적**부심사청구권(제12조 제6항) ⑬ 형사절차법정주의와 **적**법절차의 원칙(제12조 제1항) ⑭ **일**사부재리의 원칙(제13조 제1항) ⑮ 형사피**해**자의 재판절차진술권(제27조 제5항) ⑯ 체포·구속의 **이**유와 변호인선임권을 고지받을 권리(제12조 제5항) ⑰ **공**개재판의 원칙(제109조) ⑱ **대**통령의 불소추특권(제84조) ⑲ **법**관에 의한 재판을 받을 권리(제27조 제1항) ⑳ **법원**의 조직과 권한(제101조~제108조) ㉑ **과**잉금지의 원칙(제37조 제2항)
헌법에 규정 ×	① 간이공판절차 ② 위법수집증거배제법칙 ③ 전문법칙 ④ 영장실질심사제도 ⑤ 불이익변경금지 ⑥ 보석청구권 ⑦ 증거신청권 ⑧ 증거보전청구권

[1] 두문자 영변에서 고통받는 국군이 무보상으로 진자 헌신적으로 일해 이공대 법원과

Ⅱ. 형사소송법

형사소송법은 형식적 의미의 형사소송법과 실질적 의미의 형사소송법으로 나뉜다.

1. 형식적 의미의 형사소송법

'형사소송법'이란 명칭을 가진 법률을 말한다.

2. 실질적 의미의 형사소송법

① 명칭은 형사소송법이 아니지만 그 실질적 내용이 형사절차를 규율하는 법률을 말한다.
② 구체적인 예
　㉠ **조직에 관한 법률** : 법원조직법, 검찰청법, 경찰관직무집행법, 고위공직자범죄수사처 설치 및 운영에 관한 법률, 변호사법 등
　㉡ **특별절차에 관한 법률** : 국민의 형사재판 참여에 관한 법률, 소년법, 즉결심판에 관한 절차법, 군사법원법
　㉢ **소송비용에 관한 법률** : 형사소송비용 등에 관한 법률
　㉣ **기 타** : 국가보안법, 소송촉진 등에 관한 특례법

Ⅲ. 대법원규칙

① 대법원은 법률에 저촉하지 아니하는 범위 안에서 소송에 관한 절차, 법원의 내부규율과 사무처리에 관한 규칙을 제정할 수 있다(헌법 제108조). 이를 근거로 하여 제정된 대법원규칙도 형사소송법의 법원이 된다.
② 형사소송규칙, 법정좌석에 관한 규칙, 법정방청 및 촬영 등에 관한 규칙, 소년심판규칙 등이 이에 해당한다.

Ⅳ. 대법원예규, 법무부령

대법원예규와 법무부령은 형사소송법의 직접적인 법원은 아니다.

2 형사소송법의 적용범위

Ⅰ. 장소적 적용범위

① 형사소송법은 피의자, 피고인의 국적을 불문하고 대한민국의 법원에서 심판되는 사건에 대해서 적용된다.
② 형사소송법의 인적·장소적 적용범위는 형법의 인적·장소적 적용범위와 일치한다. 속지주의, 속인주의, 보호주의 원칙에 따라 대한민국 형법·형사소송법이 적용된다.
③ 대한민국 영역 외일지라도 형사재판권이 미치는 지역에도 형사소송법이 적용되지만, 대한민국 영역 내일지라도 치외법권지역에는 적용되지 않는다.

Ⅱ. 인적 적용범위

1. 원 칙

형사소송법은 대한민국 영역내에 있는 모든 사람에게 적용된다. 즉, 대한민국에 재판권이 있는 경우에는 피의자, 피고인의 국적, 범죄지를 불문하고 형사소송법이 적용된다.

2. 국내법상 예외

(1) 대통령의 불소추특권

대통령은 내란 또는 외환의 죄를 범한 경우를 제외하고는 재직중 형사상의 소추를 받지 아니한다(헌법 제84조).

(2) 국회의원의 면책특권 및 불체포특권

① 국회의원은 국회에서 직무상 행한 발언과 표결에 관하여 국회 외에서 책임을 지지 아니한다(헌법 제45조).
② 국회의원은 현행범인인 경우를 제외하고는 회기중 국회의 동의없이 체포 또는 구금되지 아니한다(헌법 제44조 제1항).
③ 국회의원이 회기전에 체포 또는 구금된 때에는 현행범인이 아닌 한 국회의 요구가 있으면 회기 중 석방된다(헌법 제44조 제2항).
④ 헌법 제44조에 의하여 구속된 국회의원에 대한 석방요구가 있으면 당연히 구속영장의 집행이 정지된다(형사소송법 제101조 제4항).

판례	① (삼성 X파일 사건) [1] 면책특권의 대상이 되는 행위는 국회의 직무수행에 필수적인 국회의원의 국회 내에서의 직무상 발언과 표결이라는 의사표현행위 자체에만 국한되지 아니하고 이에 통상적으로 부수하여 행하여지는 행위까지 포함한다. [2] 국회의원인 피고인이 '구 국가안전기획부의 불법 녹음 내용'과, '검사들이 A회사로부터 떡값 명목의 금품을 수수하였다'는 내용이 게재된 보도자료를 국회 법제사법위원회 개의 당일 국회 의원회관에서 기자들에게 배포한 행위는 면책특권의 대상이 되기 때문에 공소기각판결을 선고하여야 한다(대판 2011.5.13, 2009도14442) [20 해경간부, 18·16 경간, 17 검찰7급, 16·13 경찰채용, 13 경찰승진] ② 국회의원인 피고인이 국회의 위원회나 국정감사장에서 국무위원·정부위원 등에 대하여 질문이나 질의를 하거나 직무상 질문이나 질의를 준비하기 위하여 국회 내에서 정부·행정기관에 대하여 자료제출을 요구한 경우 면책특권의 대상이 된다(대판 1996.11.8, 96도1742) [16 변호사시험] ③ [1] 면책특권의 목적 및 취지 등에 비추어 볼 때 발언내용 자체에 의하더라도 직무와는 아무런 관련이 없음이 분명하거나 명백히 허위임을 알면서도 허위의 사실을 적시하여 타인의 명예를 훼손하는 경우 등까지 면책특권의 대상이 된다고 할 수는 없다. [2] 발언 내용이 허위라는 점을 인식하지 못하였다면 비록 발언 내용에 다소 근거가 부족하거나 진위 여부를 확인하기 위한 조사를 제대로 하지 않았다고 하더라도 그것이 직무 수행의 일환으로 이루어진 것인 이상 면책특권의 대상이 된다(대판 2007.1.12, 2005다57752)

3. 국제법상 예외

(1) 외교관계에 의한 재판권 면제

외교관계 면제권이 있는 ⊙ 외국의 원수, 그 가족 및 대한민국 국민이 아닌 수행자 ⓒ 신임받은 외국의 사절, 그 직원 및 가족에게는 형사소송법이 적용되지 아니한다(외교관계에 관한 비엔나 협약 제31조). 따라서 대한민국에 주재하는 외국의 대사·공사에 대해서는 형사소송법이 적용되지 않으므로 대한민국이 재판권을 행사할 수 없다.

(2) 한미주둔군지위협정에 의한 재판권 제한

한미간의 군대지위협정(SOFA)에 따라 공무집행 중의 미군범죄에 대하여는 미군 당국이 1차적 재판관할권을 가진다.

판례	① [1] 한반도의 평시상태에서 미군의 군속 중 '통상적으로 대한민국에 거주하고 있는 자'는 '대한민국과 아메리카합중국 간의 상호방위조약 제4조에 의한 시설과 구역 및 대한민국에서의 합중국 군대의 지위에 관한 협정'(SOFA)이 적용되는 군속의 개념에서 배제되므로 우리나라 법원에 재판권이 있다. [2] 미합중국 국적을 가진 미합중국 군대의 군속이 10년 넘게 대한민국에 머물면서 한국인 아내와 결혼하여 가정을 마련하고 직장 생활을 하는 등 생활근거지를 대한민국에 두고 있었던 경우에 미합중국 군대의 군속이 대한민국 영역 안에서 저지른 범죄로서 대한민국 법령에 의하여 처벌할 수 있는 범죄에 대한 형사재판권을 바로 행사할 수 있다(대판 2006.5.11, 2005도798) [18 해경채용, 16·15 경간, 16·13 경찰채용, 16 검찰9급]

Ⅲ. 시간적 적용범위

① 형사소송법은 시행시부터 폐지시까지 효력을 가지는 것이 원칙이다. 형사소송법은 절차법이기 때문에 형법과 같은 엄격한 소급효 금지의 원칙이 적용되지 아니한다. 법률의 변경이 있는 경우에 신법·구법의 적용여부는 입법정책의 문제이다.

판례	① [1] 형사소송법 부칙 제2조는 형사절차가 개시된 후 종결되기 전에 형사소송법이 개정된 경우 신법과 구법 중 어느 법을 적용할 것인지에 관한 입법례 중 이른바 혼합주의를 채택하여 **구법 당시 진행된 소송행위의 효력은 그대로 인정하되 신법 시행 후의 소송절차에 대하여는 신법을 적용한다는 취지에서 규정된 것이다.** [2] 항소심이 신법 시행을 이유로 구법이 정한 바에 따라 적법하게 진행된 제1심의 증거조사절차 등을 위법하다고 보아 그 효력을 부정하고 다시 절차를 진행하는 것은 허용되지 아니하며, 다만 이미 적법하게 이루어진 소송행위의 효력을 부정하지 않는 범위 내에서 신법의 취지에 따라 절차를 진행하는 것은 허용된다 (대판 2008.10.23, 2008도2826) [20·16 경찰채용, 20 해경간부, 18·15 경간, 13 경찰승진]

02 형사소송의 이념과 본질

제1절 형사소송의 3대이념

1 실체적 진실주의

I. 의의

① 실체적 진실주의란 형사절차의 기초가 되는 사실에 관하여 당사자의 주장에 구애받지 않고 소송의 실체에 관하여 객관적 진실을 발견하여 사안의 진상을 명백히 밝힐 것을 요구하는 원칙을 말한다. 즉, 자백만으로 객관적 사실에 부합한다고 믿어주는 것은 아니다.
② 실체적 진실을 발견하기 위해서는 피고인의 인권보장을 위하여 당사자의 주장이나 입증에 관계없이 법원의 직권으로 사실심리와 증거조사를 하는 직권주의를 전제로 한다.
③ 실체적 진실주의 발견은 적정한 절차에 의하여 발견되어야 하므로, 위법한 절차에 의하여 수집된 증거는 증거능력이 부정된다.

II. 내용

1. 적극적 실체적 진실주의

범죄사실을 명백히 하여 죄 있는 자를 빠짐없이 처벌하도록 하자는 원리로서 '열 사람의 범인이 있으면 열 사람 모두를 처벌해야 한다'라고 표현이 된다.

2. 소극적 실체적 진실주의

죄 없는 자를 유죄로 하여서는 안 된다는 원리로서 '열 사람의 범인을 놓치는 한이 있더라도 한 사람의 죄 없는 자를 벌해서는 안 된다'라고 표현이 된다.

3. 현행법의 태도

현행 형사소송법은 무죄추정의 원칙(헌법 제27조 제4항), 의심스러울 때에는 피고인의 이익으로(in dubio pro reo), 검사의 거증책임 부담 등의 원칙이 지배하므로 소극적 실체진실주의가 더 강조가 된다.

판례	① 무죄추정의 원칙을 규정하고 있는 헌법 제27조 제4항을 종합하면 형사재판절차에는 소극적 진실주의가 헌법적으로 보장되어 있음을 인정할 수 있는 바, 형사피고인은 형사소송절차에서 단순한 처벌대상이 아니라 절차를 형성·유지하는 절차의 당사자로서의 지위를 향유하며, 검사에 대하여 무기대등의 원칙이 보장되는 절차를 향유할 헌법적 권리를 가진다(헌재 1998.12.24, 94헌바46) [20 경찰승진]

Ⅲ. 제도적 구현

1. 수사절차

사실인정에 필요한 증거의 확보는 진실발견의 전제요건이다. 형사소송법은 증거의 수집·보전을 위하여 수사기관에 임의수사(피의자신문·참고인조사 등)와 강제수사(압수·수색·검증 등)의 권한을 인정하고 있고 기타 증거보전이나 증인신문청구 제도도 규정하고 있다.

2. 공판절차

(1) 증거조사

각종 증거조사 절차규정은 사실인정을 위한 직간접적인 제도에 해당한다. 또한 당사자의 입증이 불충분한 경우 진실발견을 위하여 법원은 피고인 또는 증인을 신문할 수 있고 또한 직권으로 증거를 조사할 수도 있다.

(2) 증거법칙

객관적 진실발견은 합리적인 사실인정을 전제로 한다. 이를 위하여 형사소송법은 증거법의 기본원칙인 증거재판주의와 자유심증주의를 비롯하여 자백배제법칙, 위법수집증거배제법칙, 자백의 보강법칙, 전문법칙, 탄핵증거 등의 증거법칙을 규정하고 있다.

(3) 오판의 시정제도

오판이 있는 경우에 그를 시정하기 위하여 미확정 재판에 대하여는 상소를, 확정재판에 대하여는 재심을 인정하고 있다.

Ⅳ. 실체적 진실주의의 한계

1. 형사소송법의 다른 이념에 의한 제약

① 실체적 진실발견은 적정절차 및 신속한 재판의 원칙이라는 다른 형사소송법 이념에 의하여 제약을 받는다.
② 진술거부권, 위법수집증거배제법칙, 자백배제법칙 등은 적정절차에 의한 제약에 해당하고, 구속기간 제한, 판결선고기간 제한 등은 신속한 재판의 원칙에 의한 제약에 해당한다.

2. 사실상의 제약

① 실체적 진실주의에서 추구하는 진실은 객관적 진실이지만 이러한 객관적 진실이 절대적 진실을 의미하는 것은 아니라 인간능력의 한계와 제도적 제약을 전제로 발견 가능한 상대적 진실을 의미한다.

3. 초소송법적 한계

① 실체적 진실발견은 초소송법적 이익 예컨대 군사상·공무상·업무상 비밀에 의한 압수·수색의 제한(제110조 내지 제112조), 증인거부권(제147조), 증언거부권(제148조, 제149조) 등에 의하여 제약을 받는다.

2 적정절차(적법절차)의 원칙

I. 의 의

① 적정절차(적법절차)의 원칙이란 헌법정신을 구현한 공정한 법정절차에 의하여 형벌권이 실현되어야 한다는 원칙을 말한다.
② 헌법 제12조 제1항은 '누구든지 법률과 적법한 절차에 의하지 아니하고는 처벌·보안처분 또는 강제노역을 받지 아니한다'라고 규정하여 적정절차의 원칙을 선언하고 있다.

| 판례 | ① 헌법 제12조 제1항 후문이 규정하고 있는 '적법절차'란 **법률이 정한 절차 및 그 실체적 내용이 모두 적정하여야 함을 말하는 것으로서** 적정하다고 함은 공정하고 합리적이며 상당성이 있어 정의관념에 합치되는 것을 뜻한다(대판 1988.11.16. 88초60) [20·19·16 경찰승진, 20·19 경찰채용, 19·15 경간, 18·15 해경간부]
② 적법절차의 원칙은 법률이 정한 형식적 절차와 실체적 내용이 모두 합리성과 정당성을 갖춘 적정한 것이어야 한다는 실질적 의미를 지니고 있는 것으로서 특히 형사소송절차와 관련시켜 적용함에 있어서는 형사소송절차의 전반을 기본권 보장의 측면에서 규율하여야 한다는 기본원리를 천명하고 있는 것으로 이해하여야 한다(헌재 1997.3.27. 96헌가11) [19 경간]
③ 헌법 제12조 제1항 후문과 제3항에 규정된 적법절차의 원칙은 형사절차상의 제한된 범위뿐만 아니라 국가작용으로서 모든 입법 및 행정작용에도 광범위하게 적용된다 (헌재 2009.6.25. 2007헌마451) [20 경간, 16 경찰승진] |

Ⅱ. 내용

1. 공정한 재판의 원칙

① 공정한 재판의 원칙이란 독립된 법관에 의하여 정의와 형평에 맞는 재판을 해야 한다는 원칙을 말한다. 이는 공평한 법원의 구성, 피고인의 방어권 보장, 무기평등의 원칙을 그 내용으로 한다.

판례	① 검사가 법원의 증인으로 채택된 수감자를 그 증언에 이르기까지 거의 매일 검사실로 하루 종일 소환하여 피고인측 변호인이 접근하는 것을 차단하고, 검찰에서의 진술을 번복하는 증언을 하지 않도록 회유·협박하는 한편, 때로는 검사실에서 그에게 편의를 제공하기도 한 행위는 피고인의 공정한 재판을 받을 권리를 침해한다(대판 2002.10.8, 2001도3931) [20·18·15 경간, 19·15 경찰승진, 15 해경간부] ② [1] 피고인의 구속기간은 법원이 피고인을 구속한 상태에서 재판할 수 있는 기간을 의미하는 것이지, 법원의 재판기간 내지 심리기간 자체를 제한하려는 규정이라고 할 수는 없으며, 구속기간을 엄격히 제한하고 있다 하더라도 공정한 재판을 받을 권리가 침해된다고 볼 수는 없다. [2] 구속기간을 제한하고 있는 형사소송법 제92조 제1항은 피고인의 공정한 재판을 받을 권리를 침해하지 않는다(헌재 2001.6.28, 99헌가14) ※ 불구속상태에서도 재판이 가능하기 때문이다. [21·14 경찰승진, 16 경간, 14 해경채용, 13 해경간부]

2. 비례성의 원칙(과잉금지의 원칙)

① 소송절차에서의 강제처분은 소송의 목적을 달성하는데 적합하고, 다른 수단에 의해서는 그 목적을 달성할 수 없는 경우에 사용되어야 하며, 그 목적과 수단 사이에는 비례가 유지되어야 한다는 원칙을 말한다.

3. 피고인보호의 원칙

① 법원은 피고인에게 정당한 방어의 가능성을 고지하고, 일정한 소송행위의 법적 결과를 설명하고 권리의 행사를 가르쳐 주어야 한다는 원칙을 말한다.

② 피고인 보호의무는 법원뿐만 아니라 수사기관에게도 인정되며, 이를 위반하여 피고인의 방어권이 침해된 때에는 상소이유가 된다.

③ 변호인선임권의 고지(제72조, 제200조의5, 제209조, 제213조의2), 진술거부권의 고지(제244조의3, 제283조의2 제2항), 상소에 대한 고지(제324조) 등이 이에 해당한다.

Ⅲ. 적정절차원칙위반의 효과

① 위법하게 수집된 증거는 위법수집증거배제법칙에 의하여 임의성과 상관없이 증거능력이 부정되고, 이를 위반한 판결은 상소와 재심의 사유가 되어 상소와 재심이 가능하다.

3 신속한 재판의 원칙

Ⅰ. 의 의

① 재판절차는 신속하게 진행되어야 하며 부당하게 지연시켜서는 안된다는 원칙을 말한다.
② 헌법 제27조 제3항은 '모든 국민은 신속한 재판을 받을 권리를 가진다'라고 규정하여 신속한 재판을 받을 권리를 국민의 기본권으로 보장하고 있다.

판례	① 신속한 재판을 받을 권리는 주로 피고인의 이익을 보호하기 위하여 인정된 기본권이지만 실체적 진실발견, 소송경제, 재판에 대한 국민의 신뢰와 형벌목적의 달성과 같은 공공의 이익에도 근거가 있다(헌재 1995.11.30, 90헌마44) [21·17·16 경간, 20·19 경찰채용, 20 검찰7급, 15 검찰9급]

Ⅱ. 재판의 신속을 위한 제도

1. 수사와 공소제기의 신속을 위한 제도

① 수사기관의 구속기간 제한(제202조, 제203조), 공소시효제도(제249조), 기소편의주의(제247조) 등이 이에 해당한다.

2. 공판절차의 신속을 위한 제도

① 공판준비절차(제266조 내지 제274조), 집중심리주의(제267조의2), 법원의 구속기간 제한(제92조), 증거동의(제318조), 판결선고기간의 제한(제318조의4, 소촉법 제21조, 공직선거법 제270조), 상소기간의 제한(제358조, 제374조, 제405조) 등이 이에 해당한다.

3. 재판의 신속을 위한 특수한 절차

간이공판절차(제286조의2), 약식절차(제448조) 등이 이에 해당한다.

Ⅲ. 신속한 재판의 원칙의 법원의 기속성

① 신속한 재판의 원칙은 법원을 기속할 수 없다.
② 심리지연 여부에 대하여는 명백한 기준이 없고, 현행법은 재판지연의 구제를 위한 별도의 명문규정을 두고 있지 않다.

판례	
	① 합리적이고 적정한 변론 진행을 통하여 실현되는 공익은 피고인의 신속한 재판을 받을 권리가 제한되는 정도에 비하여 결코 작다고 할 수는 없으므로 변론의 병합·분리와 관련하여 법원에게 재량을 부여한 형사소송법 제300조는 신속한 재판을 받을 권리를 침해한다고 할 수 없다(헌재 2011.3.31. 2009헌바351) [20 해경채용, 16 경간]
	② 구속사건에 대해서는 법원이 구속기간내에 재판을 하면 되는 것이고 구속만기 25일을 앞두고 제1회 공판이 있었다 하여 헌법에 정한 신속한 재판을 받을 권리를 침해하였다 할 수 없다(대판 1990.6.12. 90도672) [21·13 경찰승진, 20·18 경찰채용, 17·15 경간]
	③ 검사와 피고인 쌍방이 항소한 경우에 1심 선고형기 경과후 2심 공판이 개정되었다고 하여 이를 위법이라 할 수 없고 신속한 재판을 받을 권리를 박탈한 것이라고 할 수 없다(대판 1972.5.23. 72도840) [20·16 해경간부, 20 해경채용, 18 경찰채용, 15 경간, 13 경찰승진]

제2절 형사소송의 기본구조

1 소송구조론의 의의

① 소송구조론이란 소송의 주체가 누구이고 소송주체 사이의 관계를 어떻게 구성할 것인가에 관한 이론을 말한다.
② 소송구조는 소추기관과 재판기관의 분리여부에 따라 규문주의와 탄핵주의로 구분이 된다. 그리고 탄핵주의는 다시 소송에서 주도적 역할을 누가 하느냐에 따라 직권주의와 당사자주의로 구분이 된다.

2 규문주의와 탄핵주의

1. 규문주의

① 소추기관과 재판기관이 분리되어 있지 않고 판사 스스로 수사를 개시하여 심리·재판을 하는 형사절차를 말한다. 소추기관이 없고 형사절차는 '소송'의 구조를 취하지도 않았으며, 피고인은 소송주체가 아니라 단순한 심리의 객체에 불과하였다. [20 경찰승진]

2. 탄핵주의

① 소추기관과 재판기관이 분리되어 소추기관의 공소제기에 의하여 재판기관인 법원이 심리·재판을 하는 형사절차를 말한다.
② 불고불리의 원칙이 지배하고 피고인은 소송주체로서의 지위가 인정된다. [20 경찰승진]

3 직권주의와 당사자주의

1. 직권주의

(1) 의 의

① 직권주의란 법원에게 소송의 주도권을 인정하여 법원의 직권에 의하여 심리를 진행하는 주의를 말한다.
② 법원은 검사 또는 피고인의 주장·청구에 구속되지 않고 직권으로 증거를 수집·조사하고(직권탐지주의), 소송물이 법원의 지배하에 놓이게 되므로 법원이 직권으로 사건을 심리하게 된다(직권심리주의)

(2) 장점과 단점

장 점	① 법원이 소송에서 주도적 역할을 담당하므로 실체적 진실발견에 적합하다. ② 심리의 능률과 신속을 도모할 수 있다. ③ 법원이 후견적 입장에서 피고인의 이익을 보호할 수 있다. ④ 형사절차의 공정성을 담보하여 소송의 스포츠화를 방지할 수 있다.
단 점	① 사건심리가 법원의 자의와 독선에 빠질 위험이 있다. ② 법원이 제3자로서의 공정성을 상실할 우려가 있다. ③ 피고인이 실질적인 방어권을 행사하기보다는 심리의 객체로 전락될 위험이 있다.

2. 당사자주의(변론주의)

(1) 의 의

① 당사자주의란 소송당사자인 검사와 피고인에게 소송의 주도권을 인정하여, 당사자의 공격과 방어를 중심으로 심리가 진행되고 법원은 제3자의 입장에서 당사자의 주장과 입증을 판단하는 소송구조를 말한다. 변론주의라고도 한다.

② 소송의 진행이 당사자의 주도 아래 이루어지므로 증거의 수집과 제출은 당사자에게 맡겨지고 또한 심리도 당사자의 공격과 방어의 형태로 진행된다.

(2) 장점과 단점

장 점	① 소송결과에 직접 이해관계가 큰 당사자의 적극적인 입증활동으로 실체적 진실발견에 적합하다. ② 피고인의 방어권 행사가 충분히 보장된다. ③ 법원은 제3자적 입장에서 공정한 재판을 할 수 있다.
단 점	① 심리의 능률·신속을 저해할 위험이 있다. ② 변호인 없는 피고인에게 오히려 불리하게 작용할 위험이 있다. ③ 국가형벌권의 행사가 당사자의 타협에 의하여 좌우되고 소송의 스포츠화 내지 합법적 도박을 초래할 위험이 있다.

3. 현행 형사소송법의 기본구조

① 현행 형사소송법은 기본적으로 당사자주의를 취하고 있다.

판례	① 형사소송법은 당사자주의를 그 기본 골격으로 하면서 한편으로는 직권주의적 규정을 아울러 두고 있다(대판 1983.3.8. 82도3248) [21 경찰승진, 20 경간, 20 검찰7급] ② 우리나라 형사소송법은 그 해석상 소송절차의 전반에 걸쳐 기본적으로 당사자주의 소송구조를 취하고 있는 것으로 이해된다(헌재 1995.11.30. 92헌마44) [20 경간, 20 검찰7급]

당사자주의적 요소	직권주의적 요소
① 공소사실의 특정 요구(제254조 제4항) ② 공소장변경제도(제298조 제1항) ③ 공소장일본주의(규칙 제118조 제2항) ④ 공소장부본의 송달(제266조) ⑤ 1회 공판기일 유예기간(제269조) ⑥ 당사자의 모두진술(제285조, 제286조) ⑦ 당사자의 증거신청권(제294조) ⑧ 증거조사 참여권(제121조, 제163조, 제176조 등) ⑨ 증인에 대한 교호신문제도(제161조의2 제1항) ⑩ 피고인신문에 앞선 증거조사(제290조, 제296조의2) 등	① 법원의 공소장변경요구(제298조 제2항) ② 법원의 직권에 의한 증거조사(제295조) ③ 재판장의 소송지휘권(제279조) ④ 법원의 피고인신문(제296조의2) ⑤ 자유심증주의(제308조)

제 2 편

수 사

01 수사의 의의와 구조
02 수사기관과 피의자
03 수사의 개시
04 임의수사
05 강제처분과 강제수사
06 수사의 종결

김종욱 **형사법3 [수사, 증거]**
cafe.naver. 김종욱형사법

수사의 의의와 구조

제1절 수사의 의의

Ⅰ. 수사의 의의

① 수사란 범죄혐의의 유무를 명백히 하여 공소의 제기와 유지여부를 결정하기 위하여 범인을 발견·확보하고 증거를 수집·보전하는 수사기관의 활동이다. [21 경찰승진, 21 해경채용]

판례	① 수사, 즉 범죄혐의의 유무를 명백히 하여 공소를 제기·유지할 것인가의 여부를 결정하기 위하여 범인을 발견·확보하고 증거를 수집·보전하는 수사기관의 활동은 수사 목적을 달성함에 필요한 경우에 한하여 사회통념상 상당하다고 인정되는 방법 등에 의하여 수행되어야 한다(대판 1999.12.7, 98도3329) [21·16 경찰승진, 17 경찰채용]

② 수사는 주로 공소제기 전에 행하여지나 공소제기 후라도 공소유지 여부를 결정하기 위해서 행하여질 수도 있다. 공소제기 후의 피고인조사, 참고인조사 등이 이에 해당한다.
  ㉠ 수사는 수사기관이 범죄혐의를 인정할 때 개시된다. 따라서 수사기관의 활동이라도 수사 개시 이전의 입건전 조사, 불심검문, 변사자검시 등은 수사라고 할 수 없다.
  ㉡ 검사가 당사자로서 공판정에서 행하는 피고인신문, 증인신문 등의 소송행위나 일반 사인의 현행범체포 또는 법원의 피고인구속, 압수·수색·검증 등은 수사라고 할 수 없다.

Ⅱ. 입건전 조사

① 입건전 조사는 수사의 전단계로, 수사기관에서 자체적으로 조사하는 것을 말한다. 즉, 아직 범죄혐의가 확인되지 않은 단계에서 수사기관이 범죄혐의를 확인하기 위하여 입건전의 단계에서 수행하는 조사활동을 말한다.

② 입건전 조사를 받는 자는 피내사자(용의자)라고 하며, 피내사자(용의자)는 수사개시에 의해 피의자로 된다.

③ 형사소송법은 형사피고인과 형사피의자의 기본권을 각각 규정하면서 피내사자 규정 또는 피내사자에 관해 형사피의자의 권리를 준용하는 명문의 규정을 두고 있지 않다. [20 경찰승진, 14 경찰채용]

제2절 수사의 구조(수사구조론)

I. 서 설

수사의 구조(수사구조론)란 수사과정을 전체로서의 형사절차에 어떻게 위치시키고, 수사절차에서 등장하는 검사, 사법경찰관리, 피의자, 법관 등의 상호관계를 어떻게 정립시킬 것인가에 대한 이론을 말한다.

II. 종 류

1. 규문적 수사관

① 수사는 수사기관과 그 상대방인 피의자의 불평등한 수직관계로 구성된 규문적 구조로 이해하는 견해이다(수사기관 중심)
② 수사절차는 법관의 개입없이 수사기관의 독자적 판단하에 범인, 범죄사실과 증거를 조사하는 절차이다.
③ 피의자를 조사의 객체로 보고, 강제처분은 수사기관의 고유 권한이며 영장은 허가장으로서의 성질을 지닌다.

2. 탄핵적 수사관

① 수사는 재판의 전단계에서 수사기관과 피의자가 공판을 위해 준비하고, 법관이 공평하게 그 절차를 후견하는 탄핵적 구조로 이해하는 견해이다(법원 중심). 수사기관과 피의자는 대등관계로 본다.
② 수사에 필요한 강제처분은 법원의 고유권한이며, 영장은 법원의 명령장의 성질을 가진다.
③ 피의자는 수사기관과 대등한 당사자관계이므로 피의자 신문에 응할 의무가 없다. 따라서 피의자 신문을 위한 구인은 허용되지 않는다.

3. 소송적 수사관

① 수사는 공소제기 여부를 결정하는 것을 목적으로 하는 독자적 절차로서, 검사를 종국적 판단자로 하여 사법경찰관리와 피의자가 대립하는 소송구조로 이해하는 견해이다.
② 수사절차의 독립성과 중요성을 강조한다.
③ 판단자인 검사를 정점으로 피의자와 사법경찰관은 당사자로서 대등한 수사의 주체가 된다.

제3절 수사의 조건

1 의 의

① 수사는 임의수사이든 강제수사이든 국민의 기본권을 침해할 위험이 항상 존재하기 때문에 수사기관이 수사를 개시하기 위해서는 일정한 조건이 갖추어져야 하는데 이를 수사의 조건이라고 한다.
② 수사의 조건에는 수사의 필요성과 수사의 상당성이 있다. 필요성은 수사의 허용 조건이고, 상당성은 수사의 실행 조건이라고 할 수 있다. 수사의 조건은 수사기관의 자의적 수사활동을 억제하여 수사권 남용을 방지하기 위한 이론이다.

2 수사의 필요성

Ⅰ. 의 의

수사의 필요성이란 수사는 수사의 목적달성을 위하여 필요한 때에만 할 수 있다. 즉, 수사기관이 범죄혐의를 인지하고 공소제기의 가능성이 존재하여야 할 수 있다. 수사의 필요성이 없음에도 불구하고 행하는 수사처분은 위법하다.

Ⅱ. 범죄혐의의 존재

① 수사는 수사기관이 범죄혐의가 있다고 사료하는 때에 범인, 범죄사실과 증거를 수사한다(제196조, 제197조 제1항). 따라서 범죄혐의가 없는 것이 명백한 사건에 대한 수사는 허용되지 않는다.
② 수사개시를 위한 범죄혐의는 단순한 추측이나 이론적 가능성이 아닌 구체적 사실에 근거를 둔 수사기관의 **주관적 혐의**를 말한다. 다만, 구체적 사실에 근거하여 주위의 사정을 합리적으로 판단하여 범죄의 혐의 유무를 결정해야 한다. [21 경찰승진, 20 경찰채용, 15·13 해경간부]

[범죄혐의의 정도]

참 고	① 수사의 단서 ⇒ 추상적 혐의 : 불심검문이나 변사자 검시에서는 구체적 사실에 근거를 두지 않은 범죄혐의로도 족하다 ② 수사 개시 ⇒ 주관적 혐의 : 수사개시를 위한 범죄혐의는 구체적 사실에 근거를 둔 수사기관의 주관적 범죄혐의를 의미한다. 예) 시체가 뒤로 손과 발이 묶여있고 가슴에 수차례 칼에 찔려 있다면 자살보다는 타살에 가까우므로 범죄를 의심할 수 있다. ③ 체포·구속 ⇒ 객관적 혐의 : 범죄의 혐의가 증거에 의하여 객관적으로 뒷받침되는 경우로 그 혐의가 합리적이고 현저해야 한다. 따라서 피의자가 죄를 범하였다고 의심할만한 상당한 이유가 있는 때에 한하여 체포·구속이 허용된다.

Ⅲ. 소송조건과 수사

1. 공소제기의 가능성

수사의 궁극적인 목적은 공소를 제기하여 범인을 처벌하려는 데에 있다. 따라서 소송조건의 결여로 처음부터 공소제기 가능성이 없는 경우에는 수사를 할 수 없다.

2. 고소·고발 전 수사 허용 여부

① 친고죄에 있어서 고소는 소송조건이고 공소제기의 유효요건이므로 고소가 없으면 공소를 제기할 수 없다. 여기서 친고죄에서 고소가 없는 경우, 전속고발범죄에서 고발이 없는 경우에도 이에 대한 수사를 개시할 수 있는지가 문제된다.

② 친고죄나 전속고발범죄에 있어서 고소나 고발이 있기 전에 행해진 수사는 위법이 아니다.

판례	① [1] 친고죄나 세무공무원 등의 고발이 있어야 논할 수 있는 죄에 있어서 고소 또는 고발은 이른바 소추조건에 불과하고 당해 범죄의 성립 요건이나 수사의 조건은 아니다. [2] 친고죄나 세무공무원 등의 고발이 있어야 논할 수 있는 죄에 있어서 수사가 장차 고소나 고발의 가능성이 없는 상태 하에서 행해졌다는 등의 특단의 사정이 없는 한 고소나 고발이 있기 전에 수사를 하였다는 이유만으로 그 수사가 위법하게 되는 것은 아니다(대판 2011.3.10, 2008도7724) [20·13 경간, 20 변호사시험, 20·17 경찰채용, 20 검찰9급, 19·13 해경간부, 18 법학특채, 16 경찰승진 등] ② 일반사법경찰관이 출입국관리사무소장의 고발을 요하는 출입국사범에 대하여 출입국관리사무소장의 고발이 있기 전에 한 수사는 특단의 사정이 없는 한 그 사유만으로 수사가 위법하다고 할 수 없다(대판 2011.3.10, 2008도7724) [21 경찰승진, 16 해경채용]

③ [1] 인지절차(범죄인지서 작성 등)를 밟기 전에 수사를 하였다고 하더라도 그 수사가 장차 인지의 가능성이 전혀 없는 상태하에서 행해졌다는 등의 특별한 사정이 없는 한 인지절차가 이루어지기 전에 수사를 하였다는 이유만으로 그 수사가 위법하다고 볼 수는 없고, 따라서 그 수사과정에서 작성된 피의자신문조서나 진술조서 등의 증거능력도 이를 부인할 수 없다.
[2] 검사가 「검찰사건사무규칙」에 따른 범죄인지 절차를 밟지 않은 상태에서 행한 피의자신문은 그 자체로 위법한 수사라고 볼 수 없으므로, 당해 피의자신문조서는 증거능력이 있다(대판 2001.10.26, 2000도2968) [20·19 경찰승진, 20·19·16 경간, 20 경찰채용, 15 변호사시험 등]

④ [1] 수사기관이 구 「조세범 처벌법」(2010. 1. 1. 법률 제9919호로 개정되기 전의 것) 제6조의 세무종사 공무원의 고발에 앞서 수사를 하고 피의자에 대한 구속영장을 발부받은 후 검찰의 요청에 따라 세무서장이 공소제기 전에 고발을 하더라도 「조세범 처벌법」 위반사건 피의자에 대한 공소제기의 절차가 무효라고 할 수는 없다.
[2] 전속고발사건에 있어서 수사기관이 고발에 앞서 수사를 하고 A에 대한 구속영장을 발부받은 후 검찰의 요청에 따라 관계공무원이 고발조치를 하였다고 하더라도 공소제기 전에 고발이 있은 이상 A에 대한 공소제기의 절차가 법률의 규정에 위반하여 무효라고 할 수는 없다(대판 1995.3.10, 94도3373) [21 경찰승진, 21·20 경찰채용]

⑤ 검사 작성의 피고인에 대한 피의자신문조서, 다른 피의자에 대한 각 피의자신문조서등본 및 제3자에 대한 각 진술조서등본이 조세범처벌법위반죄에 대한 세무서장의 고발이 있기 전에 작성된 것이라 하더라도 피고인이나 그 피의자 및 제3자 등에 대한 신문이 피고인의 조세범처벌법위반 범죄에 대한 고발의 가능성이 없는 상태하에서 이루어졌다고 볼 아무런 자료도 없다면 그들에 대한 신문이 고발 전에 이루어졌다는 이유만으로 그 조서나 각 조서등본의 증거능력을 부정할 수는 없다(대판 1995.2.24, 94도252)

3 수사의 상당성

I. 의 의

① 수사의 필요성이 인정되는 경우에도 수사의 수단은 수사의 목적을 달성하기 위한 상당한 방법이어야 한다. 수사의 상당성은 수사에 대한 실질적인 한계가 됨으로써 국가권력을 제한하고 피의자의 기본권침해 가능성을 최소화시키는 역할을 한다.
② 수사의 상당성은 수사상 신의칙(사술금지의 원칙)과 비례의 원칙을 그 내용으로 한다.

II. 수사상 신의칙(사술금지의 원칙)

1. 의 의

① 수사는 국민의 신뢰를 침해하는 형태로 이루어져서는 안된다는 원칙을 말한다(사술금지의 원칙). 즉 수사를 개시하는 경우에도 국민을 속이는 행동(사술)을 하거나 곤궁·궁박에 빠뜨리는 방법을 사용해서는 안 된다는 것을 말한다. 수사의 신의칙은 적법절차의 원칙(헌법 제12조 제1항)의 한 내용이다.
② 수사의 신의칙과 관련하여 특히 함정수사가 문제가 된다.

2. 함정수사

(1) 의 의

① 함정수사란 수사기관이 신분을 속이고 범죄를 교사한 후 범죄의 실행을 기다렸다가 범인을 체포하거나, 범죄의 기회를 제공하는 수사방법을 말한다. 수사기관이 사술 및 계략 등을 쓰거나 정보원을 활용하여 범죄를 유발케 하고, 그 실행을 기다렸다가 범인을 검거하는 수사방법으로 주로 마약, 밀수사범 수사에서 많이 쓰인다.
② 함정수사에는 기회제공형과 범의유발형이 있다.

| 참 고 | ① 기회제공형 함정수사
　㉠ 이미 범죄의사를 가지고 있는 자에 대하여 범죄에 나아갈 기회를 제공하는 수사방법으로서, 판례는 기회제공형을 처음부터 함정수사에서 제외시키고 있다.
　㉡ 은밀히 이루어지는 마약범죄나 뇌물범죄 등의 경우 기회제공형 함정수사가 허용된다.
② 범의유발형 함정수사
　㉠ 범죄의사가 없는 자를 수사기관이 교사하거나 범의를 유발케 한 후 범죄의 실행을 기다렸다가 그를 체포하는 수사방법으로, 판례는 범의유발형 함정수사는 위법하다고 본다.
　㉡ 판례가 말하는 함정수사는 범의유발형 함정수사를 의미한다. |

(2) 위법성 여부

판례	① [1] 수사기관이 범의를 가진 자에 대하여 범행의 기회를 주거나 **단순히** 사술이나 계략 등을 써서 범죄인을 검거하는 데 불과한 경우에는 이를 함정수사라고 할 수 없다. [2] 이미 범의를 가진 자에 대하여 범행의 기회를 주거나 범행을 용이하게 하여 검거한 경우에 함정수사에 해당하지 않는다(대판 2007.7.26, 2007도4532) [17·13 경간, 15 경찰승진] ② 본래 범의를 가지지 아니한 자에 대하여 수사기관이 사술이나 계략 등을 써서 범의를 유발케 하여 범죄인을 검거하는 함정수사는 위법하다(대판 2008.10.23, 2008도7362) [19·16 경찰채용, 17·15·14 경찰승진, 17 법원9급, 17 해경채용, 16·15 검찰9급, 14·13 경간 등] ③ [1] 수사기관과 직접 관련이 있는 유인자가 피유인자와의 개인적인 친밀관계를 이용하여 피유인자의 동정심이나 감정에 호소하거나 금전적·심리적 압박이나 위협 등을 가하거나 거절하기 힘든 유혹을 하거나 또는 범행방법을 구체적으로 제시하고 범행에 사용될 금전까지 제공하는 등으로 **과도하게 개입함으로써 피유인자로 하여금 범의를 일으키게 하는 것**은 위법한 함정수사에 해당하여 허용되지 않는다. [2] 유인자가 수사기관과 직접적인 관련을 맺지 않은 상태에서 피유인자를 상대로 **단순히** 수차례 반복적으로 범행을 부탁하였을 뿐 수사기관이 사술이나 계략 등을 사용하였다고 볼 수 없는 경우는 설령 그로 인하여 피유인자의 범의가 유발되었다 하더라도 위법한 함정수사에 해당하지 않는다(대판 2008.7.24, 2008도2794) [21·17·16 경찰승진, 20·18 해경채용, 19·15·14 경찰채용, 18·17 경간, 18 검찰9급, 16 해경간부 등] ④ 구체적인 사건에 있어서 위법한 함정수사에 해당하는지 여부는 해당 범죄의 종류와 성질, 유인자의 지위와 역할, 유인의 경위와 방법, 유인에 따른 피유인자의 반응, 피유인자의 처벌 전력 및 유인행위 자체의 위법성 등을 **종합하여 판단**하여야 한다(대판 2008.7.24, 2008도2794) [20 경찰채용, 18 검찰9급, 16 해경간부]

위법한 함정수사 ○	① 경찰관이 노래방의 도우미 알선 영업단속 실적을 올리기 위하여 그에 대한 제보나 첩보가 없는데도 손님을 가장하고 들어가 도우미를 불러줄 것을 요구하였으나 한 차례 거절당한 후에 다시 찾아가 도우미를 불러 줄 것을 요구하여 도우미가 오자 단속하였다면 이는 위법한 함정수사에 해당한다(대판 2008.10.23, 2008도7362) [20·13 해경채용, 18 검찰9급, 17 변호사시험, 17·14 해경간부, 16 검찰7급, 16 경찰승진, 16 경간, 15 경찰채용 등] ② 甲의 메스암페타민(필로폰) 매수 공소사실과 乙의 메스암페타민 수입 공소사실과 관련, 원래 중국까지 가서 메스암페타민을 구해올 생각이 없었는데도 검찰 마약수사주사 A와 제보자 B의 함정수사를 위한 '작업'에 의하여 비로소 이 사건 범행에 대한 범의를 일으켜 범행에 이른 경우(대판 2004.5.14, 2004도1066) [16 해경채용, 14 해경간부] ③ 피고인 甲이 과거 알고 지냈던 乙로부터 일주일 동안 거의 매일 전화로 "히로뽕을 사달라"는 요구를 받고 그로부터 받은 20만원으로 구입한 히로뽕을 투약하다가 경찰관에 의하여 검거된 경우[단, 乙은 경찰을 만났다가 "마약사범 검거에 협력하면 도와주겠다"는 말을 듣고는 甲이 떠올라 연락한 것이었고 또한 甲이 "돈이 없다"고 하자 경찰관으로부터 공작금 50만원을 받아 마약을 사라며 그에게 건네준 것이었음] (대판 2007.10.12, 2007도5571) ④ 수사기관인 검찰 계장 丁이 구속된 남편의 공적이 필요했던 乙과 함께 "협조하면 당신 형의 변호사 선임비용을 제공하겠다. 필리핀에 있는 마약 공급책을 연결해 주는 것은 처벌하지 않겠다" 등으로 丙에게 제안을 하자, 丙이 이를 승낙하고 피고인 甲에게 부탁하여 필로폰을 수입하게 한 경우(대판 2006.9.28, 2006도3464)
위법한 함정수사 ×	① 경찰관이 취객을 상대로 한 이른바 **부축빼기** 절도범 단속을 위하여 공원에 쓰러져 있는 취객 근처에서 감시하고 있다가 마침 피고인이 나타나 취객을 부축하여 10m 정도를 끌고 가 지갑을 뒤지자 현장에서 체포하여 기소한 경우 위법한 함정수사라고 볼 수 없다(대판 2007.5.31, 2007도1903) [21·17·16·15 경찰승진, 19·16·15·14 경찰채용, 19·18·14 해경간부, 18·17·16 경간, 16 해경채용 등] ② 수사기관이 피고인의 범죄사실을 인지하고도 피고인을 바로 체포하지 않고 추가 범행을 지켜보고 있다가 범죄사실이 많이 늘어난 뒤에야 피고인을 체포하였다는 사정만으로 수사와 공소제기가 위법하다거나 피고인에 대한 위법한 함정수사가 있었다고 보기 어렵다(대판 2007.6.29, 2007도3164) [21·17·14 경찰승진, 20·18 해경채용, 19·17·15 경찰채용, 19·15·14 해경간부, 18 경간 등] ③ 甲이 수사기관에 체포된 동거남의 석방을 위한 **공적을 쌓기** 위하여 乙에게 대가의 지급을 약속하며 도움을 부탁하였고, 이를 승낙한 乙은 마약수사관에게 연락하여 甲의 동거남을 석방해주는 조건으로 필로폰 밀수입에 관한 정보를 제공하기로 협의한 다음 丙에게 필로폰 밀수입을 권유하였고, 丙은

다시 丁에게 필로폰 밀수입을 권유하여 丁이 이를 승낙하고 필로폰을 받으러 나오자 乙의 연락을 받은 마약수사관이 丁을 체포한 경우 乙, 丙 등이 각자의 사적인 동기에 기하여 수사기관과 직접적인 관련이 없이 독자적으로 丁을 유인한 것으로서 위법한 함정수사에 해당하지 않는다(대판 2007.11.29, 2007도7680) [20·16 해경채용, 16 경간, 16 검찰7급, 14 해경간부 등]

④ 수사기관이 이미 범행을 저지른 범인을 검거하기 위해 정보원을 이용하여 범인을 검거장소로 유인한 경우 함정수사에 해당되지 않는다(대판 2007.7.26, 2007도4532) [21·15 경찰승진, 17·16 경간, 16 해경채용, 14 해경간부]

⑤ [1] 뇌물공여자들이 새롭게 당선된 군수인 피고인을 함정에 빠뜨리겠다는 의사로 뇌물을 공여한 것이었더라도 뇌물공여자들의 함정교사라는 사정은 피고인의 책임을 면하게 하는 사유가 될 수 없다.
[2] 피고인의 뇌물수수가 공여자들의 함정교사에 의한 것이기는 하나, 뇌물공여자들에게 뇌물공여의 의사가 전혀 없었다고 보기 어렵다면, 뇌물공여자들의 함정교사라는 사정은 피고인의 책임을 면하게 하는 사유가 될 수 없다(대판 2008.3.13, 2007도10804) [18 해경채용, 16 경찰승진, 14 경찰채용]

[사실관계] 甲, 乙, 丙 등은 새롭게 당선된 군수인 피고인을 함정에 빠뜨리겠다는 의사로 뇌물을 공여하였고, 피고인이 뇌물을 수수하자 서둘러 이 사실을 검찰에 신고하였다. 다만 甲, 乙, 丙 등은 지방선거에서 군수 자리를 놓고 피고인과 경합을 벌였던 다른 후보자의 지시를 받아 뇌물을 공여했다는 사실을 배제할 수 없었다.

⑥ A는 수사기관의 정보원 B와 협력하여 피고인에게 10여 차례에 걸쳐 "아는 여자가 필로폰을 구입하려고 하니 구해 달라"라는 등의 부탁을 하였고, 결국 이를 승낙한 피고인으로 하여금 필로폰 판매자를 소개시키게 하여 필로폰 매매 알선을 하게 한 경우[단, A·B는 포상금 획득 등 사적인 동기에 기하여 수사기관과 직접적인 관련이 없이 독자적으로 피고인을 유인한 것임] (대판 2007.7.12, 2006도2339) [21 해경간부, 18 경간]

⑦ 피고인이 A에게 필로폰이 든 1회용 주사기를 교부하고 또한 필로폰을 1회용 주사기에 넣고 생수로 희석한 다음 자신의 팔에 주사하여 투약하였는바, A가 그 다음 날 이 사실을 검찰에 신고하여 피고인이 체포된 경우(대판 2008.7.24, 2008도2794)

(3) 위법한 함정수사의 효과

① 위법한 함정수사의 경우에 체포·구속된 피의자는 구속취소의 청구 또는 체포·구속 적부심사를 청구할 수 있다.

② 위법한 함정수사에 의한 공소제기는 그 절차가 법률의 규정을 위반하여 무효인 때에 해당하므로 **공소기각판결**을 한다.

판례	① [1] 본래 범의를 가지지 아니한 자에 대하여 수사기관이 사술이나 계략 등을 써서 범의를 유발케 하여 범죄인을 검거하는 함정수사는 위법함을 면할 수 없고 이러한 함정수사에 기한 공소제기는 그 절차가 법률의 규정에 위반하여 무효인 때에 해당한다. [2] 위법한 함정수사에 기하여 공소를 제기한 경우 그 수사에 기하여 수집한 증거는 증거능력이 없다고 보아야 하므로 법원은 **공소기각판결**을 하여야 한다(대판 2008.10.23, 2008도7362) [20·17 변호사시험, 21·18 해경채용, 19·16·15·14 경찰채용, 19·17·15 해경간부, 18 경간, 18·17·16 검찰9급, 17·16·15 경찰승진, 17 법원9급]

③ 위법한 함정수사에 의해 수집된 증거는 위법수집증거능력배제법칙에 의하여 당연히 증거능력이 부정된다. 따라서 유죄의 증거로 사용될 수 없다.

Ⅲ. 비례의 원칙

① 수사 특히 강제수사는 목적달성에 필요한 최소한에 그쳐야 하며 수사에 의하여 달성하려는 공익과 그에 의하여 침해되는 사익 사이에 정당한 균형관계가 있어야 한다는 원칙을 말한다. 예를 들어 경범죄처벌법위반과 같은 경미사건 피의자를 수사기관이 장기간 구속수사하는 것은 비례의 원칙에 반하여 허용되지 않는다.

② 비례의 원칙은 임의수사에도 적용되나, 특히 강제수사의 경우에 그 허용여부와 범위를 판단하는 기준으로서 중요한 의미를 가진다.

02 수사기관과 피의자

제1절 수사기관

〈형사소송법〉

제195조(검사와 사법경찰관의 관계 등)
① 검사와 사법경찰관은 수사, 공소제기 및 공소유지에 관하여 서로 협력하여야 한다.
② 제1항에 따른 수사를 위하여 준수하여야 하는 일반적 수사준칙에 관한 사항을 대통령령으로 정한다.

제196조(검사의 수사) 검사는 범죄의 혐의가 있다고 사료하는 때에는 범인, 범죄사실과 증거를 수사한다.

제197조(사법경찰관리)
① 경무관, 총경, 경정, 경감, 경위는 사법경찰관으로서 범죄의 혐의가 있다고 사료하는 때에는 범인, 범죄사실과 증거를 수사한다.
② 경사, 경장, 순경은 사법경찰리로서 수사의 보조를 하여야 한다.

제197조의2(보완수사요구)
① 검사는 다음 각 호의 어느 하나에 해당하는 경우에 사법경찰관에게 보완수사를 요구할 수 있다.
  1. 송치사건의 공소제기 여부 결정 또는 공소의 유지에 관하여 필요한 경우
  2. 사법경찰관이 신청한 영장의 청구 여부 결정에 관하여 필요한 경우
② 사법경찰관은 제1항의 요구가 있는 때에는 정당한 이유가 없는 한 지체없이 이를 이행하고, 그 결과를 검사에게 통보하여야 한다.
③ 검찰총장 또는 각급 검찰청 검사장은 사법경찰관이 정당한 이유 없이 제1항의 요구에 따르지 아니하는 때에는 권한 있는 사람에게 해당 사법경찰관의 직무배제 또는 징계를 요구할 수 있고, 그 징계 절차는 「공무원 징계령」 또는 「경찰공무원 징계령」에 따른다.

제197조의3(시정조치요구 등)
① 검사는 사법경찰관리의 수사과정에서 법령위반, 인권침해 또는 현저한 수사권 남용이 의심되는 사실의 신고가 있거나 그러한 사실을 인식하게 된 경우에는 사법경찰관에게 사건기록 등본의 송부를 요구할 수 있다.
② 제1항의 송부 요구를 받은 사법경찰관은 지체 없이 검사에게 사건기록 등본을 송부하여야 한다.
③ 제2항의 송부를 받은 검사는 필요하다고 인정되는 경우에는 사법경찰관에게 시정조치를 요구할 수 있다.
④ 사법경찰관은 제3항의 시정조치 요구가 있는 때에는 정당한 이유가 없는 한 지체없이 이를 이행하고, 그 결과를 검사에게 통보하여야 한다.
⑤ 제4항의 통보를 받은 검사는 제3항에 따른 시정조치 요구가 정당한 이유 없이 이행되지 않았다고 인정되는 경우에는 사법경찰관에게 사건을 송치할 것을 요구할 수 있다.
⑥ 제5항의 송치 요구를 받은 사법경찰관은 검사에게 사건을 송치하여야 한다.
⑦ 검찰총장 또는 각급 검찰청 검사장은 사법경찰관리의 수사과정에서 법령위반, 인권침해 또는 현저한 수사권 남용이 있었던 때에는 권한 있는 사람에게 해당 사법경찰관리의 징계를 요구할 수 있고, 그

징계 절차는 「공무원 징계령」 또는 「경찰공무원 징계령」에 따른다.
⑧ 사법경찰관은 피의자를 신문하기 전에 수사과정에서 법령위반, 인권침해 또는 현저한 수사권 남용이 있는 경우 검사에게 구제를 신청할 수 있음을 피의자에게 알려주어야 한다.

제197조의4(수사의 경합)
① 검사는 사법경찰관과 동일한 범죄사실을 수사하게 된 때에는 사법경찰관에게 사건을 송치할 것을 요구할 수 있다.
② 제1항의 요구를 받은 사법경찰관은 지체 없이 검사에게 사건을 송치하여야 한다. 다만, 검사가 영장을 청구하기 전에 동일한 범죄사실에 관하여 사법경찰관이 영장을 신청한 경우에는 해당 영장에 기재된 범죄사실을 계속 수사할 수 있다.

제245조의9(검찰청 직원)
① 검찰청 직원으로서 사법경찰관리의 직무를 행하는 자와 그 직무의 범위는 법률로 정한다.
② 사법경찰관의 직무를 행하는 검찰청 직원은 검사의 지휘를 받아 수사하여야 한다.
③ 사법경찰리의 직무를 행하는 검찰청 직원은 검사 또는 사법경찰관의 직무를 행하는 검찰청 직원의 수사를 보조하여야 한다.
④ 사법경찰관리의 직무를 행하는 검찰청 직원에 대하여는 제197조의2부터 제197조의4까지, 제221조의5, 제245조의5부터 제245조의8까지의 규정을 적용하지 아니한다.

제245조의10(특별사법경찰관리)
① 삼림, 해사, 전매, 세무, 군수사기관 기타 특별한 사항에 관하여 사법경찰관리의 직무를 행할 특별사법경찰관리와 그 직무의 범위는 법률로 정한다.
② 특별사법경찰관은 모든 수사에 관하여 검사의 지휘를 받는다.
③ 특별사법경찰관은 범죄의 혐의가 있다고 인식하는 때에는 범인, 범죄사실과 증거에 관하여 수사를 개시·진행하여야 한다.
④ 특별사법경찰관리는 검사의 지휘가 있는 때에는 이에 따라야 한다. 검사의 지휘에 관한 구체적 사항은 법무부령으로 정한다.
⑤ 특별사법경찰관은 범죄를 수사한 때에는 지체 없이 검사에게 사건을 송치하고, 관계 서류와 증거물을 송부하여야 한다.
⑥ 특별사법경찰관리에 대하여는 제197조의2부터 제197조의4까지, 제221조의5, 제245조의5부터 제245조의8까지의 규정을 적용하지 아니한다.

1 의 의

수사기관이란 법률상 수사를 할 수 있는 권한이 인정되는 국가기관을 말한다.

2 종 류

수사기관에는 검사와 사법경찰관리가 있으며, 사법경찰관리에는 일반사법경찰관리와 특별사법경찰관리가 있다.

I. 검사

① 검사는 범죄의 혐의가 있다고 사료하는 때에는 범인, 범죄사실과 증거를 수사한다(제196조)
② 검사는 수사기관이고, 소추기관인 동시에 재판의 집행기관이다.

II. 사법경찰관리

일반사법경찰관리와 특별사법경찰관리로 구분힌다.

1. 일반사법경찰관리(제197조)

사법경찰관	① 범죄의 혐의가 있다고 사료하는 때에는 범인, 범죄사실과 증거를 수사한다 (제1항) ② 경위 이상(경무관, 총경, 경정, 경감, 경위) ③ 검찰주사 및 주사보, 마약수사주사 및 주사보
사법경찰리	① 사법경찰리로서 수사의 보조를 하여야 한다(제2항) ② 경사 이하(경사, 경장, 순경) ③ 검찰서기 및 서기보, 마약수사서기 및 서기보 ④ (사법경찰관사무취급이 작성한 조서는 권한 있는 자가 작성한 조서이다) 사법경찰리작성의 진술조서 및 피의자신문조서는 형사소송법 제196조 제2항과 이에 근거를 둔 사법경찰관리집무규칙 제2조 및 경찰서직제 제6조, 경찰공무원법 제3조에 의하여 사법경찰리가 검사의 지휘를 받고 수사사무를 보조하기 위하여 작성한 서류라 할 것이므로 이를 권한 없는 자의 조서라 할 수 없다(대판 1982.12.28, 82도1080)

2. 특별사법경찰관리(제245조의10)

① 삼림, 해사, 전매, 세무, 군수사기관 기타 특별한 사항에 관하여 사법경찰관리의 직무를 행할 특별사법경찰관리와 그 직무의 범위는 법률로 정한다(제1항)
② 일반사법경찰관리는 권한이 일반적이고 포괄적이지만, 특별사법경찰관리는 그 권한의 범위가 사항적 또는 지역적으로 제한된다. 하지만 권한사항에 대해서는 일반사법경찰관리와 동일한 지위와 권한을 갖는다.
③ 특별사법경찰관은 모든 수사에 관하여 검사의 지휘를 받는다(제2항).
④ 특별사법경찰관리는 검사의 지휘가 있는 때에는 이에 따라야 한다. 검사의 지휘에 관한 구체적 사항은 법무부령으로 정한다(제4항)
⑤ 특별사법경찰관은 범죄를 수사한 때에는 지체없이 검사에게 사건을 송치하고, 관계서류와 증거물을 송부하여야 한다(제5항)

3 검사와 사법경찰관과의 관계

Ⅰ. 검사와 사법경찰관의 수사권 조정

1. 사법경찰관의 수사권

(1) 1차적 수사권

① 사법경찰관은 모든 사건에 대해서 1차적 수사권을 갖는다. 따라서 사법경찰관은 검사의 지휘 없이 수사의 개시와 진행을 할 수 있다(제197조 제1항 참고)

(2) 1차적 수사종결권

① 사법경찰관은 범죄를 수사한 후 범죄의 혐의가 있다고 인정되는 경우에는 지체없이 검사에게 사건을 송치하고, 관계 서류와 증거물을 검사에게 송부하여야 한다(제245조의5 제1호) [21 경찰채용]

② 사법경찰관은 범죄를 수사한 후 범죄의 혐의가 없다고 인정되는 경우에는 불송치결정을 할 수 있다(제245조의5 제2호). 이 경우에는 그 이유를 명시한 서면과 함께 관계 서류와 증거물을 지체 없이 검사에게 송부하여야 하고, 검사는 송부받은 날부터 **90일** 이내에 사법경찰관에게 반환하여야 한다(제245조의5 제2호) [21 경찰채용]

③ 사법경찰관은 위 송부한 날부터 **7일** 이내에 서면으로 고소인·고발인·피해자 또는 그 법정대리인(피해자가 사망한 경우에는 그 배우자·직계친족·형제자매를 포함한다)에게 사건을 검사에게 송치하지 아니하는 취지와 그 이유를 통지하여야 한다(제245조의6)

2. 검사의 수사권

(1) 2차적 수사권

① 원칙적으로 송치 전에는 사법경찰관이 1차적 수사권을 가진다.

② 검사는 사법경찰관의 사건 송치 후 공소제기 여부 결정과 공소유지를 위한 보완수사권을 가진다.

③ 사법경찰관의 불송치결정에 대한 고소인 등의 이의신청에 의하여 검찰에 송치된 사건에 대해서도 검사는 다시 수사를 해야 한다.

④ 사법경찰관의 수사과정에서의 법령위반, 인권침해 또는 현저한 수사권 남용에 대한 검사의 시정조치 요구가 정당한 이유없이 이행되지 않는다고 인정되는 경우에는 검사는 사법경찰관에게 사건을 송치할 것을 요구할 수 있고(제197조의3 제5항), 송치요구를 받은 사법경찰관은 검사에게 사건을 송치해야 하는데 이 경우에도 검사는 수사를 해야 한다.

(2) 예외적 수사개시권

> **검찰청법 제4조(검사의 직무)** ① 검사가 수사를 개시할 수 있는 범죄의 범위는 다음 각 목과 같다.
> 가. 부패범죄, 경제범죄 등 대통령령으로 정하는 중요 범죄
> 나. 경찰공무원(다른 법률에 따라 사법경찰관리의 직무를 행하는 자를 포함한다) 및 고위공직자범죄수사처 소속 공무원(「고위공직자범죄수사처 설치 및 운영에 관한 법률」에 따른 파견공무원을 포함한다)이 범한 범죄
> 다. 가목·나목의 범죄 및 사법경찰관이 송치한 범죄와 관련하여 인지한 각 해당 범죄와 직접 관련성이 있는 범죄

Ⅱ. 상호협력관계(제195조)

① 검사와 사법경찰관은 수사, 공소제기 및 공소유지에 관하여 서로 협력하여야 한다(제1항)
② 검사의 수사지휘권을 폐지하고, 검사와 사법경찰관은 수평적 상호협력관계에 해당한다.

Ⅲ. 검사의 보완수사요구(제197조의2)

① 검사는 다음 각 호의 어느 하나에 해당하는 경우에 사법경찰관에게 보완수사를 요구할 수 있다(제1항)
　㉠ 송치사건의 공소제기 여부 결정 또는 공소의 유지에 관하여 필요한 경우(제1항 제1호)
　㉡ 사법경찰관이 신청한 영장의 청구 여부 결정에 관하여 필요한 경우(제1항 제2호)
② 사법경찰관은 검사의 보완수사요구가 있는 때에는 정당한 이유가 없는 한 지체 없이 이를 이행하고, 그 결과를 검사에게 통보하여야 한다(제2항)
③ 검찰총장 또는 각급 검찰청 검사장은 사법경찰관이 정당한 이유 없이 검사의 보완수사요구에 따르지 아니하는 때에는 권한 있는 사람에게 해당 사법경찰관의 직무배제 또는 징계를 요구할 수 있고, 그 징계 절차는 「공무원 징계령」 또는 「경찰공무원 징계령」에 따른다(제3항)

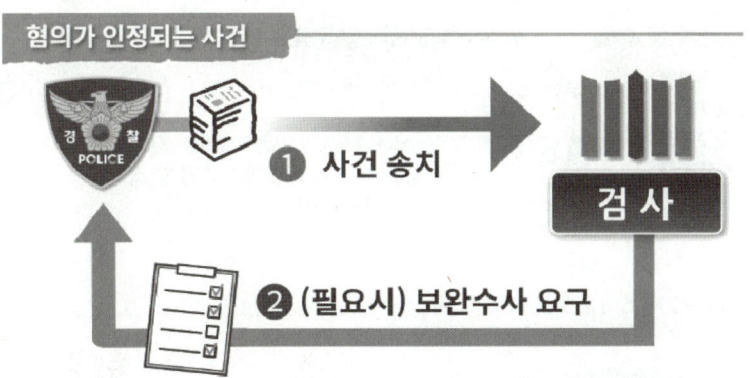

Ⅳ. 검사의 시정조치요구 및 사건송치요구(제197조의3)

① 검사는 사법경찰관리의 수사과정에서 법령위반, 인권침해 또는 현저한 수사권 남용이 의심되는 사실의 신고가 있거나 그러한 사실을 인식하게 된 경우에는 사법경찰관에게 사건기록 등본의 송부를 요구할 수 있다(제1항) [21 경찰채용]
② 송부 요구를 받은 사법경찰관은 지체 없이 검사에게 사건기록 등본을 송부하여야 한다(제2항)
③ 송부를 받은 검사는 필요하다고 인정되는 경우에는 사법경찰관에게 시정조치를 요구할 수 있다(제3항) [21 경찰채용]

④ 사법경찰관은 시정조치 요구가 있는 때에는 정당한 이유가 없는 한 지체없이 이를 이행하고, 그 결과를 검사에게 통보하여야 한다(제4항)

⑤ 통보를 받은 검사는 시정조치 요구가 정당한 이유 없이 이행되지 않았다고 인정되는 경우에는 사법경찰관에게 사건을 송치할 것을 요구할 수 있다(제5항) [21 경찰채용]

⑥ 송치 요구를 받은 사법경찰관은 검사에게 사건을 송치하여야 한다(제6항) [21 경찰채용]

⑦ 검찰총장 또는 각급 검찰청 검사장은 사법경찰관리의 수사과정에서 법령위반, 인권침해 또는 현저한 수사권 남용이 있었던 때에는 권한 있는 사람에게 해당 사법경찰관리의 징계를 요구할 수 있고, 그 징계 절차는 「공무원 징계령」 또는 「경찰공무원 징계령」에 따른다(제7항)

⑧ 사법경찰관은 피의자를 신문하기 전에 수사과정에서 법령위반, 인권침해 또는 현저한 수사권 남용이 있는 경우 검사에게 구제를 신청할 수 있음을 피의자에게 알려주어야 한다(제8항)

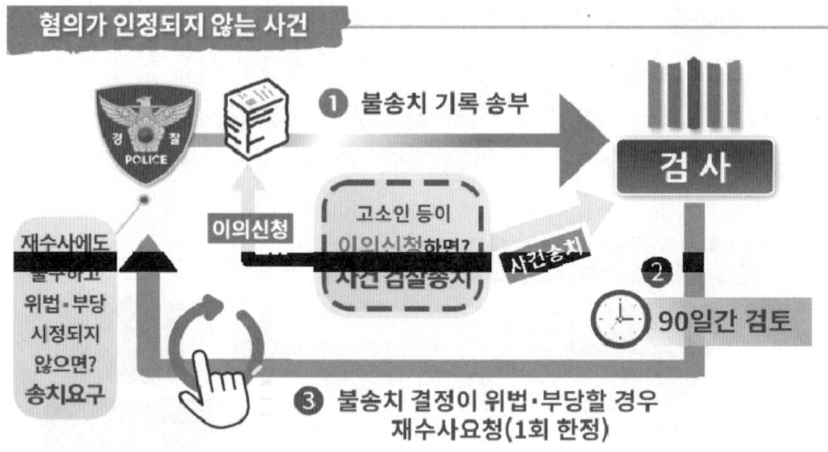

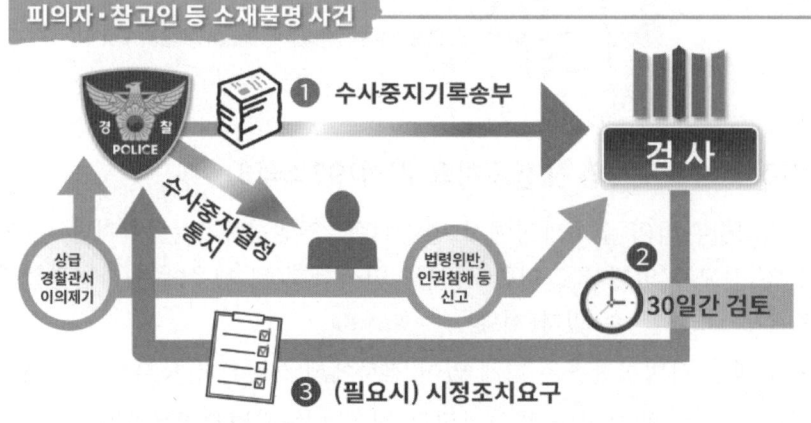

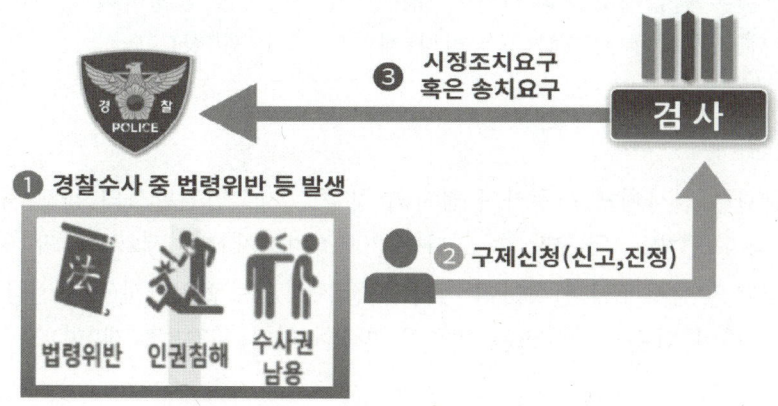

Ⅴ. 수사 경합시 검사의 사건송치 요구(제197조의4)

① 검사는 사법경찰관과 동일한 범죄사실을 수사하게 된 때에는 사법경찰관에게 사건을 송치할 것을 요구할 수 있다(제1항) [21 경찰채용, 21 해경채용]

② 요구를 받은 사법경찰관은 지체 없이 검사에게 사건을 송치하여야 한다. 다만, 검사가 영장을 청구하기 전에 동일한 범죄사실에 관하여 사법경찰관이 영장을 신청한 경우에는 해당 영장에 기재된 범죄사실을 계속 수사할 수 있다(제2항) [21 경찰채용]

㉠ 사법경찰관은 사건송치 요구를 받은 날부터 **7일** 이내에 사건을 검사에게 송치해야 한다. 이 경우 관계 서류와 증거물을 함께 송부해야 한다(수사준칙 제49조 제2항)

Ⅵ. 각종 명령과 지휘 등

1. 관할구역 외에서의 수사

사법경찰관리가 관할구역 외에서 수사하거나 관할구역 외의 사법경찰관리의 촉탁을 받아 수사할 때에는 관할지방검찰청 검사장 또는 지청장에게 보고하여야 한다(제210조)

2. 변사자검시

검사는 사법경찰관에게 검시에 관한 처분을 명할 수 있다(제222조 제3항)

3. 긴급체포

① 사법경찰관이 피의자를 긴급체포한 경우에는 즉시 검사의 승인을 얻어야 한다(제200조의3 제2항)

② 사법경찰관은 긴급체포한 피의자에 대하여 구속영장을 신청하지 아니하고 석방한 경우에는 즉시 검사에게 보고하여야 한다(제200조의4 제6항).

4. 영장의 신청

① 사법경찰관은 검사에게 신청하여 검사의 청구로 지방법원판사의 체포·구속영장을 발부받아 피의자를 체포·구속할 수 있다(제200조의2 제1항, 제201조 제1항).

② 사법경찰관은 검사에게 신청하여 검사의 청구로 지방법원판사(영장전담판사)가 발부한 영장에 의하여 압수·수색 또는 검증을 할 수 있다(제215조 제2항).

5. 영장의 집행

① 체포영장 또는 구속영장은 검사의 지휘에 의하여 사법경찰관리가 집행한다(제81조 제1항, 제200조의6, 제209조).

② 압수·수색영장은 검사의 지휘에 의하여 사법경찰관리가 집행한다(제115조, 제219조).

6. 압수물의 처분

사법경찰관이 압수물의 위탁보관, 폐기처분, 대가보관, 가환부 및 환부(압수장물의 피해자 환부 포함)를 함에는 검사의 지휘를 받아야 한다(제218조의2, 제219조).

7. 수사중지 및 교체임용 요구

서장이 아닌 경정 이하의 사법경찰관리가 직무집행과 관련하여 부당한 행위를 하는 경우 지방검찰청 검사장은 해당 사건의 수사 중지를 명하고, 임용권자에게 그 사법경찰관리의 교체임용을 요구할 수 있다(검찰청법 제54조 제1항).

8. 체포·구속장소 감찰

① 지방검찰청 검사장 또는 지청장은 불법체포·구속의 유무를 조사하기 위하여 검사로 하여금 매월 1회 이상 관하수사관서의 피의자의 체포·구속장소를 감찰하게 하여야 한다. 감찰하는 검사는 체포 또는 구속된 자를 심문하고 관련서류를 조사하여야 한다(제198조의2 제1항).

② 검사는 적법한 절차에 의하지 아니하고 체포 또는 구속된 것이라고 의심할 만한 상당한 이유가 있는 경우에는 즉시 체포 또는 구속된 자를 석방하거나 사건을 검찰에 송치할 것을 명하여야 한다(제198조의2 제2항).

[검사와 사법경찰관의 상호협력과 일반적 수사준칙에 관한 규정(대통령령)]

제5조(형사사건의 공개금지 등)
① 검사와 사법경찰관은 공소제기 전의 형사사건에 관한 내용을 공개해서는 안 된다.
② 검사와 사법경찰관은 수사의 전(全) 과정에서 피의자와 사건관계인의 사생활의 비밀을 보호하고 그들의 명예나 신용이 훼손되지 않도록 노력해야 한다.
③ 제1항에도 불구하고 법무부장관, 경찰청장 또는 해양경찰청장은 무죄추정의 원칙과 국민의 알권리 등을 종합적으로 고려하여 형사사건 공개에 관한 준칙을 정할 수 있다.

제6조(상호협력의 원칙)
① 검사와 사법경찰관은 상호 존중해야 하며, 수사, 공소제기 및 공소유지와 관련하여 협력해야 한다.
② 검사와 사법경찰관은 수사와 공소제기 및 공소유지를 위해 필요한 경우 수사·기소·재판 관련 자료를 서로 요청할 수 있다.
③ 검사와 사법경찰관의 협의는 신속히 이루어져야 하며, 협의의 지연 등으로 수사 또는 관련 절차가 지연되어서는 안 된다.

제8조(검사와 사법경찰관의 협의)
① 검사와 사법경찰관은 수사와 사건의 송치, 송부 등에 관한 이견의 조정이나 협력 등이 필요한 경우 서로 협의를 요청할 수 있다. 이 경우 특별한 사정이 없으면 상대방의 협의 요청에 응해야 한다.
② 제1항에 따른 협의에도 불구하고 이견이 해소되지 않는 경우로서 다음 각 호의 어느 하나에 해당하는 경우에는 해당 검사가 소속된 검찰청의 장과 해당 사법경찰관이 소속된 경찰관서(지방해양경찰관서를 포함한다. 이하 같다)의 장의 협의에 따른다.
  1. 중요사건에 관하여 상호 의견을 제시·교환하는 것에 대해 이견이 있거나 제시·교환한 의견의 내용에 대해 이견이 있는 경우
  2. 「형사소송법」(이하 "법"이라 한다) 제197조의2제2항 및 제3항에 따른 정당한 이유의 유무에 대해 이견이 있는 경우
  3. 법 제197조의4제2항 단서에 따라 사법경찰관이 계속 수사할 수 있는지 여부나 사법경찰관이 계속 수사할 수 있는 경우 수사를 계속할 주체 또는 사건의 이송 여부 등에 대해 이견이 있는 경우
  4. 법 제245조의8제2항에 따른 재수사의 결과에 대해 이견이 있는 경우

제9조(수사기관협의회)
① 대검찰청, 경찰청 및 해양경찰청 간에 수사에 관한 제도 개선 방안 등을 논의하고, 수사기관 간 협조가 필요한 사항에 대해 서로 의견을 협의·조정하기 위해 수사기관협의회를 둔다.
② 수사기관협의회는 다음 각 호의 사항에 대해 협의·조정한다.
  1. 국민의 인권보호, 수사의 신속성·효율성 등을 위한 제도 개선 및 정책 제안
  2. 국가적 재난 상황 등 관련 기관 간 긴밀한 협조가 필요한 업무를 공동으로 수행하기 위해 필요한 사항
  3. 그 밖에 제1항의 어느 한 기관이 수사기관협의회의 협의 또는 조정이 필요하다고 요구한 사항
③ 수사기관협의회는 반기마다 정기적으로 개최하되, 제1항의 어느 한 기관이 요청하면 수시로 개최할 수 있다.
④ 제1항의 각 기관은 수사기관협의회에서 협의·조정된 사항의 세부 추진계획을 수립·시행해야 한다.

⑤ 제1항부터 제4항까지의 규정에서 정한 사항 외에 수사기관협의회의 운영 등에 필요한 사항은 수사기관협의회에서 정한다.

4 고위공직자범죄수사처

Ⅰ. 의 의

① 고위공직자범죄수사처란 고위공직자범죄 등에 관한 수사 및 공소제기와 그 유지를 총괄하는 기관을 말한다. 고위공직자 등의 범죄를 독립된 위치에서 수사함으로써 투명성과 공직사회의 신뢰성을 높이기 위해 신설된 국가기관이다.
② 「고위공직자범죄수사처 설치 및 운영에 관한 법률(공수처법)」에 규정하고 있다(이하 공수처법 규정임).

Ⅱ. 조직 및 직무의 독립성 보장

① 수사처에는 처장 1명과 차장 1명을 두고, 25명 이내의 수사처검사와 40명 이내의 수사처수사관 및 그 밖의 행정사무 처리를 위해서 20명 이내의 필요한 직원을 둘 수 있다.
② 수사처는 그 권한에 속하는 직무를 독립하여 수행한다(제3조 제2항).
③ 대통령, 대통령비서실의 공무원은 수사처의 사무에 관하여 업무보고나 자료제출 요구, 지시, 의견제시, 협의, 그 밖에 직무수행에 관여하는 일체의 행위를 하여서는 아니 된다(제3조 제3항).
④ 수사처 소속 공무원은 정치적 중립을 지켜야 하며, 그 직무를 수행함에 있어 외부로부터 어떠한 지시나 간섭을 받지 아니한다(제22조).

Ⅲ. 수사 대상

1. 고위공직자 및 가족

① "고위공직자"란 다음 각 목의 어느 하나의 직(職)에 재직 중인 사람 또는 그 직에서 퇴직한 사람을 말한다. 다만, 장성급 장교는 현역을 면한 이후도 포함된다(제2조 제1호)
  가. 대통령
  나. 국회의장 및 국회의원
  다. 대법원장 및 대법관
  라. 헌법재판소장 및 헌법재판관
  마. 국무총리와 국무총리비서실 소속의 정무직공무원
  바. 중앙선거관리위원회의 정무직공무원
  사. 「공공감사에 관한 법률」 제2조 제2호에 따른 중앙행정기관의 정무직공무원
  아. 대통령비서실·국가안보실·대통령경호처·국가정보원 소속의 3급 이상 공무원
  자. 국회사무처, 국회도서관, 국회예산정책처, 국회입법조사처의 정무직공무원
  차. 대법원장비서실, 사법정책연구원, 법원공무원교육원, 헌법재판소사무처의 정무직공무원
  카. 검찰총장
  타. 특별시장·광역시장·특별자치시장·도지사·특별자치도지사 및 교육감
  파. 판사 및 검사
  하. 경무관 이상 경찰공무원
  거. 장성급 장교
  너. 금융감독원 원장·부원장·감사
  더. 감사원·국세청·공정거래위원회·금융위원회 소속의 3급 이상 공무원

② "가족"이란 배우자, 직계존비속을 말한다. 다만, 대통령의 경우에는 배우자와 4촌 이내의 친족을 말한다(제2조 제2호)

[고위공직자의 분류]

A급 고위공직자 [수사와 공소제기·유지를 공수처가 함]	B급 고위공직자 [수사는 공수처, 공소제기·유지는 검찰이 함]
① 대법원장 및 대법관 ② 검찰총장 ③ 판사 및 검사 ④ 경무관 이상 경찰공무원	① 대통령 ② 국회의장 및 국회의원 ③ 헌법재판소장 및 헌법재판관 ④ 국무총리와 국무총리비서실 소속 정무직 공무원 ⑤ 중앙선관위의 정무직공무원 ⑥ 중앙행정기관의 정무직공무원 ⑦ 대통령비서실 등 소속 3급 이상 공무원 ⑧ 국회사무처 등의 정무직공무원 ⑨ 대법원장비서실 등의 정무직공무원 ⑩ 시·도지사 및 교육감 ⑪ 장성급 장교 ⑫ 금융감독원 원장·부원장·감사 ⑬ 감사원·국세청·공정거래위원회·금융위원회 소속 3급 이상 공무원

2. 범죄의 범위

(1) 고위공직자 범죄

① '고위공직자 범죄'란 고위공직자로 재직 중에 본인 또는 본인의 가족이 범한 다음 각 목의 어느 하나에 해당하는 죄를 말한다. 다만, 가족의 경우에는 고위공직자의 직무와 관련하여 범한 죄에 한정한다(제2조 제3호)

형법	① 직무유기 ② 직권남용권리행사방해, 직권남용(체포·감금), 독직(폭행·가혹행위) ③ 피의사실공표 ④ 공무상비밀누설 ⑤ 선거방해 ⑥ 뇌물(수수·요구·약속), 사전뇌물(수수·요구·약속), 제3자뇌물(수수·요구·약속), 수뢰후부정처사, 부정처사후수뢰, 사후수뢰죄, 알선뇌물(수수·요구·약속), 뇌물(공여·공여약속·공여의사표시), 제3자뇌물(교부·취득) ⑦ 공용(서류·물건·전자기록등)(손상·은닉·무효), 공용(건조물·선박·기차·항공기)파괴

	⑧ 공문서·공도화 위조·변조, 허위공문서·공도화 작성·변개, 공전자기록등 위작·변작, 위조·변조공문서·공도화행사, 허위작성·변개공문서·공도화행사, 위작·변작공전자기록등행사 ⑨ 횡령, 배임, 업무상 횡령·배임, 배임수재 및 배임증재 ※ ⑦~⑨ 범죄는 직무와 관련되는 경우에 한하여 고위공직자범죄가 된다.
형사 특별법	① 알선수재(특정범죄 가중처벌 등에 관한 법률 제3조) ② 알선수재(변호사법 제111조) ③ 정치자금부정수수(정치자금법 제45조) ④ 정치관여(국가정보원법 제21조), 직권남용(동법 제22조) ⑤ 국회위증(국회에서의 증언·감정 등에 관한 법률 제14조 제1항)

(2) 관련 범죄

'관련범죄'란 다음 각 목의 어느 하나에 해당하는 죄를 말한다(제2조 제4호)

관련 범죄	① 고위공직자와 공동정범·교사범·방조범 관계에 있는 자가 범한 고위공직자범죄 해당 범죄 ② 고위공직자를 상대로 한 자의 뇌물(공여·공여약속·공여의사표시), 제3자뇌물(교부·취득), 배임증재 ③ 고위공직자범죄와 관련된 범인(은닉·도피), 위증, 모해위증, (허위·모해허위)(감정·통역·번역), 증거(인멸·은닉·위조·변조), (위조·변조)증거사용, 증인(은닉·도피), 무고, 국회위증 ④ 고위공직자범죄 수사 과정에서 인지한 그 고위공직자범죄와 직접 관련성이 있는 죄로서 해당 고위공직자가 범한 죄

Ⅳ. 고위공직자범죄수사처 검사의 수사와 공소제기 및 유지

1. 수사처검사의 수사

수사처검사는 고위공직자범죄의 혐의가 있다고 사료하는 때에는 범인, 범죄사실과 증거를 수사하여야 한다(제23조)

2. 다른 수사기관과의 관계

① 수사처의 범죄수사와 중복되는 다른 수사기관의 범죄수사는 처장이 수사의 진행정도 및 공정성 논란 등에 비추어 수사처에서 수사하는 것이 적절하다고 판단하여 이첩을 요청하는 경우 해당 수사기관은 이를 응하여야 한다(제24조 제1항)

② 다른 수사기관이 범죄를 수사하는 과정에서 고위공직자범죄등을 인지한 경우 그 사실을 즉시 수사처에 통보하여야 한다(제24조 제2항)

③ 처장은 피의자, 피해자, 사건의 내용과 규모 등에 비추어 다른 수사기관이 고위공직자범죄등을 수사하는 것이 적절하다고 판단될 때에는 해당 수사기관에 사건을 이첩할 수 있다(제24조 제3항)

④ 제2항에 따라 고위공직자범죄등 사실의 통보를 받은 처장은 통보를 한 다른 수사기관의 장에게 수사처규칙으로 정한 기간과 방법으로 수사개시 여부를 회신하여야 한다(제24조 제4항)

3. 수사처검사 및 검사 범죄에 대한 수사

① 처장은 수사처검사의 범죄 혐의를 발견한 경우에 관련 자료와 함께 이를 대검찰청에 통보하여야 한다(제25조 제1항)

② 수사처 외의 다른 수사기관이 검사의 고위공직자범죄 혐의를 발견한 경우 그 수사기관의 장은 사건을 수사처에 이첩하여야 한다(제25조 제2항)

4. 수사처검사의 관계 서류와 증거물 송부 등

① 수사처검사는 '대법원장, 대법관, 검찰총장, 판사, 검사 및 경무관 이상 경찰공무원으로 재직 중에 본인 또는 본인의 가족이 범한 고위공직자범죄 및 관련범죄' 사건을 제외한 고위공직자범죄등에 관한 수사를 한 때에는 관계 서류와 증거물을 지체 없이 서울중앙지방검찰청 소속 검사에게 송부하여야 한다(제26조 제1항)

② 관계서류와 증거물을 송부받아 사건을 처리하는 검사는 처장에게 해당 사건의 공소제기 여부를 신속하게 통보하여야 한다(제26조 제2항)

5. 관련인지 사건의 이첩

처장은 고위공직자범죄에 대하여 불기소 결정을 하는 때에는 해당 범죄의 수사과정에서 알게 된 관련범죄 사건을 대검찰청에 이첩하여야 한다(제27조)

6. 재판관할

수사처검사가 공소를 제기하는 고위공직자범죄등 사건의 제1심 재판은 서울중앙지방법원의 관할로 한다. 다만, 범죄지, 증거의 소재지, 피고인의 특별한 사정 등을 고려하여 수사처검사는 「형사소송법」에 따른 관할 법원에 공소를 제기할 수 있다(제31조)

7. 형의 집행

① 수사처검사가 공소를 제기하는 고위공직자범죄등 사건에 관한 재판이 확정된 경우 제1심 관할지방법원에 대응하는 검찰청 소속 검사가 그 형을 집행한다(제28조 제1항)

② 처장은 원활한 형의 집행을 위하여 해당 사건 및 기록 일체를 관할 검찰청의 장에게 인계한다(제28조 제2항)

8. 재정신청에 대한 특례

① 고소·고발인은 수사처검사로부터 공소를 제기하지 아니한다는 통지를 받은 때에는 서울고등법원에 그 당부에 관한 재정을 신청할 수 있다(제29조 제1항)

② 재정신청을 하려는 사람은 공소를 제기하지 아니한다는 통지를 받은 날부터 30일 이내에 처장에게 재정신청서를 제출하여야 한다(제29조 제2항)

③ 재정신청서에는 재정신청의 대상이 되는 사건의 범죄사실 및 증거 등 재정신청을 이유 있게 하는 사유를 기재하여야 한다(제29조 제3항)

④ 재정신청서를 제출받은 처장은 재정신청서를 제출받은 날부터 7일 이내에 재정신청서·의견서·수사 관계 서류 및 증거물을 서울고등법원에 송부하여야 한다. 다만, 신청이 이유 있는 것으로 인정하는 때에는 즉시 공소를 제기하고 그 취지를 서울고등법원과 재정신청인에게 통지한다(제29조 제4항)

⑤ 이 법에서 정한 사항 외에 재정신청에 관하여는 「형사소송법」 제262조 및 제262조의2부터 제262조의4까지의 규정을 준용한다. 이 경우 관할법원은 서울고등법원으로 하고, "지방검찰청검사장 또는 지청장"은 "처장", "검사"는 "수사처검사"로 본다(제29조 제5항)

제2절 피의자

1 의 의

① 피의자란 수사기관에 의하여 범죄의 혐의를 받고 수사의 대상이 되어 있는 자로, 아직 공소제기 되지 않은 자를 말한다.
② 피의자는 수사의 개시부터 공소제기 전까지의 개념으로서 진범인가의 여부를 불문한다. [21 경찰승진]

2 피의자의 시기와 종기

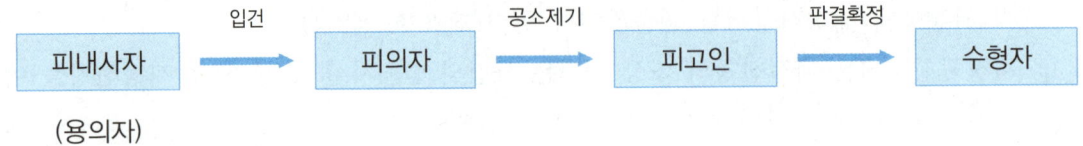

(용의자)

Ⅰ. 피의자의 시기

범죄인지, 고소, 고발 등의 사유로 수사기관이 수사를 개시할 때에 피의자가 된다.

1. 인지(입건)

① 수사기관이 범죄를 인지하고 수사를 개시할 경우는 범죄를 인지시에 피의자가 된다. 범죄인지를 실무상 입건이라고도 한다.

| 판례 | ① [1] 수사기관에 의한 진술거부권 고지의 대상이 되는 피의자의 지위는 수사기관이 범죄인지서를 작성하는 등의 형식적인 사건수리절차를 거치기 전이라도 조사 대상자에 대하여 범죄의 혐의가 있다고 보아 실질적으로 수사를 개시하는 행위를 한 때에 인정된다.
[2] 사법경찰관이 범죄인지서를 작성하는 등 인지절차를 밟기 전에 수사를 하였더라도 그 수사는 위법한 수사가 아니다(대판 2015.10.29. 2014도5939) [20·18 경간, 19·18 경찰채용, 17 변호사시험, 16 검찰9급] |

2. 기 타

① 수사기관이 현행범인을 발견하거나 인도받은 경우에는 발견시 또는 인도시에 그 대상자는 피의자가 된다. 고소·고발 사건의 경우에는 고소·고발을 받은 때에 피의자가 되고, 자수의 경우에는 자수한 때 피의자가 된다.

Ⅱ. 피의자의 종기

① 공소제기에 의하여 피의자는 피고인으로 전환되므로 공소제기에 의하여 피의자의 지위는 소멸한다.
② 불기소처분의 경우에 불기소처분 확정시에 피의자의 지위는 소멸한다. 따라서 불기소처분에 대하여 검찰항고·재정신청이 제기된 경우에는 그 절차가 종결되어야 피의자의 지위가 소멸한다.

Ⅲ. 소송법상 지위

① 형사소송법상 피의자는 수사의 대상에 불과하고 수사의 주체는 아니다. 그러나 피의자는 앞으로 당사자인 피고인이 된다는 점에서 준당사자라고 할 수 있고 형사소송법은 적정절차의 이념을 실현하기 위하여 피의자에게 여러 권리를 인정해 주고 있다.
② 형사소송법상 피의자의 권리와 피고인의 권리는 동일하지 않다. [21 경찰승진]

Ⅳ. 피의자의 권리

인정되는 것	인정되지 않는 것
① 진술거부권[1]	① 수사상 증인신문청구권
② 변호인과의 접견교통권	② 보석청구권[2]
③ 체포·구속적부심사청구권	③ 국선변호인제도
④ 변호인 선임권	④ 수사중지청구권
⑤ 증거보전청구권	⑤ 기피신청권
⑥ 피의자신문조서에 대한 열람권	
⑦ 구속취소청구권	
⑧ 압수·수색·검증 참여권	

1) 진술거부권, 변호인선임권, 변호인접견교통권, 체포·구속적부심사청구권은 헌법상 기본권으로 보장된다.
2) 보석청구권은 피고인에게 인정되는 권리이다.

03 수사의 개시

제1절 수사의 단서

Ⅰ. 의의

수사기관은 범죄의 혐의가 있으면 수사를 개시할 수 있는데, 수사를 개시할 수 있는 자료를 수사의 단서라고 한다.

Ⅱ. 종류

1. 수사기관 자신의 체험에 의한 단서

내용	① 현행범인의 체포(형소법 제211조) ② 불심검문(경찰관직무집행법 제3조)[1] ③ 변사자검시(형소법 제222조) ④ 다른 사건 수사 중 범죄발견 ⑤ 범죄첩보 ⑥ 신문, 출판물, 풍설 등

1) 불심검문은 형사소송법이 규정하는 수사의 단서가 아니다

2. 타인의 체험에 의한 단서

내용	① 고소, 고발(형소법 제223조, 234조) ② 자수(형소법 제240조) ③ 피해신고(익명신고 포함) ④ 투서, 진정, 탄원 등

Ⅲ. 수사개시의 시점

① 고소, 고발, 자수가 있는 때에는 대부분 신빙성이 높기 때문에 즉시 수사가 개시된다.

② 그 이외의 수사의 단서의 경우에는 즉시 수사가 개시되는 것이 아니라 수사기관이 범죄혐의가 있다고 판단하여 수사를 개시하는 범죄인지에 의하여 비로소 수사가 개시된다. 범죄인지 이전의 단계는 수사가 아니라 입건전 조사에 불과하다.

제2절 불심검문

경찰관직무집행법 제3조(불심검문)
① 경찰관은 다음 각 호의 어느 하나에 해당하는 사람을 정지시켜 질문할 수 있다.
　1. 수상한 행동이나 그 밖의 주위 사정을 합리적으로 판단하여 볼 때 어떠한 죄를 범하였거나 범하려고 하고 있다고 의심할 만한 상당한 이유가 있는 사람
　2. 이미 행하여진 범죄나 행하여지려고 하는 범죄행위에 관한 사실을 안다고 인정되는 사람
② 경찰관은 제1항에 따라 같은 항 각 호의 사람을 정지시킨 장소에서 질문을 하는 것이 그 사람에게 불리하거나 교통에 방해가 된다고 인정될 때에는 질문을 하기 위하여 가까운 경찰서·지구대·파출소 또는 출장소로 동행할 것을 요구할 수 있다. 이 경우 동행을 요구받은 사람은 그 요구를 거절할 수 있다.
③ 경찰관은 제1항 각 호의 어느 하나에 해당하는 사람에게 질문을 할 때에 그 사람이 흉기를 가지고 있는지를 조사할 수 있다.
④ 경찰관은 제1항이나 제2항에 따라 질문을 하거나 동행을 요구할 경우 자신의 신분을 표시하는 증표를 제시하면서 소속과 성명을 밝히고 질문이나 동행의 목적과 이유를 설명하여야 하며, 동행을 요구하는 경우에는 동행 장소를 밝혀야 한다.
⑤ 경찰관은 제2항에 따라 동행한 사람의 가족이나 친지 등에게 동행한 경찰관의 신분, 동행 장소, 동행 목적과 이유를 알리거나 본인으로 하여금 즉시 연락할 수 있는 기회를 주어야 하며, 변호인의 도움을 받을 권리가 있음을 알려야 한다.
⑥ 경찰관은 제2항에 따라 동행한 사람을 6시간을 초과하여 경찰관서에 머물게 할 수 없다.
⑦ 제1항부터 제3항까지의 규정에 따라 질문을 받거나 동행을 요구받은 사람은 형사소송에 관한 법률에 따르지 아니하고는 신체를 구속당하지 아니하며, 그 의사에 반하여 답변을 강요당하지 아니한다.

1 의 의

1. 개 념

① 불심검문은 경찰관이 범죄예방 및 범인검거의 목적으로 거동(행동)이 수상한 자를 정지시켜서 질문하는 것을 말한다(경찰관직무집행법 제3조 제1항 참고).
   ※ 불심(不審) : 자세히 알지 못하거나 의심스러운 것
② 불심검문은 경찰관직무집행법상의 법적 근거이지 형사소송법상의 법적 근거가 아니다.
   [21 경찰승진]

2. 법적 성격

불심검문 그 자체는 수사가 아니라 행정경찰작용에 속하는 수사전 처분에 불과하다. 그러나 불심검문 도중 수사기관이 범죄혐의를 갖게 되면 언제든지 임의수사 또는 강제수사로 발전할 수 있기 때문에 불심검문은 중요한 수사의 단서에 해당한다.

2 불심검문의 대상

> **경찰관직무집행법 제3조**
> ① 경찰관은 다음 각 호의 어느 하나에 해당하는 사람을 정지시켜 질문할 수 있다.
>   1. 수상한 행동이나 그 밖의 주위 사정을 합리적으로 판단하여 볼 때 어떠한 죄를 범하였거나 범하려 하고 있다고 의심할 만한 상당한 이유가 있는 사람
>   2. 이미 행하여진 범죄나 행하여지려고 하는 범죄행위에 관한 사실을 안다고 인정되는 사람

① 불심검문의 대상자는 수상한 행동이나 그 밖의 주위 사정을 합리적으로 판단하여 볼 때 어떠한 죄를 범하였거나 범하려 하고 있다고 의심할 만한 상당한 이유가 있는 사람(용의자) 또는 이미 행하여진 범죄나 행하여지려고 하는 범죄행위에 관한 사실을 안다고 인정되는 사람(참고인)이다. [18 경찰승진]

판례	① 경찰관이 불심검문 대상자 해당 여부를 판단할 때에는 객관적·합리적인 기준에 따라야 하나, 반드시 불심검문 대상자에게 형사소송법상 **체포나 구속에 이를 정도의 혐의가 있을 것을 요한다고 할 수는 없다**(대판 2014.12.11. 2014도7976) [20·17 경찰승진, 20·19·17 해경채용, 20·18·16 해경간부, 19·17 경찰채용, 15 검찰9급 등]

3 불심검문의 방법

Ⅰ. 정지와 질문

1. 정 지

① 정지는 질문을 위한 선행수단으로 거동불심자를 불러 세우는 것을 말한다.

② 정지는 질문을 위한 수단에 불과하므로 강제수단은 허용되지 않는다.

③ 다만, 사태의 긴급성, 혐의의 정도, 질문의 필요성과 수단의 상당성을 고려하여 강제에 이르지 않은 정도의 유형력의 행사는 가능하다. 예를 들면, 길을 가로막거나 추적하거나 또는 몸에 손을 대는 정도는 불심검문의 실효성을 확보하기 위하여 허용된다.

판례	① 경찰관은 경찰관직무집행법 제3조 제1항에 규정된 대상자에게 질문을 하기 위하여 범행의 경중, 범행과의 관련성, 상황의 긴박성, 혐의의 정도, 질문의 필요성 등에 비추어 그 목적 달성에 필요한 최소한의 범위 내에서 사회통념상 용인될 수 있는 상당한 방법으로 그 대상자를 정지시킬 수 있다(대판 2014.12.11, 2014도7976)
적법한 불심검문 ○	① 인근에서 자전거를 이용한 날치기 사건이 발생한 직후 검문을 하던 경찰관들이 날치기 사건의 범인과 흡사한 인상착의인 피고인을 발견하고 앞을 가로막으며 진행을 제지한 행위는 목적 달성에 필요한 최소한의 범위 내에서 사회통념상 용인될 수 있는 상당한 방법에 의한 것으로 적법한 공무집행에 해당한다 (대판 2012.9.13, 2010도6203) [21 경찰승진, 20 경간, 20·17 해경채용, 19·16 경찰채용] ② 술값문제로 시비가 있다는 신고를 받고 출동한 파출소 소속 경찰A와 경찰B가 여종업원과 여사장으로부터 피고인이 술값을 내지 않고 가려다 여종업원과 실랑이가 있었다는 경위를 듣고, 경찰A가 음식점 밖으로 나가려는 피고인의 앞을 막으며 "상황을 설명해 주십시오"라고 말한 것은 목적달성에 필요한 최소한의 범위에서 사회통념상 용인될 수 있는 방법에 의한 것으로 적법한 공무집행에 해당한다(대판 2014.12.11, 2014도7976)

2. 질 문

① 경찰관은 질문할 경우 자신의 신분을 표시하는 증표를 제시하면서 소속과 성명을 밝히고 질문의 목적과 이유를 설명하여야 한다(경직법 제3조 제4항) [19 해경채용, 18·15 경찰승진, 16 경찰채용]

② 질문에 대하여 상대방은 응할 의무가 없으며 답변의 강요는 허용되지 아니한다.

판례	① 검문하는 사람이 경찰관이고 검문하는 이유가 범죄행위에 관한 것임을 피고인이 충분히 알고 있었다고 보이는 경우에는 신분증을 제시하지 않았다고 하여 그 불심검문이 위법한 공무집행이라고 할 수 없다(대판 2014.12.11, 2014도7976) [21·20·18·17 경찰승진, 20 경간, 20·15 검찰9급, 20·19 해경채용, 19 변호사시험, 19·16 경찰채용, 18 해경간부 등]

Ⅱ. 동행요구(임의동행의 요구)

1. 의 의

① 경찰관은 사람을 정지시킨 장소에서 질문을 하는 것이 ㉠ **그 사람에게 불리하거나,** ㉡ **교통에 방해가 된다고 인정될 때**에는 질문을 하기 위하여 가까운 경찰관서로 동행할 것을 요구할 수 있다. 이 경우 동행을 요구받은 사람은 그 요구를 거절할 수 있다(경직법 제3조 제2항) [18·16 해경간부, 17·15 경찰승진, 16 경찰채용, 15·14 검찰9급]

2. 절 차

① 경찰관은 동행을 요구할 경우 자신의 신분을 표시하는 증표를 제시하면서 소속과 성명을 밝히고 동행의 목적과 이유를 설명하여야 하며, 동행 장소를 밝혀야 한다(경직법 제3조 제4항) [18·15 경찰승진, 16 경찰채용]

② 동행을 요구받은 사람은 그 요구를 거절할 수 있고, 임의동행 후 언제라도 퇴거할 자유가 있다. 경찰관은 동행요구시에는 경찰장구를 사용할 수 없다. [15·13 검찰9급]

③ 경찰관은 동행한 사람의 가족이나 친지 등에게 동행한 경찰관의 신분, 동행 장소, 동행 목적과 이유를 알리거나 본인으로 하여금 즉시 연락할 수 있는 기회를 주어야 하며, **변호인의 도움을 받을 권리가 있음을 알려야 한다**(경직법 제3조 제5항) [21·18·15 경찰승진, 16 경찰채용]

④ 경찰관은 동행한 사람을 **6시간**을 초과하여 경찰관서에 머물게 할 수 없다(경직법 제3조 제6항) [17·15 경찰승진]

판례	① [1] 경찰관으로부터 임의동행 요구를 받은 경우 상대방은 이를 거절할 수 있을 뿐만 아니라 임의동행 후 언제든지 경찰관서에서 퇴거할 자유가 있다 [2] 경찰관직무집행법 제3조 제6항이 '임의동행한 경우 당해인을 6시간을 초과하여 경찰관서에 머물게 할 수 없다'고 규정하고 있다고 하여 그 규정이 **임의동행한 자를 6시간 동안 경찰관서에 구금하는 것을 허용하는 것은 아니다.** [3] 피고인이 파출소까지 임의동행한 후 조사받기를 거부하고 파출소에서 나가려고 하다가 경찰관이 이를 제지하자 이에 항거하여 그 경찰관을 폭행한 경우라도 공무집행방해죄는 성립하지 않는다(대판 1997.8.22. 97도1240) [20·14·13 경간, 20 해경간부, 19·17 경찰채용, 19·17 해경채용, 19 법학특채, 17 경찰채용 등]

Ⅲ. 소지품 검사

1. 의 의
① 불심검문에 수반하여 흉기의 소지여부를 밝히기 위하여 거동불심자의 착의 또는 휴대품을 조사하는 것을 말한다.

2. 대 상

(1) 흉기 조사
① 경찰관은 거동불심자에 해당하는 사람에게 질문을 할 때에 그 사람이 흉기를 가지고 있는지를 조사할 수 있다(경직법 제3조 제3항). [14·13 검찰9급, 13 경간]
② 경찰관은 불심검문시에 대상자의 의복이나 소지품의 외부를 손으로 만져 흉기의 소지여부를 확인할 수 있고 상황에 따라서는 소지품의 개시를 요구할 수 있다. [13 경간]

판례	① 경찰관은 「경찰관 직무집행법」 제3조 제1항에 규정된 대상자에게 질문을 하기 위하여 범행의 경중, 범행과의 관련성, 상황의 긴박성, 혐의의 정도, 질문의 필요성 등에 비추어 목적 달성에 필요한 최소한의 범위 내에서 사회통념상 용인될 수 있는 상당한 방법으로 대상자를 정지시킬 수 있고 질문에 수반하여 흉기의 소지여부도 조사할 수 있다(대판 2014.12.11, 2014도7976) [20 해경채용]

(2) 일반 소지품 검사
① 불심검문의 안전과 질문의 실효성을 유지하기 위하여 의복이나 휴대품의 외부를 손으로 만져 확인하는 이른바 외표검사 정도는 허용된다는 입장이다

Ⅳ. 자동차 검문

자동차 검문은 임의수사의 성격을 가진다. 따라서 자동차 검문은 원칙적으로 임의의 수단에 의할 것을 요하고, 자동차를 이용하는 중대범죄에 제한되어야 하며, 범죄의 예방과 검거를 위하여 필요하고 적절한 경우여야 하고, 자동차 이용자에 대한 자유의 제한은 필요한 최소한도에 그쳐야 한다.

제3절 변사자검시

> 제222조(변사자의 검시)
> ① 변사자 또는 변사의 의심 있는 사체가 있는 때에는 그 소재지를 관할하는 지방검찰청 검사가 검시하여야 한다.
> ② 전항의 검시로 범죄의 혐의를 인정하고 긴급을 요할 때에는 영장없이 검증을 할 수 있다.
> ③ 검사는 사법경찰관에게 전2항의 처분을 명할 수 있다.

1 의의

① 변사자란 통상의 병사 또는 자연사가 아닌 사체로서 범죄로 인한 사망의 의심이 있는 사체를 말한다. [20 경찰채용]
② 변사자검시란 범죄혐의 유무를 발견하기 위하여 검사가 변사자의 상황을 조사하는 것을 말한다. 자연사한 사체나 천재지변에 의하여 사망한 사체는 범죄와 관련이 없으므로 변사자검시의 대상이 되지 아니한다.
③ 검시는 수사의 단서인 수사전의 처분이고, 강제수사인 검증과는 구별된다.

2 내용

① 변사자검시의 주체는 관할 지방검찰청 검사이다. 다만, 검사는 사법경찰관에게 검시에 관한 처분을 명할 수 있다(제222조 제1항, 제3항). [15 경찰승진]
② 변사자검시는 수사의 단서에 불과하므로 영장을 요하지 아니한다. 변사자검시로 범죄의 혐의를 인정하고 긴급을 요할 때에는 영장없이 검증을 할 수 있다(제222조 제2항) [20·16 경찰승진, 20·18 경찰채용, 19 경간]

제4절 고 소

1 서 설

Ⅰ. 고소의 개념

① 고소는 범죄의 피해자 또는 그와 일정한 관계에 있는 자(고소권자)가 수사기관에 범죄사실을 신고하여 범인의 처벌을 구하는 의사표시를 말한다.
② 비친고죄에서의 고소는 수사의 단서에 불과하다. 다만, 친고죄인 경우에는 수사의 단서뿐만 아니라 소송조건이 된다.

Ⅱ. 고소의 개념요소

1. 고소권자의 신고

① 고소는 그 주체가 고소권자라는 점에서 제3자가 주체가 되는 고발과 구별된다.

2. 수사기관에 대한 신고

① 고소는 수사기관에 대한 의사표시이다. 따라서 법원에 범인처벌을 구하는 진정서 제출이나 피고인의 처벌을 구하는 증언은 고소가 아니다.

| 판례 | ① [1] 수사기관이 아닌 법원에 진정서를 제출하거나 범인의 처벌을 구하는 의사표시를 하더라도 고소의 효력이 발생하지 않는다.
[2] 피해자가 법원에 대하여 범죄사실을 적시하고 "피고인을 엄벌에 처하라"는 내용의 진술서를 제출하거나 증인으로서 증언하면서 판사의 신문에 대해 "피고인의 처벌을 바란다"는 취지의 진술을 하였다 하더라도 이는 고소로서의 효력이 없다(대판 1984.6.26. 84도709) [13 경간] |

3. 범죄사실의 신고

① 고소는 범죄사실을 신고하는 것이므로, 고소의 대상인 범죄사실은 특정되어야 한다. 특정의 정도는 고소인의 의사가 구체적으로 어떤 범죄사실을 지정하여 범인의 처벌을 구하고 있는 것인가를 확정할 수만 있으면 된다.
② 범죄의 일시, 장소, 방법, 죄명, 피해 등을 특정할 필요는 없다. 범인의 적시도 불필요하다.

| 판례 | ① 고소는 고소인이 일정한 범죄사실을 수사기관에 신고하여 범인의 처벌을 구하는 의사표시이므로 그 고소한 범죄사실이 특정되어야 할 것이나 그 특정의 정도는 고소인의 의사가 구체적으로 어떤 범죄사실을 지정하여 범인의 처벌을 구하고 있 |

는 것인가를 확정할 수만 있으면 된다(대판 2003.10.23, 2002도446)
② 고소는 고소인 자신이 직접 범행의 일시, 장소와 방법 등까지 구체적으로 상세히 지적하여 그 범죄사실을 특정할 필요까지는 없다(대판 1999.3.26, 97도1769) [16 해경간부, 15 검찰7급]
③ 고소인은 범죄사실을 특정하여 신고하면 족하고 범인이 누구인지 나아가 범인 중 처벌을 구하는 자가 누구인지를 적시할 필요도 없다(대판 1996.3.12, 94도2423)
④ 범인의 성명이 불명이거나 또는 오기가 있었다거나 범행의 일시·장소·방법 등이 명확하지 않거나 틀리는 것이 있다고 하더라도 고소의 효력에는 아무 영향이 없다(대판 1984.10.23, 84도1704) [17 해경간부]

4. 범인의 처벌을 구하는 의사표시

① 고소는 범인의 처벌을 구하는 의사표시이다. 따라서 범인처벌의 의사표시가 없는 단순한 피해신고 또는 진정 등은 고소가 아니다.

| 판례 | ① 고소는 범죄의 피해자 기타 고소권자가 수사기관에 대하여 범죄사실을 신고하여 범인의 소추를 구하는 의사표시를 말하는 것으로서, **단순한 피해사실의 신고**는 소추·처벌을 구하는 의사표시가 아니므로 고소가 아니다(대판 2008.11.27, 2007도4977) [16 검찰9급, 15 경찰승진]
② 고소인이 현장에 출동한 경찰관에게 고소장을 교부하였으나 경찰서에 도착하여 최종적으로 고소장을 접수하지 아니하기로 마음먹고 고소장을 반환받았다면, 고소장이 수사기관에 적법하게 수리되었다고 할 수 없다(대판 2008.11.27, 2007도4977) [17 검찰7급, 17 해경간부]
③ 피해자가 **경찰청 인터넷 홈페이지에 '피고인을 철저히 조사해 달라'는 취지의 신고민원을 접수**하는 형태로 피고인에 대한 조사를 촉구하는 의사표시를 한 것은 형사소송법 제237조 제1항에 따른 적법한 고소를 한 것으로 볼 수 없다(대판 2012.2.23, 2010도9524) [20 경찰승진, 17 변호사시험, 17 경찰채용] |

5. 고소능력

① 고소를 하기 위해서는 고소의 의미를 이해할 수 있는 고소능력이 있어야 한다. 따라서 고소능력이 있다면 민법상 무능력자인 미성년자라도 범인을 고소할 수 있다.
   예) 성폭행을 당한 고등학생은 범인을 고소할 수 있다.

| 판례 | ① 고소능력은 피해를 받은 사실을 이해하고 고소에 따른 사회생활상의 이해관계를 알아차릴 수 있는 사실상의 의사능력으로 충분하므로 민법상의 행위능력이 없는 사람이라도 위와 같은 능력을 갖춘 사람이면 고소능력이 인정된다(대판 2011.6.24, 2011도4451) [21·17·15 경찰승진, 20·18·17·15 경찰채용, 17 경간, 17 법원9급 등] |

2 고소의 절차

Ⅰ. 고소권자

> **제223조(고소권자)** 범죄로 인한 피해자는 고소할 수 있다.
>
> **제225조(비피해자인 고소권자)** ① 피해자의 법정대리인은 독립하여 고소할 수 있다.
> ② 피해자가 사망한 때에는 그 배우자, 직계친족 또는 형제자매는 고소할 수 있다. 단, 피해자의 명시한 의사에 반하지 못한다.
>
> **제226조(비피해자인 고소권자)** 피해자의 법정대리인이 피의자이거나 법정대리인의 친족이 피의자인 때에는 피해자의 친족은 독립하여 고소할 수 있다.
>
> **제227조(비피해자인 고소권자)** 사자의 명예를 훼손한 범죄에 대하여는 그 친족 또는 자손은 고소할 수 있다.
>
> **제228조(고소권자의 지정)** 친고죄에 대하여 고소할 자가 없는 경우에 이해관계인의 신청이 있으면 검사는 10일 이내에 고소할 수 있는 자를 지정하여야 한다.

고소권자는 원칙적으로 범죄의 피해자이다. 다만, 범죄의 피해자가 고소를 할 수 없는 일정한 사정이 있는 경우에는 피해자의 친족 등으로 그 범위가 확대가 된다.

1. 피해자

① 범죄로 인한 피해자는 고소할 수 있다(제223조) [15 경찰승진]

② 여기서의 피해자는 범죄로 인한 직접적 피해자를 의미하므로, 간접적 피해자는 제외가 된다. [15 경찰승진]

> 예 ㉠ 처가 강간당하거나 명예훼손을 당한 경우에 그 배우자는 제223조의 피해자가 아니다.
> ㉡ 사기죄에서 피해자에게 채권이 있는 채권자는 직접 피해자가 아니므로 제223조의 고소권자가 아니다.

③ 피해자는 자연인에 한정되지 않고 법인은 물론 법인격 없는 단체도 포함된다.

④ 국가적 법익과 사회적 법익을 침해하는 경우에는 보호법익의 주체 이외에 행위의 객체가 된 자도 피해자가 될 수 있다.

> 예 공무집행방해죄에서 폭행·협박을 당한 공무원도 제223조의 피해자가 된다.

⑤ 고소권은 일신전속권이므로 상속, 양도가 허용되지 않는다. 다만 저작권이나 특허권과 같이 침해가 계속적인 때에는 권리이전에 따라 고소권도 이전된다.

2. 피해자의 법정대리인

① 피해자의 법정대리인은 **독립하여** 고소할 수 있다(제225조 제1항) [13 경찰채용]

② 법정대리인은 친권자, 후견인 등과 같이 민법상 무능력자의 행위를 일반적으로 대리할 수 있는 자를 말하며 재산관리인, 법인의 대표자는 포함하지 않는다.

③ 법정대리인의 지위는 고소 당시에 있어야 한다. 따라서 무능력자의 법정대리인이 고소 후에 법정대리인의 지위를 상실하더라도 그 고소는 유효하다. [19 해경간부]

④ 법정대리인의 고소권은 실질적으로 고유권에 해당한다(판례)

판례	① [1] 법정대리인의 고소권은 무능력자의 보호를 위하여 법정대리인에게 주어진 고유권이다. [2] 법정대리인은 피해자의 고소권이 소멸 여부에 관계없이 고소할 수 있고, 피해자의 명시한 의사에 반하여도 행사할 수 있다(대판 1999.12.24, 99도3784) [21 변호사시험, 20 경찰채용, 19·17 경간, 19 해경간부, 17 경찰승진, 14 검찰9급]

⑤ 고소기간은 법정대리인이 범인을 안 때로부터 진행한다. 모자관계는 출생으로 법률상 당연히 생기는 것이다.

판례	① 법정대리인의 고소기간은 법정대리인 자신이 범인을 알게 된 날로부터 진행한다(대판 1987.6.9, 87도857) [20 경찰채용] ② 모자관계는 호적에 입적되어 있는 여부와는 관계없이 子의 출생으로 법률상 당연히 생기는 것이므로, 고소 당시 이혼한 생모라도 피해자인 그의 子의 친권자로서 독립하여 고소할 수 있다(대판 1987.9.22, 87도1707) [17 경간]

3. 피해자의 배우자, 친족 등

(1) 피해자가 사망한 경우

① 피해자가 사망한 때에는 그 배우자, 직계친족 또는 형제자매는 고소할 수 있다. 단, 피해자의 명시한 의사에 반하지 못한다(제225조 제2항) [17 경찰채용, 15 경찰승진]

② 신분관계의 존부는 사망시를 기준으로 판단한다.

(2) 법정대리인 등이 피의자인 경우

① 피해자의 법정대리인이 피의자이거나 법정대리인의 친족이 피의자인 때에는 피해자의 친족은 **독립하여** 고소할 수 있다(제226조) [17 경간, 17 경찰채용, 16·15 경찰승진]

(3) 사자명예훼손죄

① 사자의 명예를 훼손한 범죄에 대하여는 그 친족 또는 자손은 고소할 수 있다(제227조)

4. 지정고소권자

① 친고죄에 대하여 고소할 자가 없는 경우 이해관계인의 신청이 있으면 **검사가 10일** 이내에 고소할 수 있는 자를 **지정하여야 한다**(제228조) [18 경찰승진, 16 경찰승진]

② 고소할 자가 없게 된 사유는 불문한다. 그러나 고소권을 상실하거나 고소하지 아니할 의사를 명시하고 사망한 경우에는 포함되지 않는다.

Ⅱ. 고소의 제한

① 자기 또는 배우자의 직계존속은 고소하지 못한다(제224조) [18 법원9급]

② 다만, 성폭력범죄(성폭력특례법 제18조), 가정폭력범죄(가정폭력특례법 제6조 제2항), 아동학대범죄(아동학대특례법 제10조의4)에 대하여는 자기 또는 배우자의 직계존속이라도 고소할 수 있다.

Ⅲ. 고소의 방법

1. 고소의 방식

① 고소는 서면 또는 구술로 검사 또는 사법경찰관에게 하여야 한다(제237조 제1항) [20·17 법원9급, 16 경간, 16·15 경찰채용]

② 검사 또는 사법경찰관이 구술에 의한 고소를 받은 때에는 조서를 작성하여야 한다(제237조 제2항)

③ 고소는 반드시 독립된 조서일 필요는 없다.

판례	① (고소는 반드시 독립된 조서일 필요는 없다) [1] 친고죄에서 고소는 고소권 있는 자가 수사기관에 대하여 범죄사실을 신고하고 범인의 처벌을 구하는 의사표시로서 서면뿐만 아니라 구술로도 할 수 있고, 다만 구술에 의한 고소를 받은 검사 또는 사법경찰관은 조서를 작성하여야 하지만 그 조서가 독립된 조서일 필요는 없다. [2] 수사기관이 고소권자를 증인 또는 피해자로서 신문한 경우에 그 진술에 범인의 처벌을 요구하는 의사표시가 포함되어 있고 그 의사표시가 조서에 기재되면 고소는 적법하게 이루어진 것이다(대판 2011.6.24, 2011도4451) [20·17·16 검찰9급, 18·17 경찰승진, 17·15 검찰7급, 16 경간, 16·15·14 경찰채용] ② [1] 고소가 어떠한 사항에 관한 것인가의 여부는 고소장에 붙인 죄명에 구애될 것이 아니라 고소의 내용에 의하여 결정하여야 할 것이다. [2] 고소장에 명예훼손죄의 죄명을 붙이고 그 죄에 관한 사실을 적었으나 그 사실이 명예훼손죄를 구성하지 않고 모욕죄를 구성하는 경우에는 위 고소는 모욕죄에 대한 고소로서의 효력을 갖는다(대판 1981.6.23, 81도1250) [18 경찰채용, 17 해경간부]

2. 고소의 대리

① 고소는 대리인으로 하여금 하게 할 수 있다(제236조). [19 법학특채, 17 경찰채용]

② 대리권수여 방식에는 특별한 제한이 없고 또한 대리인도 서면 또는 구술로 고소할 수 있다.

판례	① 대리인에 의한 고소의 경우 대리권이 정당한 고소권자에 의하여 수여되었음이 실질적으로 증명되면 충분하고 그 방식에 특별한 제한은 없으므로 고소를 할 때 반드시 위임장을 제출한다거나 '대리'라는 표시를 하여야 하는 것은 아니고 또 고소기간은 대리고소인이 아니라 정당한 고소권자를 기준으로 고소권자가 범인을 알게 된 날부터 기산한다(대판 2001.9.4, 2001도3081) [21·18 변호사시험, 20·18·17 경찰채용, 16 법원9급, 15 검찰7급] ② [1] 대리인에 의한 고소의 경우 대리권이 정당한 고소권자에 의하여 수여되었음이 실질적으로 증명되면 충분하고 그 방식에 특별한 제한은 없다. [2] 친고죄에 있어서의 고소는 서면뿐만 아니라 구술로도 할 수 있는 것이므로 피해자로부터 고소를 위임받은 대리인은 수사기관에 구술에 의한 방식으로 고소를 제기할 수도 있다(대판 2002.6.14, 2000도4595) ※ 반드시 위임장이나 대리의 표시를 통해 증명되어야 할 필요는 없다. [15 검찰7급, 14 해경간부]

Ⅳ. 고소기간

> 제230조(고소기간) ① 친고죄에 대하여는 범인을 알게 된 날로부터 6월을 경과하면 고소하지 못한다. 단, 고소할 수 없는 불가항력의 사유가 있는 때에는 그 사유가 없어진 날로부터 기산한다.
>
> 제231조(수인의 고소권자) 고소할 수 있는 자가 수인인 경우에는 1인의 기간의 해태는 타인의 고소에 영향이 없다.

1. 비친고죄

비친고죄에 대한 고소는 수사의 단서에 불과하므로 고소기간의 제한이 없다.

2. 친고죄

(1) 원 칙

① 친고죄에 대하여는 **범인을 알게 된 날로부터 6월**을 경과하면 고소하지 못한다(제230조 제1항 본문) [21·13 경찰채용, 13 해경간부]

㉠ 고소기간의 시기는 범인을 알게 된 날이다. [20 경찰채용, 19 법학특채]

㉡ 범인은 정범, 공범을 불문하고, 범인이 수인인 때에는 그 중 1인만 알면 족하다. 다만, 상대적 친고죄의 경우에는 신분관계 있는 범인을 알게 된 날이 기준이 된다.

ⓒ 범인을 알게 될 것을 요하므로 범죄사실을 안 것만으로는 고소기간이 진행되지 않는다. 범인이 누구인지 특정할 수 있을 정도로 알아야 하지만, 범인의 성명·주소·연령 등까지 알 필요는 없다.

판례	① '범인을 알게 된다 함'은 범인이 누구인지 특정할 수 있을 정도로 알게 된다는 것을 의미하고 **범인의 동일성을 식별할 수 있을 정도로 인식함으로써 족하며** 범인의 성명·주소·연령 등까지 알 필요는 없다(대판 1999.4.23, 99도576). ② 형사소송법 제230조 제1항 규정에서 '범인을 알게 된다'함은 통상인의 입장에서 보아 고소권자가 고소를 할 수 있을 정도로 범죄사실과 범인을 아는 것을 의미하고, 범죄사실을 안다는 것은 고소권자가 친고죄에 해당하는 범죄의 피해가 있었다는 사실관계에 관하여 **확정적인 인식이 있음을 말한다**(대판 2010.7.15, 2010도4680) [20·17·15 해경채용, 20 검찰7급, 18 경간, 16 경찰채용]

ⓔ 포괄일죄의 고소기간의 기산점 : 범죄가 아직 진행중인 경우에는 범인을 알게 되었을지라도 범죄행위 종료시부터 고소기간이 진행된다.

판례	① [1] '범인을 알게 된 날'이란 범죄행위가 종료된 후에 범인을 알게 된 날을 가리키는 것으로서 고소권자가 범죄행위가 계속되는 도중에 범인을 알았다 하여도, 그 날부터 곧바로 위 조항에서 정한 친고죄의 고소기간이 진행된다고는 볼 수 없고 이러한 경우 **고소기간은 범죄행위가 종료된 때부터 계산하여야 한다.** [2] 동종행위의 반복이 당연히 예상되는 영업범 등 포괄일죄의 경우에 고소권자가 범죄행위가 계속되는 도중에 범인을 알았다 하더라도 **최후의 범죄행위가 종료한 때에 고소기간이 진행된다**(대판 2004.10.28, 2004 도5014) [21 변호사시험]

② 고소할 수 있는 자가 수인인 경우에는 1인의 기간의 해태(게으름)는 타인의 고소에 영향이 없다(제231조) [17·14 경찰채용]

(2) 예 외

① 친고죄의 경우에 고소할 수 없는 불가항력의 사유가 있는 때에는 그 사유가 없어진 날로부터 기산한다(제230조 제1항 단서).
㉠ 범인을 알게 된 날에는 고소능력이 없었다가 후에 비로소 고소능력이 생긴 경우의 고소기간은 고소능력이 생긴 때부터 기산된다(대판 2007.10.11, 2007도4962) [17 법원9급, 15 경찰채용]

판례	① 피해자가 범행을 당할 때에는 12세로 나이가 어려 고소능력이 없었다가 그 후에 13세 남짓되어 비로소 고소능력이 생겼다면 그 고소기간은 고소능력이 생긴 때로부터 기산되어야 한다(대판 1987.9.22, 87도1707) [17 법원9급, 15 경찰채용]. ② 피해자가 범인을 안 날로부터 6월이 경과된 후에 고소 제기하였더라도 범행 당시 피해자가 11세의 소년에 불과하여 고소능력이 없었다가 고소 당시에 비로소 고소능력이 생겼다면 그 고소기간은 고소능력이 생긴 때로부터 기산되어야 한다(대판 1995.5.9, 95도696)

3 고소불가분의 원칙

Ⅰ. 의 의

① 친고죄에 있어서 ㉠ 하나의 범죄사실 일부에 대한 고소나 그 취소는 그 전부에 대하여 효력이 발생하며(객관적 불가분의 원칙), ㉡ 수인의 공범 중 1인 또는 수인에 대한 고소나 그 취소는 다른 공범자에게도 효력이 미친다(주관적 불가분의 원칙). 이를 고소불가분의 원칙이라고 한다.

Ⅱ. 객관적 불가분의 원칙

1. 의 의

① 객관적 불가분의 원칙이란 친고죄에 있어서 하나의 범죄사실 일부에 대한 고소 또는 그 취소는 그 범죄사실 전부에 대하여 효력이 발생한다는 원칙을 말한다. [18 경찰승진, 15 경찰채용, 15 검찰9급] 이는 고발이나 공소제기의 경우에도 동일하게 적용된다.

② 명문규정은 없으나 이론상 당연히 인정된다. [20 해경채용]

판례	① 일죄의 관계에 있는 범죄사실 일부에 대한 고소의 효력은 일죄 전부에 대하여 미친다(대판 2011.6.24, 2011도4451) [20 경간, 18 경찰승진, 17 법원9급, 16 검찰9급, 15 경찰채용, 15 검찰7급] ② 일죄의 관계에 있는 범죄사실의 일부에 대한 공소제기 및 고발의 효력은 그 일죄의 전부에 대하여 미친다(대판 2005.1.14, 2002도5411) ③ [1]「조세범 처벌법」에 의한 고발은 범죄사실에 대한 소추를 요구하는 의사표시로서 그 효력은 고발장에 기재된 범죄사실과 동일성이 인정되는 사실 모두에 미친다. [2]「조세범 처벌법」상 수 개의 범칙사실 중 일부만을 범칙사건으로 하는 고발이 있는 경우에 고발장에 기재된 범칙사실과 동일성이 인정되지 않는 다른 범칙사실에 대해서는 고발의 효력이 미치지 않는다(대판 2014.10.15, 2013도5650) [21 경찰승진, 20 경찰채용, 16 검찰7급]

2. 적용범위

(1) 단순일죄

① 단순일죄의 경우에 객관적 불가분의 원칙이 예외없이 적용된다. 따라서 단순일죄의 일부에 대한 고소 또는 고소취소는 그 전부에 대하여 효력이 있다.
   - 예) A가 같이 살고 있지 않은 이모 B를 찾아가 공갈죄를 범하였는데, B가 A를 폭행이나 협박에 대해서만 고소하더라도 공갈죄의 전부에 대하여 효력이 있다.

(2) 상상적 경합(과형상 일죄)

모두 친고죄	① **피해자가 동일한 경우** : 객관적 불가분의 원칙이 적용되어 전체를 불가분적으로 취급하여야 한다. 즉 과형상 일죄의 일부에 대한 고소 또는 고소취소는 전체 범죄에 효력이 미친다.
	  예) 같이 살지 않는 이모 A에 대하여 사기죄와 공갈죄를 범한 경우(사기죄와 공갈죄의 상상적 경합), 사기죄에 대한 고소는 공갈죄에 대한 고소로서도 효력이 있다.
	② **피해자가 다른 경우** : 1인의 피해자가 하는 고소의 효력은 다른 피해자에 대한 범죄사실에는 미치지 않는다.
	  예) 甲이 1개의 문서로 A, B, C를 모욕하였으나 A만 甲을 고소한 경우에 A의 고소는 B, C에 대한 모욕죄에는 효력이 없다.

일부만 친고죄	① 비친고죄에 대한 고소는 친고죄에 대하여 효력이 없다.
	  예) A를 감금하여 모욕한 경우(감금죄와 모욕죄의 상상적 경합), 감금죄만 고소한 경우에 친고죄인 모욕죄에는 고소의 효력이 없다.
	② 친고죄에 대한 고소의 취소는 비친고죄에 대하여 효력이 없다. 피해자의 처벌희망의사표시는 친고죄에 대해서만 효력이 있기 때문이다.
	  예) A를 감금하여 모욕한 경우(감금죄와 모욕죄의 상상적 경합), 친고죄인 모욕죄만 고소를 취소한 경우에 비친고죄인 감금죄에 대해서는 효력이 없다.

(3) 실체적 경합(수죄)

객관적 불가분의 원칙은 1개의 범죄사실을 전제로 하므로, 실체적 경합범의 관계에 있는 수죄에 대해서는 객관적 불가분의 원칙이 적용되지 아니한다. [18 검찰7급, 15 검찰9급]
- 예) 같이 살지 않는 이모 A에 대하여 절도죄와 공갈죄를 범한 경우(절도죄와 공갈죄의 실체적 경합), 절도죄에 대한 고소는 공갈죄에 대해서는 효력이 없다.

Ⅲ. 주관적 불가분의 원칙

> **제233조(고소의 불가분)** 친고죄의 공범 중 그 1인 또는 수인에 대한 고소 또는 그 취소는 다른 공범자에 대하여도 효력이 있다.

1. 의 의

① 친고죄의 공범 중 그 1인 또는 수인에 대한 고소 또는 그 취소는 다른 공범자에 대하여도 효력이 있다(제233조). [20·16 경찰승진, 18 변호사시험, 18 경찰채용, 15 법원9급]
이를 주관적 불가분의 원칙이라고 한다.

② 여기서의 공범에는 임의적 공범뿐만 아니라 필요적 공범도 포함한다(대판 1985.11.12. 85도1940).

③ 고소의 주관적 불가분의 원칙을 인정하는 이유는 고소는 특정 범인에 대한 신고가 아니라 범죄사실에 대한 신고이므로, 고소를 함에 있어 범인의 지정이 없거나 공범 중 일부만을 지정해도 그 고소의 효력은 공범자 전원에 대하여 효력이 미치는 것은 당연하다. 그리고 고소인의 자의에 의한 불공평한 결과를 방지할 필요가 있기 때문이다.

2. 적용범위

(1) 절대적 친고죄

① 언제나 주관적 불가분의 원칙이 적용된다.
   예) 甲과 乙이 공동으로 A를 모욕한 경우, A가 乙만 고소해도 그 고소의 효력은 甲에게도 미친다.

판례	① 친고죄에서 고소와 고소취소의 불가분원칙을 규정한 형사소송법 제233조는 당연히 적용되므로 만일 공소사실에 대하여 피고인과 공범관계에 있는 사람에 대한 적법한 고소취소가 있다면 고소취소의 효력은 피고인에 대하여 미친다(대판 2015.11.17. 2013도7987) [21·19 경간, 18 법원9급, 16 경찰채용] ② 친고죄에서 공범 중 일부에 대하여만 처벌을 구하고 나머지에 대하여는 처벌을 원하지 않는 내용의 고소는 적법한 고소라고 할 수 없고, 공범 중 1인에 대한 고소취소는 고소인의 의사와 상관없이 다른 공범에 대하여도 효력이 있다(대판 2009.1.30. 2008도7462) [19 법원9급, 17·14 검찰9급, 16 경찰승진, 13 경찰채용]

(2) 상대적 친고죄

① 공범자 중 일부가 비신분자인 경우에는 비신분자에 대한 고소의 효력은 신분자에게 미치지 않는다. [21 법학특채]
   예) 조카 A가 친구 B와 같이 살지 않는 이모 C의 물건을 절취한 경우, C가 B만 고소한 경우에 조카 A에 대한 고소의 효력은 없다.

② 공범자 전원이 피해자와 신분관계가 있는 경우에는 주관적 불가분의 원칙이 적용되므로, 1인의 친족에 대한 고소의 효력은 다른 친족에게도 미친다.
> 예 조카 A와 조카 B가 같이 살지 않는 이모 C의 물건을 절취한 경우, C가 조카 B만 고소한 경우에 조카 A에 대해서도 고소의 효력이 있다.

(3) 반의사불벌죄 및 전속고발범죄

① 주관적 고소불가분의 원칙은 반의사불벌죄와 전속고발범죄에 대해서는 적용되지 않는다(판례)

| 판례 | ① [1] 친고죄에 있어서 고소불가분의 원칙을 규정한 형사소송법 제233조의 규정은 반의사불벌죄에 준용되지 않는다.
[2] 제233조(주관적 불가분의 원칙)에서 고소와 고소취소의 불가분에 관한 규정을 함에 있어서는 반의사불벌죄에 이를 준용하는 규정을 두지 아니한 것은 처벌을 희망하지 아니하는 의사표시나 처벌을 희망하는 의사표시의 철회에 관하여 친고죄와는 달리 공범자간에 불가분의 원칙을 적용하지 아니하고자 함에 있다고 볼 것이다
[3] 반의사불벌죄의 공범 중 1인에 대한 처벌을 희망하지 않는 의사표시는 다른 공범자에 대하여 효력이 없다(대판 1994.4.26, 93도1689) [21·19·17·14 경찰승진, 21·18·15 경찰채용, 20·17 검찰9급, 20·19·16·15 법원9급, 19·18 경간, 18·15·13 변호사시험, 18 해경채용, 17·13 해경간부]
② 공정거래위원회의 고발이 있어야 공소를 제기할 수 있는 「독점규제 및 공정거래에 관한 법률」 위반죄를 적용하여 위반행위자들 중 일부에 대하여 공정거래위원회가 고발을 하더라도 나머지 위반행위자에 대하여는 위 고발의 효력이 미치지 않는다(대판 2010.9.30, 2008도4762) [21 변호사시험, 21·20 경찰채용, 21 법학특채, 18·17 경간]
③ [1] 고소의 주관적 불가분의 원칙은 조세범처벌법위반죄에서 소추조건으로 되어 있는 세무공무원의 고발에 적용되지 않는다.
[2] 국세청장의 고발이 있어야 논할 수 있는 「조세범 처벌법」의 범칙행위의 경우 고발의 구비 여부는 양벌규정에 의하여 처벌받는 자연인인 행위자와 법인에 대하여 개별적으로 논하여야 한다.(대판 2004.9.24, 2004도4066) [20 경간, 18·15 해경채용, 16 법원9급, 14 변호사시험, 14 검찰9급]
④ 관세범에 대한 관세법상 즉시고발의 경우에는 그 특별요건 구비여부는 범인 개개인에 대하여 개별적으로 따질 것이고 고소불가분의 원칙이 적용될 여지가 없다(대판 1971.11.23, 71도1106) [18 해경채용] |

4 고소의 취소

제232조(고소의 취소)
① 고소는 제1심 판결선고 전까지 취소할 수 있다.
② 고소를 취소한 자는 다시 고소할 수 없다.
③ 피해자의 명시한 의사에 반하여 공소를 제기할 수 없는 사건에서 처벌을 원하는 의사표시를 철회한 경우에도 제1항과 제2항을 준용한다.

Ⅰ. 의 의

① 고소의 취소란 고소 후에 범인에 대한 처벌희망의 의사표시를 철회하는 소송행위를 말한다.
② 고소의 취소는 친고죄에서 이미 행한 고소를 철회하는 경우와 반의사불벌죄에 있어서 처벌을 희망하는 의사표시를 철회하는 경우가 있다(처벌불원의사표시).

Ⅱ. 고소의 취소권자

① 고유의 고소권자 또는 고소의 대리권자가 고소를 취소할 수 있다.
② 고유의 고소권자는 고소대리권자가 제기한 고소를 취소할 수 있으나, 고소대리권자는 (고소취소의 대리권을 수여받지 않는 한) 고유의 고소권자가 제기한 고소를 취소할 수 없다.

판례	① 반의사불벌죄라고 하더라도 피해자인 청소년에게 의사능력이 있는 이상, 단독으로 피고인 또는 피의자의 처벌을 희망하지 않는다는 의사표시 또는 처벌희망 의사표시의 철회를 할 수 있고, 거기에 **법정대리인의 동의가 있어야 하는 것으로 볼 것은 아니다**(대판 2009.11.19, 2009도6058 전원합의체) [21·19 경찰승진, 20·15 경찰채용, 20·19 검찰7급, 20 법원9급, 19 경간, 19 법원9급, 17·15 검찰9급] ② 폭행죄는 피해자의 명시한 의사에 반하여 공소를 제기할 수 없는 반의사불벌죄로서 처벌불원의 의사표시는 의사능력이 있는 피해자가 단독으로 할 수 있다(대판 2010.5.27, 2010도2680) [19 경찰승진, 18 경찰채용]

③ 적법한 고소 취소권자 등이 될 수 없는 경우

판례	① 폭행죄는 피해자의 명시한 의사에 반하여 공소를 제기할 수 없는 반의사불벌죄로서 처벌불원의 의사표시는 의사능력이 있는 피해자가 단독으로 할 수 있는 것이고, 피해자가 사망한 후 그 상속인이 피해자를 대신하여 처벌불원의 의사표시를 할 수는 없다(대판 2010.5.27, 2010도2680) ※ 처벌불원의사는 상속이 되지 않는다. [20·18·17 경찰채용, 19·17·13 경찰승진, 19·18 경간, 17 해경채용, 16 검찰9급, 14 변호사시험 등] ② [1] 반의사불벌죄에서 교통사고로 의식을 회복하지 못하고 있는 피해자(성년임)의 아버지가 피해자를 대리하여 처벌을 희망하지 아니한다는 의사를 표시하는 것은 허용되지 아니할 뿐만 아니라 피해자가 성년인 이상 의사능력이 없다는 것만으로 피해자의 아버지가 당연히 법정대리인이 된다고 볼 수도 없다. 따라서 피해자의 아버지가 처벌을 희망하지 아니한다는 의사를 표시하였더라도 소송법적으로 효력이 발생할 수 없다 [2] 반의사불벌죄에 있어서 성인인 피해자가 교통사고로 인해 의식을 회복하지 못하여 처벌희망 여부에 관한 의사표시를 할 수 있는 소송능력이 있다고 할 수 없는 경우, 피해자의 부모가 피해자를 대리하여 처벌을 희망하지 아니한다는 의사를 표시하더라도 처벌할 수 있다(대판 2013.9.26, 2012도568) [20 검찰7급] ③ 피해자의 오빠의 제1심 법정에서의 진술 중에서 피고인의 처벌을 불원하는 의사표시를 하였다는 사실만으로는 처벌희망 의사표시가 철회되었다고 볼 수 없다(대판 1983.9.13, 83도1052) ④ 사건 당시 23세인 피해자의 부친이 피해자 사망 후에 피해자를 대신하여 그 피해자가 이미 하였던 고소를 취소하더라도 이는 적법한 고소취소라 할 수 없다(대판 1969.4.29, 69도376)

Ⅲ. 고소취소의 시기

1. 제1심판결 선고 전

① 고소는 제1심 판결선고 전까지 취소할 수 있다(제232조 제1항) [16 경찰승진, 15 법원9급]

② 친고죄의 고소를 제1심 판결선고 후에 취소한 경우에는 고소취소의 효력이 없다. 단, 파기환송 후에는 제1심판결선고 전까지는 취소가 가능하다.

③ 제1심판결 선고 후에 고소가 취소된 경우에는 그 취소의 효력이 없으므로 공소기각의 재판을 할 수 없다(대판 1985.2.8, 84도2682) [16 변호사시험]

[고소 취소 or 처벌불원의사표시 철회 가능 여부]

가능 O	① [1] 항소심이 제1심의 공소기각 판결이 위법함을 이유로 제1심 판결을 파기하고 사건을 제1심으로 다시 환송한 경우, 파기환송 후 다시 진행된 제1심 절차에서 고소인은 고소를 취소를 할 수 있다. [2] 항소심에서 법률위반을 이유로 제1심 공소기각판결을 파기하고 사건을 제1심법원에 환송하였는데 환송 후의 제1심판결 선고 전 고소가 취소된 경우 법원은 판결로써 공소를 기각하여야 한다(대판 2011.8.25, 2009도9112) [19 경찰승진, 19 경간, 18·15 변호사시험, 14 해경간부, 13 검찰9급 등] ② 제1심 법원이 반의사불벌죄로 기소된 피고인에 대하여 「소송촉진 등에 관한 특례법」제23조에 따라 피고인의 진술 없이 유죄를 선고하여 판결이 확정된 경우, 만일 피고인이 책임을 질 수 없는 사유로 공판절차에 출석할 수 없었음을 이유로 「소송촉진 등에 관한 특례법」제23조의2에 따라 제1심 법원에 재심을 청구하여 재심개시결정이 내려졌다면 피해자는 그 재심의 제1심 판결 선고 전까지 처벌을 희망하는 의사표시를 철회할 수 있다(대판 2016.11.25, 2016도9470) [18 법원9급] ③ 제1심판결이 「소송촉진 등에 관한 특례법」제23조 본문의 특례 규정에 의하여 선고된 다음 피고인이 책임질 수 없는 사유로 공판절차에 출석할 수 없었다고 하여 같은 법 제23조의2의 규정에 의한 재심이 청구되고 재심개시의 결정이 내려진 경우, 피고인으로서는 제1심의 공판절차에서 적절한 방어를 할 기회를 가지지 못하였던 것이고 바로 그러한 이유로 인하여 재심청구가 허용된 것이므로 이 경우에는 부도수표 회수나 수표소지인의 처벌을 희망하지 아니하는 의사의 표시도 그 재심의 제1심판결 선고 전까지 하면 되는 것으로 해석함이 상당하다(대판 2002.10.11, 2002도1228)
가능 X	① 제1심 법원이 반의사불벌죄로 기소된 피고인에 대하여 「소송촉진 등에 관한 특례법」제23조에 따라 피고인의 진술 없이 유죄를 선고하여 판결이 확정된 후 피고인이 제1심 법원에 동법 제23조의2에 따른 재심을 청구하는 대신 항소권회복청구를 하여 항소심 재판을 받게 되었다면 항소심 절차에서는 처벌을 희망하는 의사표시를 철회할 수 없다(대판 2016.11.25, 2016도9470) [20 경찰채용, 18 법원9급]

④ 비친고죄의 고소는 수사의 단서에 불과하므로 언제나 취소할 수 있다.

⑤ 반의사불벌죄에서 처벌을 원하는 의사표시를 철회한 경우에도 제1심 판결선고 전까지 취소할 수 있다(제232조 제3항) [20 변호사시험]

판례	① 피해자의 명시한 의사에 반하여 죄를 논할 수 없는 사건에서 처벌을 희망하는 의사표시의 철회 또는 처벌을 희망하지 아니하는 의사표시는 제1심판결 선고시까지 할 수 있으므로 그 후의 의사표시는 효력이 없다(대판 2000.9.29, 2000도2953) [20 검찰9급] ② [1] 부정수표단속법상 부도수표 회수나 수표소지인의 처벌을 희망하지 아니하는 의사의 표시가 제1심 판결 선고 이전까지 이루어지는 경우에는 공소기각의 판결을 선고하여야 할 것이다. [2] 이는 제1심 판결 선고전에 부도수표가 공범에 의하여 회수된 경우에도 마찬가지이다(대판 2009.12.10, 2009도9939) [17 검찰9급, 16 법원9급]

2. 항소심에서 심판대상이 변경된 경우

① **항소심에서** 검사의 공소장변경이나 법원의 축소사실 인정에 의하여 일반범죄가 친고죄나 반의사불벌죄로 변경된 경우에 고소취소나 처벌희망의 의사표시를 철회할 수 없다.

판례	① 항소심에서 비로소 공소사실이 친고죄로 변경된 경우에도 항소심을 제1심이라 할 수는 없는 것이므로 **항소심에 이르러 고소인이 고소를 취소하였다면** 이는 친고죄에 대한 고소취소로서의 효력이 없다(대판 2007.3.15, 2007도210) [19·15 경찰채용, 19 법원9급, 17 검찰7급] ② 항소심에서 공소장의 변경에 의하여 또는 공소장변경절차를 거치지 아니하고 법원 직권에 의하여 친고죄가 아닌 범죄를 친고죄로 인정하였더라도 항소심을 제1심이라 할 수는 없는 것이므로 **항소심에 이르러 비로소 고소인이 고소를 취소하였다**면 이는 친고죄에 대한 고소취소로서의 효력은 없다(대판 1999.4.15, 96도1922 전원합의체) [21 변호사시험, 21·18 경찰채용, 21·20·15 법원9급, 20 검찰9급, 19 경찰승진] ③ [1] 항소심에 이르러 비로소 반의사불벌죄가 아닌 죄에서 반의사불벌죄로 공소장변경이 있었다 하여 항소심인 제2심을 제1심으로 볼 수 없으므로 그 처벌을 희망하는 의사표시를 할 수 없다 [2] 항소심에 이르러 비로소 반의사불벌죄가 아닌 상해죄에서 반의사불벌죄인 폭행죄로 공소장이 변경된 경우에 항소심에서 처벌을 희망하는 의사표시를 철회할 수 없다(대판 1988.3.8, 85도2518) [21 해경채용, 20·19 해경간부, 18 경찰승진, 18·15 경찰채용, 18 법원9급, 13 검찰9급]

3. 공범과 고소의 취소

① 공범 중 일부에 대하여 이미 제1심 판결이 선고되어 그 자에 대하여 고소취소를 할 수 없는 상태가 되었다면, 다른 공범자가 아직 제1심판결 선고전이라고 하더라도 그 다른 공범자에 대하여는 고소취소를 할 수 없다(판례)

판례	
	① [1] 절대적 친고죄의 공범 중 그 일부에 대하여 제1심판결이 선고된 후에는 제1심 판결 선고전의 다른 공범자에 대하여는 그 고소를 취소할 수 없고, 고소의 취소가 있다 하더라도 그 효력을 발생하지 않는다. [20 해경간부, 20·15 해경채용, 19·18 법원9급, 18·14 변호사시험, 16·13 경찰승진, 16 경찰채용, 13 경간] [2] 이러한 법리는 필요적 공범이나 임의적 공범이나를 구별함이 없이 모두 적용된다(대판 1985.11.12, 85도1940) [15 해경채용]
	② 상대적 친고죄에 있어서 친족관계에 있는 자에 대한 피해자의 고소취소는 친족관계 없는 공범자에게는 그 효력이 미치지 아니한다(대판 1964.12.15, 64도481) [18 해경채용, 16·13 경찰승진, 14 검찰9급]

Ⅳ. 고소취소의 방법

① 고소의 취소는 서면 또는 구술로 할 수 있다(제237조 제1항, 제239조). 따라서 공소제기 전에는 고소사건을 담당하는 수사기관에, 공소제기 후에는 고소사건의 수소법원에 대하여 이루어져야 한다(대판 2012.2.23, 2011도17264)

② 고소취소는 대리가 가능하다(제236조) [21·19 경찰승진, 18 해경간부, 17 경찰채용, 16 검찰9급]
대리권자는 고소권자가 제기한 고소를 취소할 수 없지만, 대리권자가 한 고소는 고소권자가 취소할 수 있다.

③ 고소취소는 수사기관 또는 법원에 대하여 하여야 하므로 범인과 피해자 사이에 단순한 합의서가 작성된 것만으로는 원칙적으로 고소취소가 될 수 없다. [18 해경간부]
　㉠ 합의서·탄원서 등이 고소취소에 해당하는지의 여부는 구체적·개별적인 의사표시 해석에 의하여 판단하여야 한다.

[고소취소 해당 여부]

고소취소 ○	
	① 고소를 한 피해자가 가해자에게 합의서를 작성하여 준 것만으로는 적법한 고소취소로 보기 어렵지만, '**가해자와 원만히 합의하였으므로 피해자는 가해자를 상대로 이 사건과 관련한 어떠한 민·형사상의 책임도 묻지 아니한다.**'는 취지의 합의서를 공소제기 이전 수사기관에 제출하였다면 고소취소의 효력이 있다 (대판 2002.7.12, 2001도6777) [21 경찰채용, 18 해경간부, 15·13 변호사시험]
	② 가해자와 피해자간의 **처벌불원 취지의 합의서를 경찰에 제출**하는 경우에 고소취소의 효력은 인정된다(대판 1983.9.27, 83도516) [21 변호사시험, 18 해경간부, 18 법원9급]

	③ 고소권자가 피고인의 처벌을 구하는 의사를 철회한다는 취지의 합의서를 제1심 법원에 제출하였다면 그 고소는 적법하게 취소되었다고 할 것이고, 그 후 고소취소를 철회하는 의사표시를 다시 하여도 그 의사표시는 효력이 없다(대판 2009.9.24, 2009도6779) [17 검찰7급] ④ 피해자가 당사자 간의 원만한 합의로 민·형사상의 문제를 일체 거론하지 않기로 화해되었다는 취지의 합의서를 작성해 주고 관대한 처분을 바란다는 취지의 탄원서를 법원에 제출한 경우에는 고소의 취소가 있은 것으로 볼 수 있다(대판 1981.11.10, 81도1171) [19 해경간부] ⑤ 피해자(15세)의 어머니와 피고인의 아버지간에 '피해가 변상되었으니 관대한 처벌을 하여 달라'는 내용의 합의서가 제출되었고, 또 피해자의 어머니가 '피해자는 물론 자기도 처벌을 원치 않는다'고 합의서의 기재를 부연하는 증언을 하였다면 이는 처벌을 희망하는 의사표시의 철회로 볼 것이다(대판 1974.12.24, 74도3335)
고소취소 ×	① 단순히 고소인이 합의서를 피고인에게 작성하여 준 것만으로는 고소취소의 효력은 인정되지 않는다(대판 1983.9.27, 83도516) ② 민사사건에서 '이 사건과 관련하여 서로 상대방에 대해 제기한 형사사건의 고소를 모두 취하한다'는 내용이 포함된 조정이 성립된 것만으로는 위 형사사건의 고소가 취소된 것으로 볼 수 없다(대판 2004.3.25, 2003도8136) [21 변호사시험]

ⓛ 반의사불벌죄에 있어 처벌희망의사표시 철회(처벌불원의사 표시)도 이에 준한다.

판례	① 반의사불벌죄에 있어서 피해자가 처벌을 희망하지 아니하는 의사표시나 처벌을 희망하는 의사표시의 철회를 하였다고 인정하기 위해서는 **피해자의 진실한 의사가 명백하고 믿을 수 있는 방법으로 표현되어야 한다**(대판 2001.6.15, 2001도1809) [13 경간] ② 하수급인의 처벌을 희망하지 아니하는 근로자의 의사표시가 있을 경우에는 여러 사정을 참작하여 여기에 직상 수급인의 처벌을 희망하지 아니하는 의사표시도 포함되어 있다고 볼 수 있는지를 살펴보아야 하고, 직상 수급인을 배제한 채 오로지 하수급인에 대하여만 처벌을 희망하지 아니하는 의사를 표시한 것으로 쉽사리 단정할 것은 아니다(대판 2015.11.12, 2013도8417) [17 경찰채용]

[처벌희망의사표시 철회 해당 여부]

철회 O	① "가해자와 피해자 간에 원만한 합의를 하였으므로 이 건을 차후 민·형사상 어떠한 이의도 제기치 않을 것을 서약하면서 합의서를 제출합니다"라는 내용과 "합의금 이백 중 나머지 일백만 원은 11월부터 매월 10만 원씩 송금하기로 함"이라는 내용이 기재된 합의서를 제1심법원에 제출한 경우 위 피해자는 위 합의서를 제출함으로써 피고인에 대한 처벌을 희망하지 아니한다는 의사를 명시적으로 표시한 것으로 봄이 상당하다(대판 2008.2.29, 2007도11339) [16 경간] ② 피해자가 제1심 법원에 "피해자는 피고인과 합의하였으므로 피고인의 처벌을 바라지 아니한다"는 내용의 피해자 부모들 및 피해자 명의의 합의서를 제출한 후 법원이 피해자와 피해자의 부(父)에게 전화를 한 결과 "피고인과 합의를 한 것은 맞지만 피고인에 대한 선처를 바라는 취지일 뿐 여전히 피고인의 처벌을 원한다"는 말을 듣자, 피고인의 처가 피해자를 직접 만나 피해자로부터 "이 사건에 관하여 피해자와 피고인은 합의하였고 피고인이 선처받기를 탄원한다"는 내용의 합의서를 다시 작성 받아 제1심 법원에 제출한 경우에 피해자의 피고인에 대한 처벌희망의 의사표시가 유효하게 철회되었다고 보아야 한다(대판 2010.11.11, 2010도11550) ③ "피해자(14세)는 가해자측으로부터 50만원을 받아 합의를 하였기에 차후 이 사건으로 민·형사상의 이의를 제기하지 않겠다"는 취지의 피해자의 모(母) 명의의 합의서가 법원에 제출되었고 이후 다시 "처벌을 원하지 않는다는 합의가 이루어졌음을 확인한다"는 내용의 피해자의 모(母)의 탄원서가 추가로 제출한 경우(대판 2009.12.24, 2009도11859)
철회 X	① 피고인과 피해자 A, B 사이에 A가 피고인에게 편취한 금원에 관하여 A가 피고인에게 830만원을 지급하면서 앞으로 상호 비방하지 않기로 하는 합의가 이루어진 경우 [단, B는 폭행의 점에 관하여 제1심 법정에서 피고인에 대한 처벌의 의사가 있음을 분명히 밝혔음] (대판 2004.6.25, 2003도4934)

V. 고소취소의 효과

① 고소를 취소하면 고소권은 소멸하므로, 고소를 취소한 자는 다시 고소할 수 없다(제232조 제2항) [21 경찰채용, 18 변호사시험, 16 경찰승진]

판례	① 반의사불벌죄에 있어서 피해자가 처벌을 희망하지 아니하는 의사표시는 공소제기 이후에도 제1심판결이 선고되기 전이라면 수사기관에도 할 수 있는 것이지만, 한번 명시적으로 표시된 이후에는 다시 처벌을 희망하지 아니하는 의사표시를 철회하거나 처벌을 희망하는 의사를 표시할 수 없다(대판 2007.9.6, 2007도3405)

② 고소취소가 있으면 검사는 공소권 없음 불기소처분을 해야 하고, 법원은 **공소기각판결**을 선고해야 한다(제327조 제5호)

5 고소의 포기

고소의 포기란 친고죄의 고소기간 내에 장차 고소권을 행사하지 아니한다는 의사표시를 하는 것을 말한다. 판례는 고소의 포기를 부정한다.

판례	① 친고죄에 있어서 피해자의 고소권은 공법상의 권리로서 법이 특히 명문으로 인정하는 경우를 제외하고는 고소 전에 고소권을 포기할 수 없다(대판 1967.5.23, 67도471) [21 법학특채, 20 검찰9급, 19 해경간부, 16 경간] ② 피해자가 고소장을 제출하여 처벌을 희망하는 의사를 분명히 표시한 후 고소를 취소한 바 없다면 비록 고소전에 피해자가 처벌을 원치 않았다 하더라도 그 후에 한 피해자의 고소는 유효하다(대판 2008.11.27, 2007도4977) [21·13 경찰채용, 17 해경간부]

제5장 고발

1 의의

I. 개념

① 고발은 제3자(범인 및 고소권자 이외의 사람)가 수사기관에 범죄사실을 신고하여 범인의 처벌을 구하는 의사표시를 말한다.

판례	① 고발이란 범죄사실을 수사기관에 고하여 그 소추를 촉구하는 것으로서, 범인을 지적할 필요가 없는 것이고 또한 고발에서 지정한 범인이 진범인이 아니더라도 고발의 효력에는 영향이 없는 것이다(대판 1994.5.13, 94도458) [20 경찰승진] ② 세무공무원 등의 고발이 있어야 공소를 제기할 수 있는 조세범처벌법위반죄에 관하여 종전 세무공무원 등의 고발에 대한 불기소처분이 있었다 하더라도 세무공무원 등이 종전에 한 고발은 여전히 유효하므로, **나중에 공소를 제기함에 있어 세무공무원 등의 새로운 고발이 있어야 하는 것은 아니다**(대판 2009.10.29, 2009도6614) [21·20 경찰승진, 20 경찰채용]

② 고발은 일반적으로 수사의 단서에 불과하지만, 전속고발범죄의 경우에 고발은 소송조건으로서의 성질을 갖는다.

참고	〈전속고발범죄〉 ① 독점규제및공정거래에관한법률 ② 조세범처벌법 ③ 관세법 ④ 물가안정에관한법률 ⑤ 출입국관리법

II. 고소와 고발의 비교

1. 공통점

① 수사개시의 단서가 되지만, 특정의 경우에는 소송조건이 된다.
② 구술 또는 서면으로 가능하다.
③ 자기 또는 배우자의 직계존속에 대하여 고소 또는 고발을 하지 못한다.

2. 차이점

	고소	고발
주 체	고소권자	제3자
기 간	범인 안 날로부터 6월	제한 없음
대 리	허용 ○	허용 ×
주관적 불가분 원칙	적용 ○	적용 ×
취소의 효과	재고소 불가	재고발 가능

2 고발의 방식

Ⅰ. 주체(고발권자)

① 누구든지 범죄가 있다고 사료하는 때에는 고발할 수 있다(제234조 제1항)
② 다만, 공무원은 그 직무를 행함에 있어 범죄가 있다고 사료하는 때에는 고발하여야 한다(제234조 제2항)
③ 고발은 대리가 허용되지 않는다. [19 법학특채, 17 경찰채용, 14 경찰승진]

Ⅱ. 고발의 방식

① 고발은 서면 또는 구술로써 검사 또는 사법경찰관에게 하여야 한다(제237조 제1항)
② 검사 또는 사법경찰관이 구술에 의한 고발을 받은 때에는 조서를 작성하여야 한다(제237조 제2항)

Ⅲ. 고발의 제한

① 자기 또는 배우자의 직계존속은 고발하지 못한다(제224조, 제235조) [14 경찰승진]

Ⅳ. 고발의 절차와 기간

① 고발의 기간에는 제한이 없다.
② 고발은 이를 취소할 수 있고, 취소한 후에도 재고발할 수 있다.

제6절 자 수

I. 의 의
① 자수란 범인이 스스로 수사기관에 대하여 자기의 범죄사실을 신고하여 처벌을 희망하는 의사표시를 말한다.
② 자수는 수사의 단서인 동시에 양형상의 참작사유가 된다.

II. 자수의 시기와 절차

1. 시 기
① 자수의 시기에는 제한이 없다.

판례	① 범행발각이나 지명수배 여부와 관계없이 체포 전에만 자수하면 자수에 해당한다 (대판 1997.3.20, 96도1167 전원합의체) ② 자수란 범인이 자발적으로 자신의 범죄사실을 수사기관에 신고하여 그 소추를 구하는 의사표시를 함으로써 성립하는 것으로서, 범행이 발각된 후에 수사기관에 자진 출석하여 범죄사실을 자백한 경우도 포함한다(대판 2011.12.22, 2011도12041) [18 법행, 16 경찰채용]

2. 방법(절차)
① 자수의 절차는 고소·고발의 방식에 관한 규정을 준용한다(제240조)
  ㉠ 자수는 서면 또는 구술로써 검사 또는 사법경찰관에게 하여야 한다(제237조 제1항, 제240조).
  ㉡ 검사 또는 사법경찰관이 구술에 의한 자수를 받은 때에는 조서를 작성하여야 한다(제237조 제2항, 제240조).
  ㉢ 사법경찰관이 자수를 받은 때에는 신속히 조사하여 관계서류와 증거물을 검사에게 송부하여야 한다(제238조, 제240조).
② 대리인에 의한 자수는 허용되지 않는다.
③ 범인 자신이 신고하지 않고 타인을 시켜서도 자수할 수 있으나, 제3자에게 자수 의사를 전달하여 달라고 한 것만으로는 자수라고 할 수 없다.

판례	① 자수의 방법에는 법률상 특별히 제한한 바가 없으므로 꼭 범인 자신이 할 필요는 없고 제3자를 통하여 할 수도 있다(대판 1964.8.31, 64도252)

3. 자수 해당 여부

자수 ○	① 피고인이 수사기관에 자진출석하여 스스로 뇌물을 수수하였다는 내용의 자술서를 작성·제출하고 수사과정에서 혐의사실을 자백하였다면, 법정에서 수수한 금원의 직무관련성에 대하여만 수사기관에서의 자백과 차이가 나는 진술을 하였다 하더라도 자수의 효력에는 영향이 없다(대판 1994.12.27, 94도618) ② 피고인이 자진출석하여 사실을 밝히고 처벌을 받고자 담당 검사에게 전화를 걸어 조사를 받게 해달라고 요청하여 출석시간을 지정받은 다음 자진 출석하여 혐의사실을 인정하는 내용의 진술서를 작성하는 것은 자수에 해당한다(대판 1994.9.9, 94도619) ③ 피고인이 수사기관으로부터 출석요구를 받기 전에 대검찰청 중앙수사부에 직접 전화를 걸어 출석의사 및 소재지를 밝힌 후 집으로 찾아온 검찰수사관을 따라 중앙수사부에 출석하여 범행사실을 자백하면서 모든 책임을 지겠으니 엄벌하여 달라는 취지의 자술서를 작성하고 형사소추를 구한 경우는 자수에 해당한다(대판 1994.5.10, 94도659)
자수 ×	① 수사기관에의 신고가 자발적이라고 하더라도 그 신고의 내용이 자기의 범행을 명백히 부인하는 등의 내용으로 자기의 범행으로서 범죄성립요건을 갖추지 아니한 사실일 경우에는 자수는 성립하지 않고, 일단 자수가 성립하지 아니한 이상 그 이후의 수사과정이나 재판과정에서 범행을 시인하였다고 하더라도 새롭게 자수가 성립할 여지는 없다(대판 2011.12.22, 2011도12041) [19 검찰9급, 18 변호사시험] ② 피고인이 수사기관에 자진 출석하여 처음 조사를 받으면서는 돈을 차용하였을 뿐이라며 범죄사실을 부인하다가 제2회 조사를 받으면서 비로소 업무와 관련하여 돈을 수수하였다고 자백한 행위를 자수라고 할 수 없다(대판 2011.12.22, 2011도12041) [16 법행, 16 경찰채용, 13 해경채용] ③ 자수서를 소지하고 수사기관에 자발적으로 출석하였으나 자수서를 제출하지 아니하고 범행사실도 부인하였다면 자수가 성립하지 아니하고, 그 이후 구속까지 된 상태에서 자수서를 제출하고 범행사실을 시인하더라도 이는 자수에 해당한다고 인정할 수 없다(대판 2004.10.14, 2003도3133) [18 변호사시험] ④ 경찰관에게 검거되기 전에 친지에게 전화로 자수의사를 전달하였더라도 그것만으로는 자수로 볼 수 없다(대판 1985.9.24, 85도1489)

04 임의수사

제1절 서설

1 의 의

① 임의수사란 강제력을 행사하지 않고 상대방의 동의나 승낙 하에 행하여지는 수사를 말한다. 임의수사는 수사기관의 재량이며 방법상의 제한이 없다.
② 강제수사는 상대방의 의사여부를 불문하고 강제처분에 의한 수사를 말한다. 임의수사에 비해 강제수사는 엄격한 법적 규제가 가해지기 때문에 법적 요건과 절차를 준수하지 않으면 그로 인하여 획득한 증거는 위법수집증거배제법칙에 의하여 증거능력이 부정된다.

임의수사	강제수사
① 피의자신문 ② 참고인 조사 ③ 사실조회 ④ 감정·통역·번역의 위촉	① 체포·구속 ② 압수·수색·검증

③ 형사소송법은 임의수사원칙, 강제수사법정주의, 영장주의를 3대원칙으로 하고 있다.

2 임의수사의 원칙과 강제수사의 규제

Ⅰ. 임의수사의 원칙

① 수사는 원칙적으로 임의수사에 의하고, 강제수사는 법률에 규정이 있는 경우에 한하여 예외적으로 허용된다(제199조 제1항) [21·16·14 경찰승진]
② 피의자에 대한 수사는 불구속상태에서 함을 원칙으로 한다(제198조 제1항)
③ 임의수사도 형사절차인 이상 적정절차의 원리에 의한 법적 규제를 받는다. 즉, 임의수사의 경우에도 법률에 일정한 요건과 절차가 규정되어 있는 경우에 절차를 위반하여 증거를 수집하면 위법한 수사에 근거한 증거이므로 증거능력을 부인한다. [21 경찰승진]

Ⅱ. 강제수사에 대한 규제

1. 강제수사 법정주의

① 강제수사는 법률에 특별한 규정이 없으면 하지 못한다(제199조 제1항 참고). 형사소송법은 강제처분의 종류·요건·절차 등을 상세히 규정하여 강제수사에 대하여 엄격한 통제를 가하고 있다.

2. 영장주의

(1) 의 의

① 법관이 발부한 영장에 의하지 않고서는 수사상 필요한 강제처분을 할 수 없다(헌법 제12조 제3항) 영장주의에서 영장이란 사전영장을 의미하므로 사후영장은 영장주의의 예외에 해당한다. [19 경찰채용, 19 경간, 14 경찰승진]

② 법관발부의 원칙, 사전영장의 원칙, 일반영장금지의 원칙, 영장제시의 원칙을 적용받는다.
  ㉠ 영장주의는 영장의 내용이 특정될 것을 요하며, 강제처분의 대상, 기간, 장소 등을 특정하지 않은 일반영장은 허용되지 않는다. [14 법원9급, 13 경간]

판례	① 형사절차에 있어서 영장주의란 체포·구속·압수 등의 강제처분을 함에 있어서는 사법권 독립에 의하여 그 신분이 보장되는 법관이 발부한 영장에 의하지 않으면 아니된다는 원칙이다(헌재 1997.3.27, 96헌바28) [19 경간, 14 경찰승진] ② 법원이 직권으로 발부하는 영장은 명령장으로서의 성질을 갖지만, 수사기관의 청구에 의하여 발부하는 영장은 허가장으로서의 성질을 갖는 것으로 이해되고 있다(헌재 1997.3.27, 96헌바28) [20 경찰승진, 13 경간]

(2) 영장주의 등 헌법에 위반되지 않는 경우

판례	① 범죄의 피의자로 입건된 사람들에게 경찰공무원이나 검사의 신문을 받으면서 자신의 신원을 밝히지 않고 지문채취에 불응하는 경우 **형사처벌을 통하여 지문채취를 강제**하는 구 경범죄처벌법 조항은 영장주의의 원칙에 위반되지 않는다(헌재 2004.9.23, 2002헌가17) [20·18·16·15 경간, 19·16·15·14 경찰승진, 17 경찰채용] ② '소장은 교도관으로 하여금 수용자의 접견내용을 청취·기록·녹음 또는 녹화하게 할 수 있다'라는 형집행법 제41조 제2항 규정은 영장주의의 원칙에 위반되지 않는다(헌재 2016.11.24, 2014헌바401) ※ 이는 비변호인과의 접견을 말한다.

(3) 영장주의가 적용되는 경우

판례	① 마약류 불법거래 방지에 관한 특례법 제4조 제1항에 따른 조치의 일환으로 특정한 수출입물품을 개봉하여 검사하고 그 내용물의 점유를 취득한 행위는 수출입물품에 대한 적정한 통관 등을 목적으로 하는 조사와 달리 범죄수사인 압수 또는 수색에 해당하여 사전 또는 사후에 영장을 받아야 한다(대판 2017. 7.18, 2014도8719) [20·18 경찰채용]

3. 비례성의 원칙

① 강제수사는 필요한 최소한도의 범위 안에서만 하여야 한다(제199조 제1항)

Ⅲ. 임의수사의 적법성의 한계

강제처분을 수반하지 않는 임의수사도 인권침해의 가능성이 없는 것은 아니다. 임의수사도 형사절차인 이상 적정절차(적법절차)에 의한 규제를 받으며, 내재적 제한이 있으므로 수사의 필요성과 상당성이 있어야 한다.

1. 임의동행

① 임의동행이란 수사기관이 범죄수사를 위하여 피의자의 동의를 얻어 그를 수사관서에 동행하는 것을 말한다.

② 임의동행은 임의수사로서, '오로지 피의자의 자발적인 의사에 의하여 수사관서 등에의 동행이 이루어졌음이 객관적인 사정에 의하여 명백하게 입증된 경우에 한하여' 임의동행의 적법성을 인정하고 있다(판례)

판례	① 수사관이 수사과정에서 당사자의 동의를 받는 형식으로 피의자를 수사관서 등에 동행하는 것은 오로지 피의자의 자발적인 의사에 의하여 동행이 이루어졌음이 **객관적인 사정에 의하여 명백하게 입증된 경우에 한하여** 그 적법성이 인정된다(대판 2015.12.24, 2013도8481) [20·17·16 경간, 19·17·15 경찰채용, 18 경찰승진, 16 검찰7급] ② 경찰관이 불심검문시 동행에 앞서 피의자에게 동행을 거부할 수 있음을 알려 주었거나 동행과정에서 이탈 또는 동행장소에서 퇴거할 수 있었음이 인정되는 등 **오로지 피의자의 자발적인 의사에 의하여 경찰관서 등에 동행이 이루어졌다는 것이 객관적인 사정에 의하여 명백하게 입증된 경우에 한하여** 동행의 적법성이 인정된다(대판 2006.7.6, 2005도6810) [20·19·16·15 경간, 20·18·14 해경간부, 19·17·13 경찰채용, 18 경찰승진]

③ 임의동행의 형식을 취한 경우에도 강제의 실질을 갖춘 때에는 강제연행에 해당하므로 체포·구속의 요건을 갖추지 못한 경우에는 위법한 수사가 된다.

④ 임의동행에 있어서의 임의성의 판단은 동행의 시간과 장소, 동행의 방법과 동행거부의 사의 유무, 동행 이후의 조사방법과 퇴거의사의 유무 등 여러 사정을 종합하여 객관적인 상황을 기준으로 하여야 할 것이다(대판 1993.11.23, 93다35155) [14 해경간부]

[적법한 임의동행 여부]

적법 O	〈적법한 임의동행에 해당하는 경우〉 ① 음주측정을 위하여 피고인을 경찰서로 동행할 당시 피고인에게 동행을 거부할 수 있음을 고지하고 동행을 요구하자 피고인이 고개를 끄덕이며 동의하는 의사표시를 하였고, 피고인은 동행 당시에 경찰관에게 욕을 하거나 특별한 저항을 하지 않고 순순히 응하였으며, 비록 술에 취하였으나 동행요구에 따를 것인지 여부에 관한 판단을 할 정도의 의사능력이 있었던 경우 동행의 자발성을 인정할 수 있다(대판 2012.9.13, 2012도8890) [19 경간] ② 피고인이 도로교통법위반(음주운전)으로 기소된 사안에서, 피고인이 음주측정을 위해 경찰서에 동행할 것을 요구받고 자발적인 의사로 경찰차에 탑승하였고, 경찰서로 이동 중 하차를 요구하였으나 그 직후 수사과정에 관한 설명을 듣고 빨리 가자고 요구하였다면, 피고인에 대한 임의동행은 적법하고 그 후 이루어진 음주측정 결과는 증거능력이 있다(대판 2016.9.28, 2015도2798) [20 검찰7급] ③ 피고인이 경찰관들로부터 언제라도 자유로이 퇴거할 수 있음을 고지받고 파출소까지 자발적으로 동행한 경우 파출소에서의 음주측정요구를 위법한 체포 상태에서 이루어진 것이라고 할 수 없다(대판 2015.12.24, 2013도8481) ④ 피고인이 메트암페타민(일명 필로폰) 투약 혐의로 임의동행 형식으로 경찰서에 간 후 자신의 소변과 모발을 경찰관에게 제출하여 마약류 관리에 관한 법률 위반(향정)으로 기소된 사안에서, 경찰관은 당시 피고인의 정신 상태, 신체에 있는 주사바늘 자국, 알콜솜 휴대, 전과 등을 근거로 피고인의 마약류 투약 혐의가 상당하다고 판단하여 경찰서로 임의동행을 요구하였고, 동행장소인 경찰서에서 피고인에게 마약류 투약 혐의를 밝힐 수 있는 소변과 모발의 임의제출을 요구하였으므로 피고인에 대한 임의동행은 마약류 투약 혐의에 대한 수사를 위한 것이어서 형사소송법 제199조 제1항에 따른 임의동행에 해당한다(대판 2020.5.14, 2020도398)

적법 ✗	**〈사실상 강제연행(불법체포)에 해당하는 경우〉** ① [1] 사법경찰관이 피고인을 수사관서까지 동행한 것이 **사실상의 강제연행**, 즉 불법체포에 해당하고 불법체포로부터 6시간 상당이 경과한 후에 이루어진 긴급체포 또한 위법하다. [2] 절도혐의로 사법경찰관에 의해 위법한 동행의 형식으로 **강제연행 되었으나**, 그로부터 6시간 경과 후 긴급체포된 상태에서 감시가 소홀한 틈을 타 도주한 경우에 도주죄의 주체가 될 수 없다(대판 2006.7.6, 2005도6810) [20·17·16 경간, 19 해경채용, 18·17 경찰승진, 18·14·13 해경간부, 15 변호사시험, 15·13 경찰채용 등] ② [1] 수사기관이 피고인 아닌 제3자를 상대로 위법하게 수집한 증거는 원칙적으로 제3자 뿐만 아니라 피고인에 대하여도 유죄의 증거로 삼을 수 없다. [2] 피고인에 대하여「성매매알선 등 행위의 처벌에 관한 법률」위반으로 공소가 제기된 사건에서 피고인 아닌 A를 **사실상 강제연행한 상태에서 받은 자술서 및 진술조서**는 형사소송법 제308조의2에 따라 증거능력이 부정되므로, 이를 피고인들에 대한 유죄 인정의 증거로 삼을 수 없다(대판 2011.6.30, 2009도6717) [21·20 경찰채용, 19 경간, 19·13 해경채용, 18 법원9급] ③ 피의자가 동행을 거부하는 의사를 표시하였음에도 불구하고 경찰관들이 피의자를 **강제로 연행한 행위**는 수사상의 강제처분에 관한 형사소송법상의 절차를 무시한 채 이루어진 것으로 위법한 체포에 해당하고, 이와 같이 **위법한 체포상태에서 마약 투약 혐의를 확인하기 위한 채뇨 요구가 이루어진 경우** 그와 같은 위법한 채뇨 요구에 의하여 수집된 '소변검사시인서'는 유죄 인정의 증거로 삼을 수 없다(대판 2013.3.14, 2012도13611) [20 경간, 20 변호사시험] ④ 경찰관들이 경찰서 본관 입구에서 동행하기를 거절하는 피고인의 팔을 잡아끌고 교통조사계로 데리고 간 것은 위법한 강제연행에 해당하므로 그러한 위법한 체포상태에서 이루어진 교통조사계에서의 음주측정요구 역시 위법하다고 할 것이어서 피고인이 그와 같은 음주측정요구에 불응하였다고 하여 음주측정불응죄로 처벌할 수는 없다(대판 2015.12.24, 2013도8481)

2. 보호실 유치(승낙유치)

① 보호실 유치란 영장대기자나 즉결심판 대기자 등의 도주방지와 경찰업무의 편의를 위하여 상대방의 승낙을 받아 경찰서 유치장 등에 유치하는 것을 말한다.

② 승낙유치는 임의수사로서는 허용되지 않는다(∵ 유치에 대하여 일반인이 승낙한다는 것은 경험칙상 도저히 기대할 수 없기 때문이다) [21 경찰승진]

판례	① [1] 경찰관직무집행법상 정신착란자, 주취자, 자살기도자 등 응급의 구호를 요하는 자를 영장 없이 24시간을 초과하지 아니하는 범위에서 경찰서에 설치되어 있는 보호실에 유치한 것은 위법한 강제수사가 아니다. [18 검찰9급] [2] 위와 같은 경우를 제외하고는 구속영장을 발부받음이 없이 피의자를 보호실에 유치함은 영장주의에 위배되는 위법한 구금으로서 적법한 공무수행이라고 볼 수 없다(대판 1994.3.11. 93도958) ② 수사기관이 피의자를 수사하는 과정에서 구속영장없이 피의자를 함부로 구금하여 피의자의 신체의 자유를 박탈하였다면 직권을 남용한 불법감금의 죄책을 면할 수 없고, 수사의 필요상 피의자를 임의동행한 경우에도 조사 후 귀가시키지 아니하고 그의 의사에 반하여 경찰서 조사실 또는 보호실 등에 계속 유치함으로써 신체의 자유를 속박하였다면 이는 구금에 해당한다(대결 1985.7.29. 85모16) [20·15 경찰채용] ③ 즉결심판 피의자의 정당한 귀가요청을 거절한 채 다음날 즉결심판법정이 열릴 때까지 피의자를 경찰서 보호실에 강제유치시키려고 함으로써 피의자를 경찰서 내 즉결피의자 대기실에 10~20분 동안 있게 한 행위는 불법한 감금행위에 해당한다(대판 1997.6.13. 97도877) [18 경찰채용, 17 변호사시험, 15 경찰승진]

3. 승낙수색과 승낙검증

① 상대방의 승낙을 받아 수색·검증을 행하는 것을 말한다.

② 대부분 권리침해가 경미하고 단기간에 끝나므로 상대방의 진지한 승낙을 전제로 하는 승낙수색·승낙검증은 임의수사로서 허용된다.

4. 거짓말탐지기의 사용

① 피의자 등의 피검사자에 대하여 피의사실에 관계있는 질문을 하여 그에 대한 응답시에 나타나는 피검사의 호흡, 혈압, 맥박 등에 나타난 생리적 반응을 거짓말탐지기의 검사지에 기록한 후 이를 관찰·분석하여 답변의 진위 또는 피의사실에 대한 인식 유무를 판단하는 것을 말한다.

판례	① 수사기관은 피검사자의 동의를 얻은 경우에 거짓말탐지기를 사용할 수 있다. 다만, 그 검사결과를 공소사실의 존부를 인정하는 직접증거로는 사용할 수 없고, 진술의 신빙성 유무를 판단하는 정황증거로만 사용할 수 있다(대판 2017.1.25. 2016도15526) [21 경찰승진, 14 경찰채용, 13 법원9급] ② 거짓말탐지기의 검사는 일정한 조건이 모두 충족되어 증거능력이 있는 경우에도 그 검사 결과는 검사를 받는 사람의 진술의 신빙성을 가늠하는 정황증거로서의 기능을 하는데 그친다(대판 1987.7.21. 87도968) [21 경찰승진, 14 경찰채용, 14 해경채용]

> ③ 거짓말탐지기의 검사 결과에 대하여 사실적 관련성을 가진 증거로서 증거능력을 인정할 수 있으려면, 첫째로 거짓말을 하면 반드시 일정한 심리상태의 변동이 일어나고, 둘째로 그 심리상태의 변동은 반드시 일정한 생리적 반응을 일으키며, 셋째로 그 생리적 반응에 의하여 피검사자의 말이 거짓인지 아닌지가 정확히 판정될 수 있다는 세 가지 전제요건이 충족되어야 할 것이며, 특히 마지막 생리적 반응에 대한 거짓 여부 판정은 거짓말탐지기가 검사에 동의한 피검사자의 생리적 반응을 정확히 측정할 수 있는 장치이어야 하고, 질문사항의 작성과 검사의 기술 및 방법이 합리적이어야 하며, 검사자가 탐지기의 측정내용을 객관성 있고 정확하게 판독할 능력을 갖춘 경우라야만 그 정확성을 확보할 수 있는 것이므로, 이상과 같은 여러 가지 요건이 충족되지 않는 한 거짓말탐지기 검사 결과에 대하여 형사소송법상 증거능력을 부여할 수는 없다(대판 2005.5.26, 2005도130)

5. 마취분석

① 마취분석이란 약품의 작용에 의하여 진실을 진술하게 하는 것을 말한다.
② 마취분석은 인간의 존엄성을 파괴하고 인격권을 침해하므로, 피의자의 동의유무를 불문하고 허용되지 않는다.

Ⅳ. 임의수사와 강제수사의 한계

1. 음주측정

> 도로교통법 제44조(술에 취한 상태에서의 운전 금지)
> ① 누구든지 술에 취한 상태에서 자동차등(「건설기계관리법」 제26조 제1항 단서에 따른 건설기계 외의 건설기계를 포함한다. 이하 이 조, 제45조, 제47조, 제93조 제1항 제1호부터 제4호까지 및 제148조의2에서 같다), 노면전차 또는 자전거를 운전하여서는 아니 된다.
> ② 경찰공무원은 교통의 안전과 위험방지를 위하여 필요하다고 인정하거나 제1항을 위반하여 술에 취한 상태에서 자동차등, 노면전차 또는 자전거를 운전하였다고 인정할 만한 상당한 이유가 있는 경우에는 운전자가 술에 취하였는지를 호흡조사로 측정할 수 있다. 이 경우 운전자는 경찰공무원의 측정에 응하여야 한다.
> ③ 제2항에 따른 측정 결과에 불복하는 운전자에 대하여는 그 운전자의 동의를 받아 혈액 채취 등의 방법으로 다시 측정할 수 있다.
> ④ 제1항에 따라 운전이 금지되는 술에 취한 상태의 기준은 운전자의 혈중알코올농도가 0.03퍼센트 이상인 경우로 한다.

(1) 성 격

판례	① 경찰공무원이 도로교통법 규정에 따라 호흡측정 또는 혈액 검사 등의 방법으로 운전자가 술에 취한 상태에서 운전하였는지를 조사하는 것은, 수사기관과 경찰행정 조사자의 지위를 겸하는 주체가 형사소송에서 사용될 증거를 수집하기 위한 수사로서의 성격을 가짐과 아울러 교통상 위험의 방지를 목적으로 하는 운전면허 정지·취소의 행정처분을 위한 자료를 수집하는 행정조사의 성격을 동시에 가지고 있다(대판 2016.12.27, 2014두46850) ② 주취운전의 혐의자에게 영장 없는 음주측정에 응할 의무를 지우고 이에 불응한 사람을 처벌하는 것은 헌법 제12조 제3항에 규정된 영장주의에 위배되지 아니한다(헌재 1997.3.27, 96헌가11) [20 경간, 20 법학특채, 17 경찰승진, 15 경찰채용] ③ 음주측정은 신체의 물리적, 사실적 상태를 그대로 드러내는 행위이므로 주취운전의 혐의자에게 음주측정에 응할 것을 요구하는 것은 진술을 강요하는 것에 해당하지 않는다(대판 2009.9.24, 2009도7924) [18 경찰채용, 15 경찰승진, 14·13 해경간부, 13 경간]

(2) 음주측정의 적법 여부 관련

판례	① 음주운전을 목격한 피해자가 있는 상황에서 경찰관이 음주운전 종료시부터 약 2시간 후 집에 있던 피고인을 임의동행하여 음주측정을 요구하였고, 음주측정 요구 당시에도 피고인은 상당히 술에 취한 것으로 보이는 상황이었다면 그 음주측정 요구는 적법하다(대판 1997.6.13, 96도3069) [17·14 경찰승진] ② 술에 취한 상태에서 자동차를 운전한 것으로 보이는 피고인을 경찰관이 적법하게 보호조치한 상태에서 3회에 걸쳐 음주측정을 요구한 것은 적법한 음주측정요구에 해당한다(대판 2012.3.29, 2011도10012) [15 경찰채용] ③ 위법한 체포 상태에서 음주측정요구가 이루어진 경우 그에 불응하였다고 하여 음주측정거부에 관한 도로교통법위반죄로 처벌할 수 없다(대판 2006.11.9, 2004도8404) ④ [1] 음주측정을 위하여 운전자를 강제로 연행하기 위해서는 수사상 강제처분에 관한 형사소송법상 절차에 따라야 하고, 이러한 절차를 무시한 채 이루어진 강제연행은 위법한 체포에 해당한다. [2] 도로교통법상 음주측정에 관한 규정들을 근거로 음주운전을 하였다고 인정할 만한 상당한 이유가 있는 자에 대하여 경찰관서에 강제연행하여 음주측정을 요구할 수는 없다(대판 2012.12.13, 2012도11162) [15 경찰채용]

(3) 음주측정불응죄에 있어 '측정'의 의미

판례	① [1] 음주측정불응죄에 있어 경찰공무원의 음주측정은 도로교통법 제44조 제2항 소정의 호흡조사에 의한 측정만을 의미하는 것으로서 같은 법 제44조 제3항 소정의 혈액채취에 의한 측정을 포함하는 것으로 볼 수 없다. [2] 신체 이상 등의 사유로 인하여 호흡조사에 의한 측정에 응할 수 없는 운전자가 혈액채취에 의한 측정을 거부하거나 이를 불가능하게 하였다고 하더라도 음주측정에 불응한 것으로 볼 수는 없다(대판 2010.7.15, 2010도2935) ② 특별한 이유 없이 호흡측정기에 의한 측정에 불응하는 운전자에게 경찰공무원이 혈액채취에 의한 측정방법이 있음을 고지하고 그 선택 여부를 물어야 할 의무가 있다고는 할 수 없다(대판 2002.10.25, 2002도4220) [18 경찰채용, 14 경찰승진] ③ 운전자가 정당한 사유 없이 호흡측정기에 의한 음주측정에 불응한 이상 그로써 음주측정불응의 죄는 성립하는 것이며, 그 후 경찰공무원이 혈액채취 등의 방법으로 음주여부를 조사하지 아니하였다고 하여 달리 볼 것은 아니다(대판 2000.4.21, 99도5210)

(4) 음주측정불응죄의 성립요건 및 판단기준

판례	① 음주측정불응죄에 있어 '경찰공무원의 측정에 응하지 아니한 경우'라 함은 술에 취한 상태에 있다고 인정할 만한 상당한 이유가 있는 운전자가 음주측정에 응할 의사가 없음이 객관적으로 명백하다고 인정되는 때를 의미하는 것으로 봄이 타당하고, 그러한 운전자가 경찰공무원의 1차 측정에만 불응하였을 뿐 곧이어 이어진 2차 측정에 응한 경우와 같이 측정거부가 일시적인 것에 불과한 경우까지 측정불응행위가 있었다고 보아 음주측정불응죄가 성립한다고 볼 것은 아니다(대판 2015.12.24, 2013도8481)

(5) 음주측정불응죄 성립 여부

성립 O	① 경찰공무원이 술에 취한 상태에 있다고 인정할 만한 상당한 이유가 있는 운전자에게 음주 여부를 확인하기 위하여 음주측정기에 의한 측정의 사전 단계로 음주감지기에 의한 시험을 요구하는 경우, 그 시험 결과에 따라 음주측정기에 의한 측정이 예정되어 있고 운전자가 그러한 사정을 인식하였음에도 음주감지기에 의한 시험에 명시적으로 불응함으로써 음주측정을 거부하겠다는 의사를 표명하였다면, 음주감지기에 의한 시험을 거부한 행위도 음주측정기에 의한 측정에 응할 의사가 없음을 객관적으로 명백하게 나타낸 것으로 볼 수 있다(대판 2017.6.15, 2017도5115) [18 경찰채용] ② 운전자가 음주측정요구를 받을 당시에 술에 취한 상태에 있었다고 인정할 만

	한 상당한 이유가 있음에도 정당한 이유없이 이에 불응하여 음주측정불응죄가 인정되었다면, 운전자가 다시 스스로 경찰공무원에게 혈액채취의 방법에 의한 음주측정을 요구하여 그 결과 음주운전으로 처벌할 수 없는 혈중알콜농도 수치가 나왔더라도 음주측정거부죄가 성립한다(대판 2004.10.15, 2004도4789) [18 경찰채용]
성립 ×	① 운전자의 신체 이상 등의 사유로 호흡측정기에 의한 측정이 불가능 내지 심히 곤란하거나 운전자가 처음부터 호흡측정기에 의한 측정의 방법을 불신하면서 혈액채취에 의한 측정을 요구하는 경우 등에는 호흡측정기에 의한 측정의 절차를 생략하고 바로 혈액채취에 의한 측정으로 나아가야 할 것이고, 이와 같은 경우라면 호흡측정기에 의한 측정에 불응한 행위를 음주측정불응으로 볼 수 없다(대판 2002.10.25, 2002도4220) [14 해경간부]

(6) 기 타

판례	① 단순히 단속현장에서 다른 절차에 앞서 채혈이 곧바로 실시되지 않은 채 호흡측정기에 의한 음주측정으로부터 1시간 12분이 경과한 후 채혈이 이루어졌다는 사정만으로는 단속 경찰공무원의 행위가 법령에 위반된다거나 그 객관적 정당성을 상실하여 운전자가 음주운전에 대한 단속과정에서 받을 수 있는 권익이 현저하게 침해되었다고 단정하기는 어렵다(대판 2008.4.24, 2006다32132) [14 경찰승진] ② 음주운전과 관련한 도로교통법위반죄의 범죄수사를 위하여 미성년자인 피의자의 혈액채취가 필요한 경우에도 피의자에게 의사능력이 있다면 피의자 본인만이 혈액채취에 관한 유효한 동의를 할 수 있고, **피의자에게 의사능력이 없는 경우에도 명문의 규정이 없는 이상 법정대리인이 피의자를 대리하여 동의할 수는 없다**(대판 2014.11.13, 2013도1228) [21·15 경찰채용] ③ 호흡측정기에 의한 음주측정 전의 음주감지기 시험에서 음주반응이 나왔다고 할지라도 그것만으로 바로 운전자가 혈중알콜농도 0.05%이상(현행 0.03%)의 술에 취한 상태에 있다고 인정할 만한 상당한 이유가 있다고 볼 수는 없다(대판 2003.1.24, 2002도6632) [14 경찰승진] ④ (정확도 : 혈액검사 > 호흡측정) 호흡측정기에 의한 음주측정치와 혈액검사에 의한 음주측정치가 다른 경우에 혈액채취에 의한 검사결과를 믿지 못할 특별한 사정이 없는 한, 혈액검사에 의한 음주측정치가 호흡측정기에 의한 측정치보다 측정 당시의 혈중알콜농도에 더 근접한 음주측정치라고 보는 것이 경험칙에 부합한다(대판 2004.2.13, 2003도6905) [18 경찰채용, 17 변호사시험] ⑤ 운전자가 상당한 시간(약 1시간)이 경과한 후에야 호흡측정 결과에 이의를 제기하면서 혈액채취의 방법에 의한 측정을 요구하는 경우에는 이를 정당한 요

구라고 할 수 없으므로 경찰공무원이 혈액채취의 방법에 의한 측정을 실시하지 않았다고 하더라도 호흡측정기에 의한 측정의 결과만으로 음주운전 사실을 증명할 수 있다(대판 2002.3.15, 2001도7121) [20 검찰9급]

2. 사진촬영 및 비디오촬영

(1) 의 의
① 사진촬영은 수사기관이 상대방의 동의없이 사진이나 비디오를 촬영하는 것으로, 검증의 과정에서 행하여지는 사진촬영은 검증처분 내지 감정처분으로 당연히 허용된다.
② 수사기관이 범행 중 또는 직후에 증거보전의 필요성, 긴급성이 있어서 상당한 방법으로 사진을 촬영한 경우라면 영장 없는 사진촬영도 위법한 수사가 아니다(대판 2013.7.26, 2013도2511) [18 검찰9급]

(2) 수사기관의 사진촬영
① 체포·구속현장에서의 검증(제216조 제1항 제2호, 제2항), 범죄장소에서의 검증(제216조 제3항), 긴급체포 후의 검증(제217조 제1항), 변사자에 대한 긴급검증(제222조 제2항)의 경우에는 영장없이 사진촬영을 할 수 있다.
② 이 외에도 사진촬영은 일정한 요건을 갖춘 경우에는 영장없이 가능하다(판례).

| 판례 | ① [1] 누구든지 자기의 얼굴 기타 모습을 함부로 촬영당하지 않을 자유를 가지나 이러한 자유도 국가권력의 행사로부터 무제한으로 보호되는 것은 아니고 국가의 안전보장·질서유지·공공복리를 위하여 필요한 경우에는 상당한 제한이 따르는 것이다.
[2] 수사기관이 범죄를 수사함에 있어 현재 범행이 행하여지고 있거나 행하여진 직후이고, 증거보전의 필요성 및 긴급성이 있으며, 일반적으로 허용되는 상당한 방법에 의하여 촬영을 한 경우라면 위 촬영이 영장 없이 이루어졌다 하여 이를 위법하다고 단정할 수 없다(대판 1999.9.3, 99도2317) [19 법학특채, 18 검찰9급] |

③ 무인장비에 의한 사진촬영도 일정한 요건을 갖추면 허용된다.
   예) CCTV, 무인 과속단속카메라

| 판례 | ① 무인장비에 의한 속도위반차량 단속은 제한속도를 위반하여 차량을 주행하는 범죄가 현재 행하여지고 있고, 긴급하게 증거보전을 할 필요가 있는 상태에서 일반적으로 허용되는 한도를 넘지 않는 상당한 방법에 의한 것이므로 차량번호 등을 촬영한 사진은 증거능력이 인정된다(대판 1999.12.7, 98도3329) [16 검찰9급] |

(3) 사인에 의한 사진촬영

① 효과적인 형사소추 및 형사소송에서의 진실발견이라는 공익과 개인의 사생활의 보호이익을 비교형량하여 그 허용 여부를 결정한다(판례)

㉠ 모든 국민의 인간으로서의 존엄과 가치를 보장하는 것은 국가기관의 기본적인 의무에 속하는 것이고, 이는 형사절차에서도 당연히 구현되어야 하는 것이기는 하나 그렇다고 하여 국민의 사생활 영역에 관계된 모든 증거의 제출이 곧바로 금지되는 것으로 볼 수는 없고, 법원으로서는 효과적인 형사소추 및 형사소송에서의 진실발견이라는 공익과 개인의 사생활의 보호이익을 비교형량하여 그 허용 여부를 결정하여야 한다(대판 1997.9.30, 97도1230)

| 판례 | ① [1] 제3자가 공갈목적을 숨기고 피고인의 동의하에 나체사진을 찍었다고 하더라도 사진의 촬영이 임의성이 배제된 상태에서 이루어진 것이라고 할 수는 없으며, 그 사진은 범죄현장의 사진으로서 피고인에 대한 형사소추를 위하여 반드시 필요한 증거로 보이므로 공익의 실현을 위하여는 그 사진을 간통죄의 증거로 제출하는 것이 허용되어야 하고, 이로 말미암아 피고인의 사생활의 비밀을 침해하는 결과를 초래한다 하더라도 이는 피고인이 수인하여야 할 기본권의 제한에 해당된다.
[2] 제3자가 공갈목적을 숨기고 피고인의 동의하에 나체사진을 찍은 경우, 이 사진의 존재만으로 피고인의 인격권과 초상권이 침해된다고 볼 수 없고, 이 사진이 범죄현장의 사진으로 피고인에 대한 범죄의 형사소추를 위해 반드시 필요한 증거라고 인정될 경우 위법수집증거로 볼 수 없다(대판 1997.9.30, 97도1230) [19 해경채용, 15 경찰승진, 14 검찰9급, 13 해경간부] |

3. 임의제출물의 압수

임의제출물의 압수는 제출된 후에는 자유롭게 반환받지 못하므로 강제수사로 본다(다수설)

제2절 임의수사의 방법

1 피의자신문

형사소송법
제200조(피의자의 출석요구) 검사 또는 사법경찰관은 수사에 필요한 때에는 피의자의 출석을 요구하여 진술을 들을 수 있다.

제241조(피의자신문) 검사 또는 사법경찰관이 피의자를 신문함에는 먼저 그 성명, 연령, 등록기준지, 주거와 직업을 물어 피의자임에 틀림없음을 확인하여야 한다.

제242조(피의자신문사항) 검사 또는 사법경찰관은 피의자에 대하여 범죄사실과 정상에 관한 필요사항을 신문하여야 하며 그 이익되는 사실을 진술할 기회를 주어야 한다.

제243조(피의자신문과 참여자) 검사가 피의자를 신문함에는 검찰청수사관 또는 서기관이나 서기를 참여하게 하여야 하고 사법경찰관이 피의자를 신문함에는 사법경찰관리를 참여하게 하여야 한다.

제243조의2(변호인의 참여 등) ① 검사 또는 사법경찰관은 피의자 또는 그 변호인·법정대리인·배우자·직계친족·형제자매의 신청에 따라 변호인을 피의자와 접견하게 하거나 정당한 사유가 없는 한 피의자에 대한 신문에 참여하게 하여야 한다.
② 신문에 참여하고자 하는 변호인이 2인 이상인 때에는 피의자가 신문에 참여할 변호인 1인을 지정한다. 지정이 없는 경우에는 검사 또는 사법경찰관이 이를 지정할 수 있다.
③ 신문에 참여한 변호인은 신문 후 의견을 진술할 수 있다. 다만, 신문 중이라도 부당한 신문방법에 대하여 이의를 제기할 수 있고, 검사 또는 사법경찰관의 승인을 얻어 의견을 진술할 수 있다.
④ 제3항에 따른 변호인의 의견이 기재된 피의자신문조서는 변호인에게 열람하게 한 후 변호인으로 하여금 그 조서에 기명날인 또는 서명하게 하여야 한다.
⑤ 검사 또는 사법경찰관은 변호인의 신문참여 및 그 제한에 관한 사항을 피의자신문조서에 기재하여야 한다.

제244조(피의자신문조서의 작성) ① 피의자의 진술은 조서에 기재하여야 한다.
② 제1항의 조서는 피의자에게 열람하게 하거나 읽어 들려주어야 하며, 진술한 대로 기재되지 아니하였거나 사실과 다른 부분의 유무를 물어 피의자가 증감 또는 변경의 청구 등 이의를 제기하거나 의견을 진술한 때에는 이를 조서에 추가로 기재하여야 한다. 이 경우 피의자가 이의를 제기하였던 부분은 읽을 수 있도록 남겨두어야 한다.
③ 피의자가 조서에 대하여 이의나 의견이 없음을 진술한 때에는 피의자로 하여금 그 취지를 자필로 기재하게 하고 조서에 간인한 후 기명날인 또는 서명하게 한다.

제244조의2(피의자진술의 영상녹화) ① 피의자의 진술은 영상 녹화할 수 있다. 이 경우 미리 영상녹화사실을 알려주어야 하며, 조사의 개시부터 종료까지의 전 과정 및 객관적 정황을 영상녹화하여야 한다.
② 제1항에 따른 영상녹화가 완료된 때에는 피의자 또는 변호인 앞에서 지체 없이 그 원본을 봉인하고 피의자로 하여금 기명날인 또는 서명하게 하여야 한다.
③ 제2항의 경우에 피의자 또는 변호인의 요구가 있는 때에는 영상녹화물을 재생하여 시청하게 하여야 한다. 이 경우 그 내용에 대하여 이의를 진술하는 때에는 그 취지를 기재한 서면을 첨부하여야 한다.

제244조의3(진술거부권 등의 고지) ① 검사 또는 사법경찰관은 피의자를 신문하기 전에 다음 각 호의 사항을 알려주어야 한다.
  1. 일체의 진술을 하지 아니하거나 개개의 질문에 대하여 진술을 하지 아니할 수 있다는 것
  2. 진술을 하지 아니하더라도 불이익을 받지 아니한다는 것
  3. 진술을 거부할 권리를 포기하고 행한 진술은 법정에서 유죄의 증거로 사용될 수 있다는 것
  4. 신문을 받을 때에는 변호인을 참여하게 하는 등 변호인의 조력을 받을 수 있다는 것
② 검사 또는 사법경찰관은 제1항에 따라 알려 준 때에는 피의자가 진술을 거부할 권리와 변호인의 조력을 받을 권리를 행사할 것인지의 여부를 질문하고, 이에 대한 피의자의 답변을 조서에 기재하여야 한다. 이 경우 피의자의 답변은 피의자로 하여금 자필로 기재하게 하거나 검사 또는 사법경찰관이 피의자의 답변을 기재한 부분에 기명날인 또는 서명하게 하여야 한다.

제244조의4(수사과정의 기록) ① 검사 또는 사법경찰관은 피의자가 조사장소에 도착한 시각, 조사를 시작하고 마친 시각, 그 밖에 조사과정의 진행경과를 확인하기 위하여 필요한 사항을 피의자신문조서에 기록하거나 별도의 서면에 기록한 후 수사기록에 편철하여야 한다.
② 제244조 제2항 및 제3항은 제1항의 조서 또는 서면에 관하여 준용한다.
③ 제1항 및 제2항은 피의자가 아닌 자를 조사하는 경우에 준용한다.

제244조의5(장애인 등 특별히 보호를 요하는 자에 대한 특칙) 검사 또는 사법경찰관은 피의자를 신문하는 경우 다음 각 호의 어느 하나에 해당하는 때에는 직권 또는 피의자·법정대리인의 신청에 따라 피의자와 신뢰관계에 있는 자를 동석하게 할 수 있다.
  1. 피의자가 신체적 또는 정신적 장애로 사물을 변별하거나 의사를 결정·전달할 능력이 미약한 때
  2. 피의자의 연령·성별·국적 등의 사정을 고려하여 그 심리적 안정의 도모와 원활한 의사소통을 위하여 필요한 경우

제245조(참고인과의 대질) 검사 또는 사법경찰관이 사실을 발견함에 필요한 때에는 피의자와 다른 피의자 또는 피의자 아닌 자와 대질하게 할 수 있다.

[검사와 사법경찰관의 상호협력과 일반적 수사준칙에 관한 규정(대통령령)]

제13조(변호인의 피의자신문 참여·조력)
① 검사 또는 사법경찰관은 피의자신문에 참여한 변호인이 피의자의 옆자리 등 실질적인 조력을 할 수 있는 위치에 앉도록 해야 하고, 정당한 사유가 없으면 피의자에 대한 법적인 조언·상담을 보장해야 하며, 법적인 조언·상담을 위한 변호인의 메모를 허용해야 한다.
② 검사 또는 사법경찰관은 피의자에 대한 신문이 아닌 단순 면담 등이라는 이유로 변호인의 참여·조력을 제한해서는 안 된다.
③ 제1항 및 제2항은 검사 또는 사법경찰관의 사건관계인에 대한 조사·면담 등의 경우에도 적용한다.

제14조(변호인의 의견진술)
① 피의자신문에 참여한 변호인은 검사 또는 사법경찰관의 신문 후 조서를 열람하고 의견을 진술할 수 있다. 이 경우 변호인은 별도의 서면으로 의견을 제출할 수 있으며, 검사 또는 사법경찰관은 해당 서면을 사건기록에 편철한다.
② 피의자신문에 참여한 변호인은 신문 중이라도 검사 또는 사법경찰관의 승인을 받아 의견을 진술할 수 있다. 이 경우 검사 또는 사법경찰관은 정당한 사유가 있는 경우를 제외하고는 변호인의 의견진술 요청을 승인해야 한다.
③ 피의자신문에 참여한 변호인은 제2항에도 불구하고 부당한 신문방법에 대해서는 검사 또는 사법경찰관의 승인 없이 이의를 제기할 수 있다.
④ 검사 또는 사법경찰관은 제1항부터 제3항까지의 규정에 따른 의견진술 또는 이의제기가 있는 경우 해당 내용을 조서에 적어야 한다.

제15조(피해자 보호)
① 검사 또는 사법경찰관은 피해자의 명예와 사생활의 평온을 보호하기 위해 「범죄피해자 보호법」 등 피해자 보호 관련 법령의 규정을 준수해야 한다.
② 검사 또는 사법경찰관은 피의자의 범죄수법, 범행 동기, 피해자와의 관계, 언동 및 그 밖의 상황으로 보아 피해자가 피의자 또는 그 밖의 사람으로부터 생명·신체에 위해를 입거나 입을 염려가 있다고 인정되는 경우에는 직권 또는 피해자의 신청에 따라 신변보호에 필요한 조치를 강구해야 한다. [21 경찰채용]

제19조(출석요구)
① 검사 또는 사법경찰관은 피의자에게 출석요구를 할 때에는 다음 각 호의 사항을 유의해야 한다.
  1. 출석요구를 하기 전에 우편·전자우편·전화를 통한 진술 등 출석을 대체할 수 있는 방법의 선택 가능성을 고려할 것
  2. 출석요구의 방법, 출석의 일시·장소 등을 정할 때에는 피의자의 명예 또는 사생활의 비밀이 침해되지 않도록 주의할 것
  3. 출석요구를 할 때에는 피의자의 생업에 지장을 주지 않도록 충분한 시간적 여유를 두도록 하고, 피의자가 출석 일시의 연기를 요청하는 경우 특별한 사정이 없으면 출석 일시를 조정할 것
  4. 불필요하게 여러 차례 출석요구를 하지 않을 것
② 검사 또는 사법경찰관은 피의자에게 출석요구를 하려는 경우 피의자와 조사의 일시·장소에 관하여 협의해야 한다. 이 경우 변호인이 있는 경우에는 변호인과도 협의해야 한다.

③ 검사 또는 사법경찰관은 피의자에게 출석요구를 하려는 경우 피의사실의 요지 등 출석요구의 취지를 구체적으로 적은 출석요구서를 발송해야 한다. 다만, 신속한 출석요구가 필요한 경우 등 부득이한 사정이 있는 경우에는 전화, 문자메시지, 그 밖의 상당한 방법으로 출석요구를 할 수 있다.

④ 검사 또는 사법경찰관은 제3항 본문에 따른 방법으로 출석요구를 했을 때에는 출석요구서의 사본을, 같은 항 단서에 따른 방법으로 출석요구를 했을 때에는 그 취지를 적은 수사보고서를 각각 사건기록에 편철한다.

⑤ 검사 또는 사법경찰관은 피의자가 치료 등 수사관서에 출석하여 조사를 받는 것이 현저히 곤란한 사정이 있는 경우에는 수사관서 외의 장소에서 조사할 수 있다.

⑥ 제1항부터 제5항까지의 규정은 피의자 외의 사람에 대한 출석요구의 경우에도 적용한다.

제20조(수사상 임의동행 시의 고지) 검사 또는 사법경찰관은 임의동행을 요구하는 경우 상대방에게 동행을 거부할 수 있다는 것과 동행하는 경우에도 언제든지 자유롭게 동행 과정에서 이탈하거나 동행 장소에서 퇴거할 수 있다는 것을 알려야 한다.

제21조(심야조사 제한)
① 검사 또는 사법경찰관은 조사, 신문, 면담 등 그 명칭을 불문하고 피의자나 사건관계인에 대해 오후 9시부터 오전 6시까지 사이에 조사(이하 "심야조사"라 한다)를 해서는 안 된다. 다만, 이미 작성된 조서의 열람을 위한 절차는 자정 이전까지 진행할 수 있다.

② 제1항에도 불구하고 다음 각 호의 어느 하나에 해당하는 경우에는 심야조사를 할 수 있다. 이 경우 심야조사의 사유를 조서에 명확하게 적어야 한다.
  1. 피의자를 체포한 후 48시간 이내에 구속영장의 청구 또는 신청 여부를 판단하기 위해 불가피한 경우
  2. 공소시효가 임박한 경우
  3. 피의자나 사건관계인이 출국, 입원, 원거리 거주, 직업상 사유 등 재출석이 곤란한 구체적인 사유를 들어 심야조사를 요청한 경우(변호인이 심야조사에 동의하지 않는다는 의사를 명시한 경우는 제외한다)로서 해당 요청에 상당한 이유가 있다고 인정되는 경우
  4. 그 밖에 사건의 성질 등을 고려할 때 심야조사가 불가피하다고 판단되는 경우 등 법무부장관, 경찰청장 또는 해양경찰청장이 정하는 경우로서 검사 또는 사법경찰관의 소속 기관의 장이 지정하는 인권보호 책임자의 허가 등을 받은 경우

제22조(장시간 조사 제한)
① 검사 또는 사법경찰관은 조사, 신문, 면담 등 그 명칭을 불문하고 피의자나 사건관계인을 조사하는 경우에는 대기시간, 휴식시간, 식사시간 등 모든 시간을 합산한 조사시간(이하 "총조사시간"이라 한다)이 12시간을 초과하지 않도록 해야 한다. 다만, 다음 각 호의 어느 하나에 해당하는 경우에는 예외로 한다.
  1. 피의자나 사건관계인의 서면 요청에 따라 조서를 열람하는 경우
  2. 제21조 제2항 각 호의 어느 하나에 해당하는 경우

② 검사 또는 사법경찰관은 특별한 사정이 없으면 총조사시간 중 식사시간, 휴식시간 및 조서의 열람시간 등을 제외한 실제 조사시간이 8시간을 초과하지 않도록 해야 한다.

③ 검사 또는 사법경찰관은 피의자나 사건관계인에 대한 조사를 마친 때부터 8시간이 지나기 전에는 다시 조사할 수 없다. 다만, 제1항 제2호에 해당하는 경우에는 예외로 한다.

제23조(휴식시간 부여)

① 검사 또는 사법경찰관은 조사에 상당한 시간이 소요되는 경우에는 특별한 사정이 없으면 피의자 또는 사건관계인에게 조사 도중에 최소한 2시간마다 10분 이상의 휴식시간을 주어야 한다.

② 검사 또는 사법경찰관은 조사 도중 피의자, 사건관계인 또는 그 변호인으로부터 휴식시간의 부여를 요청받았을 때에는 그때까지 조사에 소요된 시간, 피의자 또는 사건관계인의 건강상태 등을 고려해 적정하다고 판단될 경우 휴식시간을 주어야 한다.

③ 검사 또는 사법경찰관은 조사 중인 피의자 또는 사건관계인의 건강상태에 이상 징후가 발견되면 의사의 진료를 받게 하거나 휴식하게 하는 등 필요한 조치를 해야 한다.

제24조(신뢰관계인의 동석)

① 법 제244조의5에 따라 피의자와 동석할 수 있는 신뢰관계에 있는 사람과 법 제221조제3항에서 준용하는 법 제163조의2에 따라 피해자와 동석할 수 있는 신뢰관계에 있는 사람은 피의자 또는 피해자의 직계친족, 형제자매, 배우자, 가족, 동거인, 보호·교육시설의 보호·교육담당자 등 피의자 또는 피해자의 심리적 안정과 원활한 의사소통에 도움을 줄 수 있는 사람으로 한다.

② 피의자, 피해자 또는 그 법정대리인이 제1항에 따른 신뢰관계에 있는 사람의 동석을 신청한 경우 검사 또는 사법경찰관은 그 관계를 적은 동석신청서를 제출받거나 조서 또는 수사보고서에 그 관계를 적어야 한다.

제25조(자료·의견의 제출기회 보장)

① 검사 또는 사법경찰관은 조사과정에서 피의자, 사건관계인 또는 그 변호인이 사실관계 등의 확인을 위해 자료를 제출하는 경우 그 자료를 수사기록에 편철한다.

② 검사 또는 사법경찰관은 조사를 종결하기 전에 피의자, 사건관계인 또는 그 변호인에게 자료 또는 의견을 제출할 의사가 있는지를 확인하고, 자료 또는 의견을 제출받은 경우에는 해당 자료 및 의견을 수사기록에 편철한다.

제69조(수사서류 등의 열람·복사)

① 피의자, 사건관계인 또는 그 변호인은 검사 또는 사법경찰관이 수사 중인 사건에 관한 본인의 진술이 기재된 부분 및 본인이 제출한 서류의 전부 또는 일부에 대해 열람·복사를 신청할 수 있다.

② 피의자, 사건관계인 또는 그 변호인은 검사가 불기소 결정을 하거나 사법경찰관이 불송치 결정을 한 사건에 관한 기록의 전부 또는 일부에 대해 열람·복사를 신청할 수 있다.

③ 피의자 또는 그 변호인은 필요한 사유를 소명하고 고소장, 고발장, 이의신청서, 항고장, 재항고장(이하 "고소장등"이라 한다)의 열람·복사를 신청할 수 있다. 이 경우 열람·복사의 범위는 피의자에 대한 혐의사실 부분으로 한정하고, 그 밖에 사건관계인에 관한 사실이나 개인정보, 증거방법 또는 고소장등에 첨부된 서류 등은 제외한다.

④ 체포·구속된 피의자 또는 그 변호인은 현행범인체포서, 긴급체포서, 체포영장, 구속영장의 열람·복사를 신청할 수 있다.

⑤ 피의자 또는 사건관계인의 법정대리인, 배우자, 직계친족, 형제자매로서 피의자 또는 사건관계인의 위임장 및 신분관계를 증명하는 문서를 제출한 사람도 제1항부터 제4항까지의 규정에 따라 열람·복사를 신청할 수 있다.

⑥ 검사 또는 사법경찰관은 제1항부터 제5항까지의 규정에 따른 신청을 받은 경우에는 해당 서류의 공개로 사건관계인의 개인정보나 영업비밀이 침해될 우려가 있거나 범인의 증거인멸·도주를 용이하게 할 우려가 있는 경우 등 정당한 사유가 있는 경우를 제외하고는 열람·복사를 허용해야 한다.

I. 의 의

① 피의자신문이란 검사 또는 사법경찰관이 수사에 필요한 경우 피의자를 출석시켜 신문을 하고 진술을 듣는 절차를 말한다(제200조).
② 피의자에게 진술거부권이 보장되어 있으므로 임의수사에 해당한다.

II. 피의자신문의 방법

1. 피의자신문의 주체와 참여자

① 피의자신문의 주체는 수사기관, 즉 검사와 사법경찰관이다(제200조).
  다만, 사법경찰리도 사법경찰관사무취급의 지위에서 피의자신문을 할 권한이 있다 (대판 1981.6.9, 81도1357) [19 해경간부]
② **보조자의 참여** : 검사가 피의자를 신문함에는 검찰청수사관 또는 서기관이나 서기를 참여하게 하여야 하고 사법경찰관이 피의자를 신문함에는 사법경찰관리를 참여하게 하여야 한다(제243조) ※ 조서기재의 정확성과 신문절차의 적법성을 보장하기 위한 것이다. [19 경찰채용]

2. 출석요구

① 검사 또는 사법경찰관은 수사에 필요한 때에는 피의자의 출석을 요구하여 진술을 들을 수 있다(제200조).
② 피의자는 수사기관의 출석요구에 응할 의무가 없으며, 출석한 경우에도 언제든지 퇴거할 수 있다(임의출석). 피의자신문을 위한 구인은 허용되지 않는다.

판례	① [1] 구속영장 발부에 의하여 적법하게 구금된 피의자가 피의자신문을 위한 수사기관 조사실 출석을 거부하는 경우 수사기관은 구속영장의 효력에 의하여 피의자를 조사실로 구인할 수 있다. [2] 다만 이러한 경우에도 그 피의자신문 절차는 형사소송법 제199조 제1항 본문, 제200조의 규정에 따른 임의수사의 한 방법으로 진행되어야 하므로 피의자는 일체의 진술을 거부할 수 있다(대결 2013.7.1, 2013모160) [21·17·16 경찰승진, 21·20·17 경간, 21·20·19·18·16 경찰채용, 21 법학특채, 19·15 변호사, 15 법원9급 등]

③ 출석요구의 방법에는 제한이 없다. [18 검찰7급, 17·13 경간]
  ㉠ 검사 또는 사법경찰관은 피의자에게 출석요구를 하려는 경우 피의사실의 요지 등 출석요구의 취지를 구체적으로 적은 출석요구서를 발송해야 한다. 다만, 신속한 출석요구가 필요한 경우 등 **부득이한 사정이 있는 경우에는 전화, 문자메시지, 그 밖의 상당한 방법으로 출석요구를 할 수 있다**(수사준칙 제19조 제3항)
④ 출석요구하는 장소가 반드시 수사관서에 국한되지 않는다.

3. 진술거부권 등의 고지

① 검사 또는 사법경찰관은 피의자를 신문하기 전에 다음 사항을 알려주어야 한다(제244조의3 제1항). [21·16·14 경찰승진, 16·15·13 경간, 16 해경간부, 15 변호사시험]
  ㉠ 일체의 진술을 하지 아니하거나 질문에 대하여 진술을 하지 아니할 수 있다는 것
  ㉡ 진술을 하지 아니하더라도 불이익을 받지 아니한다는 것
  ㉢ 진술을 거부할 권리를 포기하고 행한 진술은 법정에서 유죄의 증거로 사용될 수 있다는 것
  ㉣ 신문을 받을 때에는 변호인을 참여하게 하는 등 변호인의 조력을 받을 수 있다는 것

판례	① 수사기관이 피의자를 신문함에 있어서 피의자에게 미리 진술거부권을 고지하지 않은 때에는 그 피의자의 진술은 위법하게 수집된 증거로서 진술의 임의성이 인정되는 경우라도 증거능력이 부인되어야 한다(대판 1992.6.23, 92도682) [21·19·18·17·16 경찰승진, 21 법학특채, 20·18·17 경간, 20·19·17·15 경찰채용, 19·18 법원9급, 16·15 변호사시험, 16 검찰9급 등]

② 검사 또는 사법경찰관은 위 사항을 알려 준 때에는 피의자가 진술을 거부할 권리와 변호인의 조력을 받을 권리를 행사할 것인지의 여부를 질문하고, 이에 대한 피의자의 답변을 조서에 기재하여야 한다. 이 경우 피의자의 답변은 피의자로 하여금 자필로 기재하게 하거나 검사 또는 사법경찰관이 피의자의 답변을 기재한 부분에 기명날인 또는 서명하게 하여야 한다(제244조의3 제2항)

판례	① 사법경찰관이 피의자신문조서를 작성하면서 피의자에게 진술거부권 등을 고지하고 행사여부를 질문하였다 하더라도 형사소송법 제244조의3 제2항에 규정된 방식인 **자필 또는 사법경찰관이 피의자 답변을 작성한 부분에 피의자의 기명날인 또는 서명의 형식으로 답변이 기재되어 있지 아니하다면** 그 피의자신문조서는 증거능력이 인정되지 않는다(대판 2014.4.10, 2014도1779) [20 경찰승진, 20·18 경찰채용, 20·17·16 검찰9급, 20·19 법원9급, 15 검찰7급 등]

③ 사법경찰관은 피의자를 신문하기 전에 수사과정에서 법령위반, 인권침해 또는 현저한 수사권 남용이 있는 경우 검사에게 구제를 신청할 수 있음을 피의자에게 알려주어야 한다(제197조의3 제8항)

④ 피의자에게는 진술거부권도 보장되어 있으므로 진술할 의무도 없고 수사기관도 진술을 강요할 수 없다.

4. 인정신문 및 신문사항

① **인정신문** : 검사 또는 사법경찰관이 피의자를 신문함에는 먼저 그 성명, 연령, 등록기준지, 주거와 직업을 물어 피의자임에 틀림없음을 확인하여야 한다(제241조)

② **신문사항** : 검사 또는 사법경찰관은 피의자에 대하여 범죄사실과 정상에 관한 필요사항을 신문하여야 하며 그 이익되는 사실을 진술할 기회를 주어야 한다(제242조) [18 경찰채용]

③ **대 질** : 검사 또는 사법경찰관이 사실을 발견함에 필요한 때에는 피의자와 다른 피의자 또는 피의자 아닌 자와 대질하게 할 수 있다(제245조) [13 경간]

5. 피의자신문조서의 작성

① 피의자의 진술은 조서에 기재하여야 한다(제244조 제1항)

② 피의자신문조서는 피의자에게 열람하게 하거나 읽어 들려주어야 하며, 진술한 대로 기재되지 아니하였거나 사실과 다른 부분의 유무를 물어 피의자가 증감 또는 변경의 청구 등 이의를 제기하거나 의견을 진술한 때에는 이를 조서에 추가로 기재하여야 한다. 이 경우 피의자가 이의를 제기하였던 부분은 읽을 수 있도록 남겨두어야 한다(제244조 제2항) [21·15 경찰승진, 19 경찰채용]

③ 피의자가 조서에 대하여 이의나 의견이 없음을 진술한 때에는 피의자로 하여금 그 취지를 자필로 기재하게 하고 조서에 간인한 후 기명날인 또는 서명하게 한다(제244조 제3항). 또한 조서에는 작성자인 검사 또는 사법경찰관도 기명날인 또는 서명하여야 한다(제57조)

6. 수사과정의 기록

① 검사 또는 사법경찰관은 피의자가 조사장소에 도착한 시각, 조사를 시작하고 마친 시각, 그 밖에 조사과정의 진행경과를 확인하기 위하여 필요한 사항을 피의자신문조서에 기록하거나 별도의 서면에 기록한 후 수사기록에 편철하여야 한다(제244조의4 제1항) [21·20·15 경찰승진]

판례	① 피고인이 아닌 자(참고인)가 수사과정에서 진술서를 작성하였지만 **수사기관이 그에 대한 조사과정을 기록하지 아니한 경우**에는, 특별한 사정이 없는 한 '적법한 절차와 방식'에 따라 수사과정에서 진술서가 작성되었다 할 수 없으므로 증거능력을 인정할 수 없다(대판 2015.4.23. 2013도3790) [21·19 경찰채용, 19·16 검찰7급, 18·17·16 변호사시험, 18 검찰9급, 18 법원9급, 17 해경간부 등]

② 수사과정 기록제도는 피의자뿐만 아니라 참고인을 조사하는 경우에도 마찬가지로 적용된다(제244조의4 제3항)

판례	① 수사기관이 피의자를 조사하는 경우에는 그 조사과정을 기록하여야 하며, 피의자가 아닌 자를 조사하는 과정에서 그 진술을 청취하여 증거로 남기는 방법으로 진술조서가 아닌 진술서를 작성 제출받는 경우에도 그 절차는 준수되어야 한다(대판 2015.4.23. 2013도3790) [19 경찰채용]

Ⅲ. 피의자신문시의 변호인 참여

① 검사 또는 사법경찰관은 피의자 또는 그 변호인·법정대리인·배우자·직계친족·형제자매의 신청에 따라 변호인을 피의자와 접견하게 하거나 **정당한 사유가 없는 한** 피의자에 대한 **신문에 참여하게 하여야 한다**(제243조의2 제1항) [21·17·15 경찰승진, 21·19 해경채용, 20·16 경간, 18·16·14 경찰채용, 17·16·15·14 해경간부, 15 검찰9급 등]

㉠ 검사 또는 사법경찰관은 피의자신문에 참여한 **변호인이 피의자의 옆자리 등 실질적인 조력을 할 수 있는 위치에 앉도록 해야 하고**, 정당한 사유가 없으면 피의자에 대한 법적인 조언·상담을 보장해야 하며, 법적인 조언·상담을 위한 변호인의 메모를 허용해야 한다(수사준칙 제13조 제1항) [21 경찰채용]

㉡ 검사 또는 사법경찰관은 피의자에 대한 신문이 아닌 단순 면담 등이라는 이유로 변호인의 참여·조력을 제한해서는 안 된다(수사준칙 제13조 제2항) [21 경찰채용]

| 판례 | ① 변호인이 피의자신문에 자유롭게 참여할 수 있는 권리는 헌법상 기본권인 변호인의 변호권으로서 보호되어야 한다(헌재 2017.11.30, 2016헌마503) [18 경찰채용]

② 피의자가 변호인 참여를 원하는 의사를 표시하였는데도 수사기관이 정당한 사유 없이 변호인을 참여하게 하지 아니한 채 피의자를 신문하여 작성한 피의자신문조서는 증거능력이 없다(대판 2013.3.28, 2010도3359) [20·15 경간, 20·18·17·16 경찰채용, 19·16·15 경찰승진, 17 변호사시험, 15 검찰7급, 15 법원9급 등]

③ [1] 검사 또는 사법경찰관은 **변호인이 피의자신문을 방해하거나 수사기밀 또는 증거를 인멸할 염려가 있음이 객관적으로 명백한 경우**에는 변호인참여권을 제한할 수 있다.
[2] 수사기관이 피의자신문을 하면서 위와 같은 정당한 사유가 없음에도 불구하고 변호인에 대하여 피의자로부터 떨어진 곳으로 옮겨 앉으라고 지시를 한 다음 이러한 지시에 따르지 않았음을 이유로 변호인의 피의자신문 참여권을 제한하는 것은 허용될 수 없다(대결 2008.9.12, 2008모793) [21 법학특채, 19 경찰채용, 15 해경채용, 13 경간]

④ 변호인이 피의자에게 진술거부권을 행사할 것을 종용하는 것은 수사를 방해하는 때에 해당한다고 볼 수 없어 이를 이유로 변호인의 참여를 제한하는 것은 위법하다(대결 2007.1.31, 2006모656) [17·15 해경간부]

⑤ 수사기관이 피의자신문을 하면서 위와 같은 정당한 사유가 없음에도 불구하고 변호인에 대하여 피의자로부터 떨어진 곳으로 옮겨 앉으라고 지시를 한 다음 이러한 지시에 따르지 않았음을 이유로 변호인의 피의자신문 참여권을 제한하는 것은 허용될 수 없다(대결 2008.9.12, 2008모793)

⑥ 변호인의 수사방해나 수사기밀의 유출에 대한 우려가 없고 조사실의 장소적 제약 등과 같은 특별한 사정이 없는 상황에서 수사관이 피의자신문에 참여한 변호인에게 피의자 후방에 앉으라고 요구한 행위는 변호인의 변호권을 침해하므로 헌법에 |

⑦ [1] 검사 또는 사법경찰관이 특별한 사정 없이 **단지 변호인이 피의자신문 중에 부당한 신문방법에 대한 이의제기를 하였다는 이유만으로 변호인을 조사실에서 퇴거시키는 조치**는 정당한 사유 없이 변호인의 피의자신문 참여권을 제한하는 것으로서 허용될 수 없다.
[2] 피의자의 변호인이 인정신문을 시작하기 전 검사에게 피의자의 수갑을 해제하여 달라고 계속 요구하자 검사가 수사에 현저한 지장을 초래한다는 이유로 변호인을 퇴실시킨 것은 변호인의 피의자신문 참여권을 침해한 것으로 위법하다(대결 2020.3.17, 2015모2357) [21 변호사시험]

⑧ 피의자신문에 참여한 변호인은 신문 중이라도 부당한 신문방법에 대하여 이의를 제기할 수 있고, 검사 또는 사법경찰관의 부당한 신문방법에 대한 이의제기는 고성, 폭언 등 그 방식이 부적절 하거나 또는 합리적 근거 없이 반복적으로 이루어지는 등의 특별한 사정이 없는 한 원칙적으로 변호인에게 인정된 권리의 행사에 해당하며, 신문을 방해하는 행위로는 볼 수 없다(대결 2020.3.17, 2015모2357) [20 경찰채용]

② 신문에 참여하고자 하는 변호인이 2인 이상인 때에는 '피의자(1순위)'가 신문에 참여할 변호인 1인을 지정한다. 지정이 없는 경우에는 '검사 또는 사법경찰관(2순위)'이 이를 **지정할 수 있다**(제243조의2 제2항) [21 해경채용, 20·18·16·14 경찰승진, 20·18 경간, 19·17·16·15 해경간부, 17·13 경찰채용, 15 검찰9급]

검사 또는 사법경찰관이 이를 지정하는 경우에 반드시 1인을 지정하여야 하는 것은 아니다.

③ 신문에 참여한 변호인은 **신문 후** 의견을 진술할 수 있다. 다만, 신문 중이라도 부당한 신문방법에 대하여 이의를 제기할 수 있고, 검사 또는 사법경찰관의 **승인을 얻어** 의견을 진술할 수 있다(제243조의2 제3항) [21·20·18·14 경찰채용, 21 해경채용, 20·18·17·16 경찰승진, 18 경간, 17·16·15 해경간부, 15 변호사시험, 15 해경채용, 14 검찰9급 등]

수사준칙 제14조(변호인의 의견진술)
① 피의자신문에 참여한 변호인은 검사 또는 사법경찰관의 신문 후 조서를 열람하고 의견을 진술할 수 있다. 이 경우 변호인은 별도의 서면으로 의견을 제출할 수 있으며, 검사 또는 사법경찰관은 해당 서면을 사건기록에 편철한다.
② 피의자신문에 참여한 변호인은 신문 중이라도 검사 또는 사법경찰관의 승인을 받아 의견을 진술할 수 있다. 이 경우 검사 또는 사법경찰관은 정당한 사유가 있는 경우를 제외하고는 변호인의 의견진술 요청을 승인해야 한다.
③ 피의자신문에 참여한 변호인은 제2항에도 불구하고 부당한 신문방법에 대해서는 검사 또는 사법경찰관의 승인 없이 이의를 제기할 수 있다. [21 경찰채용]
④ 검사 또는 사법경찰관은 제1항부터 제3항까지의 규정에 따른 의견진술 또는 이의제기가 있는 경우 해당 내용을 조서에 적어야 한다.

④ 변호인의 의견이 기재된 피의자신문조서는 변호인에게 열람하게 한 후 변호인으로 하여금 그 조서에 기명날인 또는 서명하게 하여야 한다(제243조의2 제4항) [19 경간]

⑤ 검사 또는 사법경찰관은 변호인의 신문참여 및 그 제한에 관한 사항을 피의자신문조서에 기재하여야 한다(제243조의2 제5항) [21·16·15 경찰승진, 19 경간]

⑥ 검사나 사법경찰관이 변호인의 참여를 제한하거나 퇴거시킨 처분에 대해서 피의자나 변호인은 준항고를 통해 그 처분의 취소 또는 변경을 청구할 수 있다(제417조) [21 법학특채, 20·19 경간, 19·18 경찰승진, 17 법원9급, 16 경찰채용, 15 변호사시험]

판례	① 수사기관이 변호인의 피의자신문참여권을 제한하였다면 변호인은 형사소송법 제417조에 규정된 준항고를 제기할 수 있다(대결 2008.9.12, 2008모793) ② 변호인으로 선임된 L이 피의자신문 절차에서 인정신문을 시작하기 전에 검사에게 피의자 甲의 수갑을 해제하여 달라고 계속 요구하였으나 검사가 도주, 자해, 다른 사람에 대한 위해 등의 위험이 없음에도 L의 요구를 거부한 경우, 검사의 거부 조치에 대해서 L은 형사소송법 제417조의 준항고를 제기할 수 있다(대결 2020.3.17, 2015모2357) [21 변호사시험]

Ⅳ. 피의자진술의 영상녹화

① 피의자의 진술은 영상녹화할 수 있다. 이 경우 미리 영상녹화사실을 알려주어야 하며, 조사의 개시부터 종료까지의 전 과정 및 객관적 정황을 영상녹화하여야 한다(제244조의2 제1항) [21·20·19·18·17 경찰승진, 20·19·18·16 경간, 20·19·18·17·16 경찰채용, 18 변호사시험 등]

　㉠ 피의자 신문과정을 영상녹화하기 위해서는 피의자 또는 변호인의 동의는 요하지 않는다. 다만, 미리 영상녹화를 한다는 사실을 알려주어야 한다.
　㉡ 여기서 '전 과정'이란 조사가 개시된 시점부터 조사가 종료되어 피의자가 조서에 기명날인 또는 서명을 마치는 시점까지를 말한다(형사소송규칙 제134조의2 제3항). 따라서 일부만을 녹화하는 것은 허용되지 않는다.

② 영상녹화가 완료된 때에는 피의자 또는 변호인 앞에서 지체 없이 그 원본을 봉인하고 피의자로 하여금 기명날인 또는 서명하게 하여야 한다(제244조의2 제2항) [21 경찰승진, 19 경간, 18 경간, 16 경찰승진, 15 경찰승진]

③ 피의자 또는 변호인의 요구가 있는 때에는 영상녹화물을 재생하여 시청하게 하여야 한다. 이 경우 그 내용에 대하여 이의를 진술하는 때에는 그 취지를 기재한 서면을 첨부하여야 한다 (제244조의2 제3항) [21 법학특채, 20·16 경찰승진, 19 경간, 20·18 경찰채용]

④ 영상녹화물은 공판단계에서 피고인이 진술함에 있어서 기억이 명백하지 아니한 사항에 관하여 기억환기용 수단으로 사용될 수 있다(제318조의2 제2항)

V. 신뢰관계인 동석(제244조의5)

① 검사 또는 사법경찰관은 피의자를 신문하는 경우 다음 각 호의 어느 하나에 해당하는 때에는 **직권** 또는 피의자·법정대리인의 **신청에 따라** 피의자와 신뢰관계에 있는 자를 **동석하게 할 수 있다**(제244조의5) [20·19·14·13 경찰승진, 19·18 경간, 19·13 경찰채용, 19 해경채용, 19·15·14 해경간부 등]

㉠ 피의자가 신체적 또는 정신적 장애로 사물을 변별하거나 의사를 결정·전달할 능력이 미약한 때

㉡ 피의자의 연령·성별·국적 등의 사정을 고려하여 그 심리적 안정의 도모와 원활한 의사소통을 위하여 필요한 경우

판례	① [1] 피의자와 신뢰관계에 있는 자를 피의자신문과정에 동석하게 허락할 것인지의 여부는 원칙적으로 검사 또는 사법경찰관이 그 피의자의 건강상태 등 여러 사정을 고려하여 재량에 따라 판단하여야 한다. [2] 검사 또는 사법경찰관이 피의자를 신문하면서 피의자와 신뢰관계에 있는 자를 동석하게 한 경우, **동석한 사람으로 하여금 피의자를 대신하여 진술하도록 하여서는 안 된다.** 만약 동석한 사람이 피의자를 대신하여 진술한 부분이 조서에 기재되어 있다면 그 부분은 피의자의 진술을 기재한 것이 아니라 동석한 사람의 진술을 기재한 조서에 해당한다. [3] 피의자와 동석한 신뢰관계에 있는 자가 피의자를 대신하여 진술한 부분이 조서에 기재되어 있는 경우, 그 부분은 동석한 사람에 대한 진술조서로서의 증거능력을 취득하기 위한 요건을 충족하지 못하는 한, 이를 유죄 인정의 증거로 사용할 수 없다(대판 2009.6.23, 2009도1322) [20·19·17·16 경찰채용, 19 해경채용, 18·13 경찰승진, 18 경간, 16 검찰9급 등]

② 사회적 약자의 인권을 보장하기 위하여 본 제도를 두었다.

2 참고인조사

> **제221조(제3자의 출석요구 등)**
> ① 검사 또는 사법경찰관은 수사에 필요한 때에는 피의자가 아닌 자의 출석을 요구하여 진술을 들을 수 있다. 이 경우 그의 동의를 받아 영상녹화할 수 있다.
> ② 검사 또는 사법경찰관은 수사에 필요한 때에는 감정·통역 또는 번역을 위촉할 수 있다.
> ③ 제163조의2 제1항부터 제3항까지는 검사 또는 사법경찰관이 범죄로 인한 피해자를 조사하는 경우에 준용한다.

Ⅰ. 의 의

① 검사 또는 사법경찰관은 수사에 필요한 때에는 피의자 아닌 자의 출석을 요구하여 진술을 들을 수 있다(제221조 제1항). [18 경찰채용]

② 피의자 아닌 자를 참고인이라고 하고, 참고인의 진술을 듣는 것을 참고인조사라고 한다.

③ 참고인은 수사기관에 대하여 진술하는 자로서 법원·법관에 대하여 진술하는 증인과 구별된다.

Ⅱ. 조사 방법

1. 출석요구

① 참고인조사는 임의수사이므로 참고인은 강제로 소환당하거나 신문당하지 않는다. 즉, 출석의무가 없으며, 불출석에 따른 과태료 등의 제재도 받지 않는다.

② 다만, 참고인이 수사기관의 출석요구에 불응하거나 진술을 거부할 때에는 검사는 제1회 공판기일 전에 판사에게 증인신문을 청구할 수 있다(제221조의2 제1항)

③ 참고인에 대해서는 진술거부권을 고지할 필요가 없다. [13 경찰채용]

2. 조서작성 및 수사과정 기록

① 참고인에 대한 출석요구, 진술청취, 조서 작성방법 등은 피의자신문에 준한다. 다만, 피의자는 피의자신문조서를 작성하지만, 참고인은 참고인진술조서를 작성한다. 참고인의 조서에 기재하여야 하고, 참고인으로 하여금 그 조서에 간인한 후 서명 또는 기명·날인한다.

② 검사 또는 사법경찰관은 참고인이 조사장소에 도착한 시각, 조사를 시작하고 마친 시각, 그 밖에 조사과정의 진행경과를 확인하기 위하여 필요한 사항을 참고인진술조서에 기록하거나 별도의 서면에 기록한 후 수사기록에 편철하여야 한다(제244조의4 제3항)

3. 영상녹화

① 참고인의 진술도 영상녹화가 가능하나 이 경우에는 반드시 동의를 받아야 한다(제221조 제1항). [21 경찰승진, 21·19 법학특채, 20·18·17·16 경찰채용, 18 경간, 18 해경채용]

판례	① [1] 수사기관이 참고인을 조사하는 과정에서 형사소송법 제221조 제1항에 따라 작성한 영상녹화물은 다른 법률에서 달리 규정하고 있는 등의 특별한 사정이 없는 한 공소사실을 직접 증명할 수 있는 독립적인 증거로 사용될 수는 없다. [2] 피고인의 동의가 없는 이상 참고인에 대한 진술조서의 작성이 없는 상태에서 수사기관이 그의 진술을 영상녹화한 영상녹화물만을 독자적인 증거로 쓸 수 없고 그 녹취록 또한 증거로 사용할 수 없는 위 영상녹화물의 내용을 그대로 녹취한 것이므로 역시 증거로 사용할 수 없다(대판 2014.7.10, 2012도5041) [21·20·15 변호사시험, 21·17 경간, 20 경찰승진, 20 경찰채용, 20·17 법원9급, 16 검찰7급]

Ⅲ. 신뢰관계인 동석

① 수사기관은 범죄로 인한 피해자를 참고인으로 조사하는 경우 참고인의 연령, 심신의 상태, 그 밖의 사정을 고려하여 참고인이 현저하게 불안 또는 긴장을 느낄 우려가 있다고 인정되는 때에는 직권 또는 피해자·법정대리인의 신청에 따라 피해자와 신뢰관계에 있는 자를 동석하게 할 수 있다(제221조 제3항, 제163조의2 제1항) [15 경찰채용]

② 수사기관은 범죄로 인한 피해자가 13세 미만이거나 신체적 또는 정신적 장애로 사물을 변별하거나 의사를 결정할 능력이 미약한 경우에 부득이한 경우가 아닌 한 피해자와 신뢰관계에 있는 자를 동석하게 하여야 한다(제221조 제3항, 제163조의2 제2항)

3 감정·통역·번역의 위촉

Ⅰ. 의 의

① 검사 또는 사법경찰관은 수사에 필요한 때에는 감정·통역 또는 번역을 위촉할 수 있다(제221조 제2항)

② 임의수사이므로 위촉에 대한 수락여부, 출석여부 등은 위촉받은 자의 자유이다.

Ⅱ. 감정위촉

① 감정의 위촉은 특별한 학식·경험이 있는 자에게 그 학식·경험을 토대로 한 실험법칙의 결과나 구체적 사실에 관한 판단의 결과를 알려주도록 요청하는 수사방법이다.

② 감정 후에 감정서의 기재내용을 명백히 하기 위하여 감정인을 참고인으로 조사할 수 있다.

Ⅲ. 통역·번역의 위촉

① 국어에 능통하지 않은 자(외국인)의 진술이나 국어가 아닌 문자나 부호는 통역하거나 번역하도록 위촉할 수 있다. 이때 통역인에 대해서는 별도로 참고인진술조서를 작성한다.

4 사실조회(공무소 등에 대한 조회)

① 수사기관은 수사에 관하여 공무소 기타 공사 단체에 조회하여 필요한 사항의 보고를 요구할 수 있다(제199조 제2항) 예) 전과조회, 신원조회 [17 경찰채용, 16 경찰승진]
② 조회내용에 대한 제한은 없으며, 조회를 의뢰받은 자는 회답의무가 있으나 그 이행을 강제할 수는 없다.
③ 사실조회는 임의수사로서 영장을 요하지 않는다.

5 전문수사자문위원

1. 전문수사자문위원의 참여

① 검사는 공소제기 여부와 관련된 사실관계를 분명하게 하기 위하여 필요한 경우에는 직권이나 피의자 또는 변호인의 신청에 의하여 전문수사자문위원을 지정하여 수사절차에 참여하게 하고 자문을 들을 수 있다(제245조의2 제1항) [15 검찰9급]
② 전문수사자문위원은 전문적인 지식에 의한 설명 또는 의견을 기재한 서면을 제출하거나 전문적인 지식에 의하여 설명이나 의견을 진술할 수 있다(제245조의2 제2항)
③ 검사는 전문수사자문위원이 제출한 서면이나 전문수사자문위원의 설명 또는 의견의 진술에 관하여 피의자 또는 변호인에게 구술 또는 서면에 의한 의견진술의 기회를 주어야 한다(제245조의2 제3항)

2. 전문수사자문위원 지정 등

① 전문수사자문위원을 수사절차에 참여시키는 경우 검사는 각 사건마다 1인 이상의 전문수사자문위원을 지정한다(제245조의3 제1항)
② 검사는 상당하다고 인정하는 때에는 전문수사자문위원의 지정을 취소할 수 있다(제245조의3 제2항)
③ 피의자 또는 변호인은 검사의 전문수사자문위원 지정에 대하여 관할 고등검찰청 검사장에게 이의를 제기할 수 있다(제245조의3 제3항) [15 검찰9급, 14 경찰채용]

05 강제처분과 강제수사

제1절 서설

I. 강제처분의 의의

강제처분이란 형사소송절차에서 개인의 기본권을 침해하는 수사기관이나 법원의 처분을 말하는 것이다.

1. 협의의 강제처분

① 형사소송절차에서 강제력의 요소를 내용으로 하는 처분으로, 보통 강제처분이란 협의의 강제처분을 의미한다.
② 체포·구속, 압수·수색·검증, 감정유치, 제출명령 등이 있다.

2. 광의의 강제처분

① 협의의 강제처분과 증거조사에 의한 강제처분을 말한다.
② 법인의 검증, 증인신문, 감정·통역·번역 등이 있다.

II. 강제처분의 종류

1. 주체에 따른 분류

① **수사기관의 강제처분** : 체포·구속, 압수·수색·검증 등이 있다. 수사기관의 강제처분을 강제수사라고 한다.
② **수소법원의 강제처분** : 피고인에 대한 구속 및 소환, 압수·수색, 감정유치, 제출명령 등이 있다.
③ **판사에 의한 강제처분** : 증거보전, 참고인에 대한 증인신문 등이 있다.

2. 대상에 따른 분류

① **대인적 강제처분** : 강제처분의 대상이 사람인 경우로서 소환, 체포·구속, 신체에 대한 수색·검증, 감정유치 등이 있다.
② **대물적 강제처분** : 강제처분의 대상이 물건인 경우로서 압수·수색·검증, 제출명령 등이 있다.

Ⅲ. 강제처분에 대한 구제

사전적 구제제도	사후적 구제제도
① 강제처분 법정주의	① 구속취소
② 영장주의	② 구속집행정지
③ 무죄추정의 법리	③ 보석
④ 구속전 피의자심문 [20 경찰승진]	④ 체포·구속적부심 제도 [21·20 경찰승진]
⑤ 변호인제도	⑤ 강제처분에 대한 준항고 [20 경찰승진, 19 해경간부]
⑥ 재체포·재구속 제한 [19 해경간부]	⑥ 형사보상제도 [20 경찰승진, 19 해경간부]
⑦ 자백배제법칙	⑦ 구속기간 제한
⑧ 자백보강법칙 [19 해경간부]	
⑨ 진술거부권 고지 [19 해경간부]	

제2절 체포와 구속

1 체 포

▶ **체포영장에 의한 체포(통상 체포)**

Ⅰ. 의 의

① 체포란 죄를 범하였다고 의심할 만한 상당한 이유가 있는 피의자를 단기간 수사관서 등 일정한 장소에 강제로 인치하는 제도를 말한다.
② 임의동행이나 보호실유치와 같은 불법적인 관행의 만연, 탈법적 수사관행을 근절하고 적법한 수사절차를 확립하기 위하여 체포제도를 도입하였다.
③ 수사초기에 피의자의 신병을 확보하기 위한 구속의 전단계 처분으로서 체포기간이 단기(48시간)이고 요건이 완화되어 있는 점에서 구속과 구별된다.

Ⅱ. 체포의 요건(제200조의2 제1항)

1. 범죄혐의의 상당성

① 피의자가 죄를 범하였다고 의심할 만한 상당한 이유가 있어야 한다.
② 체포의 요건인 범죄혐의는 객관적인 혐의, 즉 무죄추정을 깨뜨릴 수 있는 유죄판결에 대한 고도의 개연성이 있어야 한다.

2. 체포사유

(1) 출석불응 등

① 피의자가 정당한 이유없이 수사기관의 출석요구에 불응하거나 불응할 우려가 있어야 한다(제200조의2 제1항) [19 경간, 16 경찰승진]
② 구속사유인 도망이나 증거인멸의 우려는 요하지 않는다.

(2) 경미사건의 제한

① 다액 50만원 이하의 벌금, 구류, 과료에 해당하는 사건(125cc 원동기장치자전거 무면허 운전, 경범죄처벌법위반 등)에 관하여는 피의자가 **일정한 주거가 없는 경우 또는 정당한 이유없이 출석요구에 불응한 경우**에 한하여 체포할 수 있다(제200조의2 제1항 단서) [21 경찰승진]

3. 체포의 필요성

① 범죄혐의와 체포사유가 인정되더라도 명백히 체포의 필요가 인정되지 아니한 경우에는 체포할 수 없다(제200조의2 제2항 단서)
② 체포영장의 청구를 받은 판사는 체포의 사유가 있다고 인정 되는 경우에도 피의자의 연령과 경력, 가족관계나 교우관계, 범죄의 경중 및 태양 기타 제반 사정에 비추어 피의자가 도망할 염려가 없고 증거를 인멸할 염려가 없는 등 명백히 체포의 필요가 없다고 인정되는 때에는 체포영장의 청구를 기각하여야 한다(규칙 제96조의2)
③ 체포의 필요성은 체포의 적극적 요건이 아니라 그 부존재가 명백한 경우에 체포를 허용하지 않는 소극적 요건에 해당한다. 따라서 체포의 필요성이 명백히 존재하지 않고 그 필요성이 의심스러운 경우에도 체포할 수 있다.

Ⅲ. 체포의 절차

① 체포영장신청서 작성 → ② 체포영장신청부 기재 → ③ 체포영장 신청(사법경찰관) → ④ 체포영장 청구(검사) → ⑤ 체포영장 발부(판사) → ⑥ 체포영장 제시 및 집행 → ⑦ 범죄사실 등 고지[미란다 원칙 고지] → ⑧ 체포영장 집행원부 기재 → ⑨ 체포통지(24시간 이내) → ⑩ 구속영장 청구(48시간 이내) 또는 석방

1. 체포영장의 청구

(1) 청구권자

① 체포영장은 검사가 청구하고 관할지방법원 판사[영장전담 판사]가 발부한다(제200조의2 제1항). 체포영장의 청구권은 검사에게만 있다.
② 사법경찰관은 검사에게 신청하여 검사의 청구로 판사가 영장을 발부한다(제200조의2 제1항) [19 경간, 18 경찰채용]
③ 검사가 사법경찰관이 신청한 영장을 정당한 이유 없이 판사에게 청구하지 아니한 경우 사법경찰관은 그 검사 소속의 지방검찰청 소재지를 관할하는 **고등검찰청**에 영장 청구 여부에 대한 심의를 신청할 수 있다(제221조의5 제1항). 사법경찰관은 영장심의위원회에 출석하여 의견을 개진할 수 있다(제221조의5 제4항) [21 경찰채용]

참고	① 영장청구 여부에 관한 사항을 심의하기 위하여 각 고등검찰청에 영장심의위원회(이하 "심의위원회"라 한다)를 둔다(제221조의5 제2항) ② 심의위원회는 위원장 1명을 포함한 10명 이내의 외부 위원으로 구성하고, 위원은 각 고등검찰청 검사장이 위촉한다(제221조의5 제3항) ※ 영장청구 여부에 대한 심의 규정은 체포영장은 물론 구속영장이나 압수·수색·검증영장의 경우에도 그대로 적용된다.

(2) 청구방식
① 체포영장의 청구는 서면으로 하여야 한다(규칙 제93조 제1항).
② 체포영장청구서에는 일정한 사항을 기재하여 하며(규칙 제95조 제1항), 체포의 사유 및 필요를 인정할 수 있는 자료를 제출하여야 한다(규칙 제96조 제1항).
③ 검사는 영장을 청구를 함에 있어서 동일한 범죄사실에 관하여 그 피의자에 대하여 전에 체포영장을 청구하였거나 발부 받은 사실이 있는 때에는 다시 체포영장을 청구하는 취지 및 이유를 기재하여야 한다(제200조의2 제4항) [16 경찰승진]
④ 피의자 또는 변호인, 법정대리인, 배우자, 직계친족, 형제자매나 가족, 동거인 또는 고용주는 체포영장의 청구를 받은 판사에게 유리한 자료를 제출할 수 있다(규칙 제96조 제3항).
⑤ 체포영장 청구서에는 7일을 넘는 유효기간을 필요로 하는 때, 여러 통의 영장을 청구하는 때에는 그 취지 및 사유를 기재하여야 한다(규칙 제95조).

2. 체포영장의 발부
(1) 발부결정
① 체포영장의 청구를 받은 지방법원판사[영장전담판사]는 상당하다고 인정할 때는 체포영장을 발부한다(제200조의2 제2항).
  ㉠ 체포영장에는 피의자의 성명·주거·죄명·범죄사실의 요지·인치구금할 장소·발부연월일·그 유효기간과 그 기간을 경과하면 집행에 착수하지 못하며 영장을 반환하여야 할 취지를 기재하고 판사가 서명날인하여야 한다(제200조의6, 제75조 제1항).
  ㉡ 검사는 체포영장을 발부받은 후 피의자를 체포하기 이전에 체포영장을 첨부하여 판사에게 인치·구금할 장소의 변경을 청구할 수 있다(규칙 제96조의3).
  ㉢ 피의자의 성명이 분명하지 아니한 때에는 인상·체격 기타 피의자를 특정할 수 있는 사항으로 피의자를 표시할 수 있고, 피의자의 주거가 분명하지 아니한 때에는 그 주거의 기재를 생략할 수 있다(제200조의6, 제75조 제2항·제3항).
  ㉣ 체포영장은 여러 통을 작성하여 사법경찰관리 수인에게 교부할 수 있다. 이 경우에는 그 사유를 체포영장에 기재하여야 한다(제200조의6, 제82조).
② 구속영장과는 달리 **체포영장 발부시에 체포영장실질심사는 인정되지 않는다.** 체포는 기간이 짧아서 실효성이 없기 때문이다. [19 법원9급]
③ 체포영장의 유효기간은 **7일**로 한다. 다만, 판사는 상당하다고 인정하는 때에는 7일을 넘는 기간을 정할 수 있다(규칙 제178조) [14 경간]
④ 검사는 체포영장의 유효기간을 연장할 필요가 있다고 인정하는 때에는 그 사유를 소명하여 다시 체포영장을 청구하여야 한다(규칙 제96조의4).

(2) 기각결정
① 명백히 체포의 필요가 인정되지 아니하는 경우에는 발부하지 아니하다(제200조의2 제2항). 즉 체포영장의 청구를 기각한다. [19 경찰승진]
② 지방법원판사가 체포영장을 발부하지 아니할 때에는 청구서에 그 취지 및 이유를 기재하고 서명날인하여 청구한 검사에게 교부한다(제200조의2 제3항).

(3) 불복방법
① 영장 발부 또는 기각 결정에 대하여는 **항고나 재항고를 할 수 없다(즉, 불복방법이 없다)**
　㉠ 검사의 체포영장 또는 구속영장 청구에 대한 지방법원판사의 재판은 형사소송법 제402조의 규정에 의하여 항고의 대상이 되는 '법원의 결정'에 해당하지 아니하고, 제416조 제1항의 규정에 의하여 준항고의 대상이 되는 '재판장 또는 수명법관의 구금 등에 관한 재판'에도 해당하지 아니한다(대결 2006.12.18, 2006모646) [21·19·18·15 경찰채용, 21·17·15 경간, 20 법원9급]
② 체포영장 발부결정에 대해서 피의자는 체포적부심사를 청구할 수 있고, 체포영장청구 기각결정에 대해서 검사는 체포영장의 발부를 재청구할 수 있다.

3. 체포영장의 집행
(1) 집행기관
① 체포영장은 검사의 지휘에 의하여 사법경찰관리가 집행한다(제200조의6, 제81조 제1항).
② 교도소 또는 구치소에 있는 피의자에 대하여 발부된 체포영장은 검사의 지휘에 의하여 교도관리가 집행한다(제200조의6, 제81조 제3항).
③ 검사는 필요에 의하여 관할구역외에서 체포영장의 집행을 지휘할 수 있고 또는 당해 관할구역의 검사에게 집행지휘를 촉탁할 수 있다(제200조의6, 제83조 제1항).
④ 사법경찰관리는 필요에 의하여 관할구역외에서 체포영장을 집행할 수 있고 또는 당해 관할구역의 사법경찰관리에게 집행을 촉탁할 수 있다(제200조의6, 제83조 제2항).
⑤ 체포영장을 발부받은 후 피의자를 체포하지 아니하거나 체포한 피의자를 석방한 때에는 **지체없이** 검사는 영장을 발부한 법원에 그 사유를 서면으로 통지하여야 한다(제204조). [20 법학특채, 18 경찰채용, 14 법원9급]

(2) 체포영장의 제시
① **사전제시 원칙** : 체포영장을 집행할 때에는 피의자에게 체포영장을 제시하고, 그 사본을 교부하여야 한다(제200조의6, 제85조 제1항).
② **긴급집행(사후제시)** : 다만, 체포영장을 소지하지 아니한 경우에 급속을 요하는 때에는 피의자에 대하여 범죄사실의 요지와 영장이 발부되었음을 고하고 집행할 수 있고, 이 경우 집행을 완료한 후에는 신속히 체포영장을 제시하고 그 사본을 교부하여야

한다(제200조의6, 제85조 제3항·제4항) [21 변호사시험, 21 경찰승진, 17 경간]

(3) 범죄사실 등 고지[미란다원칙 고지]
① 검사 또는 사법경찰관은 피의자를 체포하는 경우에는 피의사실의 요지, 체포의 이유와 변호인을 선임할 수 있음을 말하고 변명할 기회를 주어야 한다(제200조의5)
② 이 외에도 진술거부권을 알려주어야 한다(수사준칙 제32조). 진술거부권은 형사소송법에 규정되어 있지 않고 대통령령(수사준칙 제32조)에 규정되어 있다.
㉠ 검사 또는 사법경찰관은 피의자를 체포하거나 구속할 때에는 법 제200조의5(법 제209조에서 준용하는 경우를 포함한다)에 따라 피의자에게 피의사실의 요지, 체포·구속의 이유와 변호인을 선임할 수 있음을 말하고, 변명할 기회를 주어야 하며, 진술거부권을 알려주어야 한다(수사준칙 제32조)

판례	① 사법경찰관 등이 피의자에 대한 구속영장을 소지하였다 하더라도 피의자를 체포하기 위하여는 체포 당시에 피의자에 대한 범죄사실의 요지, 구속의 이유와 변호인을 선임할 수 있음을 말하고 변명할 기회를 준 후가 아니면 체포할 수 없고, 이와 같은 절차를 밟지 아니한 채 실력으로 연행하려 하였다면 적법한 공무집행으로 볼 수 없다(대판 1996.12.23, 96도2673) ② 체포영장의 제시나 고지 등은 체포를 위한 실력행사에 들어가기 이전에 미리 하여야 하는 것이 원칙이나, 달아나는 피의자를 쫓아가 붙들거나 폭력으로 대항하는 피의자를 실력으로 제압하는 경우에는 붙들거나 제압하는 과정에서 하거나, 그것이 여의치 않은 경우에는 일단 붙들거나 제압한 후에 지체 없이 하여야 한다(대판 2000.7.4, 99도4341) [21·19 변호사시험, 21 법학특채] ③ 경찰관들이 체포를 위한 실력행사에 나아가기 전에 체포영장을 제시하고 미란다 원칙을 고지할 여유가 있었음에도 애초부터 미란다 원칙을 체포 후에 고지할 생각으로 먼저 체포행위에 나선 행위는 적법한 공무집행이라고 보기 어렵다(대판 2017.9.21, 2017도10866) [21·18 경찰채용, 20 경찰승진]

(4) 압수·수색·검증
① 검사 또는 사법경찰관은 피의자를 체포하는 경우에 필요한 때에는 영장없이 다음 처분을 할 수 있다(제216조 제1항)
㉠ 타인의 주거나 타인이 간수하는 가옥, 건조물, 항공기, 선차 내에서의 피의자 수색(다만, 미리 수색영장을 발부받기 어려운 긴급한 사정이 있는 때에 한정한다)
㉡ 체포현장에서의 압수, 수색, 검증

(5) 구금장소

① 체포된 피의자는 체포영장에 기재된 인치·구금장소에 인치·구금하여야 한다. 즉, 경찰서 유치장, 구치소 등에 수용된다.

② 체포영장의 집행을 받은 피의자를 호송할 경우에 필요하면 가장 가까운 교도소 또는 구치소에 임시로 유치할 수 있다(제200조의6, 제86조)

③ 검사는 체포영장을 발부받은 후 피의자를 체포하기 이전에 체포영장을 첨부하여 판사에게 인치·구금할 장소의 변경을 청구할 수 있다(규칙 제96조의3)

Ⅳ. 체포영장 집행 후의 절차

1. 체포의 통지

① 피의자를 체포한 때에는 ㉠ 변호인이 있는 경우에는 변호인에게, ㉡ 변호인이 없는 경우에는 변호인선임권자(피의자의 법정대리인, 배우자, 직계친족과 형제자매) 중 피의자가 지정한 자에게, ㉢ 변호인이나 변호인선임권자가 없는 경우에는 피의자가 지정하는 자 1인에게 피의사건명, 체포일시·장소, 범죄사실의 요지, 체포의 이유와 변호인을 선임할 수 있는 취지를 지체없이 서면으로 알려야 한다(제200조의6, 제209조, 제213조의2, 제87조, 규칙 제51조 제2항 등)

② 체포의 통지는 지체없이 서면으로 하여야 한다(제87조).
  ㉠ 체포의 통지는 체포를 한 때로부터 늦어도 **24시간 이내에** 서면으로 하여야 한다(규칙 제51조 제2항). 형사소송법 제87조의 '지체없이'란 체포를 한 때로부터 '늦어도 24시간 이내에'를 의미한다.

③ 급속을 요하는 경우에는 체포되었다는 취지 및 체포일시·장소를 전화 또는 모사전송기 기타 상당한 방법에 의하여 통지할 수 있고, 이 경우에도 체포의 통지는 다시 서면으로 하여야 한다(규칙 제51조 제3항).

2. 체포적부심사청구권의 고지

① 체포영장에 의해 체포된 피의자에게는 체포적부심사청구권이 인정된다(제214조의2 제1항)

② 피의자를 체포한 검사 또는 사법경찰관은 체포된 피의자와 체포적부심사청구권자(변호인, 법정대리인, 배우자, 직계친족, 형제자매나 가족, 동거인 또는 고용주) 중에서 피의자가 지정하는 사람에게 체포적부심사를 청구할 수 있음을 알려야 한다(제214조의2 제2항)

3. 변호인선임의 의뢰 및 접견교통권

(1) 변호인선임의 의뢰
① 체포된 피의자는 법원, 교도소장, 구치소장 또는 그 대리자에게 변호사를 지정하여 변호인의 선임을 의뢰할 수 있고, 의뢰를 받은 자는 급속히 피의자가 지명한 변호사에게 그 취지를 통지하여야 한다(제200조의6, 제90조).

(2) 접견교통권
① 체포된 피의자는 법률이 정한 범위내에서 타인과 접견하고 서류나 물건을 수수하며 의사의 진료를 받을 수 있다(제200조의6, 제89조).

4. 구속영장의 청구 또는 석방

(1) 구속영장의 청구
① 검사가 체포한 피의자를 구속하고자 할 때에는 **체포한 때부터 48시간 이내**에 구속영장을 **청구**하여야 한다(제200조의2 제5항 전단). 48시간 이내에 구속영장을 청구하면 족하고, 그 기간내에 구속영장이 발부될 것은 요하지 않는다. [21·14 경찰승진, 19 경간, 17 경찰채용]

② 체포된 피의자를 구속영장에 의하여 구속한 때에는 그 구속기간은 **피의자를 체포한 날로부터** 기산한다(제203조의2).

(2) 피의자의 석방
① 체포한 때부터 48시간 내에 구속영장을 청구하지 아니하거나 또는 구속영장청구가 기각되어 구속영장을 발부받지 못한 때에는 피의자를 즉시 석방하여야 한다(제200조의2 제5항, 제200조의4 제2항, 규칙 제100조 제2항) [21 경찰승진, 20 경찰승진, 19 경간, 17 경찰채용, 16 변호사]

② 체포영장에 의한 체포의 경우에는 긴급체포와 달리 석방된 피의자를 재체포할 수 있다(제200조의2 제4항).

5. 영장등본 청구
① 구속영장이 청구되거나 체포 또는 구속된 피의자, 그 변호인, 법정대리인, 배우자, 직계친족, 형제자매나 동거인 또는 고용주는 긴급체포서, 현행범인체포서, 체포영장, 구속영장 또는 그 청구서를 보관하고 있는 검사, 사법경찰관 또는 법원사무관등에게 그 등본의 교부를 청구할 수 있다(규칙 제101조).

▶ 긴급체포

제200조의4(긴급체포와 영장청구기간)
① 검사 또는 사법경찰관이 제200조의3의 규정에 의하여 피의자를 체포한 경우 피의자를 구속하고자 할 때에는 지체 없이 검사는 관할지방법원판사에게 구속영장을 청구하여야 하고, 사법경찰관은 검사에게 신청하여 검사의 청구로 관할지방법원판사에게 구속영장을 청구하여야 한다. 이 경우 구속영장은 피의자를 체포한 때부터 48시간 이내에 청구하여야 하며, 제200조의3 제3항에 따른 긴급체포서를 첨부하여야 한다.
② 제1항의 규정에 의하여 구속영장을 청구하지 아니하거나 발부받지 못한 때에는 피의자를 즉시 석방하여야 한다.
③ 제2항의 규정에 의하여 석방된 자는 영장없이는 동일한 범죄사실에 관하여 체포하지 못한다.
④ 검사는 제1항에 따른 구속영장을 청구하지 아니하고 피의자를 석방한 경우에는 석방한 날부터 30일 이내에 서면으로 다음 각 호의 사항을 법원에 통지하여야 한다. 이 경우 긴급체포서의 사본을 첨부하여야 한다.
  1. 긴급체포 후 석방된 자의 인적사항
  2. 긴급체포의 일시·장소와 긴급체포하게 된 구체적 이유
  3. 석방의 일시·장소 및 사유
  4. 긴급체포 및 석방한 검사 또는 사법경찰관의 성명
⑤ 긴급체포 후 석방된 자 또는 그 변호인·법정대리인·배우자·직계친족·형제자매는 통지서 및 관련 서류를 열람하거나 등사할 수 있다.
⑥ 사법경찰관은 긴급체포한 피의자에 대하여 구속영장을 신청하지 아니하고 석방한 경우에는 즉시 검사에게 보고하여야 한다.

I. 의 의

① 긴급체포란 중대한 범죄를 범하였다고 의심할 만한 상당한 이유가 있는 피의자를 수사기관이 영장 없이 체포하는 것을 말한다.
② 영장주의의 원칙을 일관함으로써 중대한 범죄를 범한 범인을 놓치는 것을 방지하는데 그 목적이 있다.
③ 현행범체포와 함께 영장주의의 예외에 해당한다.

Ⅱ. 요 건

> 제200조의3(긴급체포)
> ① 검사 또는 사법경찰관은 피의자가 사형·무기 또는 장기 3년이상의 징역이나 금고에 해당하는 죄를 범하였다고 의심할 만한 상당한 이유가 있고, 다음 각 호의 어느 하나에 해당하는 사유가 있는 경우에 긴급을 요하여 지방법원판사의 체포영장을 받을 수 없는 때에는 그 사유를 알리고 영장없이 피의자를 체포할 수 있다. 이 경우 긴급을 요한다 함은 피의자를 우연히 발견한 경우 등과 같이 체포영장을 받을 시간적 여유가 없는 때를 말한다.
> 1. 피의자가 증거를 인멸할 염려가 있는 때
> 2. 피의자가 도망하거나 도망할 우려가 있는 때

1. 범죄의 중대성

① 피의자가 **사형, 무기 또는 장기 3년 이상**의 징역이나 금고에 해당하는 죄를 범하였다고 의심할 만한 상당한 이유가 있어야 한다(제200조의3 제1항). [19 경간, 19 경찰승진, 15 경찰승진]
② 범죄혐의는 객관적 혐의로서 체포영장에 의한 체포와 동일하다.

긴급체포 대상이 되지 않는 범죄	

형 법	① 과실치사상죄
	    cf) 업무상과실치사상죄 ⇒ 긴급체포 대상 ○
	② 업무상과실장물죄
	    cf) 장물죄 ⇒ 긴급체포 대상 ○
	③ 실화죄(벌금형)
	④ 폭행죄(2년 이하의 징역)
	⑤ 도박죄(벌금형)
	⑥ 점유이탈물횡령죄(1년 이하의 징역)
	⑦ 사자명예훼손죄(2년 이하의 징역·금고)
	⑧ 문서부정행사죄(공문서, 사문서)

도로교통법	① 무면허운전 cf) 음주운전, 음주측정거부 ⇒ 긴급체포 대상 ○ ② 업무상과실재물손괴
성폭력 특례법	① 통신매체이용음란

2. 체포의 필요성

① 피의자가 증거를 인멸할 염려가 있거나 또는 도망하거나 도망할 우려가 있어야 한다 (제200조의3 제1항)
② 주거부정은 긴급체포의 사유가 아니다.

3. 체포의 긴급성

① 긴급을 요하여 판사의 체포영장을 배부 받을 시간적 여유가 없어야 한다. 즉 범인을 우연히 발견한 경우와 같이 시간적으로 긴급한 사유가 있어야 한다.

판례	① [1] 긴급체포의 요건을 갖추었는지 여부는 사후에 밝혀진 사정을 기초로 판단하는 것이 아니라 **체포 당시의 상황을 기초로 판단하여야 하고**, 이에 관한 검사나 사법경찰관 등 수사주체의 판단에는 상당한 재량의 여지가 있다. [2] 긴급체포 당시의 상황으로 보아서 그 요건의 충족 여부에 관한 검사나 사법경찰관의 판단이 경험칙에 비추어 현저히 합리성을 잃은 경우에는 그 체포는 위법한 체포라 할 것이다. [3] **긴급체포가 그 요건을 갖추지 못한 경우**, 단순히 체포가 위법함에 그치는 것이 아니라 그 체포에 의한 유치 중에 작성된 피의자신문조서도 특별한 사정이 없는 한 **증거능력이 부정된다**(대판 2008.3.27, 2007도11400) [21·20·18·16·15 경찰승진, 20·19·17 경간, 20·18·17 경찰채용, 19 법원9급 등]

[긴급체포가 적법한지 여부]

적법 ○	① 경찰관 A는 사기죄의 피의자 甲의 소재 파악을 위해 그의 거주지와 경영하던 공장 등을 찾아가 보았으나, 甲이 공장경영을 그만 둔 채 거주지에도 귀가하지 않는 등 소재를 감추자 법원의 압수·수색영장에 의한 휴대전화 위치추적 등의 방법으로 甲의 소재를 파악하려고 하였다. 그러던 중 23:00경 경찰관 A는 주거지로 귀가하던 甲을 발견하였고 그가 계속 소재를 감추려는 의도가 다분하고 증거인멸 및 도망의 염려가 있다는 이유로 甲을 사기혐의로 긴급체포하였다(대판 2005.12.9, 2005도7569) ② 甲이 고소인의 자격으로 임의출석하여 피고소인 乙과 함께 검사로부터 대질조사를 받고 나서 조서에 무인을 거부하자, 검사가 甲에게 무고혐의로써 무고죄를 인지하여 조사를 하겠다고 하였고, 이에 甲이 조사를 받지 않겠다고 하면서 나가려고 하자 검사가 범죄사실의 요지, 체포의 이유 등을 고지하고 甲을 긴급체포 하였다(대판 1998.7.6, 98도785)
적법 ×	① [1] 변호사 A에 대하여 무죄가 선고되자 검사가 무죄가 선고된 공소사실에 대한 보완수사를 한다며 A의 변호사 사무실 사무장이던 B에게 참고인조사를 위한 출석을 요구하여, 자진출석한 B을 참고인조사를 하지 아니한 채 곧바로 위증 및 위증교사 혐의의 피의자신문조서를 받기 시작하였고, 이에 A가 검사실로 찾아와서 B에게 나가라고 지시하여 B가 나가려 하자, 검사가 B를 긴급체포한 것은 위법하다. [2] 검사가 참고인조사를 받는 줄 알고 검찰청에 자진출석한 변호사 사무실

사무장을 **합리적 근거 없이 긴급체포하자** 변호사가 이를 제지하는 과정에서 위 검사에게 상해를 가한 것은 정당방위에 해당한다(대판 2006.9.8, 2006도148)
[19·16·14·13 경찰승진, 18·13 경찰채용, 17 변호사시험, 17 경간, 15 사시, 15 검찰9급 등]

② [1] 경찰관이 피의자의 집 문을 강제로 열고 들어가 피의자를 긴급체포한 경우, 피의자가 마약투약을 하였다고 의심할만한 상당한 이유가 있었더라도 경찰관이 이미 피의자의 주거지 및 전화번호 등을 모두 파악하고 있었고, 당시 증거가 급속하게 소멸될 상황도 아니었다면 미리 체포영장을 받을 시간적 여유가 없었던 경우에 해당하지 않는다.
[2] 피고인이 필로폰을 투약한다는 제보를 받은 경찰관이 제보의 정확성을 사전에 확인한 후에 제보자를 불러 조사하기 위하여 피고인의 주거지를 방문하였다가, 그곳에서 피고인을 발견하고 피고인의 전화번호로 전화를 하여 나오라고 하였으나 응하지 않자 피고인의 집 문을 강제로 열고 들어가 피고인을 긴급체포한 경우에 긴급체포는 위법하다(대판 2016.10.13, 2016도5814) [20 경간, 19 변호사, 19 법원9급, 17 검찰9급]

③ 현직 군수인 피고인을 소환·조사하기 위하여 검사의 명을 받은 검찰주사보가 군수실에 도착하여 도시행정계장에게 행방을 확인하였더니, 군수가 검사가 자신을 소환하려 한다는 사실을 미리 알고 자택 근처에서 기다리고 있을 것이니 수사관이 오거든 그 곳으로 오라고 하였다고 하자 검찰주사보가 도시행정계장과 같이 가서 그 곳에서 수사관을 기다리고 있던 피고인을 긴급체포한 것은 위법하다(대판 2002.6.11, 2000도5701) [17 경간]

④ 도로교통법위반 피의사건에서 기소유예 처분을 받은 재항고인이 혐의 없음을 주장함과 동시에 수사경찰관의 처벌을 요구하는 진정서를 검찰청에 제출함으로써 이루어진 진정사건을 담당한 검사가 재항고인에 대한 위 피의사건을 재기한 후 담당 검사인 자신의 교체를 요구하고자 부장검사 부속실에서 대기하고 있던 재항고인을 위 도로교통법위반죄로 긴급체포한 것은 위법한 체포에 해당한다 (대결 2003.3.27, 2002모81) [17 경간]

Ⅲ. 긴급체포의 절차

① 미란다원칙 고지 → ② 긴급체포 → ③ 긴급체포서 작성 → ④ 긴급체포원부 기재 → ⑤ 긴급체포 승인요청 → ⑥ 긴급체포 통지(지체없이) → ⑦ 구속영장 청구 또는 석방

1. 긴급체포의 방법

(1) 고지의무

① 검사 또는 사법경찰관은 긴급체포를 한다는 사유를 고지하고 영장없이 피의자를 체포할 수 있다(제200조의3 제1항)

㉠ 사법경찰리도 사법경찰관사무취급의 지위에서 긴급체포를 할 수 있다(대판 1965.1.19, 64도740)

② **미란다원칙 고지** : 검사 또는 사법경찰관은 피의자를 체포하는 경우에는 피의사실의 요지, 체포의 이유와 변호인을 선임할 수 있음을 말하고 변명할 기회를 주어야 한다(제200조의5). 이외에도 진술거부권을 알려주어야 한다(수사준칙 제32조 제1항)

판례	① 긴급체포의 경우에도 미란다 원칙의 고지는 체포를 위한 실력 행사에 들어가기 이전에 미리 하여야 하는 것이 원칙이나, 달아나는 피의자를 쫓아가 붙들거나 폭력으로 대항하는 피의자를 실력으로 제압하는 경우에는 붙들거나 제압하는 과정에서 하거나 그것이 여의치 않은 경우에는 일단 붙들거나 제압한 후에 지체 없이 행하여야 한다(대판 2008.7.24, 2008도2794) [20·19 변호사시험, 20 경찰승진, 19 해경채용] [동지판례] ㉠ 사법경찰관 등이 체포영장을 소지하고 피의자를 체포하기 위하여는 체포 당시에 피의자에게 체포영장을 제시하고 피의자에 대한 범죄사실의 요지, 구속의 이유와 변호인을 선임할 수 있음을 말하고 변명할 기회를 주어야 하는데, 이와 같은 체포영장의 제시나 고지 등은 체포를 위한 실력행사에 들어가기 이전에 미리 하여야 하는 것이 원칙이나 달아나는 피의자를 쫓아가 붙들거나 폭력으로 대항하는 피의자를 실력으로 제압하는 경우에는 붙들거나 제압하는 과정에서 하거나 그것이 여의치 않은 경우에라도 일단 붙들거나 제압한 후에 지체없이 행하여야 한다(대판 2008.2.14, 2007도10006) ㉡ 검사 또는 사법경찰관리는 현행범인을 체포하거나 일반인이 체포한 현행범인을 인도받는 경우 피의자에 대하여 피의사실의 요지, 체포의 이유와 변호인을 선임할 수 있음을 말하고 변명할 기회를 주어야 하고, 이와 같은 고지는 체포를 위한 실력행사에 들어가기 전에 미리 하여야 하는 것이 원칙이지만, 달아나는 피의자를 쫓아가 붙들거나 폭력으로 대항하는 피의자를 실력으로 제압하는 경우에는 붙들거나 제압하는 과정에서 하거나 그것이 여의치 않은 경우에는 일단 붙들거나 제압한 후에 지체없이 하면 된다(대판 2012.2.9, 2011도7193) [19 검찰9급, 17 경찰승진, 17 경간, 17 검찰7급, 16 검찰9급]

[긴급체포의 적법 여부]

적법 ○	① [1] 경찰관으로서는 체포하려는 상대방이 피고인 본인이 맞는지를 먼저 확인한 후에 이른바 미란다 원칙을 고지하여야 하는 것이지, 그 상대방이 피고인인지 여부를 확인하지 아니한 채로 일단 체포하면서 미란다 원칙을 고지할 것은 아니라고 보아야 한다. 만약 상대방을 확인하지도 않은 채로 먼저 체포하고 미란다 원칙을 고지한다면, 때로는 실제 피의자가 아닌 사람을 체포하는 경우도 생길 수 있고, 이런 경우에는 일반적으로 미란다 원칙의 고지가 앞당겨짐에서 얻어지는 인권보호보다도 훨씬 더 큰 인권침해가 생길 수도 있다. [2] 경찰관이 일명 미란다 원칙상 고지 사항의 일부를 고지하고 신원확인 절차를 밟으려는 순간에 범인이 유리조각을 쥐고 휘둘러 이를 제압하려는 경찰관에게 상해를 입힌 경우에 그 제압 과정 후에 지체없이 미란다 원칙을 고지하고 긴급체포를 하였다면 그 긴급체포는 정당하다(대판 2007.11.29, 2007도7961)

(2) 압수·수색·검증

① 검사 또는 사법경찰관은 피의자를 긴급체포하는 경우에 필요한 때에는 영장없이 타인의 주거나 타인이 간수하는 가옥, 건조물, 항공기, 선차 내에서의 피의자의 발견을 위한 수색을 할 수 있다[다만, 미리 수색영장을 발부받기 어려운 긴급한 사정이 있는 때에 한정한다] (제216조 제1항)

② 긴급체포시에는 영장 없이 체포현장에서 압수·수색·검증을 할 수 있다(제216조 제1항 제2호)

③ 검사 또는 사법경찰관은 긴급체포된 자가 소유·소지 또는 보관하는 물건에 대하여 긴급히 압수할 필요가 있는 경우에는 체포한 때부터 24시간 이내에 한하여 영장 없이 압수·수색 또는 검증을 할 수 있다(제217조 제1항)

2. 긴급체포 후의 절차

(1) 긴급체포서 작성

① 검사 또는 사법경찰관이 피의자를 긴급체포한 후에는 즉시 긴급체포서를 작성하여야 하고 긴급체포서에는 범죄사실의 요지, 긴급체포의 사유 등을 기재하여야 한다(제200조의3 제3항·제4항) [21·17 경찰승진, 19 해경채용, 17 경찰채용 등]

(2) 체포의 통지 등

① 피의자를 긴급체포한 경우, ㉠ 변호인 또는 변호인선임권자 등에 대한 통지(제200조의6, 제87조), ㉡ 체포적부심사청구권의 고지(제214조의2 제2항), ㉢ 변호인 선임의 의뢰(제200조의6, 제90조), ㉣ 체포통지의 방법(규칙 제100조 제1항, 제51조 제2항 및 제3항)은 체포영장에 의한 체포와 같다.
② 체포통지는 지체없이(늦어도 체포한 때로부터 24시간 이내에) 서면으로 하여야 한다.

(3) 검사의 사후승인

① 사법경찰관이 피의자를 긴급체포한 경우에는 **즉시** 검사의 승인을 얻어야 한다(제200조의3 제2항) [21·17·15 경찰승진, 18·17·15 경찰채용, 18 검찰7급]
㉠ 사법경찰관은 긴급체포 후 **12시간 내에** 검사에게 긴급체포의 승인을 요청해야 한다. 다만, 피의자중지 결정 또는 기소중지 결정이 된 피의자를 소속 경찰관서가 위치하는 특별시·광역시·특별자치시·도 또는 특별자치도 외의 지역이나 「해안경비법」 제2조 제2호에 따른 경비수역에서 긴급체포한 경우에는 긴급체포 후 **24시간 이내에** 긴급체포의 승인을 요청해야 한다(수사준칙 제27조 제1항)

| 판례 | ① (검사가 구속영장 청구 전에 긴급체포된 피의자를 대면조사할 권한 ⇒ 예외적으로 인정 ○) [1] 사법경찰관이 검사에게 긴급체포된 피의자에 대한 긴급체포 승인 건의와 함께 구속영장을 신청한 경우, 검사는 긴급체포의 승인 및 구속영장의 청구가 피의자의 인권에 대한 부당한 침해를 초래하지 않도록 긴급체포의 적법성 여부를 심사하면서 수사서류 뿐만 아니라 피의자를 검찰청으로 출석시켜 직접 대면 조사할 수 있는 권한을 가진다고 보아야 한다.
[2] **검사의 구속영장 청구 전 피의자 대면 조사는** 긴급체포의 적법성을 의심할 만한 사유가 기록 기타 객관적 자료에 나타나고 피의자의 대면 조사를 통해 그 여부의 판단이 가능할 것으로 보이는 **예외적인 경우에 한하여 허용될 뿐, 긴급체포의 합당성이나 구속영장 청구에 필요한 사유를 보강하기 위한 목적으로 실시되어서는 아니 된다.**
[3] 검사의 구속영장 청구 전 피의자 대면 조사는 강제수사가 아니므로 피의자는 검사의 출석 요구에 응할 의무가 없고, 피의자가 검사의 출석 |

> 요구에 동의한 때에 한하여 사법경찰관리는 피의자를 검찰청으로 호송하여야 한다(대판 2010.10.28, 2008도11999) [20·19·18 경찰채용, 19·17 검찰9급, 18 검찰7급, 17 경간 등]

3. 긴급체포와 구속과의 관계

(1) 구속영장의 청구

① 검사 또는 사법경찰관이 피의자를 긴급체포한 경우 피의자를 구속하고자 할 때에는 지체없이 검사는 관할지방법원판사에게 구속영장을 청구하여야 하고, 사법경찰관은 검사에게 신청하여 검사의 청구로 관할지방법원판사에게 구속영장을 청구하여야 한다(제200조의4 제1항).

② 구속영장은 피의자를 **체포한 때로부터 48시간 이내**에 **청구**하여야 한다(제200조의4 제1항). 48시간 이내에 구속영장을 청구하면 족하므로, 48시간 경과 후에 구속영장이 발부되었다고 해서 피의자를 석방해야 하는 것은 아니다.

③ 구속영장 청구시에는 긴급체포서를 첨부하여야 한다(제200조의4 제1항)

④ 긴급체포된 피의자에 대하여 구속영장이 발부된 경우에 그 구속기간은 피의자를 **체포한 날로부터** 기산한다(제203조의2)

(2) 긴급체포된 피의자의 석방, 통지 및 보고

① **석방사유 및 재체포의 제한**

㉠ 검사 또는 사법경찰관은 구속영장을 청구하지 아니하거나 구속영장을 청구하였으나 영장청구가 기각되어 발부받지 못한 때에는 피의자를 즉시 석방하여야 한다(제200조의4 제2항) [20 변호사시험, 19 경간, 17 검찰9급, 15 경찰승진]

㉡ 긴급체포되었다가 구속영장을 청구하지 아니하거나 발부받지 못하여 석방된 자는 영장 없이는 동일한 범죄사실에 대하여 다시 체포하지 못한다(제200조의4 제3항) [21·20 경찰승진, 21 법학특채, 20 변호사시험, 19 법원9급, 17 검찰9급, 20·15 경찰채용, 15 해경채용 등]

㉢ 다만, 체포영장을 발부받은 때에는 다시 체포가 가능하다(즉, 재체포하기 위해서는 영장이 필요하다).

판례	① (긴급체포되었다가 수사기관의 조치로 석방된 후 법원이 발부한 구속영장에 의하여 구속된 경우 ⇒ 위법 ×) 피고인이 수사 당시 긴급체포되었다가 수사기관의 조치로 석방된 후 법원이 발부한 구속영장에 의하여 구속이 이루어진 경우 위법한 구속이라고 볼 수 없다(대판 2001.9.28, 2001도4291) [20·13 검찰9급, 20·14 해경간부, 19·17 경간, 20·18·15·13 경찰채용, 19·16 변호사시험, 19 법원9급 등]

② 통지 및 보고의무
  ㉠ 검사는 구속영장을 청구하지 아니하고 피의자를 석방한 경우에는 석방한 날부터 **30일 이내**에 서면으로 다음 각 호의 사항을 법원에 통지하여야 한다. 이 경우 긴급체포서의 사본을 첨부하여야 한다(제200조의4 제4항) [20·19 경간, 20 해경채용, 13 경찰승진]
    ⓐ 긴급체포 후 석방된 자의 인적사항
    ⓑ 긴급체포의 일시·장소와 긴급체포하게 된 구체적 이유
    ⓒ 석방의 일시·장소 및 사유
    ⓓ 긴급체포 및 석방한 검사 또는 사법경찰관의 성명
  ㉡ 사법경찰관은 긴급체포한 피의자에 대하여 구속영장을 신청하지 아니하고 석방한 경우에는 **즉시** 검사에게 보고하여야 한다(제200조의4 제6항) [19·18 경간, 19 경찰채용, 19 해경채용, 18·16 경찰승진 등]

③ 열람·등사권
  ㉠ 긴급체포 후 석방된 자 또는 그 변호인, 법정대리인, 배우자, 직계친족, 형제자매는 통지서 및 관련 서류를 열람하거나 등사할 수 있다(제200조의4 제5항) [21·19 경간, 19 경찰승진, 18 경찰채용, 17 검찰9급] 긴급체포가 불법인 경우에 배상청구 등의 자료로 이용할 수 있도록 하기 위한 것이다.

판례	① (법원에 석방통지를 하지 않은 경우, 긴급체포에 의한 유치중에 작성된 피의자신문조서 ⇒ 증거능력 O) 피의자가 긴급체포되어 조사를 받고 구속영장이 청구되지 아니하여 석방되었음에도 검사가 30일 이내에 법원에 석방통지를 하지 않았더라도, 긴급체포 당시의 상황과 경위, 긴급체포 후 조사과정 등에 특별한 위법이 있다고 볼 수 없는 이상, **단지 사후에 석방통지가 이루어지지 않았다는 사정만으로 그 긴급체포에 의한 유치 중에 작성된 피의자신문조서들의 작성이 소급하여 위법하게 된다고 볼 수는 없다** (대판 2014.8.26, 2011도6035) [21·17 경찰채용, 19 경간]

4. 체포의 취소

① 체포의 사유가 없거나 소멸된 때에는 수사기관은 직권 또는 피의자, 변호인, 제30조 제2항에 규정한 자(피고인 또는 피의자의 법정대리인, 배우자, 직계친족과 형제자매)의 청구에 의하여 결정으로 체포를 취소하여야 한다(제200조의6, 제93조)

▶ **현행범인 체포**

제211조(현행범인과 준현행범인)
① 범죄를 실행하고 있거나 실행하고 난 직후의 사람을 현행범인이라 한다.
② 다음 각 호의 어느 하나에 해당하는 사람은 현행범인으로 본다.
  1. 범인으로 불리며 추적되고 있을 때
  2. 장물이나 범죄에 사용되었다고 인정하기에 충분한 흉기나 그 밖의 물건을 소지하고 있을 때
  3. 신체나 의복류에 증거가 될 만한 뚜렷한 흔적이 있을 때
  4. 누구냐고 묻자 도망하려고 할 때
제212조(현행범인의 체포) 현행범인은 누구든지 영장없이 체포할 수 있다.
제213조(체포된 현행범인의 인도)
① 검사 또는 사법경찰관리 아닌 자가 현행범인을 체포한 때에는 즉시 검사 또는 사법경찰관리에게 인도하여야 한다.
② 사법경찰관리가 현행범인의 인도를 받은 때에는 체포자의 성명, 주거, 체포의 사유를 물어야 하고 필요한 때에는 체포자에 대하여 경찰관서에 동행함을 요구할 수 있다.
제214조(경미사건과 현행범인의 체포) 다액 50만원 이하의 벌금, 구류 또는 과료에 해당하는 죄의 현행범인에 대하여는 범인의 주거가 분명하지 아니한 때에 한하여 제212조 내지 제213조의 규정을 적용한다.

I. 의 의

1. 개 념

① 현행범인 체포란 현행범인 또는 준현행범을 누구든지 영장없이 체포할 수 있는 제도를 말한다.
② 현행범인 또는 준현행범인은 범죄의 증거가 명백하여 수사기관의 권한남용의 염려가 없고, 초동수사의 필요성이 높으므로 영장주의의 예외를 인정한다.

2. 현행범인과 준현행범인

(1) 현행범인

① 현행범인이란 범죄를 실행하고 있거나 실행하고 난 직후의 사람을 말한다(제211조 제1항) [16 경찰채용]
  ㉠ **범죄의 실행 중** : '범죄를 실행하고 있거나'란 범죄의 실행에 착수하여 아직 종료하지 못한 경우를 말한다(엄밀히 말하면 처벌되는 범죄에 제한된다)
    ⓐ 미수를 처벌하는 경우에는 실행의 착수가 있으면 족하고, 예비·음모를 처벌하는 경우에는 예비·음모행위가 있으면 족하다.
    ⓑ 교사범·종범은 정범의 실행행위가 개시된 때에 현행범인이 된다.

ⓒ **범죄의 실행 직후** : '범죄를 실행하고 난 직후'란 범죄가 행위를 실행하여 종료한 순간 또는 이에 근접한 시간적 단계인 경우를 말한다.

판례	① 현행범인의 '범죄를 실행하고 난 직후의 사람'이라고 함은 범죄의 실행행위를 종료한 직후의 범인이라는 것이 체포하는 자의 입장에서 볼 때 명백한 경우를 일컫는 것으로서 '범죄의 실행행위를 종료한 직후'라고 함은 범죄행위를 실행하여 끝마친 순간 또는 이에 아주 접착된 시간적 단계를 의미하는 것으로 해석되므로, <u>시간적으로나 장소적으로 보아 체포를 당하는 자가 방금 범죄를 실행한 범인이라는 점에 관한 죄증이 명백히 존재하는 것으로 인정되는 경우에만 현행범인으로 볼 수 있다</u>(대판 2007.4.13, 2007도1249) [20 변호사시험, 20·16 경찰승진, 20·18 경간, 18·16 검찰7급, 16 검찰9급, 16 경찰채용]
	② '범죄의 실행행위를 종료한 직후'라고 함은 범죄행위를 실행하여 끝마친 순간 또는 이에 아주 접착된 시간적 단계를 의미하는 것으로 해석되므로, 시간적으로나 장소적으로 보아 체포를 당하는 자가 방금 범죄를 실행한 범인이라는 점에 관한 죄증이 명백히 존재하는 것으로 인정되는 경우에만 현행범인으로 볼 수 있다(대판 2017.4.7, 2016도19907) [16 경찰채용]

[현행범인 체포의 위법 여부]

적 법 ↓ 현행범인 ○	① 경찰관이 112 신고를 받고 출동하여 피고인이 범행을 한 지 10분 후 범행현장에 인접한 학교의 운동장에서 신고자가 지적한 피고인을 현행범인으로 체포한 것은 적법한 현행범인체포에 해당한다(대판 1993.8.13, 93도926) [17 경간, 15 경찰승진]
	② (목욕탕 폭행사건) 9시 10분 목욕탕 탈의실에서 구타하고 약 1분여 동안 피해자의 목을 잡고 있다가 그 곳에 있던 다른 사람들이 말리자 잡고 있던 목을 놓은 후 위 목욕탕 탈의실 의자에 앉아 있었는데, 그 무렵 위 목욕탕에서 이발소를 운영하고 있는 자가 피고인에게 옷을 입고 가라고 하여 피고인이 옷을 입고 있었던 중 경찰관들이 현장에 출동하여 9시 35분 현행범인으로 체포한 경우에 적법한 현행범체포에 해당한다(대판 2006.2.10, 2005도7158) [19 해경간부]
위 법 ↓ 현행범인 ×	① 신고를 받고 출동한 경찰관 A가 甲이 음주운전을 종료한 후 40여분이 경과한 시점에서 길가에 앉아 있는 것을 발견하고 甲에게서 술 냄새가 난다는 점을 이유로 음주운전의 현행범으로 체포하려는 경우 그 현행범체포는 위법하다(대판 2007.4.13, 2007도1249) [21·19 경찰승진, 20·15 경간]
	② (교장실 사건) 교사가 교장실에 들어가 약 5분 동안 식칼을 휘두르며 교장을 협박하는 등의 소란을 피운 후 40여분 정도가 지나 경찰관들이 출동하여 교장실이 아닌 서무실에서 동행을 거부하는 그 교사를 현행범으로 체포한 경우 위법한 공무집행이다(대판 1991.9.24, 91도1314) [19 경찰승진, 16 경간]

(2) 준현행범인
① 준현행범인이란 현행범인은 아니지만 현행범인으로 간주되는 사람을 말한다(제211조 제2항)
  ㉠ 범인으로 불리며 추적되고 있을 때(제1호)
  ㉡ 누구냐고 묻자 도망하려고 할 때(제4호)
  ㉢ 장물이나 범죄에 사용되었다고 인정하기에 충분한 흉기나 그 밖의 물건을 소지하고 있을 때(제2호)
  ㉣ 신체나 의복류에 증거가 될 만한 뚜렷한 흔적이 있을 때(제3호)

판례	① 순찰중이던 경찰관이 교통사고를 낸 차량이 도주하였다는 무전연락을 받고 주변을 수색하다가 범퍼 등의 파손상태로 보아 사고차량으로 인정되는 차량에서 내리는 사람을 발견한 경우 형사소송법 제211조 제2항 제2호 소정의 '장물이나 범죄에 사용되었다고 인정함에 충분한 흉기 기타의 물건을 소지하고 있는 때'에 해당하므로 준현행범으로서 영장없이 체포할 수 있다(대판 2000.7.4, 99도4341) [21·19 경간, 20 변호사시험, 19·15 경찰승진, 19 법원9급]

Ⅱ. 요건

1. 범죄·범인의 명백성

① 현행범인은 체포시에 특정범죄의 범인임이 명백하여야 한다.
② 외형상 죄를 범한 것처럼 보일지라도 범죄가 성립하지 않을 경우에는 체포할 수 없다. 따라서 위법성조각사유나 책임조각사유의 존재가 명백한 경우에는 현행범인으로 체포할 수 없다. ㉠ 형사미성년자, 절도죄에서 피해자와 친족간(근친)이 명백한 경우 등은 현행범인으로 체포할 수 없다
③ 소송조건은 체포의 요건이 아니므로 소송조건의 결여시에도 고소의 가능성이 없는 경우를 제외하고는 체포할 수 있다.

2. 체포의 필요성

① 현행범인 체포에 있어서도 긴급체포와 마찬가지로 체포의 필요성(증거인멸염려, 도망 또는 도망할 염려)이 필요한가에 대해서는 견해가 대립된다.
② 체포의 필요성 즉, 도망 또는 증거인멸의 염려가 있을 것을 요한다(판례).

판례	① 현행범인은 누구든지 영장 없이 체포할 수 있으므로 사인의 현행범인 체포는 법령에 의한 행위로서 위법성이 조각된다고 할 것인데, 현행범인 체포의 요건으로서는 행위의 가벌성, 범죄의 현행성·시간적 접착성, 범인·범죄의 명백성 외에 **체포의 필요성 즉, 도망 또는 증거인멸의 염려가 있을 것을 요한다**(대판 1999.1.26, 98도3029) [21·18·16 경찰승진, 20·18·16 경찰채용, 19 검찰7급, 17 경간] ② 현행범인으로 체포하기 위하여는 행위의 가벌성, 범죄의 현행성·시간적 접착성, 범인·범죄의 명백성 이외에 **체포의 필요성 즉, 도망 또는 증거인멸의 염려가 있어야 하고**, 이러한 요건을 갖추지 못한 현행범인 체포는 법적 근거에 의하지 아니한 영장 없는 체포로서 위법한 체포에 해당한다(대판 2011.5.26, 2011도3682) [21·18·16 경찰승진, 20·18·16 경찰채용, 19 검찰7급, 17 경간]

[적법한 체포 여부]

적법한 체포 ○	① 甲이 열쇠로 乙의 차를 긁고 있다가 乙이 나타나자 이를 부인하면서 도망하려고 하자, 乙이 甲을 도망하지 못하게 멱살을 잡고 흔들어 그에게 전치 14일의 흉부찰과상을 가한 경우(대판 1999.1.26, 98도3029) [16 검찰9급, 16 경찰승진]
적법한 체포 ×	① 피고인이 경찰관의 불심검문을 받아 운전면허증을 교부한 후 경찰관에게 큰 소리로 욕설을 한 경우, 피고인이 경찰관의 불심검문에 응하여 이미 운전면허증을 교부한 상태이고, 경찰관뿐 아니라 인근 주민도 욕설을 직접 들었다면, 경찰관이 피고인을 모욕죄의 현행범으로 체포하는 행위는 적법한 공무집행이라고 볼 수 없다(대판 2011.5.26, 2011도3682) ※ 피고인은 경찰관의 불심검문에 응하여 이미 운전면허증을 교부한 상태이고, 경찰관뿐 아니라 인근 주민도 욕설을 직접 들었으므로, 피고인이 도망하거나 증거를 인멸할 염려가 있다고 보기는 어렵고, 따라서 현행범 체포의 요건을 갖추지 못하였다. [20·16·15 경찰채용, 19 경찰승진, 16 변호사시험, 16·15 경간, 15 검찰9급]

3. 비례성의 원칙

① 다액 50만원 이하의 벌금, 구류, 과료에 해당하는 죄(경미사건)의 경우 범인의 주거가 분명하지 아니한 때 한하여 현행범인으로 체포할 수 있다(제214조) [20·15·14 경찰승진, 19 법학특채, 18·13 경간, 18 해경간부, 17·16·13 경찰채용]

> **경미범죄 특칙(50만원 이하의 벌금, 구류, 과료)**
> ① 통상체포 : 주거부정 or 출석요구 불응
> ② 현행범체포 : 주거부정 cf) 긴급체포 : 경미범죄 특칙 없음
> ③ 구속 : 주거부정

4. 국회의원의 불체포특권

① 국회의원의 불체포특권은 현행범인인 경우에는 적용되지 않는다.

Ⅲ. 현행범인의 체포절차

1. 체포의 주체

① 현행범인은 누구든지 영장없이 체포할 수 있다(제212조) [20 경찰승진, 19 경간]
수사기관, 사인을 불문한다. 사인은 체포의무는 없고, 체포권한만 가지고 있다.

2. 일반인의 현행범체포

① 일반 사인이 현행범인을 체포한 때에는 즉시 검사 또는 사법경찰관리에게 인도하여야 한다(제213조 제1항) [19 경간, 17 해경간부]

판례	① 일반인이 현행범인을 체포한 경우 즉시 검사 등에게 인도해야 하는데, 여기서 '즉시'라고 함은 반드시 체포시점과 시간적으로 밀착된 시점이어야 하는 것은 아니고, **'정당한 이유 없이 인도를 지연하거나 체포를 계속하는 등으로 불필요한 지체를 함이 없이'라는 뜻이다**(대판 2011.12.22, 2011도12927) [20·16 경찰채용, 20 변호사시험, 18 경찰승진, 18 경간, 18 해경채용, 16 검찰9급, 16 검찰7급]

② 사법경찰관리가 현행범인의 인도를 받은 때에는 체포자의 성명, 주거, 체포의 사유를 물어야 하고 필요한 때에는 체포자에 대하여 경찰관서에 동행함을 요구할 수 있다(제213조 제2항) [20 검찰7급, 16 경찰승진, 16 경찰채용]

3. 수사기관의 현행범체포

① 사법경찰관리가 현행범인을 체포할 때에는 적법절차를 준수하여야 한다.

② **범죄사실 등 고지** : 검사 또는 사법경찰관리는 현행범인을 체포하거나 현행범인의 인도를 받은 때에는 피의자에게 피의사실의 요지, 체포의 이유와 변호인을 선임할 수 있음을 말하고 변명할 기회를 주어야 한다(제213조의2, 제200조의5). 이외에도 진술거부권을 알려주어야 한다(수사준칙 제32조) [16 경찰승진, 16 경간, 16 경찰채용, 16 검찰7급]

③ 검사 또는 사법경찰관은 체포한 피의자에 대해 구속영장을 청구하거나 신청할 때에는 구속영장 청구서 또는 신청서에 체포영장, 긴급체포서, 현행범인 체포서 또는 현행범인 인수서를 첨부해야 한다(수사준칙 제29조 제2항)

판례	① 현행범 체포의 적법성은 체포 당시의 구체적 상황을 기초로 객관적으로 판단하여야 하고, 사후에 범인으로 인정되었는지에 의할 것은 아니다(대판 2013.8.23, 2011도4763) [19 경간, 20·18 경찰채용] ② [1] 현행범인 체포의 요건을 갖추었는지 여부는 체포 당시의 상황을 기초로 판단하여야 하고, 이에 관한 검사나 사법경찰관 등 수사주체의 판단에는 상당한 재량의 여지가 있다고 할 것이다. [2] 체포 당시의 상황으로 보아서도 그 요건의 충족 여부에 관한 검사나 사법경찰관 등의 판단이 경험칙에 비추어 현저히 합리성을 잃은 경우에는 그 체포는 위법하다고 보아야 한다(대판 2011.5.26, 2011도3682) [21·18·16 경찰승진, 20·18·16 경찰채용, 19 검찰7급, 17 경간]

[적법한 공무 여부]

적법한 공무 ○	① 피의자의 소란행위가 업무방해죄의 구성요건에 해당하지 않아 사후적으로 무죄로 판단된다고 하더라도, 피의자가 경찰관 앞에서 소란을 피운 당시 상황에서는 객관적으로 보아 피의자가 업무방해죄의 현행범이라고 인정할 만한 충분한 이유가 있었다면 경찰관이 피의자를 체포하려고 한 행위는 적법하다(대판 2013.8.23, 2011도4763) [20 경간, 18 경찰채용, 16 검찰9급] ② [1] 사법경찰관리가 현행범인을 체포하는 경우에는 반드시 범죄사실의 요지, 체포의 이유와 변호인을 선임할 수 있음을 말하고 변명할 기회를 주어야 하고 **이와 같은 고지는 체포를 위한 실력행사에 들어가기 이전에 미리 하여야 하는 것이 원칙이다.** [2] 달아나는 피의자를 쫓아가 붙들거나 폭력으로 대항하는 피의자를 실력으로 제압하는 경우에는 붙들거나 제압하는 과정에서 하거나 그것이 여의치 않은 경우에라도 일단 붙들거나 제압한 후에 지체없이 행하였다면 경찰관의 현행범인 체포는 적법한 공무집행이라고 할 수 있다(대판 2008.10.9, 2008도3640) [19 해경간부, 17 경간] ③ 경찰관의 현행범인 체포경위 및 그에 관한 현행범인체포서와 범죄사실의 기재에 다소 차이가 있더라도, 그것이 논리와 경험칙상 장소적·시간적 동일성이 인정되는 범위 내라면 그 체포행위가 공무집행방해죄의 요건인 적법한 공무집행에 해당한다(대판 2008.10.9, 2008도3640) [17·16 경찰채용, 16 경간]

적법한 공무 ×	① **현행범인으로서의 요건을 갖추고 있었다고 인정되지 않는 상황에서** 경찰관들이 동행을 거부하는 자를 체포하거나 강제로 연행하려고 하였다면 이는 적법한 공무집행이라고 볼 수 없다(대판 2002.5.10, 2001도300) [18·15 경찰승진, 16 경찰채용] ② 경찰관들이 주민들의 신고를 받고 현장에 도착한 당시 이미 싸움이 끝나 피고인이 의자에 앉아 있었던 사실이 인정됨에 비추어 피고인을 현행범으로 보기 어렵다(대판 1995.5.9, 94도3016) ③ 경찰관이 주민의 신고를 받고 현장에 도착했을 때에는 이미 싸움이 끝난 상태였다면 그러한 상황은 형사소송법 제211조, 제206조에 해당하지 않으므로 경찰관이 임의동행을 거부하는 피고인을 체포하려는 행위는 적법한 공무집행이라 볼 수 없다(대판 1989.12.12, 89도1934)

4. 체포시의 실력행사

현행범인이 저항을 하는 경우에는 사회통념상 체포의 목적을 달성하기 위하여 필요하고 상당하다고 인정되는 범위 내에서 실력을 행사할 수 있다.

5. 압수·수색·검증

① 수사기관이 현행범인을 체포하는 경우에 필요한 때에는 영장없이 다음 처분을 할 수 있다(제216조 제1항)
  ㉠ 타인의 주거나 타인이 간수하는 가옥, 건조물, 항공기, 선차 내에서의 피의자 수색(다만, 제200조의2 또는 제201조에 따라 피의자를 체포하는 경우의 피의자 수색은 미리 수색영장을 발부받기 어려운 긴급한 사정이 있는 때에 한정한다)
  ㉡ 체포현장에서의 압수, 수색, 검증
② 사인은 현행범인을 체포하는 경우에 위와 같은 강제처분은 허용되지 않는다.

Ⅳ. 현행범인 체포후의 조치

1. 체포의 통지

① 피의자를 현행범인 체포한 경우, ㉠ 변호인 또는 변호인선임권자 등에 대한 통지(제200조의6, 제87조), ㉡ 체포적부심사청구권의 고지(제214조의2 제2항), ㉢ 변호인 선임의 의뢰(제200조의6, 제90조), ㉣ 체포통지의 방법(규칙 제100조 제1항, 제51조 제2항 및 제3항)은 체포영장에 의한 체포와 같다.
② 체포통지는 지체없이 서면으로 하여야 한다.

V. 현행범인의 체포와 구속과의 관계

1. 구속영장의 청구

① 체포한 현행범인을 구속하고자 할 때에는 체포한 때부터 **48시간 이내**에 구속영장을 **청구**하여야 한다(제213조의2, 제200조의2 제5항). 48시간 이내에 구속영장을 청구하면 족하고, 48시간 이내에 구속영장을 발부받아야 하는 것은 아니다.

판례	① [1] 검사 등이 아닌 이에 의하여 현행범인이 체포된 후 불필요한 지체 없이 검사 등에게 인도된 경우 구속영장 청구기간인 48시간의 기산점은 체포시가 아니라 **검사 등이 현행범인을 인도받은 때**라고 할 것이다. [2] (소말리아 해적 사건) 소말리아 해적인 피고인들이 국군 청해부대에 의해 체포·이송되어 9일 후에나 국내 수사기관에 인도되었고 인도 후 48시간 이내에 구속영장을 청구하여 발부된 구속영장에 의하여 구속되었다면 피고인들의 체포는 적법하다(대판 2011.12.22, 2011도12927) [21·17·16·15 경찰채용, 21 법학특채, 19·18 변호사시험, 19 해경채용, 19·14·13 법원9급 등]

② 현행범인으로 체포된 자에 대한 구속기간은 **체포한 날로부터** 기산한다(제203조의2)

2. 현행범인의 석방

① 구속영장을 청구하지 아니하거나 구속영장을 청구하였으나 영장청구가 기각되어 구속영장을 발부받지 못한 때에는 즉시 석방하여야 한다(제213조의2, 제200조의2 제5항)
[21·16 경찰채용, 19 해경채용]

　㉠ 검사 또는 사법경찰관은 형사소송법 제212조 또는 제213조에 따라 현행범인을 체포하거나 체포된 현행범인을 인수했을 때에는 조사가 현저히 곤란하다고 인정되는 경우가 아니면 지체 없이 조사해야 하며, 조사 결과 계속 구금할 필요가 없다고 인정할 때에는 현행범인을 즉시 석방해야 한다(수사준칙 제28조 제1항)

　㉡ 검사 또는 사법경찰관은 제1항에 따라 현행범인을 석방했을 때에는 석방 일시와 사유 등을 적은 피의자 석방서를 작성해 사건기록에 편철한다. 이 경우 사법경찰관은 석방 후 지체 없이 검사에게 석방 사실을 통보해야 한다(수사준칙 제28조 제2항)

2 구 속

Ⅰ. 서 설

1. 구속의 의의

① 구속이란 형사절차를 관철하기 위하여 피의자 또는 피고인의 인신의 자유를 비교적 장기간 제한하는 강제처분을 말한다. 즉, 판사가 발부한 구속영장에 의하여 피의자 또는 피고인을 비교적 장기간 구인 또는 구금하는 것이다.

② 구속은 수사나 재판의 편의를 위한 제도가 아니다.
장래의 공판절차를 위하여 피의자의 도주를 방지하여 그 신병을 확보함과 동시에 증거인멸에 의한 수사의 방해를 제거하며, 종국적으로는 확정된 형벌의 집행을 확보하는 것에 그 목적이 있다.

2. 구속의 범위

구속은 구인과 구금을 포함한다(제69조) [18 경찰승진]

(1) 구 인

① 구인은 피의자, 피고인을 법원 기타의 장소에 24시간 동안 인치하는 강제처분을 말한다.
② 구인한 피고인, 피의자를 인치한 경우에 구금할 필요가 없다고 인정한 때에는 그 인치한 때로부터 **24시간 내**에 석방하여야 한다(제71조, 제209조) [20·19 해경채용, 18 경찰승진, 18·16·15 경찰채용, 18·15 법원9급]
③ 법원은 인치받은 피고인을 유치할 필요가 있는 때에는 교도소·구치소 또는 경찰서 유치장에 유치할 수 있다. 이 경우 유치기간은 인치한 때부터 24시간을 초과할 수 없다(제71조의2)

(2) 구 금

① 구금은 피의자, 피고인을 구치소 등에 가두는 강제처분을 말한다.
② 구금은 미결구금을 의미한다.

3. 구속의 유형

(1) 피의자 구속

피의자 구속이란 수사절차에서 수사기관이 법관의 영장을 발부받아 하는 구속을 말하는 것으로 강제수사에 해당한다.

(2) 피고인 구속

피고인 구속은 공소를 제기받은 수소법원이 피고인을 구속하는 것을 말한다. 형사소송법은 피고인 구속을 규정하고 피의자 구속에 이를 준용하는 형식을 취하고 있다.

Ⅱ. 구속의 요건

피의자 구속과 피고인 구속은 절차의 차이는 있어도 그 요건은 동일하다.

1. 범죄혐의의 상당성

① 피의자, 피고인이 죄를 범하였다고 의심할 만한 상당한 이유가 있어야 한다(제70조 제1항, 제201조 제1항). 즉 범죄혐의가 있어야 하는데, 주관적 혐의로는 부족하고 객관적 혐의가 있어야 한다.
② 범죄혐의의 대상은 범죄의 구성요건에 해당하고 위법, 유책하며 공소제기가 가능한 범죄이다. 따라서 위법성조각사유, 책임조각사유가 존재할 경우 및 소송조건의 흠결이 명백한 경우에는 범죄혐의를 인정할 수 없다.
③ 범죄혐의는 구속시를 기준으로 판단한다.

2. 구속 사유

> 법원은 피고인, 피의자가 죄를 범하였다고 의심할 만한 상당한 이유가 있고 다음 각 호의 1에 해당하는 사유가 있는 경우에는 피고인을 구속할 수 있다(제70조 제1항, 제201조 제1항)
> ㉠ **도**망하거나 도망할 염려가 있는 때
> ㉡ 증거를 인멸할 **염려**가 있는 때
> ㉢ 일정한 **주**거가 없는 때

[두문자] 도주염려면 구속

(1) 도망 또는 도망할 염려

① 도망하거나 도망할 염려가 있는 때 구속할 수 있다.
② 도망은 형사절차를 피하기 위하여 영구히 또는 장기간에 걸쳐 숨는 것을 말한다.
③ 도망할 염려는 피의자, 피고인이 도망할 고도의 개연성을 의미하며, 피의자·피고인의 가족, 직장, 경제적 지위 등과 같은 개인적 사정과 양형의 정도 등을 종합하여 판단한다.

(2) 증거인멸의 염려

증거를 인멸할 염려가 있는 때 구속할 수 있다.

(3) 주거부정

일정한 주거가 없을 때(주거부정) 구속할 수 있다.

(4) 구속사유 심사시 고려사항

① 법원은 구속사유를 심사함에 있어서 범죄의 중대성, 재범의 위험성, 피해자 및 중요 참고인 등에 대한 위해 우려 등을 고려하여야 한다(제70조 제2항, 제209조) [17 검찰7급]
② 이러한 요소들은 독자적인 구속사유가 아니라 구속사유 심사시 고려사항에 불과하다. 따라서 범죄의 중대성 등이 인정될지라도 구속사유가 없다면 구속할 수 없다.

3. 비례성의 원칙

① 국가형벌권의 확보와 인권침해 사이에는 비례관계가 유지되어야 한다.
  ㉠ 기대되는 형벌보다 구속에 의한 인권침해가 더 중대할 경우에는 구속할 수 없다.
    예 경미사건은 주거부정의 경우에 한하여 구속할 수 있다.
  ㉡ 피의자에 대한 수사는 불구속 상태에서 함을 원칙으로 하므로, 구속은 다른 방법에 의해서는 형사소송을 확보할 수 없는 경우에 한하여 허용된다(보충성의 원칙)
② **경미범죄의 특칙** : 다액 50만원 이하의 벌금, 구류, 과료에 해당하는 사건의 경우에는 피의자에게 일정한 주거가 없는 경우에만 구속할 수 있다(제70조 제3항, 제201조 제1항 단서). [15·13 경찰승진, 15 법원9급]

Ⅲ. 구속의 절차(피의자 구속)

① 체포와는 달리 구속에 있어서는 영장주의의 예외가 인정되지 아니한다. 즉 피의자는 물론 피고인을 구속하는 경우에도 반드시 구속영장이 있어야 한다. [19 법학특채]

통상체포 등에 따른 구속영장[1]	① 구속영장신청서 작성 및 신청서 기재 → ② 영장신청 → ③ 영장청구(48시간 이내) → ④ 영장실질심사 → ⑤ 영장발부 → ⑥ 영장제시 및 집행 → ⑦ 피의사실 등 고지 → ⑧ 구속영장집행원부 기재 → ⑨ 구속통지(24시간 이내)
사전 구속영장[2]	① 구속영장신청서 작성 및 신청서 기재 → ② 영장신청 → ③ 영장청구 → ④ 구인을 위한 구속영장 발부 → ⑤ 영장실질심사 → ⑥ 영장발부 → ⑦ 영장제시 및 집행 → ⑧ 피의사실 등 고지 → ⑨ 구속영장집행원부 기재 → ⑩ 구속통지(24시간 이내)

1) 체포영장에 의하여 체포하거나 긴급체포, 현행범체포 등에 의하여 이미 자유가 박탈된 경우를 의미한다.
2) 자유가 박탈되지 않은 경우에 체포를 건너뛰고 바로 구속영장을 청구하는 경우를 의미한다.

1. 구속영장의 청구
   (1) 청구 및 신청
   ① **(사경이 검사에게 신청 → 검사가 판사에게 청구 → 판사가 영장 발부)** 검사는 관할지방법원 판사에게 청구하여 구속영장을 발부받아 피의자를 구속할 수 있고, 사법경찰관은 검사에게 신청하여 검사의 청구로 관할지방법원판사의 구속영장을 발부받아 피의자를 구속할 수 있다(제201조 제1항). 구속영장의 청구권은 검사에게만 있다.
   ② 검사가 사법경찰관이 신청한 영장을 정당한 이유 없이 판사에게 청구하지 아니한 경우 사법경찰관은 그 검사 소속의 지방검찰청 소재지를 관할하는 고등검찰청에 영장 청구 여부에 대한 심의를 신청할 수 있다(제221조의5 제1항) [21 경찰채용]

   (2) 자료제출
   ① 구속영장의 청구는 서면(구속영장청구서)으로 하여야 한다(규칙 제93조 제1항).
   ② 청구서에는 일정한 사항을 기재하여 하며(규칙 제95조의2), 구속의 필요를 인정할 수 있는 자료 기타 관련 자료를 제출하여야 한다(제201조 제2항, 규칙 제96조 제2항)
   ③ 피의자 또는 그 변호인, 법정대리인, 배우자, 직계친족, 형제자매나 가족, 동거인 또는 고용주는 체포영장 또는 구속영장의 청구를 받은 판사에게 유리한 자료를 제출할 수 있다(규칙 제96조 제3항).
   ④ 검사가 동일한 범죄사실에 관하여 그 피의자에 대하여 전에 구속영장을 청구하거나 발부받은 사실이 있을 때에는 다시 구속영장을 청구하는 취지 및 이유를 기재하여야 한다(제201조 제5항)
   ⑤ 구속영장청구서에는 다음 각 호의 사항을 기재하여야 한다(규칙 제95조의2)
      ㉠ 피의자의 성명(분명하지 아니한 때에는 인상, 체격, 그 밖에 피의자를 특정할 수 있는 사항), 주민등록번호 등, 직업, 주거
      ㉡ 피의자에게 변호인이 있는 때에는 그 성명
      ㉢ 죄명 및 범죄사실의 요지
      ㉣ 7일을 넘는 유효기간을 필요로 하는 때에는 그 취지 및 사유
      ㉤ 여러 통의 영장을 청구하는 때에는 그 취지 및 사유
      ㉥ 인치구금할 장소
      ㉦ 구속의 사유(일정한 주거 X, 증거인멸의 염려, 도망 또는 도망할 염려)
      ㉧ 피의자의 체포여부 및 체포된 경우에는 그 형식
      ㉨ 피의자가 지정한 사람에게 체포이유 등을 알린 경우에는 그 사람의 성명과 연락처

2. 구속영장실질심사(구속전 피의자심문제도)

> **제201조의2(구속영장 청구와 피의자 심문)**
> ① 제200조의2·제200조의3 또는 제212조에 따라 체포된 피의자에 대하여 구속영장을 청구받은 판사는 지체 없이 피의자를 심문하여야 한다. 이 경우 특별한 사정이 없는 한 구속영장이 청구된 날의 다음날까지 심문하여야 한다.
> ② 제1항 외의 피의자에 대하여 구속영장을 청구받은 판사는 피의자가 죄를 범하였다고 의심할 만한 이유가 있는 경우에 구인을 위한 구속영장을 발부하여 피의자를 구인한 후 심문하여야 한다. 다만, 피의자가 도망하는 등의 사유로 심문할 수 없는 경우에는 그러하지 아니하다.
> ③ 판사는 제1항의 경우에는 즉시, 제2항의 경우에는 피의자를 인치한 후 즉시 검사, 피의자 및 변호인에게 심문기일과 장소를 통지하여야 한다. 이 경우 검사는 피의자가 체포되어 있는 때에는 심문기일에 피의자를 출석시켜야 한다.
> ④ 검사와 변호인은 제3항에 따른 심문기일에 출석하여 의견을 진술할 수 있다.
> ⑤ 판사는 제1항 또는 제2항에 따라 심문하는 때에는 공범의 분리심문이나 그 밖에 수사상의 비밀 보호를 위하여 필요한 조치를 하여야 한다.
> ⑥ 제1항 또는 제2항에 따라 피의자를 심문하는 경우 법원사무관등은 심문의 요지 등을 조서로 작성하여야 한다.
> ⑦ 피의자심문을 하는 경우 법원이 구속영장청구서·수사 관계 서류 및 증거물을 접수한 날부터 구속영장을 발부하여 검찰청에 반환한 날까지의 기간은 제202조 및 제203조의 적용에 있어서 그 구속기간에 이를 산입하지 아니한다.
> ⑧ 심문할 피의자에게 변호인이 없는 때에는 지방법원판사는 직권으로 변호인을 선정하여야 한다. 이 경우 변호인의 선정은 피의자에 대한 구속영장 청구가 기각되어 효력이 소멸한 경우를 제외하고는 제1심까지 효력이 있다.
> ⑨ 법원은 변호인의 사정이나 그 밖의 사유로 변호인 선정결정이 취소되어 변호인이 없게 된 때에는 직권으로 변호인을 다시 선정할 수 있다.

(1) 의 의
① 구속영장실질심사(구속전 피의자심문제도)란 구속영장청구를 받은 판사가 구속의 사유를 판단하기 위하여 피의자를 직접 심문하여 영장발부여부를 결정하는 제도를 말한다.
② 영장실질심사는 피의자의 의사나 법관의 필요성 판단과 관계없이 반드시 하여야 하는 필요적 심문이다.

(2) 필요적 심문
① **체포된 피의자의 경우** : 체포된 피의자에 대하여 구속영장을 청구받은 판사는 지체 없이 피의자를 심문하여야 한다. 이 경우 특별한 사정이 없는 한 구속영장이 청구된 날의 다음날까지 심문하여야 한다(제201조의2 제1항) [20·18 경간, 20 검찰7급, 20·15 법원9급, 19·17 경찰승진, 18 변호사시험, 18·15 경찰채용 등]

② **체포되지 않은 피의자의 경우** : 체포되지 않은 피의자에 대하여 구속영장을 청구받은 판사는 피의자가 죄를 범하였다고 의심할 만한 이유가 있는 경우에 구인을 위한 구속영장을 발부하여 피의자를 구인한 후 심문하여야 한다. 다만, 피의자가 도망하는 등의 사유로 심문할 수 없는 경우에는 그러하지 아니하다(제201조의2 제2항) [19 경간, 20 경찰승진, 18 법원9급, 15 경찰채용]

(3) 절 차
① **심문의 주체**
지방법원판사이다(영장전담판사[수임판사]). 다만, 지방법원장 또는 지원장은 구속영장청구에 대한 심사를 위한 전담법관을 지정할 수 있다(규칙 제96조의5)

② **피의자의 출석**
㉠ 영장실질심사를 하기 위해서는 피의자를 판사의 면전에 출석시켜야 한다. 체포된 피의자는 검사가 체포의 효력을 이용하여 출석시켜야 하고, 체포되지 않은 피의자는 구인을 위한 구속영장에 의하여 출석시켜야 한다(제201조의2 제3항)
㉡ 판사는 피의자가 심문기일에의 출석을 거부하거나 질병 기타 사유로 출석이 현저하게 곤란한 때에는 피의자의 출석 없이 심문절차를 진행할 수 있다(규칙 제96조의13 제1항) [17·16·15 경찰승진, 15 법원9급]. 이 경우에는 출석한 검사 및 변호인의 의견을 듣고, 수사기록 그 밖에 적당하다고 인정하는 방법으로 구속사유의 유무를 조사할 수 있다(규칙 제96조의13 제3항)
㉢ 피의자의 심문은 법원청사내에서 하여야 한다. 다만, 피의자가 출석을 거부하거나 질병 기타 부득이한 사유로 법원에 출석할 수 없는 때에는 경찰서, 구치소 기타 적당한 장소에서 심문할 수 있다(규칙 제96조의15)

③ **국선변호인의 선정**
㉠ 영장실질심사에 있어 심문할 피의자에게 변호인이 없는 때에는 지방법원판사는 직권으로 변호인을 선정하여야 한다. 이 경우 변호인의 선정은 피의자에 대한 구속영장 청구가 기각되어 효력이 소멸한 경우를 제외하고는 **제1심까지 효력이 있다** (제201조의2 제8항) [21·18·17·15 변호사시험, 21 법학특채, 20·18 경찰채용, 20·18 검찰9급, 20·16·15 법원9급, 18·17 경찰승진, 18·15 경간 등]
㉡ 법원은 변호인의 사정이나 그 밖의 사유로 변호인 선정결정이 취소되어 변호인이 없게 된 때에는 직권으로 변호인을 다시 선정할 수 있다(제201조의2 제9항) [20 경찰채용, 19 해경간부]
㉢ 변호인은 구속영장이 청구된 피의자에 대한 심문 시작 전에 피의자와 접견할 수 있다(규칙 제96조의20 제1항) [19·18 경찰승진, 18 경찰채용]

ⓔ 피의자 심문에 참여할 변호인은 지방법원 판사에게 제출된 구속영장청구서 및 그에 첨부된 고소·고발장, 피의자의 진술을 기재한 서류와 피의자가 제출한 서류를 열람할 수 있다(규칙 제96조의21 제1항).

ⓜ 검사는 증거인멸 또는 피의자나 공범 관계에 있는 자가 도망할 염려가 있는 등 수사에 방해가 될 염려가 있는 때에는 지방법원 판사에게 제1항에 규정된 서류(구속영장청구서는 제외한다)의 열람 제한에 관한 의견을 제출할 수 있고, 지방법원 판사는 검사의 의견이 상당하다고 인정하는 때에는 그 전부 또는 일부의 열람을 제한할 수 있다(규칙 제96조의21 제2항).

④ **심문의 방법**

㉠ **심문의 비공개**

ⓐ **피의자에 대한 심문절차는 공개하지 아니한다.** 다만, 판사는 상당하다고 인정하는 경우에는 피의자의 친족, 피해자 등 이해관계인의 방청을 허가할 수 있다(규칙 제96조의14) [19·17·16·15 경찰승진, 18 경찰채용, 15 경간, 15 법원9급]

ⓑ 판사는 심문을 위하여 필요하다고 인정하는 경우에는 호송경찰관 기타의 자를 퇴실하게 하고 심문을 진행할 수 있다(규칙 제96조의16 제7항).

㉡ **진술거부권 고지** : 판사는 피의자에게 범죄사실의 요지를 고지하고, 피의자에게 일체의 진술을 하지 아니하거나 개개의 질문에 대하여 진술을 거부할 수 있으며, 이익되는 사실을 진술할 수 있음을 알려주어야 한다(규칙 제96조의16 제1항).

㉢ **심문사항**

ⓐ 판사는 구속 여부를 판단하기 위하여 필요한 사항에 관하여 신속하고 간결하게 심문하여야 한다. 증거인멸 또는 도망의 염려를 판단하기 위하여 필요한 때에는 피의자의 경력, 가족관계나 교우관계 등 개인적인 사항에 관하여 심문할 수 있다(규칙 제96조의16 제2항).

ⓑ 판사는 구속 여부의 판단을 위하여 필요하다고 인정하는 때에는 심문장소에 출석한 피해자 그 밖의 제3자를 심문할 수 있다(규칙 제96조의16 제5항).
[18 경찰승진]

㉣ **변호인의 조력** : 피의자는 판사의 심문 도중에도 변호인에게 조력을 구할 수 있다(규칙 제96조의16 제4항) [20 법원9급, 19·18·16 경찰승진, 18 경찰채용, 14 경간]

㉤ **공범의 분리심문** : 심문하는 때에는 공범의 분리심문이나 그 밖에 수사상의 비밀보호를 위하여 필요한 조치를 하여야 한다(제201조의2 제5항).

ⓑ **신뢰관계인의 동석** : 장애인 등 특별히 보호를 요하는 자에 대해서는 심문시 직권 또는 피의자, 법정대리인, 검사의 신청에 따라 피의자와 신뢰관계에 있는 자를 동석하게 할 수 있다(제201조의2 제10항, 제276조의2 제1항).

ⓐ **의견진술**

ⓐ 검사와 변호인은 심문기일에 출석하여 의견을 진술할 수 있다(제201조의2 제4항).
[18 경찰채용]

ⓑ 검사와 변호인은 판사의 심문이 끝난 후에 의견을 진술할 수 있다. 다만, 필요한 경우에는 심문 도중에도 판사의 허가를 얻어 의견을 진술할 수 있다(규칙 제96조의16 제3항). [20·15 경찰채용, 20 법원9급, 19·16 경찰승진]

ⓒ 구속영장이 청구된 피의자의 법정대리인, 배우자, 직계친족, 형제자매나 가족, 동거인 또는 고용주는 판사의 허가를 얻어 사건에 관한 의견을 진술할 수 있다(규칙 제96조의16 제6항).

ⓞ **심문조서 작성** : 피의자를 심문하는 경우 법원사무관 등은 심문의 요지 등을 조서로 작성하여야 한다(제201조의2 제6항). [19·13 경찰승진]

3. 구속영장의 발부

(1) 구속영장의 발부

① 지방법원판사는 구속의 요건이 충족되었다고 판단되는 때에는 검사의 구속영장청구에 의하여 구속영장을 발부한다(제201조 제4항).
② 구속영장을 발부하지 아니할 때에는 청구서에 그 취지 및 이유를 기재하고 서명날인하여 청구한 검사에게 교부한다(제201조 제4항 단서).
③ 영장발부 또는 기각결정에 대해서는 항고나 준항고가 허용되지 않는다(즉, 불복방법이 없다).

판례	① [1] 검사의 체포 또는 구속영장청구에 대한 지방법원판사의 재판은 항고의 대상이 되는 '법원의 결정'에 해당되지 아니하고 준항고의 대상이 되는 '재판장 또는 수명법관의 구금 등에 관한 재판'에도 해당되지 아니한다. [2] 지방법원판사가 구속영장청구를 기각한 경우에 검사는 지방법원판사의 기각결정에 대하여 항고 또는 준항고의 방법으로 불복할 수 없다(대결 2006.12.18. 2006모646) [21 변호사시험, 21·17 검찰9급, 20·17·15 경간, 20·19 법원9급, 19 경찰승진, 19·18·15 경찰채용]

④ 그러나 구속영장 발부결정에 대해서 피의자는 구속적부심사를 청구할 수 있고, 구속영장청구 기각결정에 대해서 검사는 구속영장의 발부를 재청구할 수 있다(대결 2006.12.18. 2006모646).

(2) 구속영장 방식

① 구속영장에는 피고인의 성명, 주거, 죄명, 공소사실의 요지, 인치 구금할 장소, 발부년월일, 그 유효기간과 그 기간을 경과하면 집행에 착수하지 못하며 영장을 반환하여야 할 취지를 기재하고 지방법원판사가 서명날인하여야 한다(제209조, 제75조 제1항).

② 피고인의 성명이 분명하지 아니한 때에는 인상, 체격, 기타 피고인을 특정할 수 있는 사항으로 피고인을 표시할 수 있다(제209조, 제75조 제2항).

③ 피고인의 주거가 분명하지 아니한 때에는 그 주거의 기재를 생략할 수 있다(제209조, 제75조 제3항).

④ 구속영장은 수통을 작성하여 사법경찰관리 수인에게 교부할 수 있으며, 이 경우에는 그 사유를 구속영장에 기재하여야 한다(제209조, 제82조).

⑤ 검사의 청구에 의하여 발부하는 영장에는 그 영장을 청구한 검사의 성명과 그 검사의 청구에 의하여 발부한다는 취지를 기재하여야 한다(규칙 제94조).

4. 구속영장의 효력

(1) 효력의 범위

① **유효기간** : 구속영장의 유효기간은 **7일**로 한다. 다만, 법원 또는 법관이 상당하다고 인정하는 때에는 7일을 넘는 기간을 정할 수 있다(규칙 제178조).

② **효력범위**

㉠ 구속영장의 효력범위와 관련하여 구속영장은 원칙적으로 구속영장에 기재된 피의사실(공소사실)에 대하여만 미친다는 사건단위설과, 구속영장의 효력은 구속된 사람을 기준으로 정한다는 인단위설이 대립한다.

㉡ 판례는 구속영장은 원칙적으로 구속영장에 기재된 피의사실(공소사실)에 대하여만 미친다는 사건단위설의 입장이다.

판례	① [1] 구속영장의 효력은 구속영장에 기재된 범죄사실 및 그 사실의 기초가 되는 사회적 사실관계가 기본적인 점에서 동일한 공소사실에 미친다고 할 것이다. [2] 이러한 기본적 사실관계의 동일성을 판단함에 있어서는 그 사실의 동일성이 갖는 기능을 염두에 두고 피고인의 행위와 그 사회적인 사실관계를 기본으로 하되 규범적 요소도 아울러 고려하여야 한다(대결 2001.5.25, 2001모85)

(2) 이중구속

① 이중구속이란 이미 구속영장이 발부되어 구속되어 있는 피의자에 대하여 다시 구속영장을 발부받아 구속을 집행하는 것을 말한다.

② 판례는 이중구속도 허용된다고 본다.

판례	① 구속의 효력은 원칙적으로 구속영장에 기재된 범죄사실에만 미치는 것이므로, 구속기간이 만료될 무렵에 종전 구속영장에 기재된 범죄사실과 다른 범죄사실로 피고인을 구속하였다는 사정만으로는 피고인에 대한 구속이 위법하다고 할 수 없다(대결 1996.8.12. 96모46) [21·19 경찰채용, 20 검찰7급, 18·17 경간, 18 법원9급, 17 경찰승진]

(3) 별건구속

① 별건구속이란 수사기관이 본래 수사하려는 사건(본건)에 대해서는 구속의 요건이 구비되지 못하였기 때문에 본건의 수사에 이용할 목적으로 구속요건이 구비된 다른 사건(별건)으로 피의자를 구속하는 것을 말한다.

② 별건구속은 인정되지 않는다(통설). 다만, 구속된 피의자에 대하여 피의사건을 수사하면서 합목적성 견지에서 그 피의사건 외의 다른 범죄를 수사할 수 있는데 이를 여죄수사라고 하고 이는 원칙적으로 허용된다.

③ 별건으로 인한 미결구금일수를 본건의 구속기간에 산입할 수 없다(판례)

판례	① 피고인이 기소중지처분된 신용카드사업법위반 등 피의사실로 27일간 구속되었고, 연이어 사기 등 범행으로 구속되어 사기 등 범행으로 구속기소되었지만 결과적으로 위 구속기간이 사기 등 범행사실의 수사에 실질상 이용되었다 하더라도 위 구금일수를 사기죄의 본형에 산입할 수는 없다(대판 1990.12.11. 90도2337)

5. 구속영장의 집행

(1) 구속영장의 집행기관

① 구속영장은 검사의 지휘에 의하여 사법경찰관리가 집행한다(제209조, 제81조 제1항).

② 다만, 피고인에 대하여는 급속을 요하는 경우에는 재판장·수명법관·수탁판사가 그 집행을 지휘할 수 있고 이 경우 법원사무관 등에게 그 집행을 명할 수 있다(제81조 제2항) 또한 법원사무관 등은 그 집행에 관하여 필요한 때에는 사법경찰관리·교도관 또는 법원경위에게 보조를 요구할 수 있으며 관할구역 외에서도 집행할 수 있다(제81조 제3항).

③ 교도소 또는 구치소에 있는 피의자에 대하여 발부된 구속영장은 검사의 지휘에 의하여 교도관이 집행한다(제209조, 제81조 제3항).

④ 검사는 필요에 의하여 관할구역 외에서 구속영장의 집행을 지휘할 수 있고 또는 당해 관할구역의 검사에게 집행지휘를 촉탁할 수 있다. 사법경찰관리는 필요에 의하여 관할구역 외에서 구속영장을 집행할 수 있고 또는 당해 관할구역의 사법경찰관리에게 집행을 촉탁할 수 있다(제209조, 제83조).

(2) 구속영장의 집행절차

① **구속영장의 제시**
　㉠ **사전제시 원칙** : 구속영장을 집행함에는 피의자에게 반드시 이를 제시하고, 그 사본을 교부하여야 한다(제209조, 제85조 제1항).
　㉡ **긴급집행(사후제시)** : 구속영장을 소지하지 아니한 경우에 급속을 요하는 때에는 피의자에 대하여 공소사실의 요지와 영장이 발부되었음을 고하고 집행할 수 있고, 이 경우 집행을 완료한 후에는 신속히 구속영장을 제시하고 그 사본을 교부하여야 한다(제209조, 제85조 제3항 및 제4항).

② **고지의무** : 검사 또는 사법경찰관은 피의자를 구속하는 경우에는 피의사실의 요지, 구속의 이유와 변호인을 선임할 수 있음을 말하고 변명할 기회를 주어야 한다(제209조, 제200조의5). 이 경우 진술거부권도 알려주어야 한다(수사준칙 제32조).

③ **인치 및 구금**
　㉠ 구속영장을 집행함에는 피의자를 신속히 지정된 법원 기타 장소에 인치하여야 한다(제209조, 제85조 제1항).
　㉡ 다만, 피의자를 호송할 경우에 필요하면 가장 가까운 교도소 또는 구치소에 임시로 유치할 수 있다(제209조, 제86조).

6. 구속영장 집행 후의 절차

(1) 구속의 통지

① 피의자를 구속한 때에는 변호인이 있는 경우에는 변호인에게, 변호인이 없는 경우에는 피의자의 법정대리인, 배우자, 직계친족과 형제자매 중 피의자가 지정한 자에게 피의사건명, 구속일시·장소, 범죄사실의 요지, 구속의 이유와 변호인을 선임할 수 있는 취지를 알려야 한다(제209조, 제87조 제1항).
② 구속통지는 지체없이 서면으로 하여야 한다(제87조 제2항).

(2) 변호인 선임의 의뢰

① 구속된 피의자는 법원, 교도소장 또는 구치소장 또는 그 대리자에게 변호사를 지정하여 변호인의 선임을 의뢰할 수 있다. 이때 의뢰를 받은 법원, 교도소장 또는 구치소장 또는 그 대리자는 급속히 피고인이 지명한 변호사에게 그 취지를 통지하여야 한다(제209조, 제90조).

(3) 법원에 대한 통지

① 구속영장의 발부를 받은 후 피의자를 구속하지 아니하거나 구속한 피의자를 석방한 때에는 지체없이 검사는 영장을 발부한 법원에 그 사유를 서면으로 통지하여야 한다(제204조). [21 경찰승진, 14 법원9급]

7. 피의자의 구속기간

(1) 구속기간 및 구속기간의 연장

① **사법경찰관의 구속기간(최장 10일)**
　㉠ 사법경찰관의 구속기간은 **최장 10일**이다. 사법경찰관의 구속기간은 연장할 수 없다. [20 법학특채]
　㉡ 사법경찰관이 피의자를 구속한 때에는 10일 이내에 피의자를 검사에게 인치하지 아니하면 석방하여야 한다(제202조). [20·19 해경채용, 17 경찰채용]

② **검사의 구속기간(최장 20일)** : 검사의 구속기간은 원칙적으로 10일이나, **1차에 한하여 연장할 수 있다.**
　㉠ 검사가 피의자를 구속한 때 또는 사법경찰관으로부터 피의자의 인치를 받은 때에는 10일 이내에 공소를 제기하지 아니하면 석방하여야 한다(제203조).
　㉡ 다만, 검사는 지방법원판사의 허가를 얻어 10일을 초과하지 않는 한도에서 구속기간을 1차에 한하여 연장할 수 있다(제205조).
　㉢ 구속기간연장허가결정이 있는 경우에 그 연장기간은 **종전 구속기간만료 다음날**로부터 기산한다(규칙 제98조). [18·17 경찰승진, 15 경간]

③ **구속기간 연장의 특례(국가보안법상 특례)** : 국가보안법상 일정한 범죄(제3조 내지 제6조, 제8조, 제9조)에 대해서는 사법경찰관에게 1회, 검사에게 2회에 한하여 구속기간을 연장하고 있는 특례를 규정하고 있다(국가보안법 제19조) 따라서 국가보안법위반 피의자의 구속기간은 최장 50일이 된다.

④ 구속기간의 연장을 허가하는 재판 또는 검사의 연장신청을 기각하는 재판에 대해서는 **항고, 준항고가 허용되지 않는다(즉, 불복할 수 없다).**

판례	① 구속기간의 연장을 허가하지 아니하는 지방법원판사의 결정에 대하여는 항고의 방법으로는 불복할 수 없고 나아가 그 지방법원판사는 수소법원으로서의 재판장 또는 수명법관도 아니므로 그가 한 재판은 준항고의 대상이 되지도 않는다(대결 1997.6.16. 97모1) [18·17 경찰승진, 17·16 해경간부, 14 경찰채용]

⑤ **구속기간 경과의 효과** : 구속 후 구속기간이 만료된 경우에는 피의자를 석방하여야 한다(규칙 제96조의19 제1항 참고).

(2) 구속기간의 계산

① **구속기간의 계산방법** : 구속기간의 초일은 시간을 계산하지 아니하고 1일로 산정한다(제66조 제1항 단서). 구속기간의 말일이 공휴일이거나 토요일이면 그 날은 기간에 산입된다(제66조 제3항 단서).

② **구속기간의 기산점** : 구속기간은 실제로 피의자가 구속된 날로부터 기산한다. 구속에 앞서 체포 또는 구인이 선행하는 경우에는 구속기간은 피의자를 실제로 체포 또는 구인한 날로부터 기산한다(제203조의2) [21 변호사시험, 21·17·16·15·14 경찰승진, 21·15 검찰9급, 21 해경채용, 20·17·15 경찰채용, 19·18·13 경간, 18·16 해경간부 등]

③ **구속기간에 산입하지 않는 기간**
다음의 경우에는 구속기간에 산입하지 않는다. 이는 수사기관의 확보를 고려한 것이다.

구속기간 산입 X	① 영장실질심사에 있어서 법원이 관계서류와 증거물을 접수한 날부터 구속영장을 발부하여 검찰청에 반환한 날까지의 기간(제201조의2 제7항) ② 체포·구속적부심사에 있어서 법원이 관계서류와 증거물을 접수한 때부터 결정 후 검찰청에 반환된 때까지의 기간(제214조의2 제13항) ③ 피의자가 도망간 기간 ④ 구속집행 정지기간 ⑤ 피의자 감정유치기간(제172조의2, 제221조의3) 등

사 례

[사례] 사법경찰관 甲이 乙을 공갈죄로 긴급체포한 후 구속과 관련하여서 아래의 절차가 이루어졌다. 사법경찰관 甲은 언제까지 乙을 검사에게 인치(검찰청에 송치)하여야 하는가?

㉠ 2020. 5. 1. 23:00 사법경찰관 甲이 乙을 긴급체포하여 조사
㉡ 2020. 5. 2. 14:00 사법경찰관 甲이 검사에게 구속영장을 신청하면서 구속영장신청서와 수사 서류 등을 제출
㉢ 2020. 5. 2. 16:00 검사가 판사에게 구속영장을 청구하면서 법원에 구속영장청구서, 수사 관계 서류 및 기록을 접수시킴
㉣ 2020. 5. 3. 10:00 판사의 구속 전 피의자 심문, 12:00 구속영장 발부, 13:00 검찰청에 구속영장 및 수사기록 반환 (15:00에 검찰청으로부터 경찰서에 서류 도착)
㉤ 2020. 5. 3. 18:00 구속영장 집행

[해설]
[1] 구속에 앞서 체포 또는 구인이 선행하는 경우에는 수사기관의 구속기간은 피의자를 실제로 체포 또는 구인한 날로부터 기산한다(제203조의2) 사법경찰관은 피의자를 최장 10일 동안 구속할 수 있으므로 설문의 경우 2020. 5. 1.부터 기산하여 10일이 되는 2020. 5. 10. 24:00까지 피의자를 일응 구속시킬 수 있다.
[2] 또한 피의자심문을 하는 경우 법원이 관계서류를 접수한 날부터 구속영장을 발부하여 검찰청에 반환한 날까지의 기간은 수사기관의 구속기간에 이를 산입하지 아니한다(제201조의2 제7항) 실무상 이는 일(日) 단위로 계산하므로 5월 2일(접수일)과 5월 3일(반환일)은 구속기간에서 제외한다. 따라서 설문상 구속기간이 2일이 연장되어 2020. 5. 12. 24:00까지 피의자 乙을 구속할 수 있다(이때까지 피의자 乙을 검찰청에 송치하여야 한다)(제202조)

> [정답] 2020년 5월 12일 24시까지 피의자 乙을 검찰청에 송치하여야 한다.

8. 재구속의 제한

(1) 재구속의 원칙적 금지
① 검사 또는 사법경찰관에 의해 구속되었다가 석방된 자는 다른 중요한 증거를 발견한 경우를 제외하고는 동일한 범죄사실에 대하여 재차 구속하지 못한다(제208조 제1항).
[20·17 경간, 20 변호사시험, 19·18 경찰승진, 18 법원9급, 15 경찰채용 등]
② 이 경우 1개의 목적을 위하여 동시 또는 수단결과의 관계에서 행하여진 행위는 동일한 범죄사실로 간주한다(제208조 제2항) 예 포괄일죄 [19·18 경찰승진]

(2) 재구속이 허용되는 경우
① **법원의 피고인 구속** : 법원이 피고인을 구속하는 경우에는 재구속의 제한이 적용되지 않는다.

판례	
	① [1] 재구속 제한에 관한 형사소송법 제208조 규정은 수사기관이 피의자를 구속하는 경우에만 적용되고 법원이 피고인을 구속하는 경우에는 적용되지 않는다. [2] 법원에 의하여 구속되었다가 석방된 피고인은 다른 중요한 증거를 발견하지 못한 경우라도 구속의 요건이 구비되면 동일한 범죄사실에 관하여 다시 구속할 수 있다(대결 1985.7.23, 85모12) [20 검찰9급, 19 검찰7급, 18 법원9급, 16 해경채용, 15 경찰승진, 13 변호사시험]
	② [1] 피고인이 수사 당시 긴급체포되었다가 수사기관의 조치로 석방된 후 **법원이 발부한 구속영장에 의하여 구속이 이루어진 경우** 「형사소송법」제200조의4 제3항, 제208조에 규정된 재체포 또는 재구속 제한에 위배되는 위법한 구속이라고 볼 수 없다. [2] 형사소송법 제200조의4 제3항은 영장 없는 긴급체포 후 석방된 피의자를 동일한 범죄사실에 관하여 체포하지 못한다는 규정으로, 위와 같이 석방된 피의자라도 법원으로부터 구속영장을 발부받아 구속할 수 있다(대판 2001.9.28, 2001도4291) [20·14 해경간부, 20·18·15·13 경찰채용, 19·16 변호사시험, 19·16 경간, 18 검찰7급 등]
	③ 무혐의 불기소처분된 사건에 대하여 다시 기소할 수 있음은 법리상 명백하여 일사부재리의 원칙에 위반된 것이라고 할 수 없고, 동일한 사건으로 재구속되었다 할지라도 그것만으로 공소제기 자체가 무효라고 할 수 없다 (대판 1966.11.22, 66도1288) [15 경찰승진]

② **국가보안법 위반사건의 경우** : 공소보류를 받은 자가 공소보류가 취소된 경우에는 동일한 범죄사실로 재구속할 수 있다(국가보안법 제20조 제4항)

3 피의자·피고인의 접견교통권

I. 의 의

① 접견교통권이란 체포 또는 구속된 피의자나 피고인이 변호인이나 가족 등 타인과 접견하고, 서류나 물건을 수수하며 의사의 진료를 받을 수 있는 권리를 말한다(제89조, 제209조).

② 헌법이 보장하고 있는 변호인의 조력을 받을 권리의 핵심으로서, 피의자·피고인의 권리임과 동시에 변호인의 고유권이다.

판례	〈형사소송법상 권리로 보는 입장(대법원)〉 ① 변호인의 구속된 피고인 또는 피의자와의 접견교통권은 피고인 또는 피의자 자신이 가지는 변호인과의 접견교통권과는 성질을 달리하는 것으로서 헌법상 보장된 권리라고는 할 수 없고, 형사소송법 제34조에 의하여 비로소 보장되는 권리이다 (대결 2002.5.6, 2000모112) 〈헌법상 기본권으로 보는 입장(헌법재판소)〉 ② [1] 형사소송법은 구속된 피고인 또는 피의자에게 타인과의 접견교통권을 보장하고 있는데 이 중에서도 변호인과의 접견교통권은 이를 헌법상의 기본권으로 보아야 함은 의문의 여지가 없다. [13 경찰채용] [2] 구속된 피의자 또는 피고인이 갖는 변호인 아닌 자와의 접견교통권은 인간으로서의 기본적인 권리에 해당하므로 이는 성질상 헌법상의 기본권에 속한다고 보아야 할 것이다 [3] 미결수용자의 가족이 미결수용자와 접견하는 것 역시 헌법 제10조가 보장하고 있는 인간으로서의 존엄과 가치 및 행복추구권 가운데 포함되는 헌법상의 기본권이라고 보아야 할 것이다(헌재 2003.11.27, 2002헌마193) ③ 변호인이 피의자신문에 자유롭게 참여할 수 있는 권리는 피의자가 가지는 변호인의 조력을 받을 권리를 실현하는 수단이므로 헌법상 기본권인 변호인의 변호권으로서 보호되어야 한다(헌재 2017.11.30, 2016헌마503)

③ 접견교통권은 신체구속을 당한 피고인의 정신적·육체적 고통을 완화하여 인권을 보장해 주고 또한 피고인의 방어권을 보장해주려는 데 그 취지가 있다.

Ⅱ. 변호인과의 접견교통권

> 헌법 제12조 ④ 누구든지 체포 또는 구속을 당한 때에는 즉시 변호인의 조력을 받을 권리를 가진다.
> 형사소송법 제34조(피고인, 피의자와의 접견, 교통, 수진) 변호인 또는 변호인이 되려는 자는 신체가 구속된 피고인 또는 피의자와 접견하고 서류나 물건을 수수할 수 있으며 의사로 하여금 피고인이나 피의자를 진료하게 할 수 있다.

1. 주체 및 상대방

(1) 접견교통권의 주체

① 변호인과의 접견교통권의 주체는 체포·구속된 피의자·피고인이다.

② 구속되지 않은 피의자에게도 피의자신문시에 변호인과의 접견을 보장하고 있다(제243조의2 제1항). 즉, 구속·불구속 불문하고 변호인과 피의자의 접견교통권을 보장하고 있다. [20 변호사시험, 20·17·16 경찰승진]

판례	① 변호인의 조력을 받을 권리는 불구속 피의자·피고인 모두에게 포괄적으로 인정되는 권리이므로, 신체 구속 상태에 있지 않은 피의자도 접견교통권의 주체가 될 수 있다(헌재 2004.9.23, 2000헌마138) [20·13 변호사시험, 20·17·16 경찰승진, 18 경찰채용, 14 법원9급]

③ 임의동행으로 연행된 피의자 및 피내사자도 포함된다(판례)

판례	① 임의동행의 형식으로 수사기관에 연행된 피의자 또는 피내사자에게는 변호인 또는 변호인이 되려는 자와의 접견교통권이 인정된다(대결 1996.6.3, 96모18) [21 변호사시험, 20·19·16 경간, 20·19·15 경찰승진, 20·15 검찰7급, 16 검찰9급]

④ 형집행 중에 있는 수형자는 원칙적으로 변호인과의 접견교통권이 인정되지 않는다.

판례	① 형사절차가 종료되어 교정시설에 수용중인 수형자는 원칙적으로 변호인의 조력을 받을 권리의 주체가 될 수 없다(헌재 1998.8.27, 96헌마398) ② 형사소송법 제34조(변호인과의 접견교통권)는 형이 확정되어 집행 중에 있는 수형자에 대한 재심개시의 여부를 결정하는 재심청구절차에는 그대로 적용될 수 없다(대판 1998.4.28, 96다48831) [20 검찰7급, 17 경간]

(2) 접견교통권의 상대방

변호인과의 접견교통권의 상대방은 변호인 또는 변호인이 되려는 자이다. 변호인이 되려는 자라 함은 변호인 선임을 의뢰받았으나 아직 변호인 선임신고가 되지 않은 사람을 말한다.

| 판례 | ① 변호인이 되려는 의사를 표시한 자가 객관적으로 변호인이 될 가능성이 있다고 인정되는데도, 형사소송법 제34조에서 정한 '변호인 또는 변호인이 되려는 자'가 아니라고 보아 신체가 구속된 피고인 또는 피의자와 접견하지 못하도록 제한하여서는 아니 된다(대판 2017.3.9, 2013도16162) [21·20 변호사시험, 20 경찰승진, 20·18 경간, 19·18 경찰채용, 18 법학특채, 17 검찰7급]

[사실관계] 변호사 A가 노동조합으로부터 근로자들이 연행될 경우 적절한 조치를 취해 줄 것을 부탁한다는 내용의 공문을 받았고 조합원 B에 대한 체포 현장에서 변호사 신분증을 제시하면서 변호인이 되려는 자로서 접견을 요청하였다면, 형사소송법 제34조에서 정한 접견교통권이 인정된다.

② '변호인이 되려는 자'의 접견교통권은 피의자 등을 조력하기 위한 핵심적인 부분으로서 헌법상의 기본권인 '변호인이 되려는 자'와의 접견교통권과 표리의 관계에 있으므로, 피의자 등이 가지는 '변호인이 되려는 자'의 조력을 받을 권리가 실질적으로 확보되기 위해서는 **'변호인이 되려는 자'의 접견교통권 역시 헌법상 기본권으로서 보장되어야 한다**(헌재 2019.2.28, 2015헌마1204) [19 법학특채] |

(3) 피의자와의 접견교통 허가여부의 결정 주체

| 판례 | ① 수용자에 대한 접견신청이 있는 경우 이는 수용자의 처우에 관한 사항이므로 그 장소가 교도관의 수용자 계호 및 통제가 요구되는 공간이라면 교도소장·구치소장 또는 그 위임을 받은 교도관이 그 허가 여부를 결정하는 것이 원칙이다(헌재 2019.2.28, 2015헌마1204)

② [1] 형사소송법 제243조의2 제1항은 피의자신문 중에 변호인 접견신청이 있는 경우에는 검사 또는 사법경찰관으로 하여금 그 허가 여부를 결정하도록 하고 있고, 형사소송법 제34조는 변호인의 접견교통권과 '변호인이 되려는 자'의 접견교통권에 차이를 두지 않고 함께 규정하고 있다.
[2] '변호인이 되려는 자'가 피의자신문 중에 형사소송법 제34조에 따라 접견신청을 한 경우에도 그 허가 여부를 결정할 주체는 검사 또는 사법경찰관이다 (헌재 2019.2.28, 2015헌마1204) |

2. 접견교통권의 내용

(1) 접견의 비밀보장

① 변호인과의 접견교통권 취지에 비추어 보았을 때 접견내용의 비밀이 보장되어야 한다.
② 따라서 미결수용자와 변호인 또는 변호인이 되려고 하는 사람과의 접견에는 교도관이 참여하지 못하며, 그 내용을 청취 또는 녹취하지 못한다. 다만 보이는 거리에서 미결수용자를 관찰할 수는 있다(형의 집행 및 수용자의 처우에 관한 법률 제84조 제1항). [17 경찰승진, 17·16 경간, 17 해경채용, 14 경찰채용]

판례	① 구치소장이 형의 집행 및 수용자의 처우에 관한 법률 및 그 시행규칙의 규정에 따라 변호인 접견실에 영상녹화, 음성수신, 확대기능 등이 없는 CCTV를 설치하여 미결수용자와 변호인 간의 접견을 관찰하였다 하더라도 이를 통해 대화 내용을 알게 되는 것이 불가능하였다면 변호인의 조력을 받을 권리를 침해한 것이라고 할 수 없다(헌재 2016.4.28. 2015헌마243) [20 경찰승진] ② 법정 옆 피고인 대기실에서 재판대기중인 피고인이 공판 20분을 앞두고 호송교도관에게 변호인 접견을 신청하였으나 교도관이 이를 허용하지 아니한 것은 피고인의 변호인의 조력을 받을 권리를 침해한 것이 아니다(헌재 2009.10.29. 2007헌마992) [17·16 해경간부, 15 경간]

(2) 서류·물건의 수수

① 변호인 또는 변호인이 되려는 자는 체포·구속된 피의자·피고인과 서류나 물건을 수수할 수 있다(제34조) [16 경간]
② 미결수용자와 변호인 간의 서신은 교정시설에서 상대방이 변호인임을 확인할 수 없는 경우를 제외하고는 검열할 수 없고(형의 집행 및 수용자의 처우에 관한 법률 제84조 제3항), 수수한 서류의 검열과 물건의 압수는 허용되지 않는다.

판례	① 교도관이 변호인 접견이 종료된 뒤 변호인과 미결수용자가 지켜보는 가운데 **미결수용자와 변호인 간에 주고받는 서류를 확인하여 그 제목을 소송관계 처리부에 기재하여 등재한 행위**는 미결수용자의 변호인 접견교통권이나 개인정보자기결정권을 침해하지 아니한다(헌재 2016.4.28. 2015헌마243) [20 경찰승진, 18·17 경찰채용]

(3) 의사의 진료

① 체포·구속된 피의자·피고인은 의사의 진료를 받을 수 있는 권리가 있다(제34조)

판례	① 국가정보원 사법경찰관이 경찰서 유치장에 구금되어 있던 피의자에 대하여 의사의 진료를 받게 할 것을 신청한 변호인에게 국가정보원이 추천하는 의사의 참여를 요구한 것은 변호인의 수진권(의사의 진료를 받을 수 있는 권리)을 침해하는 위법한 처분이라고 할 수 없다(대결 2002.5.6, 2000모112) [19·16 경찰채용, 18·17 경찰승진]

3. 접견교통권의 제한

(1) 수사기관·법원에 의한 제한

① 미결수용자와 변호인 간의 접견은 시간과 횟수가 제한되지 않는다(형의 집행 및 수용자의 처우에 관한 법률 제84조 제2항)

판례	① 변호인의 접견교통권은 피의자의 인권보장과 방어준비를 위하여 필수불가결한 권리이므로, 법령에 의한 제한이 없는 한 수사기관에 의한 처분은 물론 법원의 결정으로도 이를 제한할 수 없다(대결 1996.6.3, 96모18) [20 검찰7급, 19·16 경찰채용, 16 경찰승진, 16 경간]

(2) 법률에 의한 제한

① 변호인과의 접견교통권은 법령에 의해서는 제한이 가능하다(판례).

판례	① 변호인의 조력을 받을 권리 역시 다른 모든 헌법상 기본권과 마찬가지로 국가안전보장질서유지 또는 공공복리를 위하여 필요한 경우에는 법률로써 제한할 수 있는 것이다(헌재 2011.5.26, 2009헌마341) [19 경간, 15·14 경찰채용, 13 변호사시험] ② 변호인의 구속된 피고인 또는 피의자와의 접견교통권은 신체구속을 당한 피고인 또는 피의자의 인권보장과 방어준비를 위하여 필수불가결한 권리이므로 수사기관의 처분 등에 의하여 이를 제한할 수 없고, 다만 **법령에 의하여서만 제한이 가능하다**(대결 2002.5.6, 2000모112) [19 경간, 17 경찰승진, 17 법원9급] ③ 신체구속을 당한 사람이 그 변호인을 자신의 범죄행위에 공범으로 가담시키려고 하였다는 사정만으로 신체구속을 당한 사람과 그 변호인의 접견교통권을 금지하는 것은 정당화 될 수 없다(대결 2007.1.31, 2006모656) [20·18 경간, 20·19·15 검찰7급, 19 경찰승진, 19·18·17 경찰채용]

② 구속장소의 질서유지를 위한 일반적인 시간제한이나 흉기 등의 수수를 금지하는 것은 접견교통권의 제한에 해당하지 않는다. 따라서 일요일이나 업무시간 이후 등 일반적인 시간제한을 하는 것은 가능하다.

③ 즉, 수용자의 접견은 매일(공휴일 및 법무부장관이 정한 날은 제외한다) 국가공무원 복무규정 제9조에 따른 근무시간 내에서 한다(형의 집행 및 수용자의 처우에 관한 법률 시행령 제58조 제1항)

판례	① [1] 미결수용자 또는 변호인이 원하는 특정한 시점에 접견이 이루어지지 못하였다 하더라도 그것만으로 곧바로 변호인의 조력을 받을 권리가 침해되었다고 단정할 수는 없다. [2] 변호인의 조력을 받을 권리가 침해되었다고 하기 위해서는 특정 시점에 접견이 불허됨으로써 피의자의 방어권 행사에 어느 정도는 불이익이 초래되었다고 인정할 수 있어야 한다(헌재 2011.5.26, 2009헌마341) [18·15 경찰채용, 16 법행] [사실관계] 국선변호인의 접견신청이 공유일이라는 이유로 불허된 경우라도 그로부터 이틀 후 접견이 이루어지고 다시 그로부터 열흘 넘게 지난 후 공판이 이루어졌을 경우에는 피고인의 변호인의 조력을 받을 권리를 침해했다고 할 수 없다.

4. 변호인의 접견교통권의 포기 허용 여부

① 피의자 등이 헌법 제12조 제4항에서 보장한 기본권의 의미와 범위를 정확히 이해한다면 변호인의 접견교통권은 자발적으로 포기할 수 있다.

판례	① 변호인이 피의자에 대한 접견신청을 하였을 때 피의자가 변호인의 조력을 받을 권리의 의미와 범위를 정확히 이해하면서 이성적 판단에 따라 자발적으로 그 권리를 포기한 경우, 수사기관이 접견을 허용하지 않는다고 하더라도 변호인의 접견교통권을 침해하는 것이라고 할 수 없다(대판 2018.12.27, 2016다266736) [19 경찰채용]

Ⅲ. 비변호인과의 접견교통권

1. 내 용

① 체포·구속된 피의자·피고인은 관련 법률이 정한 범위에서 타인과 접견하고, 서류나 물건을 수수하며 의사의 진료를 받을 수 있다(제200조의6, 제209조, 제89조). 여기서 타인이란 변호인 아닌 자로서 친척, 친구, 애인 등을 말한다.

2. 접견교통권의 제한

(1) 법률에 의한 제한

「형의 집행 및 수형자의 처우에 관한 법률」제41조 내지 제43조 및 동법 시행령 제58조는 일정한 경우 비변호인과의 접견교통을 제한하는 규정을 두고 있다

(2) 법원 및 수사기관의 결정에 의한 제한

① 비변호인과의 접견교통권은 변호인과의 접견교통권과는 달리 법원 또는 수사기관의 결정으로 이를 제한할 수 있다.
  ㉠ 법원은 도망하거나 또는 범죄의 증거를 인멸할 염려가 있다고 인정할 만한 상당한 이유가 있는 때에는 직권 또는 검사의 청구에 의하여 결정으로 구속된 피의자·피고인과 타인과의 접견을 금지할 수 있고, 서류나 그 밖의 물건을 수수하지 못하게 하거나 검열 또는 압수할 수 있다(제91조, 제209조)
  ㉡ 다만, 의류·양식·의료품의 수수를 금지하거나 압수할 수 없다(제91조, 제209조) [17 법원9급, 16 경찰채용]

판례	① [1] 검사의 접견금지 결정으로 변호인 아닌 자와의 접견이 제한된 상태에서 피의자신문조서가 작성되었다는 것만으로는 자백에 임의성이 없는 것으로 볼 수 없다. [2] 비변호인과의 접견이 제한된 상태에서 작성된 피의자신문조서는 임의성이 인정된다(대판 1984.7.10, 84도846) [18·13 경간, 15 경찰승진, 15 해경채용, 14 경찰채용]

Ⅳ. 접견교통권의 침해에 대한 구제

1. 접견교통권의 침해의 의미

① 비변호인과의 접견은 제한이 가능하기 때문에 접견교통권 침해는 특히 변호인과의 접견교통권과 관련하여 문제가 된다.

② 변호인과의 접견교통권은 원칙적으로 절대적으로 보장되는 것이므로, 접견교통권 침해란 법원 또는 수사기관이 변호인과의 접견을 '즉시' 그리고 '자유롭게' 해주지 않는 것을 의미한다. 이러한 의미에서 접견의 금지·제한·지연, 접견내용의 청취·녹취, 구금장소의 임의적 변경 등은 접견교통권 침해로 볼 수 있다.

접견교통권을 침해한 경우

〈접견이 지연된 경우〉

① 수사기관이나 법원의 접견불허처분이 없더라도 접견신청일이 경과하도록 접견이 이루어지지 않는 경우에는 접견교통권의 침해가 된다(대결 1991.3.28, 91모24) [19·16 경찰승진, 17·15 경찰채용, 15 경간]

② 피의자들에 대한 접견이 접견신청일로부터 상당한 기간(약 10일)이 경과하도록 허용되지 않고 있는 경우에는 접견교통권의 침해가 된다(대결 1990.2.13, 89모37) [19·16 경찰승진, 15 경간, 15 검찰7급]

③ 체포 후 구속영장이 청구되어 구치소에 수감 중인 피의자를 검사가 검사실로 불러 피의자신문을 하는 과정에서, 피의자 가족의 의뢰를 받아 '변호인이 되려는' 변호사가 검사에게 접견신청을 하였음에도 검사가 별다른 조치를 취하지 아니한 것은 실질적으로 접견신청을 불허한 것과 동일하여 '변호인이 되려는' 변호사의 헌법상 보장된 접견교통권을 침해한다(헌재 2019.2.28, 2015헌마1204) [20·19 경간, 20 변호사시험]

〈접견의 비밀을 침해한 경우〉

④ 변호인이 피의자를 접견할 때 국가정보원 직원이 승낙 없이 사진촬영을 한 것은 접견교통권 침해에 해당한다(대판 2003.1.10, 2002다56628) [17 법원9급]

⑤ 피의자가 국가안전기획부 면회실에서 그의 변호인과 접견할 때 국가안전기획부 소속 직원이 참여하여 대화내용을 듣거나 기록한 것은 변호인의 조력을 받을 권리를 침해한 것이다(헌재 1992.1.28., 91헌마111)

⑥ 미결구금자가 수발하는 서신이 변호인 또는 변호인이 되려는 자와의 서신임이 확인되고 미결구금자의 범죄혐의 내용이나 신분에 비추어 소지금지품의 포함 또는 불법내용의 기재 등이 있다고 의심할 만한 합리적인 이유가 없음에도 그 서신을 검열하는 행위는 위헌이다(헌재 1995.7.21, 92헌마144)

〈구금장소를 임의로 변경한 경우〉

⑦ 수사기관이 구금장소를 임의적으로 변경하여 접견교통을 어렵게 한 것은 접견교통권의 행사에 중대한 장애를 초래하는 것이므로 위법하다(대결 1996.5.15, 95모94) [19 경간, 20 검찰9급, 19·17·16·15 경찰승진, 16 경찰채용]

2. 구제수단

(1) 법원·수사기관의 침해에 대한 구제(항고와 준항고)

① 접견교통권에 대한 결정 또는 처분은 '구금에 대한 결정 또는 처분'으로 볼 수 있으므로 법원의 접견교통권 제한결정에 불복이 있는 경우에는 보통항고를 할 수 있고(제403조 제2항), 수사기관의 접견교통권 제한결정에 대하여는 준항고로 그 취소 또는 변경을 청구할 수 있다(제417조) [17 검찰7급, 16 경찰채용]

판례	① 검사 또는 사법경찰관의 구금에 관한 처분에 대하여 불복이 있는 경우 형사소송법 제417조(준항고)에 따라 법원에 그 처분의 취소 또는 변경을 청구할 수 있다(대판 1990.6.8, 90도646)

(2) 구금시설 직원의 침해에 대한 구제(행정소송, 헌법소원)

① 교도소, 구치소에 의한 접견교통권의 침해에 대해서는 항고나 준항고를 할 수 없다.
② 이 경우에 행정소송이나 헌법소원을 제기할 수 있다.

(3) 증거능력 부정

① 접견교통권을 침해하여 얻은 자백 또는 진술은 자백배제법칙 또는 위법수집증거배제법칙에 의하여 증거능력이 부정된다.

증거능력 ○	① 변호인접견 전에 작성된 검사의 피고인에 대한 피의자신문조서는 증거능력이 있다(대판 1990.9.25, 90도1613)
증거능력 ×	① 검사 작성의 피의자신문조서가 검사에 의하여 피의자에 대한 변호인의 접견이 부당하게 제한되고 있는 동안에 작성된 경우에는 증거능력이 없다(대판 1990.8.24, 90도1285) [15 변호사시험] ② 피의자가 구속되어 국가안전기획부에서 조사를 받다가 변호인의 접견신청이 불허되어 이에 대한 준항고를 제기 중에 검찰로 송치되어 검사가 피의자를 신문하여 제1회 피의자신문조서를 작성한 후 준항고절차에서 위 접견불허처분이 취소되어 접견이 허용된 경우에는 검사의 피의자에 대한 위 제1회 피의자신문은 변호인의 접견교통을 침해한 상황에서 시행된 것으로 보아야 할 것이므로, 그 피의자신문조서는 증거능력이 없다(대판 1990.9.25, 90도1586) [19 경찰채용] ③ '변호인의 접견교통권' 제한은 헌법이 보장하는 기본권을 침해하는 것으로서 이러한 위법한 상태에서 얻어진 피의자의 자백은 그 증거능력을 부인하여 유죄의 증거에서 배제하여야 하며 이러한 위법증거의 배제는 실질적이고 완전하게 증거에서 제외함을 뜻하는 것이다(대판 2007.12.13, 2007도7257) [19 경찰채용]

4 체포·구속적부심사제도

Ⅰ. 의 의

1. 개 념

① 체포·구속적부심사제도란 수사기관에 의해 체포·구속된 **피의자**에 대하여 법원이 체포·구속의 적부여부를 심사하여 체포·구속이 위법·부당한 경우에 피의자를 석방시키는 제도를 말한다(제214조의2)

② 헌법 제12조 제6항은 "누구든지 체포 또는 구속을 당한 때에는 적부의 심사를 법원에 청구할 권리를 가진다"고 규정함으로써 체포·구속적부심사청구권을 기본권의 하나로 규정하고 있다. 즉, 체포·구속적부심사청구권은 헌법상의 권리이다.

2. 구별개념

① 체포·구속적부심사는 수사단계에서 체포·구속의 적부여부를 심사하여 체포·구속된 피의자를 석방시키는 제도임에 반하여, 보증금 등의 조건으로 하여 법원의 결정으로 피고인에 대하여 구속의 집행을 정지하는 보석과 구별이 된다.

② 체포·구속적부심사는 법원의 결정으로 피의자를 석방시키는 제도라는 점에서 검사의 결정으로 피의자를 석방시키는 구속취소와 구별이 된다.

Ⅱ. 체포·구속적부심사의 청구

1. 청구권자 및 고지

(1) 청구권자

① 체포·구속된 피의자 또는 그 변호인, 법정대리인, 배우자, 직계친족, 형제자매, 가족, 동거인, 고용주는 관할법원에 체포 또는 구속의 적부심사를 청구할 수 있다(제214조의2 제1항) [19·17·15 경찰채용, 19 검찰9급, 17 경찰승진, 16 경간]

㉠ **피의자의 범위** : 체포·구속된 피의자이면 족하다. 따라서 체포영장·구속영장에 의하여 체포·구속된 피의자뿐만 아니라, 현행범체포 등 영장에 의하지 않고 체포·구속된 피의자도 청구권이 있다. 그러나 **공소제기 후의 피고인에게는 청구권이 없다.**

㉡ **피의자 이외의 자** : 체포·구속된 피의자의 변호인, 법정대리인, 배우자, 직계친족, 형제자매, 가족, 동거인, 고용주도 청구권이 있다. 하지만 사인에 의하여 불법구속된 자는 수사기관에 의하여 체포·구속된 자가 아니므로 청구권이 없다.

㉢ 가족, 동거인, 고용주에게 인정되는 권리는 **체포·구속적부심사청구권과 보석청구권이 있다.** [20·13 경간, 19·18 검찰9급, 18·17·16 해경간부, 17·16·14·13 경찰승진, 15 검찰7급, 14·13 경찰채용, 13 법원9급 등]

(2) 청구권의 고지

① 피의자를 체포·구속한 검사 또는 사법경찰관은 체포·구속된 피의자와 그 변호인, 법정대리인, 배우자, 직계친족, 형제자매, 가족, 동거인, 고용주 중에서 피의자가 지정하는 자에게 적부심사를 청구할 수 있음을 알려야 한다(제214조의2 제2항).

2. 청구사유

① 체포·구속적부심사 청구사유에는 제한이 없다. 체포·구속이 불법한 경우는 물론 부당한 경우(구속의 필요성)에도 심사청구를 할 수 있다.
② 체포·구속이 부당한 경우 체포·구속의 계속의 필요성 여부는 심사시를 기준으로 판단한다. 따라서 구속 이후의 사유도 고려될 수 있다.

3. 청구방법

① 피의사건의 관할법원에 적부심사를 청구할 수 있다(제214조의2 제1항).
② 체포·구속적부심사 청구서에는 다음 사항을 기재하여야 한다(규칙 제102조)
  ㉠ 체포 또는 구속된 피의자의 성명, 주민등록번호 등, 주거
  ㉡ 체포 또는 구속된 일자
  ㉢ 청구의 취지 및 청구의 이유
  ㉣ 청구인의 성명 및 체포 또는 구속된 피의자와의 관계

Ⅲ. 법원의 심사

1. 심사법원

① 체포·구속적부심사는 지방법원합의부 또는 단독판사가 심사한다. 즉, 피의사건의 관할법원이다.
② 체포영장이나 구속영장을 발부한 법관은 심문조사결정에 관여할 수 없다. 다만, 체포영장이나 구속영장을 발부한 법관 외에는 심문조사결정을 할 판사가 없는 경우에는 그러하지 아니하다(제214조의2 제12항) [19 해경채용, 18 경간, 18 검찰9급]

2. 심문 전의 절차

(1) 심문기일의 통지

① 체포 또는 구속의 적부심사의 청구를 받은 법원은 지체 없이 청구인, 변호인, 검사 및 피의자를 구금하고 있는 관서(경찰서, 교도소 또는 구치소 등)의 장에게 심문기일과 장소를 통지하여야 한다(규칙 제104조 제1항)

② 통지는 서면 외에 전화·모사전송·전자우편·휴대전화 문자전송 그 밖에 적당한 방법으로 할 수 있다. 이 경우 통지의 증명은 그 취지를 심문조서에 기재함으로써 할 수 있다(규칙 제104조 제3항, 규칙 제54조의2 제3항)

(2) 증거물 등의 제출과 피의자의 출석
① 사건을 수사 중인 검사 또는 사법경찰관은 심문기일까지 수사관계서류와 증거물을 법원에 제출하여야 하고, 피의자를 구금하고 있는 관서의 장은 위 심문기일에 피의자를 출석시켜야 한다(규칙 제104조 제2항).

(3) 국선변호인의 선정
① 심사를 청구한 피의자에게 변호인이 없는 때에는 법원은 국선변호인을 선정하여야 한다(제214조의2 제10항, 규칙 제16조 제1항). **이는 법원이 심문 없이 청구를 기각할 수 있는 경우에도 동일하다.** [20 경찰승진, 18 변호사시험, 18 법원9급]

3. 법원의 심사

(1) 피의자심문과 증거조사
① 청구를 받은 법원은 청구서가 접수된 때부터 **48시간 이내**에 체포되거나 구속된 피의자를 심문하고 수사관계서류와 증거물을 조사한다(제214조의2 제4항) [16·15 경찰채용]

(2) 관계인의 의견진술
① 피의자의 출석은 절차개시요건이며 검사·변호인·청구인은 심문기일에 출석하여 의견을 진술할 수 있다(제214조의2 제9항)
  ㉠ 심문기일에 출석한 검사·변호인·청구인은 법원의 심문이 끝난 후 의견을 진술할 수 있다. 다만, 필요한 경우에는 심문 도중에도 판사의 허가를 얻어 의견을 진술할 수 있다(규칙 제105조 제1항)
② 피의자는 판사의 심문 도중에도 변호인에게 조력을 구할 수 있다(규칙 제105조 제2항)

(3) 체포구속적부심사조서의 작성
① 심문기일에 피의자를 심문하는 경우에 법원사무관 등은 심문의 요지 등을 조서에 작성하여야 한다(제214조의2 제14항, 제201조의2 제6항)

Ⅳ. 법원의 결정

1. 결정기한과 구속기간

(1) 결정기간

체포 또는 구속의 적부심사청구에 대한 결정은 체포 또는 구속된 피의자에 대한 심문이 종료된 때로부터 **24시간 이내**에 이를 하여야 한다(규칙 제106조) [17 해경채용, 16 경찰승진, 15·14 경찰채용]

(2) 구속기간

법원이 수사관계서류와 증거물을 접수한 때부터 결정 후 검찰청에 반환된 때까지의 기간은 체포 또는 구속기간에 산입하지 아니한다(제214조의2 제13항) [19 경간, 17 해경채용, 16·14 경찰채용, 15 검찰9급]

2. 기각결정

(1) 간이기각결정

법원은 ㉠ 청구권자 아닌 사람이 청구하거나 동일한 체포영장 또는 구속영장의 발부에 대하여 재청구한 때, ㉡ 공범이나 공동피의자의 순차청구가 수사방해를 목적으로 하고 있음이 명백한 때에는 심문없이 청구를 기각할 수 있다(제214조의2 제3항) [20·18 경간, 20·18 검찰9급, 18 변호사시험, 16 경찰승진]

(2) 기각결정

법원은 청구가 이유 없다고 인정한 때에는 결정으로 이를 기각한다(제214조의2 제4항)

3. 석방결정

① 법원은 청구가 이유 있다고 인정한 때에는 결정으로 체포·구속된 피의자의 석방을 명하여야 한다(제214조의2 제4항)

② 이는 심사청구 후 피의자에 대하여 공소제기가 있는 경우에도 또한 같다(제214조의2 제4항). 즉, 심사청구 후 피의자에 대하여 검사가 공소를 제기한 경우에도 법원은 체포·구속의 적부심사와 석방결정을 할 수 있다. [20·18 경간, 20·18 검찰9급, 19·16 경찰채용, 18 변호사시험]

③ 석방결정으로 영장은 실효가 된다. 법원이 적부심사청구가 이유있어 석방을 명하는 경우 그 효력의 발생시기는 석방결정시가 아니라 석방결정서 등본이 검찰청에 송달된 때이다.

④ **재체포·재구속의 제한**

㉠ 체포·구속적부심사결정에 의하여 석방된 피의자가 도망하거나, 범죄의 증거를 인멸하는 경우를 제외하고는 동일한 범죄사실로 재차 체포하거나 구속할 수 없다(제214조의3 제1항) [20·18 변호사시험, 20 경찰승진, 18 경간, 17·16·15 경찰채용]

ⓛ 피의자를 재체포·재구속하는 경우 수사기관은 다시 영장을 청구하고 발부받아야 한다.

4. 불복

① 법원의 석방결정과 기각결정(간이기각결정 포함)에 대하여는 항고하지 못한다(제214조의2 제8항). [21·20·19·16 검찰9급, 21 법학특채, 19·17 해경채용, 18 변호사시험, 18 경간, 18 법원9급, 16 경찰승진, 15·13 경찰채용 등]

V. 피의자 보석(보증금납입조건부 피의자석방)

1. 의의

① 구속된 피의자가 구속적부심사청구를 한 경우에 법원이 결정으로 보증금의 납입을 조건으로 하여 구속된 피의자를 석방하는 제도를 말한다(제214조의2 제5항) [17·15 경찰채용]
② 피의자 보석은 직권보석이다. 즉, 피의자에게 별도의 보석청구가 인정되지 않고, 구속적부심사청구가 있는 때에만 법원이 직권으로 할 수 있다. [21 법학특채]
③ 피의자 보석은 재량보석이다.

2. 구속적부심사의 청구 및 대상자

(1) 구속적부심사의 청구

① 법원이 피의자보석을 하기 위해서는 피의자가 구속적부심사를 청구하여야 한다.
② 피의자는 구속적부심사를 청구함이 없이 피의자보석만을 청구할 수 없고 또한 구속적부심사를 청구하지 않은 피의자에게 법원이 직권으로 보석을 허가할 수도 없다.

(2) 대상자

① 구속된 피의자에게만 인정되고 체포된 피의자에게는 인정되지 않는다(판례)

판례	① 현행법상 체포된 피의자에 대하여는 보증금 납입을 조건으로 한 석방이 허용되지 않는다(대결 1997.8.27. 97모21) [21 법학특채, 20·18 경간, 20 경찰승진, 20·19·18 검찰9급, 16 변호사시험, 15 경찰채용]

② 구속적부심사청구 후 공소제기된 피고인도 보증금납입조건부 석방결정의 대상이 된다(제214조의2 제5항).

3. 석방결정

(1) 석방명령
① 법원은 구속된 피의자에 대하여 피의자의 출석을 보증할만한 보증금의 납입을 조건으로 하여 결정으로 석방을 명할 수 있다(제214조의2 제5항).
② 법원의 보증금납입조건부 석방결정에 대하여는 제402조에 의하여 항고할 수 있다
(대결 1997.8.27. 97모21) [21·19 변호사시험, 19 검찰9급, 19·16 해경간부]

(2) 보석조건 결정(제214조의2 제7항, 제99조)
① 보석조건을 정할 때에는 다음 각 호의 사항을 고려하여 결정한다.
　㉠ 범죄의 성질 및 죄상(罪狀)
　㉡ 증거의 증명력
　㉢ 피고인의 전과·성격·환경 및 자산
　㉣ 피해자에 대한 배상 등 범행 후의 정황에 관련된 사항
② 법원은 피고인의 자금능력 또는 자산 정도로는 이행할 수 없는 조건을 정할 수 없다.

(3) 보석조건의 부가
석방 결정을 하는 경우에는 주거의 제한, 법원 또는 검사가 지정하는 일시·장소에 출석할 의무, 그 밖의 적당한 조건을 부가할 수 있다(제214조의2 제6항)

(4) 보석불허사유
① 다음의 경우에는 법원은 보증금납입을 조건으로 석방할 수 없다(제214조의2 제5항)
　㉠ 범죄의 증거를 인멸할 염려가 있다고 믿을 만한 충분한 이유가 있는 때
　㉡ 피해자, 당해 사건의 재판에 필요한 사실을 알고 있다고 인정되는 사람 또는 그 친족의 생명·신체나 재산에 해를 가하거나 가할 염려가 있다고 믿을 만한 충분한 이유가 있는 때

4. 보석집행절차

① 피의자보석의 집행절차는 피고인보석의 집행절차에 관한 규정이 준용된다(제99조, 제100조, 제214조의2 제7항)
② 보증금 납입 조건 보석허가결정은 보증금을 납입한 후가 아니면 집행하지 못한다(제100조 제1항)
③ 법원은 보석청구자 이외의 자에게 보증금의 납입을 허가할 수 있다(제100조 제2항).
④ 법원은 유가증권 또는 피고인 외의 자가 제출한 보증서로써 보증금에 갈음함을 허가할 수 있다(제100조 제3항)

⑤ 전항의 보증서에는 보증금액을 언제든지 납입할 것을 기재하여야 한다(제100조 제4항).
⑥ 법원은 보석허가결정에 따라 석방된 피의자가 보석조건을 준수하는데 필요한 범위 안에서 관공서나 그 밖의 공사단체에 대하여 적절한 조치를 취할 것을 요구할 수 있다(제100조 제5항)

5. 재체포·재구속의 제한

① 피의자보석에 의하여 석방된 피의자에게 다음 각 호의 어느 하나에 해당하는 사유가 있는 경우를 제외하고는 동일한 범죄사실로 재차 체포하거나 구속할 수 없다(제214조의3 제2항) [17 경간, 14 해경채용]
  ㉠ 도망한 때
  ㉡ 도망하거나 범죄의 증거를 인멸할 염려가 있다고 믿을 만한 충분한 이유가 있는 때
  ㉢ 출석요구를 받고 정당한 이유없이 출석하지 아니한 때(불출석)
  ㉣ 주거의 제한이나 그 밖에 법원이 정한 조건을 위반한 때
② 피의자를 재체포·재구속하는 경우 수사기관은 다시 영장을 청구하고 발부받아야 한다.

6. 보증금의 몰수

(1) 임의적 몰수(판결확정 전)

피의자보석으로 석방된 자를 재차 구속하거나, 공소제기 후 동일한 범죄사실에 관하여 재차 구속할 경우에 직권 또는 검사의 청구에 의하여 결정으로 보증금의 전부 또는 일부를 몰수할 수 있다(제214조의4 제1항)

(2) 필요적 몰수(판결확정 후)

피의자보석에 의하여 석방된 자가 동일한 범죄사실에 관하여 형의 선고를 받아 그 판결이 확정된 후 집행하기 위한 소환을 받고 정당한 이유없이 출석하지 아니하거나 도망한 때에는 직권 또는 검사의 청구에 의하여 결정으로 보석금의 전부 또는 일부를 몰수하여야 한다(제214조의4 제2항)

5 구속의 집행정지

Ⅰ. 의 의

1. 개 념

① 구속의 집행정지란 법원 또는 수사기관이 상당한 이유가 있는 때에 결정으로 구속된 피고인·피의자를 친족, 보호단체 기타 적당한 자에게 부탁하거나 피고인·피의자의 주거를 제한하여 구속의 집행을 정지시키는 제도를 말한다(제101조 제1항, 제209조) [21 경찰승진, 20 경찰채용] 예 가족의 장례식 참석, 출산, 수술 등

2. 구별개념

① 구속의 집행정지는 구속영장의 효력은 유지된다는 점에서 구속의 취소와 구별된다.
② 보증금 납입 등을 조건으로 하지 않는다는 점에서 보석 또는 피의자보석과 구별된다.

Ⅱ. 구속집행정지의 절차

1. 직권으로 행함

① 구속집행정지는 직권으로 행하고, 당사자(피의자·피고인, 변호인 등)에게는 구속집행정지를 청구할 권리가 없다. [20·13 경찰승진]

2. 피의자에 대한 구속집행정지

① 검사 또는 사법경찰관은 상당한 이유가 있는 때에는 결정으로 구속된 피의자를 친족·보호단체 기타 적당한 자에게 부탁하거나 피의자의 주거를 제한하여 구속의 집행을 정지할 수 있다(제209조, 제101조 제1항).
② 피의자에 대한 구속집행정지는 검사 또는 사법경찰관이 직권으로 행한다. 사법경찰관이 구속의 집행을 정지하는 경우에는 검사의 지휘를 받아야 한다.
③ 구속한 피의자를 석방한 때에는 지체없이 검사는 영장을 발부한 법원에 그 사유를 서면으로 통지하여야 한다(제204조).

3. 피고인에 대한 구속집행정지

① 법원은 상당한 이유가 있는 때에는 결정으로 구속된 피고인을 친족·보호단체 기타 적당한 자에게 부탁하거나 피고인의 주거를 제한하여 구속의 집행을 정지할 수 있다(제101조 제1항) [21 경찰승진, 20 경찰채용]
  ㉠ 피고인에 대한 구속집행정지는 법원이 직권으로 행한다. [20 경찰승진]

② 법원이 구속의 집행을 정지하는 결정을 함에는 검사의 의견을 물어야 한다. 단, 급속을 요하는 경우에는 그러하지 아니하다(제101조 제2항) 즉, 법원이 피고인에 대하여 구속의 집행정지결정을 함에는 급속을 요하는 경우를 제외하고는 검사의 의견을 물어야 한다(제101조 제2항) [21 경찰승진, 20 경찰채용, 20 해경간부]

③ 법원의 구속집행정지 결정에 대하여 검사는 보통항고할 수 있다(제403조 제2항) [18 법원9급, 17 경찰승진]

판례	① 구속집행정지결정에 대한 검사의 즉시항고는 허용되지 않는다(헌재 2012.6.27. 2011헌가36) [20 검찰9급, 19 경간, 14 해경간부]

불복방법	① 보석 : 보통항고(즉시항고 ×) ② 구속집행정지 : 보통항고(즉시항고 ×) ③ 구속 취소 : 즉시항고

4. 국회의원에 대한 구속집행정지

① 헌법 제44조에 의하여 구속된 국회의원에 대한 석방요구가 있으면 당연히 구속영장의 집행이 정지된다(제101조 제4항) [20 경찰승진, 20 경찰채용]

② 석방요구의 통고를 받은 검찰총장은 즉시 석방을 지휘하고 그 사유를 수소법원에 통지하여야 한다(제101조 제5항)

Ⅲ. 구속집행정지의 취소

1. 피의자에 대한 구속집행정지의 취소

① 검사 또는 사법경찰관은 피의자에게 아래와 같은 취소사유가 있을 때에는 구속의 집행정지를 취소할 수 있다(제209조, 제102조 제2항 본문). 즉, 검사 또는 사법경찰관은 결정으로 구속집행정지를 취소할 수 있다.

㉠ 도망한 때
㉡ 도망하거나 죄증을 인멸할 염려가 있다고 믿을 만한 충분한 이유가 있는 때
㉢ 소환을 받고 정당한 사유 없이 출석하지 아니한 때
㉣ 피해자, 당해 사건의 재판에 필요한 사실을 알고 있다고 인정되는 자 또는 그 친족의 생명·신체·재산에 해를 가하거나 가할 염려가 있다고 믿을 만한 충분한 이유가 있는 때 [20 검찰9급]
㉤ 법원이 정한 조건을 위반한 때

② 다만, 국회의원이 국회의 동의에 의해 석방된 경우에는 구속영장의 집행정지는 그 회기 중 취소하지 못한다(제209조, 제102조 제2항 단서) [20 경찰채용]

2. 피고인에 대한 구속집행정지의 취소

① 법원은 피고인이 다음 각 호의 어느 하나에 해당하는 경우에는 직권 또는 검사의 청구에 따라 결정으로 보석 또는 구속의 집행정지를 취소할 수 있다(제102조 제2항 본문)
  ㉠ 도망한 때
  ㉡ 도망하거나 죄증을 인멸할 염려가 있다고 믿을 만한 충분한 이유가 있는 때
  ㉢ 소환을 받고 정당한 사유 없이 출석하지 아니한 때
  ㉣ 피해자, 당해 사건의 재판에 필요한 사실을 알고 있다고 인정되는 자 또는 그 친족의 생명·신체·재산에 해를 가하거나 가할 염려가 있다고 믿을 만한 충분한 이유가 있는 때
  ㉤ 법원이 정한 조건을 위반한 때
② 국회의원이 국회의 동의에 의해 석방된 경우에는 구속영장의 집행정지는 그 회기 중 취소하지 못한다(제102조 제2항 단서) [21 경찰승진, 20 경찰채용]

3. 재구금

① 구속집행정지취소의 결정이 있는 때 또는 기간을 정한 구속집행정지결정의 기간이 만료된 때에는 검사는 그 취소결정의 등본 또는 기간을 정한 구속집행정지결정의 등본에 의하여 피고인을 재구금하여야 한다(규칙 제56조 제1항)
② 다만, 급속을 요하는 경우에는 재판장, 수명법관 또는 수탁판사가 재구금을 지휘할 수 있다(규칙 제56조 제1항)

6 체포·구속의 취소

I. 체포·구속의 취소

1. 의 의

① 체포·구속의 취소란 법원 또는 수사기관이 구속의 사유가 없거나 소멸된 때에 직권 또는 청구에 의하여 구속된 피고인 또는 피의자를 석방하는 것을 말한다(제93조, 제209조) [20 경찰승진, 15 경찰채용]
② 체포·구속의 취소로 체포·구속영장의 효력이 상실된다.

2. 체포·구속의 취소사유

① 다음 사유가 있는 때에는 체포·구속을 취소하여야 한다.
　㉠ 체포·구속사유가 처음부터 없음에도 구속을 하였음이 판명된 때 ㉑ 진범이 잡힌 경우
　㉡ 체포·구속사유가 사후적으로 소멸되었을 때 ㉑ 2심에서 징역 1년을 선고받고 상고심 재판 중 형기가 만료된 경우

② **구속취소사유 해당 여부**

구속취소 사유 ○	① 피고인의 상고가 기각되더라도 제1심과 항소심 판결선고 전 구금일수만으로도 구속을 필요로 하는 본형 형기(징역 1년)를 초과할 것이 명백한 경우(대결 1991.4.11, 91모25) ② 피고인의 상고가 기각되더라도 제1심과 항소심 판결선고 전 구금일수만으로도 본형 형기(징역 6월) 전부에 산입되고도 남는 경우(대결 1990.9.13, 90모48) ③ 피고인에 대한 형이 그대로 확정된다고 하더라도 잔여형기가 8일 이내이고 또한 피고인의 주거가 일정할 뿐 아니라 증거인멸이나 도망의 염려도 없는 경우(대결 1983.8.18, 83모42)
구속취소 사유 ×	① 다른 사유로 이미 구속영장이 실효된 경우에는 피고인이 계속 구금되어 있더라도 구속의 취소 결정을 할 수 없다(대판 1999.9.7, 99도3454) ※이는 피고인이 유죄판결이 확정되어 현재 형집행에 있는 사례로써 당연히 구속취소를 할 여지가 없다. [20 검찰9급] ② 피의자가 구속 당시에 헌법 및 형사소송법에 규정된 사항 (구속의 이유 및 변호인의 조력을 받을 권리)을 고지받지 못하였고, 구금기간 중 면회거부 등의 처분을 받은 경우, 이는 형사소송법 제93조의 구속취소사유에 해당하지 않는다(대결 1991.12.30, 91모76) [18 검찰7급] ③ 항소심이 제1심판결을 파기하고 징역형을 선고하면서 산입한 제1심판결 선고 전의 구금일수와 법정통산되는 항소심판결 선고 전의 구금일수에 상고제기기간 만료일까지의 구금일수를 합하여도 항소심의 형기에는 미달되는 경우(대결 1991.8.9, 91모52)

3. 체포·구속의 취소절차

(1) 피의자에 대한 체포·구속취소

① 검사 또는 사법경찰관은 체포·구속의 사유가 없거나 소멸된 때에는 직권 또는 피의자·변호인과 피의자의 법정대리인·배우자·직계친족·형제자매의 청구에 의하여 체포·구속을 취소하여야 한다(제209조, 제93조).

② 사법경찰관이 체포·구속을 취소하는 경우에는 검사의 지휘를 받아야 한다.

(2) 피고인에 대한 구속취소

① 법원은 체포·구속의 사유가 없거나 소멸된 때에는 직권 또는 검사·피고인·변호인과 피고인의 법정대리인·배우자·직계친족·형제자매의 청구에 의하여 결정으로 구속을 취소하여야 한다(제93조) [21·18 경찰승진, 20·15 경찰채용, 20 검찰7급]

② 구속취소에 관한 결정을 함에는 재판장은 검사의 청구에 의하거나 급속을 요하는 경우 외에는 검사의 의견을 물어야 한다(제97조 제1항, 제2항)

③ 구속취소결정에 대하여 검사는 **즉시항고**를 할 수 있다(제97조 제4항) [17 경찰승진, 16 변호사시험]

Ⅱ. 구속의 당연실효

1. 구속기간의 만료

① 구속기간이 만료되면 구속영장의 효력은 당연히 상실된다(통설)

② 다만 판례는 구속기간이 만료되더라도 구속영장이 당연실효가 되는 것은 아니라고 본다.

판례	① 구 군법회의법 제132조의 제한을 넘어 구속기간을 갱신한 경우에 있어서도 불법구속한 자에 대하여 형법상·민법상의 책임을 물을 수는 있어도 구속명령의 효력이 당연히 실효되는 것은 아니다(대판 1964.11.17, 64도428)

2. 구속영장의 실효

① 무죄, 면소, 형의 면제, 형의 선고유예, 형의 집행유예, 공소기각 또는 벌금이나 과료를 과하는 **판결이 선고된 때**에는 구속영장은 효력을 잃는다(제331조) [20·19 경찰승진, 18·15 법원9급, 15 경간]

② 판결선고와 동시에 바로 구속영장의 효력이 상실되므로 그 확정을 기다릴 필요없이 즉시 피고인을 석방시켜야 한다.

3. 사형, 자유형의 확정

① 사형 또는 자유형(실형)의 판결이 확정된 때에도 구속영장의 효력은 상실된다. 사형, 자유형 판결이 확정되면 구속영장은 그 기능을 상실하고 그 이후에는 형집행에 의한 구금이 개시되기 때문이다.

제3절 압수·수색·검증

1 서 설

① 대물적 강제처분이란 증거물이나 몰수물의 수집과 보전을 목적으로 하는 강제처분을 말하며 그 직접적 대상이 물건이라는 점에서 대인적 강제처분과 구별된다. 이에는 압수·수색·검증이 있다. 다만, 법원이 행하는 검증은 증거조사의 일종으로 수사상 검증과는 성질을 달리한다.

② 형사소송법은 법원의 압수·수색·검증에 관한 내용을 규정하고, 이를 수사기관의 압수·수색·검증에 준용하는 형식을 취하고 있다. 이하에서는 수사기관의 대물적 강제처분을 중심으로 설명하고 법원에 의한 대물적 강제처분은 법원의 강제처분편에서 다루겠다.

2 압수·수색

I. 압수·수색의 의의

1. 압수의 의의

압수란 증거물이나 몰수물의 점유를 취득하는 강제처분을 말한다. 압수에는 압류, 영치, 제출명령의 세가지가 있다.

(1) 압 류

강제력을 행사하여 유체물의 점유를 점유자 또는 소유자의 의사에 반하여 수사기관 또는 법원에 이전하는 강제처분을 말한다.

(2) 영 치

① 임의제출물이나 유류물을 반환하지 아니하고 계속하여 점유하는 것을 말한다. 즉, 돌려주지 않는 것을 의미한다.
② 점유취득 과정에서 강제력을 행사하지는 않지만, 일단 영치된 물건은 소유자 등에게 반환하지 않고 법원 또는 수사기관이 강제적으로 계속 점유하므로 이는 강제처분에 해당한다.

(3) 제출명령

① 일정한 물건의 제출을 명하는 법원의 강제처분을 말한다(제106조 제2항)
② 제출명령에 의하여 지정된 물건이 제출되었을 때에는 당연히 압수의 효력이 발생한다.
③ 제출명령은 법원에게만 인정되고 수사기관에는 인정되지 않는다. 따라서 수사상의 압수에는 압류와 영치 두가지이다.

2. 수색의 의의

① 수색이란 압수할 물건이나 피의자·피고인을 발견하기 위하여 사람의 신체 또는 일정한 장소를 뒤지는 강제처분을 말한다.
② 수색은 주로 압수와 함께 행하여지고 실무상 압수·수색영장이라는 단일영장에 의해 행하여지고 있다.

Ⅱ. 압수·수색의 대상

1. 압수의 대상

(1) 증거물 또는 몰수할 것으로 사료되는 물건

① 법원은 필요한 때에는 피고사건과 관계가 있다고 인정할 수 있는 것에 한정하여 증거물 또는 몰수할 것으로 사료하는 물건을 압수할 수 있다(제219조, 제106조 제1항).
② 압수의 대상은 피고·피의사건과 관계가 있다고 인정할 수 있는 증거물 또는 몰수물이다.

판례	① [1] 몰수 대상 물건이 압수되어 있는가 하는 점 및 적법한 절차에 의해 압수되었는가 하는 점은 몰수의 요건이 아니다. [2] 이미 그 집행을 종료함으로써 효력을 상실한 압수·수색영장에 기하여 다시 압수·수색을 실시하면서 몰수대상 물건을 압수한 경우 **압수 자체가 위법하더라도 위 물건에 대한 몰수의 효력은 인정된다**(대판 2003.5.30, 2003도705) [20·15 경간, 20·15 검찰9급, 19 경찰승진, 19 경찰채용, 16·13 법행, 16 법원9급, 15 검찰9급 등]

③ 증거물에 대한 압수는 절차확보라는 목적으로 하지만, 몰수물에 대한 압수는 장래의 형집행에 대비한 판결확보를 목적으로 한다.
④ 증거물이나 몰수물이라 하더라도 법률에서 압수를 제한하는 경우가 있는데, 비밀보호에 의한 압수제한과 우체물에 대한 압수제한이 그것이다.

(2) 정보저장매체 등

① 법원 또는 수사기관은 압수의 목적물이 컴퓨터용디스크 그 밖에 이와 비슷한 정보저장매체인 경우에는 **기억된 정보의 범위를 정하여 출력하거나 복제하여 제출받아야 한다.** 다만, 범위를 정하여 출력 또는 복제하는 방법이 불가능하거나 압수의 목적을 달성하기에 현저히 곤란하다고 인정되는 때에는 정보저장매체 등을 압수할 수 있다(제106조 제3항, 제219조) [19·15 경간, 18·16 경찰승진, 17 경찰채용]
② 법원 또는 수사기관은 정보를 제공받은 경우 개인정보보호법에 따른 정보주체에게 해당 사실을 지체 없이 알려야 한다(제106조 제4항, 제219조) [15 경간]

판례	① (종근당 사건) [1] 수사기관의 전자정보에 대한 압수·수색영장을 집행할 때에는 원칙적으로 영장발부의 사유인 혐의사실과 관련된 부분만을 문서출력물로 수집하거나 수사기관이 휴대한 저장매체에 해당 파일을 복사하는 방식으로 이루어져야 한다. [2] 저장매체 자체를 직접 반출하거나 그 저장매체에 들어 있는 전자파일 전부를 하드카피나 이미징 등 형태(이하 '복제본')로 수사기관 사무실 등 외부로 반출하는 방식으로 압수·수색하는 것은 현장의 사정이나 전자정보의 대량성으로 인하여 관련 정보 획득에 긴 시간이 소요되거나 전문 인력에 의한 기술적 조치가 필요한 경우 등 **범위를 정하여 출력 또는 복제하는 방법이 불가능하거나 압수의 목적을 달성하기에 현저히 곤란하다고 인정되는 때에 한하여 예외적으로 허용될 수 있을 뿐이다.** [3] 전자정보에 대한 압수·수색이 종료되기 전에 혐의사실과 관련된 전자정보를 적법하게 탐색하는 과정에서 별도의 범죄혐의와 관련된 전자정보를 우연히 발견한 경우라면, 수사기관은 더 이상의 추가 탐색을 중단하고 법원에서 별도의 범죄혐의에 대한 압수·수색영장을 발부받은 경우에 한하여 그러한 정보에 대하여도 적법하게 압수·수색을 할 수 있다. [4] 수사기관 사무실 등으로 반출된 저장매체 또는 복제본에서 혐의사실 관련성에 대한 구분 없이 임의로 저장된 전자정보를 문서로 출력하거나 파일로 복제하는 행위는 원칙적으로 영장주의 원칙에 반하는 위법한 압수가 된다. [5] 전자정보가 담긴 저장매체 또는 복제본을 수사기관 사무실 등으로 옮겨 이를 복제·탐색·출력하는 경우, **피압수자 측에 절차 참여를 보장한 취지가 실질적으로 침해되었다면 수사기관이 저장매체 또는 복제본에서 혐의사실과 관련된 전자정보만을 복제·출력하였더라도 그 압수·수색은 위법하다.** [6] (압수수색 과정 중 피압수자 참여권 보장 안했으면 전체 취소) 준항고인이 전체 압수·수색 과정을 단계적·개별적으로 구분하여 각 단계의 개별 처분의 취소를 구하더라도 준항고법원은 특별한 사정이 없는 한 구분된 개별 처분의 위법이나 취소 여부를 판단할 것이 아니라, **당해 압수·수색 과정 전체를 하나의 절차로 파악하여** 그 과정에서 나타난 위법이 압수·수색 절차 전체를 위법하게 할 정도로 중대한지 여부에 따라 **전체적으로 압수·수색 처분을 취소할 것인지를 가려야 한다**(대결 2015.7.19, 2011모1839 전원합의체) [21·20·19·16·15 변호사시험, 21·20·18·15 경찰승진, 21·20·16 검찰9급, 21·16 법원9급, 20·19·17·16·15 경찰채용, 18 경간, 17·14 해경간부, 16 검찰7급] [사실관계] 검사가 압수·수색영장을 발부받아 A주식회사 빌딩 내 B의 사무실을 압수·수색하였는데, 저장매체에 범죄혐의와 관련된 정보(이하 '유관정보')와 범죄혐의와 무관한 정보(이하 '무관정보')가 혼재된 것으로 판단하여 A회사의 동의를 받아 저장매체를 수사기관 사무실로 반출한 다음 B측의 참여하에 저장매체에 저장된 전자정보파일 전부를 '이미징'의 방법으로 다른 저장매

체로 복제(이하 '제1처분')하고, B 측의 참여 없이 이미징한 복제본을 외장 하드디스크에 재복제(이하 '제2처분')하였으며, B 측의 참여 없이 하드디스크에서 유관정보를 탐색하는 과정에서 A 회사의 별건 범죄혐의와 관련된 전자정보 등 무관정보도 함께 출력(이하 '제3처분')하였다. 이 경우 제1처분은 위법하다고 볼 수 없으나, 제2처분 및 제3처분은 제1처분 후 피압수·수색 당사자에게 계속적인 참여권을 보장하는 등의 조치가 이루어지지 아니한 채 유관정보는 물론 무관정보까지 재복제·출력한 것으로서 영장이 허용한 범위를 벗어나고 적법절차를 위반한 위법한 처분으로, 위법의 중대성에 비추어 위 영장에 기한 압수·수색이 전체적으로 취소되어야 한다.

② [비교판례] 수사기관이 정보저장매체에 기억된 정보 중에서 범죄 혐의사실과 관련 있는 정보를 선별한 다음, 선별한 파일을 복제하여 생성한 파일을 제출받아 적법하게 압수하였다면 수사기관 사무실에서 위와 같이 압수된 이미지 파일을 탐색·복제·출력하는 과정에서 피의자 등에게 참여의 기회를 보장하여야 하는 것은 아니다(대판 2018.2.8, 2017도13263) [21 변호사시험, 20 경찰승진, 20·19·18 경찰채용, 19 해경채용, 19·18 검찰7급]

③ [1] 전자정보에 대한 압수·수색영장의 집행에 있어서는 원칙적으로 영장 발부의 사유로 된 혐의사실과 관련된 부분만을 문서 출력물로 수집하거나 수사기관이 휴대한 저장매체에 해당 파일을 복사하는 방식으로 이루어져야 하고, 집행현장의 사정상 위와 같은 방식에 의한 집행이 불가능하거나 현저히 곤란한 부득이한 사정이 존재하더라도 그와 같은 경우에 그 저장매체 자체를 직접 혹은 하드카피나 이미징 등 형태로 수사기관 사무실 등 외부로 반출하여 해당 파일을 압수·수색할 수 있도록 영장에 기재되어 있고 실제 그와 같은 사정이 발생한 때에 한하여 예외적으로 허용될 수 있을 뿐이다.
[2] 수사기관 사무실 등으로 옮긴 저장매체에서 범죄혐의와의 관련성에 대한 구분 없이 저장된 전자정보 중 임의로 문서출력 혹은 파일복사를 하는 행위는 특별한 사정이 없는 한 영장주의 등 원칙에 반하는 위법한 집행이 된다(대판 2014.2.27, 2013도12155) [21·20·18·15 경찰승진, 20·19·15 변호사시험, 20 경찰승진, 20·17·16·15 경찰채용, 19 경간, 19·16 법원9급, 16 검찰7급, 16 검찰9급 등]

(3) 우체물 및 전기통신

① 법원 또는 수사기관은 필요한 때에는 피고·피의사건과 관계가 있다고 인정할 수 있는 것에 한정하여 우체물 또는 「통신비밀보호법」 제2조 제3호에 따른 전기통신에 관한 것으로서 체신관서, 그 밖의 관련 기관 등이 소지 또는 보관하는 물건의 제출을 명하거나 압수를 할 수 있다(제219조, 제107조 제1항).

② 처분을 할 때에는 발신인이나 수신인에게 그 취지를 통지하여야 한다. 단, 심리에 방해될 염려가 있는 경우에는 예외로 한다(제219조, 제107조 제3항).

압수· 수색영장 필요 O	① [1] 마약류 불법거래방지에 관한 특례법 제4조 제1항에 따른 조치의 일환으로 **특정한 수출입물품을 개봉하여 검사하고 그 내용물의 점유를 취득한 행위**는 수출입물품에 대한 적정한 통관 등을 목적으로 조사를 하는 경우와는 달리, 범죄수사인 압수 또는 수색에 해당하여 **사전 또는 사후에 영장을 받아야 한다.** [2] 마약류 불법거래 방지를 위한 조치로서 수사기관의 요청으로 특정한 수출입물품을 개봉하여 그 내용물의 점유를 취득하면서 사전이나 사후에 영장을 발부받지 않았다면 이는 위법한 증거수집에 해당한다(대판 2017. 7. 18, 2014도8719) [20·18 경찰채용, 19 경간]
압수· 수색영장 필요 X	① [1] 우편물 통관검사절차에서 이루어지는 우편물의 개봉, 시료채취, 성분분석 등의 검사는 수출입물품에 대한 적정한 통관 등을 목적으로 한 행정조사의 성격을 가지는 것으로서 수사기관의 강제처분이라고 할 수 없으므로 압수·수색영장 없이 우편물의 개봉, 시료채취, 성분분석 등의 검사가 진행되었다 하더라도 특별한 사정이 없는 한 위법하다고 볼 수 없다. [2] **세관공무원이** 통관검사를 위하여 직무상 소지 또는 보관하는 **우편물을 수사기관에 임의로 제출한 경우**에는 비록 소유자의 동의를 받지 않았다 하더라도 수사기관이 강제로 점유를 취득하지 않은 이상 해당 우편물을 압수하였다고 할 수 없다(대판 2013. 9. 26, 2013도7718) [20 경간, 19·15 변호사시험, 19·18 경찰승진, 17 검찰7급, 17 검찰9급, 16 법원9급 등]

판례	① 수사기관이 인터넷서비스이용자인 피의자를 상대로 피의자의 컴퓨터 등 정보처리장치 내에 저장되어 있는 **이메일 등 전자정보를 압수·수색하는 것**은 전자정보의 소유자 내지 소지자를 상대로 해당 전자정보를 압수·수색하는 대물적 강제처분으로 「형사소송법」의 해석상 허용된다(대판 2017.11.29, 2017도9747) [19 변호사시험, 19·18 경찰채용, 19 법원9급] ② [1] 피의자의 이메일 계정에 대한 접근권한에 갈음하여 발부받은 압수·수색영장에 따라 **국내 원격지의 저장매체에 적법하게 접속하여 내려받거나 현출된 전자정보를 대상으로 하여 범죄 혐의사실과 관련된 부분에 대하여 압수·수색하는 것**은 형사소송법 제120조 제1항에서 정한 압수·수색영장의 집행에 필요한 처분에 해당한다. [2] 수색 장소에 있는 정보처리장치를 이용하여 정보통신망으로 연결된 원격지의 저장매체에서 수색장소에 있는 정보처리장치로 전자정보를 내려받아 이를 압수하는 것은 압수·수색영장에서 허용한 집행의 장소적 범위에 해당한다. [3] 피의자의 이메일 계정에 대한 접근권한에 갈음하여 발부받은 압수·수색영장의 효력은 대한민국의 사법관할권이 미치지 아니하는 해외 이메일서비스 제공자의 해외 서버 및 그 해외 서버에 소재하는 저장매체 속 피의자의 전자정보에 대하여까지 미친다(대판 2017.11.29, 2017도9747) [21 법학특채, 20 경간, 19·18 경찰채용, 19 법원9급]

2. 수색의 대상

(1) 피의자·피고인

법원 또는 수사기관은 필요한 때에는 피고·피의사건과 관계가 있다고 인정할 수 있는 것에 한정하여 피고인·피의자의 신체, 물건 또는 주거, 그 밖의 장소를 수색할 수 있다(제219조, 제109조 제1항)

(2) 피의자·피고인 아닌 제3자

피고인·피의자 아닌 자의 신체, 물건, 주거 기타 장소에 관하여는 압수할 물건이 있음을 인정할 수 있는 경우에 한하여 수색할 수 있다(제109조 제2항, 제215조) [19 경찰채용, 15 경간]

3. 압수·수색의 제한

(1) 군사상 비밀

군사상 비밀을 요하는 장소는 그 책임자의 승낙 없이는 압수·수색할 수 없다. 이 경우 책임자는 국가의 중대한 이익을 해하는 경우를 제외하고는 승낙을 거부하지 못한다(제219조, 제110조).

(2) 공무상 비밀

공무원 또는 공무원이었던 자가 소지 또는 보관하는 물건에 관하여는 본인 또는 그 해당 공무소가 직무상의 비밀에 관한 것임을 신고한 때에는 그 소속 공무소 또는 당해 감독관공서의 승낙 없이는 압수하지 못한다. 소속 공무소 또는 당해 감독관공서는 국가의 중대한 이익을 해하는 경우를 제외하고는 승낙을 거부하지 못한다(제219조, 제111조).

(3) 업무상 비밀

변호사, 변리사, 공증인, 공인회계사, 세무사, 대서업자, 의사, 한의사, 치과의사, 약사, 약종상, 조산사, 간호사, 종교의 직에 있는 자 또는 이러한 직에 있던 자가 그 업무상 위탁을 받아 소지 또는 보관하는 물건으로 타인의 비밀에 관한 것은 압수를 거부할 수 있다. 단, 그 타인의 승낙이 있거나 중대한 공익상 필요가 있는 때에는 예외로 한다(제219조, 제112조).

Ⅲ. 압수·수색의 요건

> **제215조(압수, 수색, 검증)**
> ① 검사는 범죄수사에 필요한 때에는 피의자가 죄를 범하였다고 의심할 만한 정황이 있고 해당 사건과 관계가 있다고 인정할 수 있는 것에 한정하여 지방법원판사에게 청구하여 발부받은 영장에 의하여 압수, 수색 또는 검증을 할 수 있다.
> ② 사법경찰관이 범죄수사에 필요한 때에는 피의자가 죄를 범하였다고 의심할 만한 정황이 있고 해당 사건과 관계가 있다고 인정할 수 있는 것에 한정하여 검사에게 신청하여 검사의 청구로 지방법원판사가 발부한 영장에 의하여 압수, 수색 또는 검증을 할 수 있다.

1. 범죄혐의

① 수사기관은 피의자가 죄를 범하였다고 의심할만한 정황이 있을 때에 압수·수색을 할 수 있다(제215조). 즉, 압수·수색은 범죄혐의가 있어야 한다. 이때의 범죄혐의는 수사를 개시할 정도의 범죄혐의로 족하다(통설)

판례	① [1] 출판내용에 범죄혐의가 있는 경우에 그 증거물 또는 몰수할 물건으로서 압수하는 것은 재판절차라는 사법적 규제와 관련된 것이어서 행정적인 규제로서의 사전검열과 같이 볼 수 없다. [2] 다만 출판 직전에 그 내용을 문제삼아 출판물을 압수하는 것은 실질적으로 출판의 사전검열과 같은 효과를 가져올 수도 있는 것이므로 범죄혐의와 강제수사의 요건을 엄격히 해석하여야 한다(대결 1991.2.26, 91모1) [16 해경간부, 12 경찰승진]

② 법원의 압수·수색의 경우에도 동일하다.

2. 압수·수색의 필요성 및 사건의 관련성

① 압수·수색은 증거수집과 범죄수사를 위하여 필요한 때에 피고·피의사건과 관계가 있다고 인정할 수 있는 것에 한정하여 할 수 있다(제215조, 제219조, 제106조, 제109조) [17 검찰9급, 15 경찰승진]

② 필요성이란 압수·수색의 대상물과 범죄사실과의 관련성이 있음을 의미한다.

판례	① [1] '범죄수사에 필요한 때'라 함은 단지 수사를 위해 필요할 뿐만 아니라 강제처분으로서 압수를 행하지 않으면 수사의 목적을 달성할 수 없는 경우를 말한다. [2] 압수의 필요성이 인정되는 경우에도 무제한적으로 허용되는 것은 아니며, 압수물이 증거물 내지 몰수하여야 할 물건으로 보이는 것이라 하더라도, 범죄의 형태나 경중, 압수물의 증거가치 및 중요성, 증거인멸의 우려 유무, 압수로 인하여 피압수자가 받을 불이익의 정도 등 제반 사정을 **종합적으로 고려하여 판단해야 한다**(대결 2004.3.23, 2003모126) [17 경간, 13 경찰채용]

③ 적법한 압수·수색영장을 집행하는 과정에서 별개 사건의 증거물을 발견한 경우, 이 증거물은 영장에 기재된 피고·피의사건과의 관계가 없으므로 당해 영장에 의하여 압수하는 것은 위법하고, 임의제출을 요구하여 영치하거나 그 물건에 대한 압수·수색영장을 별도로 발부받아 압수하여야 한다.

판례	① [1] 압수·수색영장의 범죄 혐의사실과 관계있는 범죄라는 것은 압수·수색영장에 기재한 혐의사실과 **객관적 관련성**이 있고 압수·수색영장 대상자와 피의자 사이에 **인적 관련성**이 있는 범죄를 의미한다. [2] 그 중 혐의사실과의 객관적 관련성은 압수·수색영장에 기재된 혐의사실 자체 또는 그와 기본적 사실관계가 동일한 범행과 직접 관련되어 있는 경우는 물론 범행 동기와 경위, 범행 수단과 방법, 범행 시간과 장소 등을 증명하기 위한 간접증거나 정황증거 등으로 사용될 수 있는 경우에도 인정될 수 있다. [3] 압수·수색영장에 기재한 혐의사실과 범죄와의 객관적 관련성은 압수·수색영장에 기재된 혐의사실의 내용과 수사의 대상, 수사 경위 등을 종합하여 구체적·개별적 연관관계가 있는 경우에는 인정되지만, **혐의사실과 단순히 동종 또는 유사 범행이라는 사유만으로 관련성이 있다고 할 것은 아니다.** [4] 압수·수색영장 대상자와 피의자 사이에 요구되는 인적 관련성은 압수·수색영장에 기재된 대상자의 **공동정범, 간접정범, 교사범 등은 물론이며 필요적 공범 등에 대한 피고사건에 대해서도 인정될 수 있다**(대판 2017.12.5, 2017도13458) [20·19 경찰채용, 20 해경간부]

④ 사건의 관련성을 인정할 수 없는 경우에는 원칙상 증거능력을 인정할 수 없다.

판례	① [1] **영장 발부의 사유로 된 범죄 혐의사실과 무관한 별개의 증거를 압수하였을 경우 이는 원칙적으로 유죄 인정의 증거로 사용할 수 없다.** [2] 수사기관이 영장에 따라 압수·수색하는 과정에서 영장 발부의 사유로 된 범죄 혐의사실과 무관한 별개의 증거를 압수하였다가 피압수자에게 환부한 다음 임의제출받아 다시 압수한 경우, 그 압수물의 제출에 임의성이 있다는 점에 관하여 검사가 합리적 의심을 배제할 수 있을 정도로 증명하면 그 증거능력이 인정된다. [3] 영장 발부의 사유로 된 범죄 혐의사실과 무관한 별개의 증거를 영장 없이 압수한 후에 수사기관이 그 증거를 피압수자 등에게 환부하고 후에 임의제출받아 다시 압수한 경우, 그 제출의 임의성에 관하여 검사가 합리적 의심을 배제할 수 있을 정도로 증명하지 못한다면 증거능력을 인정할 수 없다(대판 2016.3.10, 2013도11233) [21 경찰채용, 21 법학특채, 20·17·16 검찰7급, 19·18·17 법원9급, 19 해경간부] ② 영장 발부의 사유로 된 범죄 혐의사실과 무관한 별개의 증거를 압수하였을 경우 이는 원칙적으로 유죄 인정의 증거로 사용할 수 없다. 그러나 압수·수색의 목적이 된 범죄나 이와 관련된 범죄의 경우에는 그 압수·수색의 결과를 유죄의 증거로 사용할 수 있다(대판 2017.12.5, 2017도13458) [21·20 변호사시험, 21·19·17 법원9급]
사건 관련성 O ↓ 증거능력 O	① 피고인이 2018. 5. 6.경 피해자 甲(여, 10세)에 대하여 저지른 간음유인미수 및 성폭력범죄의 처벌 등에 관한 특례법 위반(통신매체이용음란) 범행과 관련하여 수사기관이 피고인 소유의 휴대전화를 압수하였는데, 위 휴대전화에 대한 디지털정보분석 결과 피고인이 2017. 12.경부터 2018. 4.경까지 사이에 저지른 피해자 乙(여, 12세), 丙(여, 10세), 丁(여, 9세)에 대한 간음유인 및 간음유인미수, 미성년자의제강간, 성폭력범죄의 처벌 등에 관한 특례법 위반(13세미만미성년자강간), 성폭력범죄의 처벌 등에 관한 특례법 위반(통신매체이용음란) 등 범행에 관한 추가 자료들이 획득되어 그 증거능력이 문제 된 사안에서, 추가 자료들로 인하여 밝혀진 피고인의 乙, 丙, 丁에 대한 범행은 압수·수색영장의 범죄사실과 단순히 동종 또는 유사 범행인 것을 넘어서서 구체적·개별적 연관관계가 있는 경우로서 객관적·인적 관련성을 모두 갖추었으므로 추가자료들은 위법하게 수집된 증거에 해당하지 않으므로 압수·수색영장의 범죄사실뿐 아니라 추가 범행들에 관한 증거로 사용할 수 있다(대판 2020.2.13, 2019도14341)

사건 관련성 × ↓ 증거능력×	① 수사기관이 피의자 甲의 「공직선거법」 위반 범행을 영장사실로 하여 발부받은 압수·수색영장을 집행하는 과정에서 발견한 **甲과 무관한 乙과 丙 사이의 「공직선거법」 위반 혐의사실이 담겨있는 녹음파일**은 임의로 제출받거나 별도의 압수·수색영장을 발부받지 않았다면 乙과 丙에 대한 유죄의 증거로 사용할 수 없다(대판 2014.1.16, 2013도7101) [20·15 변호사시험, 20·16·15 경찰채용, 19 해경채용, 17 경간, 17 법원9급, 15 경찰승진, 15 검찰9급 등] ② 압수·수색영장의 '압수할 물건'란에 甲의 기부금품의 모집 및 사용에 관한 법률위반, 업무방해죄, 횡령죄와 관련하여 甲이 소유하거나 보관 중인 물건들이 열거되어 있음에도, 압수한 전자정보가 '청와대 인사안, 청와대 및 행정각부의 보고서, 대통령 일정 관련 자료, 대통령 말씀자료, 외교관계자료 등'으로서 영장 기재 범죄사실에 대한 직접 또는 간접증거로서의 가치가 있다고 보기 어렵다면 전자정보 출력물은 위법수집증거에 해당하여 유죄의 증거로 사용할 수 없다(대판 2018.4.26, 2018도2624) ③ 압수영장의 발부 사유가 된 혐의사실이 "피고인 甲은 2014년 5월에서 6월 사이 피고인 乙의 선거사무소에서 전화홍보원들에게 선거운동과 관련하여 금품을 제공하였다"는 것임에도 불구하고 그 영장을 통하여 압수한 증거물이 '2012년 8월에서 2013년 11월 사이 피고인 甲, 乙, 丙 등이 대전미래경제연구포럼을 설립·운영하고 회비를 조성한 것과 관련하여 유사기관 설치와 사전선거운동으로 인한 공직선거법위반, 정치자금법위반의 혐의'와 관련이 있는 것이라면 압수영장으로 압수한 증거물은 압수영장 발부의 사유가 된 범죄 혐의사실과 관련이 없으므로 이들은 유죄 인정의 증거로 사용할 수 없다(대판 2017.11.14, 2017도3449) ④ 수사관들이 (집행현장에서 혐의사실과 관련된 부분만을 문서로 출력하거나 수사기관이 휴대한 저장매체에 복사하는 것이 현저히 곤란한 상황이어서) 압수·수색영장 기재에 따라 외장 하드디스크 자체를 수사기관 사무실로 반출한 후, 영장에 기재된 범죄 혐의와 관련된 전자정보를 탐색하여 해당 전자정보만을 출력 또는 복사하는 것을 넘어, 위 범죄 혐의와 자금 조성의 주체·목적·시기·방법 등이 전혀 다른 전자정보인 인센티브 보너스 추가지급 관련 전산자료까지 출력한 후, 이를 제시하면서 관련자들을 조사하여 진술을 받아낸 경우, 전산자료 출력물은 증거능력이 없는 위법수집증거에 해당하고, 이러한 위법수집증거를 제시하여 수집된 관련자들의 진술 등도 위법수집증거에 기한 2차적 증거에 해당하므로 증거능력이 부정된다(대판 2014.2.27, 2013도12155)

3. 비례성의 원칙

압수·수색을 하지 않고서는 목적을 달성할 수 없고, 목적달성을 위한 필요최소한도의 범위에 그쳐야 한다.

판례	① [1] 압수의 필요성이 인정되는 경우에도 무제한적으로 허용되는 것은 아니다. [2] 압수물이 증거물 내지 몰수하여야 할 물건으로 보이는 것이라 하더라도 범죄의 형태나 경중, 압수물의 증거가치 및 중요성, 증거인멸의 우려 유무, 압수로 인하여 피압수자가 받을 불이익의 정도 등 제반 사정을 종합적으로 고려하여 판단해야 한다(대결 2004.3.23. 2003모126) [17 경간, 13 경찰채용] ② 검사가 폐수무단방류 혐의가 인정된다는 이유로 피의자들의 공장부지, 건물, 기계류 일체 및 폐수운반차량 7대에 대하여 한 압수처분은 수사상의 필요에서 행하는 압수의 본래의 취지를 넘는 것으로 위법하다(대결 2004.3.23. 2003모126) [17 경간, 15 경찰채용]

Ⅳ. 절 차(수사기관의 압수·수색)

① 영장신청(사법경찰관) → ② 영장청구(검사) → ③ 영장발부(판사) → ④ 영장제시 → ⑤ 영장집행 → ⑥ 조서작성

1. 영장청구 및 발부

(1) 영장의 청구

① 검사는 범죄수사에 필요한 때에는 지방법원판사에게 청구하여 발부받은 영장에 의하여 압수·수색을 할 수 있다(제215조 제1항) [17 검찰9급]

② 사법경찰관은 검사에게 신청하고 검사의 청구로 지방법원판사가 발부한 영장에 의하여 압수·수색을 할 수 있다(제215조 제2항)

③ 검사가 사법경찰관이 신청한 영장을 정당한 이유 없이 판사에게 청구하지 아니한 경우 사법경찰관은 그 검사 소속의 지방검찰청 소재지를 관할하는 고등검찰청에 영장 청구 여부에 대한 심의를 신청할 수 있다(제221조의5 제1항) [21 경찰채용]

(2) 자료제출

① 압수·수색영장을 청구를 할 때에는 피의자에게 범죄의 혐의가 있다고 인정되는 자료와 압수, 수색 또는 검증의 필요 및 해당 사건과의 관련성을 인정할 수 있는 자료를 제출하여야 한다(규칙 제108조 제1항)

② 피의자 아닌 자의 신체, 물건, 주거 기타 장소의 수색을 위한 영장의 청구를 할 때에는 압수하여야 할 물건이 있다고 인정될 만한 자료를 제출하여야 한다(규칙 제108조 제2항)

(3) 영장의 발부
① **기재사항**
   ㉠ 압수·수색영장에는 피의자의 성명, 죄명, 압수할 물건, 수색할 장소, 신체, 물건, 발부연월일, 유효기간과 그 기간을 경과하면 집행에 착수하지 못하며 영장을 반환하여야 한다는 취지 등을 기재하고 지방법원판사가 서명·날인하여야 한다 (제219조, 제114조 제1항) [19 경찰채용]
   ㉡ 다만, 압수·수색할 물건이 전기통신에 관한 것인 경우에는 작성기간을 기재하여야 한다(제114조 제1항, 제219조) [16 경찰승진, 14 경간]
   ㉢ 압수·수색의 대상이 특정되어야 하며 이것이 특정되지 않은 일반영장은 금지되며, 영장에 기재된 피의사실과는 다른 별개의 피의사실에 대해서 영장을 유용하는 별건 압수·수색도 금지된다. [19 경간, 19 경찰채용]

판례	① (보관중 ≠ 현존) 압수·수색영장에서 압수할 물건을 '압수장소에 **보관중**인 물건'이라고 기재하고 있는 것을 '압수장소에 **현존**하는 물건'으로 해석할 수 없다(대판 2009.3.12, 2008도763) [20·15 해경간부, 19·18·17 경찰승진, 19·18·16 경찰채용, 18 경간]

   ㉣ 압수·수색영장 발부에 대해서는 불복할 수 없다(즉, 항고나 준항고로 불복할 수 없다)

판례	① 지방법원판사가 한 압수영장발부의 재판에 대하여는 준항고로 불복할 수 없고 나아가 형사소송법 제402조, 제403조에서 규정하는 항고(보통항고)는 법원이 한 결정을 그 대상으로 하는 것이므로 법원의 결정이 아닌 지방법원판사가 한 압수영장발부의 재판에 대하여 그와 같은 항고의 방법으로도 불복할 수 없다(대결 1997.9.29, 97모66) [16 변호사시험]

② **유효기간**
  ㉠ 압수·수색영장의 유효기간은 7일로 한다. 다만, 법원 또는 법관이 상당하다고 인정하는 때에는 7일을 넘는 기간을 정할 수 있다(규칙 제178조)
  ㉡ 영장의 유효기간 내일지라도 동일한 영장으로 수회 같은 장소에서 압수·수색을 할 수 없다.

판례	① 수사기관이 압수·수색영장을 제시하고 집행에 착수하여 압수·수색을 실시하고 그 집행을 종료하였는데 동일한 장소 또는 목적물에 대하여 다시 압수·수색할 필요가 있는 경우, 법원으로부터 새로운 압수·수색영장을 발부받아야 하고, 앞서 발부 받은 영장의 유효기간이 남아있다고 하여 이를 제시하고 다시 압수·수색을 할 수는 없다(대결 1999.12.1, 99모161) [21·19·18·17·16 경찰승진, 19·17·16 변호사시험, 19·15 경간, 18 경찰채용, 17 검찰7급, 17 검찰9급] ② 압수·수색·검증영장의 '압수·수색·검증할 장소 및 신체'란에 피고인의 주거지와 피고인의 신체 등이 기재되어 있으므로, 비록 영장이 제시되어 피고인의 신체에 대한 압수·수색이 종료되었다고 하더라도, 국가정보원 수사관들이 영장에 의하여 피고인의 주거지에 대한 압수·수색을 집행한 조치는 위법한 것이라 할 수 없다(대판 2013.7.26, 2013도2511)

  ㉢ 압수해제된 물건에 대한 재압수도 가능하다.

판례	① 범인으로부터 압수한 물품에 대하여 몰수의 선고가 없어 그 압수가 해제된 것으로 간주된다고 하더라도 공범자에 대한 범죄수사를 위하여 여전히 그 물품의 압수가 필요하다면 검사는 그 압수해제된 물품을 다시 압수할 수 있다(대결 1997.1.9, 96모34) [20 검찰7급, 15 경찰채용]

[별지 제98호서식] <개정 2008.1.7>

○○○○검찰청
(전화번호)

수신	법원	발신	검찰청
제목	압수·수색·검증영장청구(사전)	검 사	㊞

수형

피의자	① 성 명	( )
	② 주민등록번호	(세)
	③ 직 업	
	④ 주 거	
⑤ 변 호 인		

위의 피의자에 대한 피의사건에 관하여 아래와 같이 압수·수색·검증하고자 . . 까지 유효한 압수·수색·검증영장의 발부를 청구합니다.

⑥ 압수할 물건	
⑦ 수색·검증할 장소, 신체 또는 물건	
⑧ 범죄사실 및 압수·수색·검증을 필요로 하는 사유	별지와 같음
⑨ 7일을 넘는 유효기간을 필요로 하는 취지와 사유	
⑩ 둘 이상의 영장을 청구하는 취지와 사유	
⑪ 일출전 또는 일몰후 집행을 필요로 하는 취지와 사유	
⑫ 신체검사를 받을 자의 성별, 건강상태	

210㎜×297㎜
(일반용지75g/㎡(재활용품))

압수수색검증영장

【일반용】 서울중앙지방법원

영장번호	2009-2210	죄 명	폭력행위등처벌에관한법률위반(공동건조물침입)
피의자	성 명	별지해당란 기재와 같음	직 업	
	주민등록번호			
	주 거			
청구검사	박 종 범	변호인	
압수,수색,검증을 요하는 사유	별지 기재와 같다.	유효기간	2009. 2. 9. 까지
압수,수색,검증할 장 소	별지 해당란 기재와 같음		
압수,수색,검증할 신체,물건	별지 해당란 기재와 같음		
일부기각 및 기각의 취지	□장소 □신체 □물건 □기타 ( )		

위 사건의 범죄수사에 필요하므로, 위와 같이 압수, 수색, 검증을 한다. 유효기간을 경과하면 집행에 착수하지 못하며, 영장을 반환하여야 한다.

2009. 2. 2.

판 사

집행일시	200 . . . :	집행장소	
집행불능사유			
처리자의소속 관서·관직		처리자 기명날인	

2. 영장의 집행

(1) 집행기관

① 압수·수색영장은 검사의 지휘에 의하여 사법경찰관리가 집행한다(제219조, 제115조 제1항).

② 검사가 압수·수색을 함에는 검찰청수사관 또는 서기관이나 서기를 참여하게 하여야 하고, 사법경찰관이 압수·수색을 함에는 사법경찰관리를 참여하에 하여야 한다(규칙 제110조).

③ 검사의 집행지휘나 사법경찰관리의 집행은 관할구역 외에서도 할 수 있고, 관할구역의 검사나 사법경찰관리에게 촉탁할 수도 있다(제115조 제2항, 제83조).

(2) 집행방법

① **영장의 사전제시 및 사본 교부** : 압수·수색영장은 처분을 받는 자에게 반드시 사전에 제시하여야 하고, 처분을 받는 자가 피고인인 경우에는 그 사본을 교부하여야 한다. 다만, 처분을 받는 자가 현장에 없는 등 영장의 제시나 그 사본의 교부가 현실적으로 불가능한 경우 또는 처분을 받는 자가 영장의 제시나 사본의 교부를 거부한 때에는 예외로 한다(제118조, 제219조).

㉠ 반드시 사전제시해야 하며, 구속에 있어서의 긴급집행은 압수·수색영장의 집행에서는 인정되지 아니한다(체포·구속 ⇒ 긴급집행 ○ / 압수·수색 ⇒ 긴급집행 ×)

판례	① 압수·수색영장은 피압수자로 하여금 법관이 발부한 영장에 의한 압수·수색이라는 사실을 확인함과 동시에 압수·수색 영장에 필요적으로 기재하도록 정한 사항이나 그와 일체를 이루는 사항을 **충분히 알 수 있도록 제시하여야 한다**(대판 2017.9.21, 2015도12400) [21·19 변호사시험, 19 경간] ② [1] 현장에서 압수·수색을 당하는 사람이 여러 명일 경우에는 그 사람들 모두에게 개별적으로 영장을 제시해야 하는 것이 원칙이다. [2] 수사기관이 압수·수색에 착수하면서 그 장소의 관리책임자에게 영장을 제시하였다고 하더라도 물건을 소지하고 있는 다른 사람으로부터 이를 압수하고자 하는 때에는 그 사람에게 따로 영장을 제시하여야 한다(대판 2009.3.12, 2008도763) [20·18·17·15 경찰승진, 20·18 경간, 19·18·16·15 경찰채용, 17 변호사시험, 17·16 검찰9급, 16 검찰7급]

㉡ 영장을 제시하지 않은 경우

위법 ○ ↓ 증거능력 ×	① [1] 피압수자에게 영장의 표지인 첫 페이지와 피압수자의 혐의사실 부분만을 보여주고 나머지 부분을 확인하지 못하게 한 것은 압수·수색영장의 필요적 기재사항이나 그와 일체를 이루는 사항을 충분히 알 수 있도록 제시한 것이라고 할 수 없다.

	[2] 수사기관이 휴대전화 등을 압수할 당시 압수당한 피의자가 수사관에게 압수·수색영장의 내용을 보여 달라고 요구하였으나 수사관이 **영장의 겉표지만 보여 주고 내용은 확인시켜 주지 않았다**면 적법한 압수·수색영장의 제시라고 볼 수 없어, 그 후 변호인이 피의자조사에 참여하면서 영장을 확인하였다 하더라도 그 압수처분은 위법하다(대판 2017.9.21, 2015도12400) [21 변호사시험, 20 해경간부, 19 경찰채용] ② [1] 수사기관이 압수·수색영장을 집행하면서 압수·수색 대상 기관에 **팩스로 영장 사본을 송신하기만 하였을 뿐** 영장 원본을 제시하거나 압수조서와 압수물 목록을 작성하여 피압수·수색 당사자에게 교부하지도 않았다면 그 압수·수색은 위법하다. [2] 정보통신서비스 회사에서 보관 중인 이메일에 대하여 압수·수색영장을 집행하면서 **팩스로 영장사본을 송신하였으나 집행시에 그 영장의 원본을 제시하지 않았다면** 그 압수·수색은 위법하다(대판 2017.9.7, 2015도10648) [19 경간, 19 변호사시험]
위법 × ↓ 증거능력 O	① 압수·수색영장 집행 당시 피처분자가 현장에 없거나 현장에서 그를 발견할 수 없는 경우 등 **영장제시가 현실적으로 불가능한 경우에는 영장을 제시하지 아니한 채 압수·수색을 하더라도 위법하다고 볼 수 없다**(대판 2015.1.22, 2014도10978 전원합의체) [21·19·17·16 변호사시험, 21·19·18·17·16 경찰승진, 21·18·16 경간, 21 법학특채, 18·15 경찰채용, 17 검찰9급]

ⓒ 압수·수색영장의 제시에 관한 형사소송법 제118조는 사후에 영장을 받아야 하는 경우에 관한 형사소송법 제216조 등에 대하여는 적용되지 아니한다(대판 2014.9.4, 2014도3263)

② **필요한 조치 및 처분**
  ㉠ 압수·수색영장의 집행 중에는 타인의 출입을 금지할 수 있다. 이에 위배한 자에게는 퇴거하게 하거나 집행종료시까지 간수자를 붙일 수 있다(제219조, 제119조) [21·19·15 경찰승진]
  ㉡ 압수·수색영장의 집행에 있어서는 건정(잠금장치)을 열거나 개봉 기타 필요한 처분을 할 수 있다(제219조, 제120조)
  ㉢ 압수·수색영장의 집행을 중지한 경우에 필요한 때에는 집행이 종료될 때까지 그 장소를 폐쇄하거나 간수자를 둘 수 있다(제219조, 제127조)
  ㉣ 압수·수색영장을 집행할 때에는 타인의 비밀을 보호하여야 하며 처분받은 자의 명예를 해하지 아니하도록 주의하여야 한다(제116조)

③ **당사자·책임자 등의 참여**

㉠ 검사, 피의자·피고인 또는 변호인은 압수·수색영장의 집행에 참여할 수 있다 (제219조, 제121조).

판례	① [1] 형사소송법 제219조, 제121조가 규정한 변호인의 참여권은 피압수자의 보호를 위하여 **변호인에게 주어진 고유권이다.** [2] 설령 피압수자가 수사기관에 압수·수색영장의 집행에 참여하지 않는다는 의사를 명시하였다고 하더라도, 특별한 사정이 없는 한 그 변호인에게는 미리 집행의 일시와 장소를 통지하는 등으로 **압수·수색영장의 집행에 참여할 기회를 별도로 보장하여야 한다**(대판 2020.11.26, 2020도10729) [21 경찰채용]

㉡ 압수·수색영장을 집행함에는 미리 집행의 일시와 장소를 이들에게 통지하여야 한다. 다만, 당사자가 참여하지 아니한다는 의사를 명시한 때 또는 급속을 요하는 때에는 예외로 한다(제219조, 제122조)

판례	① [1] 형사소송법 제122조 단서에 규정된 '급속을 요하는 때'라고 함은 압수·수색영장 집행 사실을 미리 알려주면 증거물을 은닉할 염려 등이 있어 압수·수색의 실효를 거두기 어려울 경우라고 해석함이 옳다. [2] 법원은 압수·수색영장 집행 사실을 미리 알려주면 증거물을 은닉할 염려가 있어 압수·수색의 실효를 거두기 어려울 경우에는 영장 집행의 일시와 장소를 피고인 또는 변호인에게 미리 통지하지 않을 수 있다(대판 2012.10.11, 2012도7455) [17 변호사시험, 17 검찰7급]

㉢ 공무소, 군사용의 항공기 또는 선차 내에서 압수·수색영장을 집행함에는 그 책임자에게 참여할 것을 통지하여야 한다(제219조, 제123조 제1항)

㉣ 기타 타인의 주거, 간수자 있는 가옥, 건조물, 항공기 또는 선박·차량 안에서 압수·수색영장을 집행할 때에는 주거주, 간수자 또는 이에 준하는 사람을 참여하게 하여야 한다(제123조 제2항, 제219조)

㉤ 이상의 사람을 참여하게 하지 못할 때에는 이웃 사람 또는 지방공공단체의 직원을 참여하게 하여야 한다(제219조, 제123조 제3항)

㉥ 여자의 신체에 대하여 수색할 때에는 성년의 여자를 참여하게 하여야 한다(제219조, 제124조) [15 경찰승진]

④ **야간집행의 제한**

㉠ 일출 전, 일몰 후에는 압수·수색영장에 야간집행을 할 수 있는 기재가 없으면 그 영장을 집행하기 위하여 타인의 주거, 간수자 있는 가옥, 건조물, 항공기 또는 선차 내에 들어가지 못한다(제125조, 제219조) [21 경찰승진]

ⓒ 압수·수색영장에 야간집행을 할 수 있는 기재가 없더라도 도박 기타 풍속을 해하는 행위에 상용된다고 인정하는 장소, 여관·음식점 기타 야간에 공중이 출입할 수 있는 장소(단, 공개한 시간 내에 한한다)는 이러한 제한없이 압수·수색을 할 수 있다(제126조, 제219조) [21 경찰승진, 20 검찰9급, 17 해경채용]

(3) 집행 후의 절차
① **압수·수색조서의 작성** : 압수·수색에 관하여는 조서를 작성하여야 한다(제49조)
② **수색증명서·압수목록의 교부**
 ㉠ 압수한 경우에는 목록을 작성하여 소유자·소지자·보관자 기타 이에 준하는 자에게 교부하여야 한다(제219조, 제129조) [15 경찰승진]
 ㉡ 수색한 경우에 증거물 또는 몰수할 물건이 없는 때에는 그 취지의 증명서를 교부하여야 한다(제219조, 제128조)

판례	① 압수물 목록은 피압수자 등이 압수물에 대한 환부·가환부신청을 하거나 압수처분에 대한 준항고를 하는 등 권리 행사 절차를 밟는 가장 기초적인 자료가 되므로 이러한 권리 행사에 지장이 없도록 **압수 직후 현장에서 바로 작성하여 교부해야 하는 것이 원칙이다**(대판 2009.3.12, 2008도763) [17 해경간부, 16 변호사시험, 15 경찰승진, 15·14 경찰채용]
	② 압수된 정보의 상세목록에는 정보의 파일 명세가 특정되어 있어야 하고, 수사기관은 이를 출력한 서면을 교부하거나 전자파일 형태로 복사해 주거나 이메일을 전송하는 등의 방식으로도 할 수 있다(대판 2018.2.8, 2017도13263) [20 경찰승진, 20 해경채용, 18 경찰채용, 18 검찰9급]

Ⅴ. 압수물의 처리

1. 압수물의 보관과 폐기

(1) 자청보관의 원칙
압수물은 압수한 수사기관(自廳)이 보관하는 것이 원칙이다. 압수물에 대하여는 그 상실 또는 파손 등의 방지를 위하여 상당한 조치를 하여야 한다(제219조, 제131조)

(2) 위탁보관
① 운반 또는 보관에 불편한 압수물에 관하여는 간수자를 두거나 소유자 또는 적당한 자의 승낙을 얻어 보관하게 할 수 있다(제219조, 제130조 제1항) [17 경찰승진]
② 사법경찰관이 위탁보관을 하기 위해서는 미리 검사의 지휘를 받아야 한다(제219조 단서)

(3) 대가보관(환가처분)

① 몰수하여야 할 압수물로서 멸실·파손·부패 또는 현저한 가치 감소의 염려가 있거나 보관하기 어려운 압수물은 매각하여 대가를 보관할 수 있다(제219조, 제132조 제1항) [17 경찰승진]

② 환부하여야 할 압수물 중 환부를 받을 자가 누구인지 알 수 없거나 그 소재가 불명한 경우로서 그 압수물의 멸실·파손·부패 또는 현저한 가치 감소의 염려가 있거나 보관하기 어려운 압수물은 매각하여 대가를 보관할 수 있다(제219조, 제132조 제2항)

③ 대가보관을 할 때에는 검사, 피해자, 피고인 또는 변호인에게 미리 통지하여야 한다 (제219조, 제135조) 사법경찰관이 대가보관을 하기 위해서는 미리 검사의 지휘를 받아야 한다(제219조 단서)

(4) 폐기처분

① 위험발생의 염려가 있는 압수물은 폐기할 수 있다(제219조, 제130조 제2항) [18 경찰승진]

② 법령상 생산·제조·소지·소유 또는 유통이 금지된 압수물로서 부패의 염려가 있거나 보관하기 어려운 압수물은 소유자 등 권한 있는 자의 **동의를 받아 폐기할 수 있다** (제219조, 제130조 제3항) [19 경간, 20·15 경찰채용]

③ 사법경찰관이 폐기처분을 하기 위해서는 미리 검사의 지휘를 받아야 한다(제219조 단서)

2. 수사상 압수물의 환부와 가환부

(1) 수사상 압수물의 환부

① **의 의**

압수를 해제하여 압수물을 종국적으로 소유자 또는 제출인 등에게 반환하는 수사기관의 처분을 말한다.

② **환부의 대상**

㉠ **압수 계속의 필요성이 없는 경우** : 검사는 사본을 확보한 경우 등 압수를 계속할 필요가 없다고 인정되는 압수물 및 증거에 사용할 압수물에 대하여 공소제기 전이라도 소유자, 소지자, 보관자 또는 제출인의 **청구가 있는 때**에는 **환부하여야 한다** (제218조의2 제1항·제4항) [18·16 경찰채용]

판례	① 외국산 물품(다이아몬드)을 관세장물의 혐의가 있다고 보아 압수하였다 하더라도 그것이 언제, 누구에 의하여 관세포탈된 물건인지 알 수 없어 **기소중지 처분을 한 경우**에는 그 압수물은 관세장물이라고 단정할 수 없어 이를 국고에 귀속시킬 수 없을 뿐만 아니라 압수를 더 이상 계속할 필요도 없는 것이므로 제출인에게 환부해주어야 한다(대결 1996. 8.16, 94모51 전원합의체) [20 경찰채용, 19 해경간부, 18·14 경찰승진, 13 법원9급]

191

> ② 세관이 시계행상이 소지한 외국산 시계를 관세장물 혐의로 압수했으나 검사가 관세포탈품인지를 확인할 수 없어 그 사건에 대해 **기소중지한 경우**에는 압수를 계속할 필요가 없다(대결 1988.12.14. 88모55) [18 경찰승진, 13 법원9급]
>
> ③ 위조된 약속어음이 범죄행위로 인하여 생긴 위조문서인 경우에는 아무도 이를 소유하는 것이 허용되지 않는 물건이므로 몰수가 될 뿐 환부나 가환부할 수 없다(대결 1984.7.24. 84모43) [14 경찰승진]

ⓛ 사후영장을 발부받지 못한 경우
  ⓐ 검사 또는 사법경찰관이 피의자를 체포영장에 의한 체포, 긴급체포 및 현행범체포를 하면서 체포현장에서 압수한 물건에 대하여 청구한 압수·수색영장을 발부받지 못한 때에는 압수한 물건을 즉시 반환하여야 한다(제217조 제3항).
  ⓑ 검사 또는 사법경찰관이 긴급체포된 자가 소유·소지 또는 보관하는 물건에 대하여 긴급히 압수한 후 청구한 압수·수색영장을 발부받지 못한 때에는 압수한 물건을 즉시 반환하여야 한다(제217조 제3항)

③ 환부의 절차
  ㉠ 공소제기 전이라도 소유자·소지자·보관자 또는 제출인의 **청구가 있는 때**에는 검사의 결정에 의하여 **환부하여야 한다**(제218조의2 제1항) [19 경찰승진, 18·16 경찰채용]
  ㉡ 피압수자가 소유권을 포기한 경우에도 환부하여야 한다.

> | 판례 | ① [1] 피압수자 등 환부를 받을 자가 압수 후 그 소유권을 포기하는 등에 의하여 실체법상의 권리를 상실하더라도 그 때문에 압수물을 환부하여야 하는 수사기관의 의무에 어떠한 영향을 미칠 수 없다.
[2] 피압수자 등이 수사기관에 대하여 압수물환부청구권을 포기한다는 의사표시를 하더라도 그 효력이 없어 수사기관의 환부의무는 면제되지 않는다(대결 1996.8.16. 94모51 전원합의체) [21·17 변호사, 20·21 법학특채, 20 검찰7급, 18·13 해경채용, 17 법원9급, 16·13 경간, 16·15·13 경찰채용, 15·14 경찰승진 등]
② 수사단계에서 소유권을 포기한 압수물에 대하여 형사재판에서 몰수형이 선고되지 않은 경우, 피압수자는 국가에 대하여 민사소송으로 그 반환을 청구할 수 있다(대판 2000.12.22. 2000다27725) [19 해경간부, 15 경찰채용, 15 법행] |

  ㉢ 사법경찰관이 환부를 하기 위해서는 미리 검사의 지휘를 받아야한다(제218조의2 제4항 단서) [19 경간]
  ㉣ 환부를 할 때에는 검사, 피해자, 피의자(피고인), 변호인에게 미리 통지하여야 한다(제219조, 제135조)

④ 환부의 상대방
  ㉠ 압수물의 환부는 실체법상의 권리와 관계없이 압수 당시의 소지인에 대하여 행하는 것이다(대결 1996.8.16. 94모51 전원합의체).
  ㉡ 검사가 사건을 불기소처분하는 경우에 당해사건에 관하여 압수한 압수물은 피해자에게 환부할 이유가 명백한 경우를 제외하고는 피압수자나 제출인 이외의 누구에게도 환부할 수 없다(대판 1969.5.27. 68다824).

⑤ 환부의 효력
  ㉠ 환부에 의하여 압수는 그 효력을 상실한다.
  ㉡ 압수물의 환부는 압수의 효력을 해제하여 압수 이전의 상태로 환원시키는 효력만 있을 뿐이므로 환부를 받은 자에게 소유권 기타 실체법상 권리를 확인하거나 창설하는 효력은 없다.

판례	① 압수물의 환부는 환부를 받는 자에게 환부된 물건에 대한 소유권 기타 실체법상의 권리를 부여하거나 그러한 권리를 확정하는 것이 아니라 단지 압수를 해제하여 압수 이전의 상태로 환원시키는 것뿐으로서 이는 실체법상의 권리와 관계없이 압수 당시의 소지인에 대하여 행하는 것이므로 실체법인 민법상 권리의 유무나 변동이 압수물의 환부를 받을 자의 절차법인 형사소송법상 지위에 어떠한 영향을 미친다고는 할 수 없다(대결 1996.8.16. 94모51 전원합의체).

(2) 수사상 압수물의 가환부

① 의 의

압수의 효력은 그대로 존속시키면서 압수물을 소유자·소지자·보관자·제출인에게 잠정적으로 반환하는 제도를 말한다(제133조 제1항 후단, 제2항, 제218조의2).

② 가환부의 대상

사본을 확보한 경우 등 압수를 계속할 필요가 없다고 인정되는 압수물 및 증거에 사용할 압수물이다(제218조의2 제1항·제4항) [19 경찰승진, 18·16 경찰채용]

판례	① 증거에 공할 압수물을 가환부할 것인지의 여부는 범죄의 태양, 경중, 압수물의 증거로서의 가치, 압수물의 은닉, 인멸, 훼손될 위험, 수사나 공판수행상의 지장 유무, 압수에 의하여 받는 피압수자 등의 불이익의 정도 등 여러 사정을 검토하여 종합적으로 판단하여야 할 것이다(대결 1994.8.18. 94모42) [16 경찰채용]

③ **가환부의 절차**
  ㉠ 검사 또는 사법경찰관은 사본을 확보한 경우 등 압수를 계속할 필요가 없다고 인정되는 압수물 및 증거에 사용할 압수물에 대하여 공소제기 전이라도 소유자·소지자·보관자 또는 제출인의 청구가 있는 때에는 가환부하여야 한다(제218조의2 제1항·제4항) [19 경찰승진, 18·16 경찰채용]
  ㉡ 사법경찰관이 가환부를 하기 위해서는 미리 검사의 지휘를 받아야한다(제218조의2 제4항 단서) [19 경간]
  ㉢ 가환부를 할 때에는 미리 검사, 피해자, 피의자, 변호인에게 통지해야 한다(제135조, 제219조) [16 경찰채용]

판례	① 검사는 증거에 사용할 압수물에 대하여 소유자 등에 의한 가환부의 청구가 있는 경우, 가환부를 거부할 수 있는 특별한 사정이 없는 한 가환부에 응하여야 한다(대결 2017.9.29, 2017모236) [20 경찰채용, 18 검찰7급]

④ **효 력**
  ㉠ 압수물을 가환부한 경우에도 압수의 효력은 그대로 유지된다.

판례	① 가환부 결정이 있는 경우에도 압수의 효력은 지속되므로 가환부를 받은 자는 법원의 요구가 있으면 즉시 압수물을 제출할 의무가 있고 그 압수물에 대하여 보관의무를 부담하며 소유자라 하더라도 그 압수물을 처분할 수 없다(대결 1994.8.18, 94모42) [19 경간, 15 경찰승진]

  ㉡ 가환부한 장물에 대하여 별단의 선고가 없는 때에는 환부의 선고가 있는 것으로 간주한다(제333조 제3항) [19 경찰승진]
  ㉢ 형사소송법상 압수장물의 환부에 관한 규정은 이해관계인이 민사소송 절차에 의하여 그 권리를 주장함에 영향을 미치지 아니한다(제333조 제4항) [19 경간, 18 해경채용, 18 해경간부, 16 경찰승진]

(3) 압수장물의 피해자환부

① 압수한 장물은 피해자에게 환부할 이유가 명백한 때에는 피고사건 또는 피의사건 종결전이라도 법원 또는 수사기관의 결정으로 피해자에게 **환부할 수 있다**(제134조, 제219조) [19 경간, 19 해경간부, 17·15 경찰승진, 17 검찰7급]

판례	① [1] 형사소송법 제134조 소정의 '환부할 이유가 명백한 때'라 함은 사법상 피해자가 그 압수된 물건의 인도를 청구할 수 있는 권리가 있음이 명백한 경우를 의미한다. [2] 사법상 피해자가 압수장물의 인도청구권에 관하여 사실상·법률상 다소라도 의문이 있는 경우에는 압수장물을 피해자에게 환부할 이유가 명백할 때에 해당하지 않는다(대결 1984.7.16, 84모38) [19 해경간부]

② 수사기관이 장물을 처분하였을 때에는 그 대가로 취득한 것을 피해자에게 교부하여야 한다(제219조, 제333조 제2항)

판례	① 장물을 처분하여 그 대가로 취득한 압수물은 몰수할 것이 아니라 피해자에게 교부하여야 할 것이다(대판 1969.1.21, 68도1672) ② 형사소송법 제333조 제2항의 규정취지는 범인이 장물을 처분하여 버림으로써 피해자가 장물의 반환을 받을 수 없게 되는 경우, 그 대가로 취득한 것을 피해자에게 교부함으로써 전부 또는 일부의 피해회복을 받도록 하고자 하는 피해자 보호의 견지에서 제정된 것이라 할 것이므로 이미 장물을 환부받은 피해자에게 그 장물의 처분대가마저 교부할 수는 없다(대판 1985.1.29, 84도2941)

3 수사상의 검증

I. 의 의

1. 개 념
① 강제력을 사용하여 사람, 장소, 물건의 성질·형상을 오관의 작용에 의하여 인식하는 강제처분을 말한다.

2. 구별개념

(1) 법원의 검증
① 검증에는 기소 전에 수사기관이 하는 검증과 기소 후에 법원이 하는 검증이 있다.
② 수사기관의 검증은 증거를 수집·보전하기 위한 강제처분으로 영장주의가 적용되지만(제215조), 법원의 검증은 증거조사의 일종으로 별도의 영장을 요하지 아니한다(제139조).

(2) 실황조사
① 실황조사는 수사기관이 범죄현장이나 그 밖의 장소에서 실제 상황을 조사하는 활동을 의미한다(검찰사무규칙 제51조) ㉠ 교통사고 현장의 조사와 사진촬영

판례	① 사법경찰관 사무취급이 작성한 실황조서가 사고발생 직후 사고장소에서 긴급을 요하여 판사의 영장없이 시행된 것으로서 형사소송법 제216조 제3항에 의한 검증에 따라 작성된 것이라면 사후영장을 받지 않는 한 유죄의 증거로 삼을 수 없다(대판 1989.3.14, 88도1399) [18 경찰채용]

II. 검증의 절차

1. 대 상
① 수사상의 검증의 대상에는 제한이 없다.
② 장소, 물건, 서류, 사람의 신체는 물론 사체도 검증의 대상이 된다. ㉠ 부검

2. 영장의 발부
① 수사기관의 검증에 필요한 검증영장의 청구 및 발부 등은 압수·수색의 경우와 같다
② 검사는 범죄수사에 필요한 때에는 지방법원판사에게 청구하여 발부받은 영장에 의하여 검증을 할 수 있다(제215조 제1항)
③ 사법경찰관은 범죄수사에 필요한 때에는 검사에게 신청하여 검사의 청구로 지방법원판사가 발부한 검증영장에 의하여 검증을 할 수 있다(제215조 제2항)

3. 영장의 집행

① 영장집행 방법은 압수·수색의 경우와 같다
② 검증을 함에는 신체의 검사, 사체의 해부, 분묘의 발굴, 물건의 파괴 기타 필요한 처분을 할 수 있다(제219조, 제140조)

4. 검증조서의 작성

① 검증 후에는 검증조서를 작성하여야 한다(제49조 제1항)
② 검증조서에는 검증목적물의 현상을 명확하게 하기 위하여 도화나 사진을 첨부할 수 있다(제49조 제2항)
③ 검사 또는 사법경찰관이 검증의 결과를 기재한 조서는 적법한 절차와 방식에 따라 작성된 것으로서 공판준비 또는 공판기일에서의 작성자의 진술에 따라 그 성립의 진정함이 증명된 때에는 증거로 할 수 있다(제312조 제6항).

Ⅲ. 신체검사

1. 의 의

① 신체 자체를 검사의 대상으로 하는 강제처분을 말한다.
② 검증을 함에는 신체검사를 할 수 있다(제219조, 제140조). 따라서 신체검사는 원칙적으로 검증의 성질을 갖는다(즉 영장이 필요하다)

2. 절 차

① 신체검사도 원칙적으로 검증영장에 의하여야 한다.
② 피의자를 대상으로 하는 것이 원칙이나, 피의자 아닌 사람의 신체검사는 증거가 될 만한 흔적을 확인할 수 있는 현저한 사유가 있는 경우에만 할 수 있다(제141조 제2항).
③ 신체의 검사에 관하여는 검사를 받는 사람의 성별, 나이, 건강상태, 그 밖의 사정을 고려하여 그 사람의 건강과 명예를 해하지 아니하도록 주의하여야 한다(제141조 제1항)
④ 여자의 신체를 검사하는 경우에는 의사나 성년 여자를 참여하게 하여야 한다(제141조 제3항)

Ⅳ. 체내검사

1. 의 의
신체의 내부에 대한 검사를 말한다. 체내검사는 인간의 존엄성을 침해할 위험성이 있으므로 엄격한 제한이 요구되며, 반드시 법관의 영장에 의하여야 한다.

2. 종 류

(1) 체내검증
① 구강내, 항문내, 질내 등 신체의 내부에 대한 수사기관의 검증을 말한다.
② 검증영장을 발부받아야 한다.

(2) 체내수색
① 구강내, 항문내, 질내 등 신체의 내부에 대한 수사기관의 수색을 말한다.
② 신체검사의 성질을 병유하므로 원칙적으로 압수수색영장 이외에 검증영장을 발부받아야 한다.

(3) 체내물의 강제채취
① 강제채혈과 강제채뇨가 문제된다. ㉠ 음주측정을 위한 채혈, 마약복용 여부를 확인하기 위한 채뇨 등
② 판례는 감정처분허가장 또는 압수의 방법으로 강제채혈을 할 수 있다고 본다.

| 판례 | ① 수사기관이 영장 또는 감정처분허가장을 발부받지 아니한 채 피의자의 동의 없이 피의자의 신체로부터 혈액을 채취하고 **사후에도 지체 없이 영장을 발부받지 않았다면**, 그 혈액 중 알코올농도에 관한 감정의뢰회보는 원칙적으로 **유죄의 증거로 사용할 수 없다.** 이 경우 피고인이나 변호인의 증거동의가 있다고 하더라도 유죄의 증거로 사용할 수 없다(대판 2012.11.15, 2011도15258) [21·19·18·15 경찰승진, 20 법원9급, 18 법학특채, 17 해경채용, 16 경찰채용]

② [1] 수사기관이 범죄 증거를 수집할 목적으로 피의자의 동의 없이 피의자의 혈액을 취득·보관하는 행위는 법원으로부터 감정처분허가장을 받아 형사소송법 제221조의4 제1항, 제173조 제1항에 의한 **'감정에 필요한 처분'으로도 할 수 있고,** 형사소송법 제219조, 제106조 제1항에 정한 **'압수영장의 집행에 있어서 필요한 처분'에 해당한다.** [20 해경채용, 17·16 해경간부, 14 경간, 13 경찰채용]
[2] 음주운전 중 교통사고를 야기하고 의식불명 상태에 빠져 병원응급실에 후송된 피의자의 신체 내지 의복류에 주취로 인한 냄새가 강하게 나고, 교통사고 발생 시각으로부터 사회통념상 범행 직후라고 볼 수 있는 시간 내라면 경찰관은 의료진에게 요청하여 피의자의 혈액을 채취하도록 하여 압수할 수 |

있다. 다만 이 경우에도 사후에 지체 없이 강제채혈에 의한 압수의 사유 등을 기재한 영장청구서에 의하여 법원으로부터 압수영장을 받아야 한다(대판 2012.11.15, 2011도15258) ※ 이러한 경우 피의자의 신체 내지 의복류에 주취로 인한 냄새가 강하게 나는 등 형사소송법 제211조 제2항 제3호가 정하는 범죄의 증적이 현저한 준현행범인의 요건이 갖추어져 있고 교통사고 발생 시각으로부터 사회통념상 범행 직후라고 볼 수 있는 시간 내라면, 피의자의 생명·신체를 구조하기 위하여 사고현장으로부터 곧바로 후송된 병원 응급실 등의 장소는 형사소송법 제216조 제3항의 범죄 장소에 준한다 할 것이다. [21·13 경찰채용, 20 경간, 14 변호사시험]

③ [1] 범죄수사를 위하여 강제채뇨가 부득이하다고 인정되는 경우에 최후의 수단으로 적법한 절차에 따라 허용된다고 보아야 하고, 이때 의사, 간호사, 그 밖의 숙련된 의료인 등으로 하여금 소변 채취에 적합한 장비와 시설을 갖춘 곳에서 피의자의 신체와 건강을 해칠 위험이 적고 피의자의 굴욕감 등을 최소화 하는 방법으로 소변을 채취하여야 한다. [20 해경채용]

[2] **수사기관이 피의자의 동의 없이 피의자의 소변을 채취하는 것은 법원으로부터 감정처분허가장을 받아 '감정에 필요한 처분'으로 할 수 있지만, 압수·수색영장을 받아 집행할 수도 있다.** [20·18 변호사시험, 20 해경채용, 19 검찰7급]

[3] 압수·수색의 방법으로 소변을 채취하는 경우 압수대상물인 피의자의 소변을 확보하기 위한 수사기관의 노력에도 불구하고, 피의자가 소변 채취에 적합한 인근 병원 등으로 이동하는 것에 저항하는 등 임의동행을 기대할 수 없는 사정이 있는 때에는, 수사기관으로서는 소변 채취에 적합한 장소로 피의자를 데려가기 위해서 필요 최소한의 유형력을 행사하는 것이 허용된다(대판 2018.7.12, 2018도6219) [21 경찰채용, 20 해경채용, 19 법학특채]

4 압수·수색·검증과 영장주의의 예외

Ⅰ. 서 설
수사상 압수·수색·검증은 사전영장에 의하는 것이 원칙이다(제215조). 그러나 압수·수색·검증에 있어서는 사태의 긴급성을 고려하여 광범위하게 영장주의의 예외를 인정하고 있다.

Ⅱ. 체포·구속 목적 피의자 수색(제216조 제1항 제1호)

1. 의 의
① 검사 또는 사법경찰관은 피의자를 체포하거나 피고인·피의자를 구속하는 경우에 필요한 때에는 영장없이 타인의 주거나 타인이 간수하는 가옥·건조물·항공기·선차 내에서 피의자·피고인을 수색할 수 있다(제216조 제1항 제1호, 제137조) [19 경간, 20·16·15 경찰채용, 18·15 경찰승진, 17 법원9급]

② 다만, 영장에 의하여 체포 또는 구속하는 경우의 피의자·피고인 수색은 미리 수색영장을 발부받기 어려운 긴급한 사정이 있는 때에 한정한다(제216조 제1항 제1호, 제137조)

2. 사후영장의 요부
이 경우 사후영장은 필요없다. [18 해경채용]

Ⅲ. 체포·구속 현장에서의 압수·수색·검증(제216조 제1항 제2호)

1. 의 의
검사 또는 사법경찰관은 피의자를 체포하거나 피고인·피의자를 구속하는 경우에 필요한 때에는 영장없이 체포현장에서 압수·수색·검증을 할 수 있다(제216조 제1항 제2호, 제2항) [18 경간, 17 검찰9급, 17 법원9급, 16·15 경찰채용, 16·15 경찰승진]

2. 사후영장의 요부
① 검사 또는 사법경찰관은 압수한 물건을 계속 압수할 필요가 있는 경우에는 지체 없이 압수수색영장을 청구하여야 한다. 이 경우 영장의 청구는 체포한 때부터 48시간 이내에 하여야 한다(제217조 제2항) [20 변호사시험, 18 경간, 18·17 검찰9급, 17 법원9급]

② 검사 또는 사법경찰관은 청구한 압수수색영장을 발부받지 못한 때에는 압수한 물건을 즉시 반환하여야 한다(제217조 제3항)

판례	① 긴급체포 시 압수한 물건에 관하여 형사소송법 제217조 제2항, 제3항의 규정에 의한 압수·수색영장을 발부받지 않고도 즉시 반환하지 않는 경우 이를 유죄인정의 증거로 사용할 수 없는 것이고, 피고인이나 변호인이 이를 증거로 함에 동의하였다고 하더라도 달리 볼 것은 아니다(대판 2009.12.24, 2009도11401) [21·20·17 경찰승진, 20·17·16·14 경찰채용, 20·17 해경채용, 20 검찰9급, 19 경간 등] ② [1] 음란물 유포의 범죄혐의를 이유로 압수·수색영장을 발부받은 사법경찰관이 피의자의 주거지를 수색하다가 대마를 발견하자 피의자를 마약류관리에관한법률 위반죄의 **현행범인으로 체포하면서 대마를 압수하였고 다음 날 피의자 석방 후에 압수·수색영장을 발부받지 않았다면 압수는 위법하다.** [2] 이 경우 위 압수물과 압수조서는 영장주의를 위반하여 수집한 증거로서 증거능력이 부정된다(대판 2009.5.14, 2008도10914) [19 경간, 19·18·15 경찰승진, 19·16 해경간부, 17 검찰9급, 15·14 해경채용, 14 변호사시험, 14·13 경찰채용 등]

Ⅳ. 피고인 구속현장에서의 압수·수색·검증(제216조 제2항)

검사 또는 사법경찰관이 피고인에 대한 구속영장을 집행하는 경우에 필요한 때에는 그 집행현장에서 영장없이 압수·수색·검증을 할 수 있다(제216조 제2항) [21·19·17·16 경찰승진]

Ⅴ. 범죄장소에서의 긴급압수·수색·검증(제216조 제3항)

1. 의 의

범행중 또는 범행직후의 범죄장소에서 긴급을 요하여 판사의 영장을 받을 수 없는 때에는 영장없이 압수·수색·검증을 할 수 있다(제216조 제3항) [20 변호사시험, 19 검찰9급, 18·16·15 경찰채용, 17·15 경찰승진, 17 법원9급, 15 경간 등]

판례	① "범행 중 또는 범행 직후의 범죄 장소에서 긴급을 요하여 법원 판사의 영장을 받을 수 없는 때에는 영장없이 압수·수색 또는 검증을 할 수 있다. 이 경우에는 사후에 지체 없이 영장을 받아야 한다."고 규정하고 있는 「형사소송법」 제216조 제3항의 요건 중 어느 하나라도 갖추지 못한 경우에 그러한 압수·수색 또는 검증은 위법하며, 이에 대하여 사후에 법원으로부터 영장을 발부받았다고 하여 그 위법성이 치유되지 아니한다(대판 2017.11.29, 2014도16080) [19 경찰채용] ② 주취운전이라는 범죄행위로 당해 음주운전자를 구속·체포하지 아니한 경우에도 필요하다면 그 **차량열쇠**는 범행 중 또는 범행 직후의 범죄장소에서의 압수로서 형사소송법 제216조 제3항에 의하여 영장 없이 이를 압수할 수 있다(대판 1998.5.8, 97다54482) [19 경찰승진, 16 경간, 15 검찰9급]

2. 사후영장의 요부

이 경우에는 사후에 **지체없이** 압수·수색·검증영장을 발부받아야 한다(제216조 제3항)
[20 변호사시험, 19 검찰9급, 18·16·15 경찰채용, 17·15 경찰승진, 17 법원9급, 15 경간 등]

판례	① 사법경찰관사무취급이 행한 검증이 사건발생 후 범행장소에서 긴급을 요하여 판사의 영장없이 시행된 것이라면 이는 형사소송법 제216조 제3항에 의한 검증이라 할 것임에도 불구하고 기록상 사후영장을 받은 흔적이 없다면 이러한 검증조서는 유죄의 증거로 할 수 없다(대판 1984.3.13, 83도3006) [18 경찰채용] ② 음주운전 여부에 대한 조사 과정에서 운전자 본인의 동의를 받지 아니하고 또한 법원의 영장도 없이 채혈조사를 한 결과를 근거로 한 운전면허 정지·취소 처분은 '호흡측정 결과에 불복하는 운전자에 대하여는 그 운전자의 동의를 받아 혈액 채취 등의 방법으로 다시 측정할 수 있다'고 규정한 도로교통법 제44조 제3항을 위반한 것으로서 특별한 사정이 없는 한 위법한 처분으로 볼 수밖에 없다(대판 2016.12.27, 2014두46850)

Ⅵ. 긴급체포 후의 압수·수색·검증(제217조 제1항)

1. 의 의

검사 또는 사법경찰관은 긴급체포된 자가 소유·소지 또는 보관하는 물건에 대하여 긴급히 압수할 필요가 있는 경우에는 체포한 때부터 **24시간 이내**에 한하여 영장 없이 압수·수색 또는 검증을 할 수 있다(제217조 제1항) [21·19·16·15 경찰채용, 20·19·18·17 경찰승진, 19 경간, 19·18·15 경간, 19 검찰9급, 18 변호사시험, 17·15 법원9급]

판례	① 긴급체포된 자가 소유·소지 또는 보관하는 물건에 대하여 긴급히 압수할 필요가 있어 체포한 때부터 24시간 이내에 영장 없이 압수·수색 또는 검증을 하는 경우 **체포현장이 아닌 장소에서도 긴급체포된 자가 소유·소지 또는 보관하는 물건을 대상으로 할 수 있다**(대판 2017.9.12, 2017도10309) [21 경찰채용, 19 경간, 20 경찰승진, 19 변호사시험] ② 경찰관이 2020년 10월 5일 20:00 도로에서 마약류 거래를 하고 있는 피의자를 긴급체포한 뒤 같은 날 20:24경 영장 없이 체포현장에서 약 2km 떨어진 피의자의 주거지에 대한 수색을 실시해서 작은 방 서랍장 등에서 메스암페타민 약 10g을 압수한 것은 적법하다(대판 2017.9.12, 2017도10309) [19 경간] ③ [1] 경찰관이 사기죄 범행의 혐의자를 긴급체포하면서 그가 보관하고 있던 다른 사람의 주민등록증, 운전면허증, 지갑 등을 압수하였는데 압수 당시 위 물건들이 사기범행과 관련된다고 의심할만한 상당한 이유가 있었다면, 나중에 위 물건들이 사기죄의 범행과는 관련이 없음이 밝혀졌다고 하더라도 위 압수는 적법하다.

[2] 경찰관이 전화사기죄 범행의 혐의자를 긴급체포하면서 그가 보관하고 있던 다른 사람의 주민등록증, 운전면허증 등을 압수한 경우에 이는 해당 범죄사실의 수사에 필요한 범위 내의 압수로서 적법하므로, 이를 위 혐의자의 점유이탈물횡령죄 범행에 대한 증거로 사용할 수 있다(대판 2008.7.10, 2008도2245) [18·17·16·14 경찰승진, 18·17 경간, 17 해경채용, 16 변호사시험, 15·13 경찰채용 등]

2. 사후영장의 여부

① 검사 또는 사법경찰관은 압수한 물건을 계속 압수할 필요가 있는 경우에는 지체 없이 압수수색영장을 청구하여야 한다. 이 경우 영장의 청구는 **체포한 때부터 48시간 이내**에 하여야 한다(제217조 제2항) [19 경간, 19·15 경찰채용, 19 검찰9급, 18 변호사시험, 18·17 경찰승진]

② 검사 또는 사법경찰관은 청구한 압수수색영장을 발부받지 못한 때에는 압수한 물건을 즉시 반환하여야 한다(제217조 제3항)

Ⅶ. 임의제출물 또는 유류물의 압수(제218조)

1. 의 의

① 검사 또는 사법경찰관은 피의자 기타인이 유류한 물건이나 소유자·소지자·보관자가 임의로 제출한 물건을 영장없이 압수할 수 있다(제218조) [17·16·15 경찰승진, 15 경찰채용]

② 법원도 소유자·소지자·보관자가 임의로 제출한 물건 또는 유류한 물건을 영장없이 압수할 수 있다(제108조)

판례	① [1] **교도관이** 재소자가 맡긴 비망록을 **수사기관에 임의로 제출**한 경우, 그 비망록의 증거사용에 대하여 재소자의 사생활의 비밀 기타 인격적 법익이 침해되는 등의 특별한 사정이 없는 한 반드시 그 재소자의 동의를 받아야 하는 것은 아니다. [2] 검사가 교도관으로부터 그가 보관하고 있던 피고인의 비망록을 뇌물수수 등의 증거자료로 임의로 제출받아 이를 압수한 경우 그 압수절차가 피고인의 승낙 및 영장없이 행하여졌다고 하더라도 이에 적법절차를 위반한 위법이 있다고 할 수 없다(대판 2008.5.15, 2008도1097) [21 경찰승진, 21·18·15 경간, 18 경찰채용, 18 검찰7급, 17 변호사시험] ② 경찰관이 **담당의사로부터** 진료 목적으로 이미 채혈되어 있던 피고인의 혈액 중 일부를 주취운전 여부에 대한 감정을 목적으로 **임의로 제출받아 이를 압수**한 경우, 그 압수절차가 피고인 또는 피고인의 가족의 동의 및 영장 없이 행하여졌다고 하더라도 이에 적법절차를 위반한 위법이 있다고 할 수 없다(대판 1999.9.3, 98도968) [21·19 경찰승진, 21·18 경찰채용, 18 해경간부, 15 경간, 15 검찰9급]

③ 검사 또는 사법경찰관은 현행범 체포현장이나 범죄장소에서 소지자 등이 임의로 제출하는 물건을 영장 없이 압수할 수 있고, 이 경우에는 검사나 사법경찰관이 사후에 영장을 받을 필요가 없다(대판 2016.2.18, 2015도13726) [21·19 변호사시험, 21 경찰승진, 21·19·18 경찰채용, 20·19·17 검찰9급]

④ 형사소송법 규정에 위반하여 소유자, 소지자 또는 보관자가 아닌 자로부터 제출받은 물건을 영장없이 압수한 경우 그 압수물 및 압수물을 찍은 사진은 이를 유죄 인정의 증거로 사용할 수 없는 것이고, 피고인이나 변호인이 이를 증거로 함에 동의하였다고 하더라도 달리 볼 것은 아니다(대판 2010.1.28, 2009도10092) [21·20·19·17·16 경찰승진, 21·20·18·16 경찰채용, 20·18 변호사시험, 20·17·15 경간, 17 검찰9급]

2. 사후영장의 요부

이 경우 사후영장은 필요없다. [18 경찰채용, 15 경찰승진]

Ⅷ. 변사자검시와 영장 없는 검증(제222조 제2항)

변사자검시로 범죄의 혐의를 인정하고 긴급을 요할 때에는 영장없이 검증을 할 수 있다(제222조 제2항) [20·16 경찰승진, 20·18 경찰채용, 19 경간]

5 수사상의 감정

Ⅰ. 수사상 감정위촉

1. 의 의
① 감정은 특별한 전문지식이 있는 자가 그 전문지식을 적용하여 일정한 사실판단을 하는 것을 말한다.
② 검사 또는 사법경찰관은 수사에 필요한 때에는 감정을 위촉할 수 있다(제221조 제2항)

2. 내 용
① 수사상 감정위촉은 법원의 증거조사방법으로 행하여지는 감정과 구별된다.
② 감정위촉은 임의수사로 법관의 영장을 요하지 않는다.
③ 감정의 경과와 결과를 기재한 서류는 제313조 제2항에 의하여 증거능력이 인정된다. 따라서 공판준비나 공판기일에서의 감정수탁자의 진술에 의하여 그 성립의 진정함이 증명된 때에는 증거로 할 수 있다.

Ⅱ. 수사상 감정유치

1. 의 의
① 피의자의 정신 또는 신체를 감정하기 위하여 일정기간 동안 병원 기타 적당한 장소에 피의자를 유치하는 강제처분을 말한다(제221조의3)

2. 대상 및 요건
① 수사상의 감정유치는 피의자를 대상으로 하며, 피의자 아닌 자(피해자, 제3자)에 대해서는 허용되지 아니한다. 피의자인 이상 구속·불구속을 불문한다.
② 감정유치를 청구함에 있어서는 감정유치의 필요성이 인정되어야 한다. 감정유치의 필요성은 정신 또는 신체의 감정을 위하여 계속적인 유치와 관찰이 필요한 때에 인정된다. 따라서 피의자를 유치하지 않아도 병원에 통원함에 의하여 감정할 수 있는 때에는 감정유치를 청구할 수 없다.

3. 절 차

(1) 감정유치의 청구
① 검사는 감정을 위촉하는 경우에 유치처분이 필요할 때에는 판사에게 이를 청구하여야 한다(제221조의3 제1항).

(2) 감정유치장의 발부
① 판사는 청구가 상당하다고 인정할 때에는 유치처분을 하여야 하며, 이 경우에는 감정유치장을 발부한다(제221조의3 제2항).
② 감정유치를 기각하는 결정은 물론 감정유치장의 발부에 대한 피의자의 준항고는 허용되지 않는다.

(3) 감정유치장의 집행
① 감정유치장의 집행에 관하여는 구속영장의 집행에 관한 규정이 준용된다(제221조의3 제2항).
② 유치를 함에 있어서 필요한 때에는 판사는 직권 또는 피의자를 수용할 병원 기타 장소의 관리자의 신청에 의하여 사법경찰관리에게 피의자의 간수를 명할 수 있다(제221조의2 제2항, 제172조 제5항).

(4) 감정유치기간
① 감정유치에 필요한 기간에는 제한이 없다.
② 감정유치기간은 연장하거나 단축할 수 있으며, 유치기간의 연장은 검사의 청구에 의하여 판사가 결정한다(제221조의3 제2항, 제172조 제6항).

4. 감정유치와 구속
① 감정유치는 미결구금일수의 산입에 있어서는 이를 구속으로 간주한다. [18 해경간부, 15 경찰승진]

Ⅲ. 수사상 감정처분

감정인(수사기관으로부터 감정의 위촉을 받은 자)은 감정에 관하여 필요한 때에는 법원의 허가를 얻어 타인의 주거, 간수자 있는 가옥, 건조물, 항공기, 선차 내에 들어 갈 수 있고 신체의 검사, 사체의 해부, 분묘발굴, 물건의 파괴를 할 수 있다(제221조의4 제1항, 제173조 제1항).

6 통신비밀보호법과 통신제한조치

Ⅰ. 통신제한조치의 의의

① 통신제한조치란 수사기관이 일정한 요건 하에 법원의 허가를 얻어 우편물을 검열하거나 전기통신을 감청하는 강제수사를 말한다.
② 전화이용범죄나 몸값 목적 유괴사건과 같이 통신수단을 이용한 범죄의 수사를 위해서는 발신장소 역탐지, 통신내용분석 등이 요구되므로 수사를 위해 필요한 경우가 있어서 통신비밀보호법에 그 근거를 두고 있다.
③ 통신의 비밀을 보호하고 통신의 자유를 신장할 목적으로 통신비밀보호법이 제정되어 통신 및 대화의 비밀과 자유에 대한 제한은 그 대상을 한정하고 엄격한 법적 절차를 거치도록 하고 있다.

Ⅱ. 통신제한조치의 종류

통신이라 함은 우편물과 전기통신을 말한다.

1. 우편물의 검열(통신비밀보호법 제2조)

(1) 의 의
① 우편물에 대하여 당사자의 동의없이 이를 개봉하거나 기타의 방법으로 그 내용을 지득 또는 채록하거나 유치하는 것을 말한다.

(2) 정 의
① '우편물'이라 함은 우편법에 의한 통상우편물과 소포우편물을 말한다.
② '당사자'라 함은 우편물의 발송인과 수취인을 말한다.
③ '검열'이라 함은 우편물에 대하여 당사자의 동의없이 이를 개봉하거나 기타의 방법으로 그 내용을 지득 또는 채록하거나 유치하는 것을 말한다.

2. 전기통신의 감청(통신비밀보호법 제2조)

(1) 의 의
① 전기통신에 대하여 당사자의 동의없이 전자장치·기계장치 등을 사용하여 통신의 음향·문언·부호·영상을 청취·공독하여 그 내용을 지득 또는 채록하거나 전기통신의 송·수신을 방해하는 것을 말한다. 이에는 유선감청과 무선감청이 포함된다.

(2) 정 의

① '전기통신'이라 함은 전화·전자우편·회원제정보서비스·모사전송·무선호출 등과 같이 유선·무선·광선 및 기타의 전자적 방식에 의하여 모든 종류의 음향·문언·부호 또는 영상을 송신하거나 수신하는 것을 말한다.

② '당사자'라 함은 전기통신의 송신인과 수신인을 말한다.

③ '감청'이라 함은 전기통신에 대하여 당사자의 동의없이 전자장치·기계장치등을 사용하여 통신의 음향·문언·부호·영상을 청취·공독하여 그 내용을 지득 또는 채록하거나 전기통신의 송·수신을 방해하는 것을 말한다.

④ '전자우편'이라 함은 컴퓨터 통신망을 통해서 메시지를 전송하는 것 또는 전송된 메시지를 말한다.

| 판례 | ① (감청 ≠ 수신완료) '전기통신의 감청'은 전기통신이 이루어지고 있는 상황에서 실시간으로 그 전기통신의 내용을 지득·채록하는 경우와 통신의 송·수신을 직접적으로 방해하는 경우를 의미하는 것이지, 이미 수신이 완료된 전기통신에 관하여 남아 있는 기록이나 내용을 열어보는 등의 행위는 포함하지 않는다(대판 2016. 10.13, 2016도8137) [21·20 경찰승진, 19·14 경찰채용, 19·16 검찰7급, 18 경간, 18 해경채용]

② [1] 전자우편이 송신되어 수신인이 이를 확인하는 등으로 이미 수신이 완료된 전기통신에 관하여 남아 있는 기록이나 내용을 열어보는 등의 행위는 통신비밀보호법에서 규정하는 '전기통신의 감청'에 포함되지 않는다.
[2] 전기통신의 감청은 현재 이루어지고 있는 전기통신의 내용을 지득·채록하는 경우와 통신의 송·수신을 직접적으로 방해하는 경우를 의미하고, 전자우편이 송신되어 이미 수신이 완료된 전기통신에 관하여 남아 있는 기록이나 내용을 열어보는 등의 행위는 포함하지 않는다(대판 2013.11.28, 2010도12244) [19 경간, 19·18 해경간부, 17 변호사시험, 17 검찰9급]
[사실관계] 시청공무원 甲이 권한 없이 전자우편에 대한 비밀보호조치를 해제하고 시장 乙의 전자우편을 수집한 경우, 이 전자우편은 증거능력을 인정할 수 있다. [20 해경간부]

③ (통화 ≠ 대화) [1] 무전기와 같은 무선전화기를 이용한 통화는 「통신비밀보호법」상 '전기통신'에 해당하고 '타인간의 대화'에 포함되지 않는다.
[2] 렉카 회사가 무전기를 이용하여 한국도로공사의 상황실과 순찰차간의 무선전화통화를 청취한 경우 무전기를 설치함에 있어 한국도로공사의 정당한 계통을 밟은 결재가 있었던 것이 아닌 이상 전기통신의 당사자인 한국도로공사의 동의가 있었다고는 볼 수 없으므로 통신비밀보호법상의 감청에 해당한다(대판 2003.11.13, 2001도6213) [20·16·14 경찰승진, 19·17·16 해경간부, 18 경간, 18 해경채용, 16 검찰7급, 14 경찰채용] |

Ⅲ. 통신 및 대화비밀의 보호

1. 통신 및 대화비밀의 보호

① 누구든지 통신비밀보호법과 형사소송법의 규정에 의하지 아니하고는 우편물의 검열·전기통신의 감청 또는 통신사실확인자료의 제공을 하거나 공개되지 아니한 타인간의 대화를 녹음 또는 청취하지 못한다(통비법 제3조 제1항)

판례	① (통화 ≠ 대화) 전화통화가 통비법에서 규정하고 있는 전기통신에 해당함은 전화통화의 성질 및 법 규정 내용에 비추어 명백하므로 이를 법 제3조 제1항 소정의 '타인간의 대화'에 포함시킬 수는 없다(대판 2002.10.8, 2002도123)

② 다만, 다음의 경우에는 당해 법률이 정하는 바에 의한다(통비법 제3조 제1항)
  ㉠ **환부우편물등의 처리** : 우편법 제28조·제32조·제35조·제36조 등의 규정에 의하여 폭발물등 우편금제품이 들어 있다고 의심되는 소포우편물(이와 유사한 우편물을 포함한다)을 개피하는 경우, 수취인에게 배달할 수 없거나 수취인이 수령을 거부한 우편물을 발송인에게 환부하는 경우, 발송인의 주소·성명이 누락된 우편물로서 수취인이 수취를 거부하여 환부하는 때에 그 주소·성명을 알기 위하여 개피하는 경우 또는 유가물이 든 환부불능우편물을 처리하는 경우
  ㉡ **수출입우편물에 대한 검사** : 관세법 제256조·제257조 등의 규정에 의한 신서외의 우편물에 대한 통관검사절차
  ㉢ **구속 또는 복역중인 사람에 대한 통신** : 형사소송법 제91조, 군사법원법 제131조, 「형의 집행 및 수용자의 처우에 관한 법률」 제41조·제43조·제44조 및 「군에서의 형의 집행 및 군수용자의 처우에 관한 법률」 제42조·제44조 및 제45조에 따른 구속 또는 복역중인 사람에 대한 통신의 관리
  ㉣ **파산선고를 받은 자에 대한 통신** : 「채무자 회생 및 파산에 관한 법률」 제484조의 규정에 의하여 파산선고를 받은 자에게 보내온 통신을 파산관재인이 수령하는 경우
  ㉤ **혼신제거등을 위한 전파감시** : 전파법 제49조 내지 제51조의 규정에 의한 혼신제거등 전파질서유지를 위한 전파감시의 경우

2. 증거능력 부정

① 불법검열에 의하여 취득한 우편물이나 그 내용 및 불법감청에 의하여 지득 또는 채록된 전기통신의 내용은 재판 또는 징계절차에서 증거로 사용할 수 없다(통비법 제4조)
[21·15 경찰승진, 20 변호사시험]

판례	① 수사기관으로부터 통신제한조치의 집행을 위탁받은 통신기관 등이 집행에 필요한 설비가 없을 때에는 수사기관에 설비의 제공을 요청하여야 하는데, 그러한 요청 없이 통신제한조치허가서에 기재된 사항을 준수하지 아니한 채 통신제한조치를 집행하였다면 그러한 집행으로 취득한 전기통신의 내용 등은 유죄 인정의 증거로 할 수 없다(대판 2016.10.13, 2016도8137) [19 경찰승진, 17 경찰채용]

② 공개되지 아니한 타인간의 대화를 녹음하거나 전자장치 또는 기계적 수단을 이용하여 청취한 내용도 재판 또는 징계절차에서 증거로 사용할 수 없다(통비법 제4조, 제14조) [15 경찰승진]

Ⅳ. 범죄수사를 위한 통신제한조치

1. 대상범죄(통신비밀보호법 제5조 제1항)

(1) 형 법

구 분	내 용
형 법	① 내란의 죄 ② 외환의 죄(전시군수계약불이행죄 제외) ③ 국교에 관한 죄(외국국기국장모독죄 제외) ④ 공안을 해하는 죄(다중불해산죄, 전시공수계약불이행죄 제외) ⑤ 폭발물에 관한 죄 ⑥ 공무원의 직무에 관한 죄 중 공무상비밀누설죄, 뇌물죄 ⑦ 도주와 범인은닉의 죄 ⑧ 방화와 실화의 죄(연소죄, 진화방해죄, 실화죄 제외) ⑨ 아편에 관한 죄 ⑩ 통화에 관한 죄 ⑪ 유가증권에 관한 죄 ⑫ 살인의 죄 ⑬ 체포와 감금의 죄 ⑭ 협박의 죄(존속협박죄 제외) ⑮ 약취, 유인 및 인신매매의 죄 ⑯ 강간과 추행의 죄(미성년자간음죄, 업무상 위력에 의한 간음죄 제외) ⑰ 경매·입찰방해죄 ⑱ 인질강요죄, 인질상해·살해죄 ⑲ 절도와 강도의 죄 ⑳ 공갈죄 ㉑ 장물에 관한 죄 중 상습장물죄

	〈주의〉 상해죄, 신용훼손죄, 업무방해죄, 사기죄, 공무집행방해죄, 직무유기죄는 대상범죄가 아니다.

(2) 형사특별법

구 분	내 용
형사 특별법	① 군형법에 규정된 범죄(제6장, 제10장 제외) ② 국가보안법, 군사기밀보호법, 군사시설보호법에 규정된 범죄 ③ 마약류 관리에 관한 법률에 규정된 범죄 중 제58조 내지 제62조의 죄 ④ 폭력행위 등 처벌에 관한 법률에 규정된 범죄 중 제4조 및 제5조의 죄 ⑤ 총포·도검·화약류 등의 안전관리에 관한 법률에 규정된 범죄 중 제70조 및 제71조제1호 내지 제3호의 죄 ⑥ 특정범죄 가중처벌 등에 관한 법률에 규정된 범죄 중 제2조 내지 제8조, 제11조, 제12조의 죄 ⑦ 특정경제범죄 가중처벌 등에 관한 법률에 규정된 범죄 중 제3조 내지 제9조의 죄 ⑧ 제1호와 제2호의 죄에 대한 가중처벌을 규정하는 법률에 위반하는 범죄 ⑨ 「국제상거래에 있어서 외국공무원에 대한 뇌물방지법」에 규정된 범죄 중 제3조 및 제4조의 죄

2. 통신제한조치의 요건

① 통신제한조치는 대상범죄를 계획 또는 실행하고 있거나 실행하였다고 의심할만한 충분한 이유가 있고, 다른 방법으로는 그 범죄의 실행을 저지하거나 범인의 체포 또는 증거의 수집이 어려운 경우에 한하여 허가할 수 있다(통비법 제5조 제1항) [19 경간, 19 경찰채용]

② 내사단계에서도 통신제한조치가 가능하다.

3. 통신제한조치의 허가절차

(1) 허가의 청구

① 검사는 요건이 구비된 경우에는 법원에 대하여 **각 피의자별 또는 각 피내사자별로** 통신제한조치를 허가하여 줄 것을 청구할 수 있다(통비법 제6조 제1항) [21 경찰채용, 19 경간]

사법경찰관은 검사에 대하여 **각 피의자별 또는 각 피내사자별로** 통신제한조치에 대한 허가를 신청하고, 검사는 법원에 대하여 그 허가를 청구할 수 있다(통비법 제6조 제2항) [21·20 경찰채용, 19 경간]

② 통신제한조치청구는 필요한 통신제한조치의 종류·그 목적·대상·범위·기간·집행장소·방법 및 당해 통신제한조치가 허가요건을 충족하는 사유 등의 청구이유를 기재한 서면으로 하여야 하며, 청구이유에 대한 소명자료를 첨부하여야 한다. 이 경우 동일한 범죄사실에 대하여 그 피의자 또는 피내사자에 대하여 통신제한조치의 허가를 청구하였거나 허가받은 사실이 있는 때에는 다시 통신제한조치를 청구하는 취지 및 이유를 기재하여야 한다(통비법 제6조 제4항).

(2) 관할법원
① 통신제한조치 청구사건의 관할법원은 그 통신제한조치를 받을 통신당사자의 쌍방 또는 일방의 주소지·소재지, 범죄지 또는 통신당사자와 공범관계에 있는 자의 주소지·소재지를 관할하는 지방법원 또는 지원으로 한다(통비법 제6조 제3항).

(3) 법원의 결정
① 법원은 청구가 이유 없다고 인정하는 경우에는 청구를 기각하고 이를 청구인에게 통지한다(통비법 제6조 제9항).
② 법원은 청구가 이유 있다고 인정하는 경우에는 각 피의자별 또는 각 피내사자별로 통신제한조치를 허가하고, 허가서를 청구인에게 발부한다(통비법 제6조 제5항). 허가서에는 통신제한조치의 종류·그 목적·대상·범위·기간 및 집행장소와 방법을 특정하여 기재하여야 한다(통비법 제6조 제6항).

판례	① 통신제한조치허가서에 의하여 허가된 통신제한조치가 '전기통신 감청 및 우편물 검열'뿐인 경우 그 후 연장결정서에 당초 허가 내용에 없던 '대화녹음'이 기재되어 있다 하더라도 이는 대화녹음의 적법한 근거가 되지 못한다(대판 1999.9.3. 99도2317) [19 경간, 18 경찰승진]

(4) 통신제한조치 기간
① 범죄수사를 위한 통신제한조치의 기간은 2개월을 초과하지 못하고, 그 기간 중 통신제한조치의 목적이 달성되었을 경우에는 즉시 종료하여야 한다. [21 경찰채용, 20·18 경간] 다만, 범죄수사를 위한 통신제한조치 허가요건이 존속하는 경우에는 소명자료를 첨부하여 2개월의 범위에서 통신제한조치기간의 연장을 청구할 수 있다(통비법 제6조 제7항).
② 검사 또는 사법경찰관이 통신제한조치의 연장을 청구하는 경우에 통신제한조치의 총 연장기간은 1년을 초과할 수 없다. 다만, 내란죄·외환죄 등 국가안보와 관련된 범죄 등의 경우에는 통신제한조치의 총 연장기간이 3년을 초과할 수 없다(통비법 제6조 제8항).
[21 경찰채용]

> **국가안보와 관련된 범죄**
>
> 통비법 제6조 ⑧ 다음 각 호의 어느 하나에 해당하는 범죄의 경우에는 통신제한조치의 총 연장기간이 3년을 초과할 수 없다
> ㉠ 「형법」 제2편 중 제1장 내란의 죄, 제2장 외환의 죄 중 제92조부터 제101조까지의 죄, 제4장 국교에 관한 죄 중 제107조, 제108조, 제111조부터 제113조까지의 죄, 제5장 공안을 해하는 죄 중 제114조, 제115조의 죄 및 제6장 폭발물에 관한 죄
> ㉡ 「군형법」 제2편 중 제1장 반란의 죄, 제2장 이적의 죄, 제11장 군용물에 관한 죄 및 제12장 위령의 죄 중 제78조·제80조·제81조의 죄
> ㉢ 「국가보안법」에 규정된 죄
> ㉣ 「군사기밀보호법」에 규정된 죄
> ㉤ 「군사기지 및 군사시설보호법」에 규정된 죄

Ⅴ. 국가안보를 위한 통신제한조치

1. 통신제한조치의 요건

국가안전보장에 대한 상당한 위험이 예상되는 경우 또는 대테러활동에 필요한 경우에 한하여 그 위해를 방지하기 위하여 이에 관한 정보수집이 특히 필요한 때에 통신제한조치를 할 수 있다(통비법 제7조 제1항).

2. 통신제한조치의 허가절차

(1) 허가의 청구

① 청구권자는 정보수사기관의 장이다.
② 정보수사기관의 장은 통신의 일방 또는 쌍방당사자가 내국인인 때에는 **고등법원 수석판사의 허가**를 받아야 한다(통비법 제7조 제1항 제1호) [19 경간]
③ 대한민국에 적대하는 국가, 반국가활동의 혐의가 있는 외국의 기관·단체와 외국인, 대한민국의 통치권이 사실상 미치지 아니하는 한반도내의 집단이나 외국에 소재하는 그 산하단체의 구성원의 통신인 때 및 작전수행을 위한 군용전기통신인 때에는 서면으로 **대통령의 승인**을 얻어야 한다(통비법 제7조 제1항 제2호).

(2) 통신제한조치 기간

① 국가안전보장을 위한 통신제한조치의 기간은 **4월**을 초과하지 못하고, 그 기간 중 통신제한조치의 목적이 달성되었을 경우에는 즉시 종료하여야 하되, 국가안보 등을 위한 통신제한조치 허가요건이 존속하는 경우에는 소명자료를 첨부하여 고등법원 수석판사의 허가 또는 대통령의 승인을 얻어 **4월**의 범위 이내에서 통신제한조치의 기간을 연장할 수 있다(통비법 제7조 제2항).

Ⅵ. 긴급통신제한조치(긴급감청)

1. 범죄수사를 위한 긴급통신제한조치

(1) 요 건

① 검사, 사법경찰관 또는 정보수사기관의 장은 국가안보를 위협하는 음모행위, 직접적인 사망이나 심각한 상해의 위험을 야기할 수 있는 범죄 또는 조직범죄 등 중대한 범죄의 계획이나 실행 등 긴박한 상황에 있고, 통신제한조치 허가요건을 구비한 자에 대하여 허가절차를 거칠 수 없는 긴급한 사유가 있는 때에는 법원의 허가없이 통신제한조치를 할 수 있다(통비법 제8조 제1항).

(2) 절 차

① 검사, 사법경찰관 또는 정보수사기관의 장은 제8조 제1항에 따른 통신제한조치의 집행에 착수한 후 지체 없이 제6조(제7조 제3항에서 준용하는 경우를 포함한다)에 따라 법원에 허가청구를 하여야 한다(통비법 제8조 제2항).

② 사법경찰관이 긴급통신제한조치를 할 경우에는 미리 검사의 지휘를 받아야 한다. 다만, 특히 급속을 요하여 미리 지휘를 받을 수 없는 사유가 있는 경우에는 긴급통신제한조치의 집행착수 후 지체없이 검사의 승인을 얻어야 한다(통비법 제8조 제3항).
[21 경찰승진]

2. 국가안보를 위한 긴급통신제한조치

(1) 요 건

정보수사기관의 장은 국가안보를 위협하는 음모행위, 직접적인 사망이나 심각한 상해의 위험을 야기할 수 있는 범죄 또는 조직범죄 등 중대한 범죄의 계획이나 실행 등 긴박한 상황에 있고 제7조 제1항 제2호(대한민국에 적대하는 국가, 반국가활동의 혐의가 있는 외국의 기관·단체와 외국인, 대한민국의 통치권이 사실상 미치지 아니하는 한반도내의 집단이나 외국에 소재하는 그 산하단체의 구성원의 통신인 때)에 해당하는 자에 대하여 대통령의 승인을 얻을 시간적 여유가 없거나 통신제한조치를 긴급히 실시하지 아니하면 국가안전보장에 대한 위해를 초래할 수 있다고 판단되는 때에는 소속 장관(국가정보원장 포함)의 승인을 얻어 통신제한조치를 할 수 있다(통비법 제8조 제8항).

(2) 절 차

정보수사기관의 장이 제8조 제8항에 따른 긴급통신제한조치의 집행에 착수한 후 지체없이 대통령의 승인을 얻어야 하며, 통신제한조치의 집행에 착수한 때부터 36시간 이내에 대통령의 승인을 얻지 못한 경우에는 해당 조치를 즉시 중지하고 해당 조치로 취득한 자료를 폐기하여야 한다(통비법 제8조 제9항, 제10항).

Ⅶ. 통신제한조치의 집행

1. 집행기관

① 통신제한조치는 이를 청구 또는 신청한 검사·사법경찰관 또는 정보수사기관의 장이 집행한다. 이 경우 체신관서 기타 관련기관 등에 그 집행을 위탁하거나 집행에 관한 협조를 요청할 수 있다(통비법 제9조 제1항)

② 통신제한조치의 집행을 위탁하거나 집행에 관한 협조를 요청하는 자는 통신기관 등에 통신제한조치허가서 또는 긴급감청서등의 표지의 사본을 교부하여야 하며, 이를 위탁받거나 이에 관한 협조요청을 받은 자는 통신제한조치허가서 또는 긴급감청서등의 표지 사본을 대통령령이 정하는 기간동안 보존하여야 한다(통비법 제9조 제2항)

③ 통신제한조치를 집행하는 자와 이를 위탁받거나 이에 관한 협조요청을 받은 자는 당해 통신제한조치를 청구한 목적과 그 집행 또는 협조일시 및 대상을 기재한 대장을 대통령령이 정하는 기간동안 비치하여야 한다(통비법 제9조 제3항)

④ 통신기관 등은 통신제한조치허가서 또는 긴급감청서등에 기재된 통신제한조치 대상자의 전화번호 등이 사실과 일치하지 않을 경우에는 그 집행을 거부할 수 있으며, 어떠한 경우에도 전기통신에 사용되는 비밀번호를 누설할 수 없다(통비법 제9조 제4항) [19·18 해경간부, 18 경찰승진]

판례	① [1] '대화의 녹음·청취'에 관하여 통신비밀보호법 제14조 제2항은 통신비밀보호법 제9조 제1항 전문을 적용하여 집행주체가 집행한다고 규정하면서도, 통신기관 등에 대한 집행위탁이나 협조요청에 관한 같은 법 제9조 제1항 후문을 적용하지 않고 있으나, 이는 '대화의 녹음·청취'의 경우 통신제한조치와 달리 통신기관의 업무와 관련이 적다는 점을 고려한 것일 뿐이므로, 반드시 집행주체가 '대화의 녹음·청취'를 직접 수행하여야 하는 것은 아니다. [2] 집행주체가 제3자의 도움을 받지 않고서는 '대화의 녹음·청취'가 사실상 불가능하거나 곤란한 사정이 있는 경우에는 비례의 원칙에 위배되지 않는 한 제3자에게 집행을 위탁하거나 그로부터 협조를 받아 '대화의 녹음·청취'를 할 수 있다고 봄이 타당하고, 그 경우 통신기관 등이 아닌 일반 사인에게 대장을 작성하여 비치할 의무가 있다고 볼 것은 아니다(대판 2015.1.22, 2014도10978 전원합의체)

2. 집행에 관한 통지

(1) 통지권자

① 검사는 통신제한조치를 집행한 사건에 관하여 공소를 제기하거나, 공소의 제기 또는 입건을 하지 아니하는 처분(기소중지결정, 참고인중지결정은 제외)을 한 때에는 그 처분을 한 날부터 **30일** 이내에 우편물 검열의 경우에는 그 대상자에게, 감청의 경우에는 그 대상이 된 전기통신의 가입자에게 통신제한조치를 집행한 사실과 집행기관 및 그 기간 등을 **서면으로 통지하여야 한다**(통비법 제9조의2 제1항) [21 경찰채용]

② 사법경찰관은 통신제한조치를 집행한 사건에 관하여 검사로부터 공소를 제기하거나 제기하지 아니하는 처분(기소중지 또는 참고인중지 결정은 제외)의 통보를 받거나 검찰송치를 하지 아니하는 처분(수사중지 결정은 제외) 또는 내사사건에 관하여 입건하지 아니하는 처분을 한 때에는 그 날부터 **30일** 이내에 우편물 검열의 경우에는 그 대상자에게, 감청의 경우에는 그 대상이 된 전기통신의 가입자에게 통신제한조치를 집행한 사실과 집행기관 및 그 기간 등을 **서면으로 통지하여야 한다**(통비법 제9조의2 제2항) [15 경찰승진]

(2) 통지의 유예

① 검사, 사법경찰관은 통신제한조치를 통지할 경우 국가의 안전보장·공공의 안녕질서를 위태롭게 할 현저한 우려가 있는 때, 사람의 생명·신체에 중대한 위험을 초래할 염려가 현저한 때에는 그 사유가 해소될 때까지 **통지를 유예할 수 있다**(통비법 제9조의2 제4항) ※ 수사의 방해될 우려가 있을 때에는 통지유예 사유가 아니다. 그리고 통지유예는 가능하나 통지생략은 할 수 없다. [19 경간, 19 해경간부, 12 경찰승진]

② 검사 또는 사법경찰관은 통지를 유예하려는 경우에는 소명자료를 첨부하여 미리 관할지방검찰청검사장의 승인을 받아야 한다(통비법 제9조의2 제5항)

③ 검사, 사법경찰관은 통지유예의 사유가 해소된 때에는 그 사유가 해소된 날부터 30일 이내에 동법 제9조의2 제1항 내지 제3항의 규정에 의한 통지를 하여야 한다(통비법 제9조의2 제6항)

(3) 압수·수색·검증의 집행에 관한 통지

① 검사는 송·수신이 완료된 전기통신에 대하여 압수·수색·검증을 집행한 경우 그 사건에 관하여 공소를 제기하거나 공소의 제기 또는 입건을 하지 아니하는 처분(기소중지결정, 참고인중지결정을 제외)을 한 때에는 그 처분을 한 날부터 30일 이내에 수사대상이 된 가입자에게 압수·수색·검증을 집행한 사실을 서면으로 통지하여야 한다(통비법 제9조의3 제1항)

② 사법경찰관은 송·수신이 완료된 전기통신에 대하여 압수·수색·검증을 집행한 경우 그 사건에 관하여 검사로부터 공소를 제기하거나 제기하지 아니하는 처분(기소중지 또는 참고인중지 결정은 제외)의 통보를 받거나 검찰송치를 하지 아니하는 처분(수사중지 결정은 제외) 또는 내사사건에 관하여 입건하지 아니하는 처분을 한 때에는 그 날부터 30일 이내에 수사대상이 된 가입자에게 압수·수색·검증을 집행한 사실을 서면으로 통지하여야 한다(통비법 제9조의3 제2항).

3. 통신제한조치로 취득한 자료의 사용제한

① 통신제한조치의 집행으로 인하여 취득된 우편물 또는 그 내용과 전기통신의 내용은 다음 각호의 경우 외에는 사용할 수 없다(통비법 제12조).
  ㉠ 통신제한조치의 목적이 된 제5조 제1항에 규정된 범죄나 이와 관련되는 범죄를 수사·소추하거나 그 범죄를 예방하기 위하여 사용하는 경우(제1호)
  ㉡ 제1호의 범죄로 인한 징계절차에 사용하는 경우(제2호)
  ㉢ 통신의 당사자가 제기하는 손해배상소송에서 사용하는 경우(제3호)
  ㉣ 기타 다른 법률의 규정에 의하여 사용하는 경우(제4호)

Ⅷ. 통신제한조치 등으로 취득한 자료의 보호

1. 자료의 비공개

① 통신제한조치의 허가·집행·통보 및 각종 서류작성 등에 관여한 공무원 또는 그 직에 있었던 자는 직무상 알게 된 통신제한조치에 관한 사항을 외부에 공개하거나 누설하여서는 아니된다(통비법 제11조 제1항).

② 통신제한조치에 관여한 통신기관의 직원 또는 그 직에 있었던 자는 통신제한조치에 관한 사항을 외부에 공개하거나 누설하여서는 아니된다(통비법 제11조 제2항).

③ 그외에 누구든지 이 법에 따른 통신제한조치로 알게 된 내용을 이 법에 따라 사용하는 경우 외에는 이를 외부에 공개하거나 누설하여서는 아니 된다(통비법 제11조 제3항).

2. 인터넷 회선에 대한 통신제한조치(패킷감청 또는 인터넷회선 감청)로 취득한 자료의 관리

(1) 패킷감청(인터넷회선 감청)의 의의

① 패킷감청(인터넷회선 감청)은 인터넷회선을 통해 오가는 정보(전기신호 '패킷')를 중간에 실시간으로 가로채는 감청방식이다. 감청 대상자가 접속하는 웹사이트, 로그인 정보, 이메일과 메신저 발송·수신 내역, 컴퓨터를 켜고 끈 시간 등 모든 정보를 수집한다.

② 패킷감청은 해당 인터넷 회선을 통해 흐르는 불특정 다수인의 모든 정보가 패킷형태로 수집되어 실시간으로 감시할 수 있기 때문에 일반적인 감청보다도 범위가 광대하다는 문제가 있다. 즉, 같은 회선을 이용하는 다른 사용자의 정보도 함께 수집될 수 있다.
③ 헌법재판소는 범죄수사를 위한 패킷감청 필요성은 인정하지만, 수사기관이 패킷감청을 통해 광범위하게 취득한 통신자료에 대한 통제수단이 제대로 마련돼 있지 않아 통신 및 사생활의 비밀과 자유를 침해한다는 취지로 2018년 8월에 헌법불합치 결정을 내렸다. 이를 반영하여 통신비밀보호법 제12조의2를 신설하여 수사기관이 취득한 자료에 대한 법원에 의한 사후 감독·통제장치가 마련되었다.

(2) 보관 등 승인의 청구

① 검사는 인터넷 회선을 통하여 송신·수신하는 전기통신을 대상으로 통신제한조치를 집행한 경우 그 전기통신을 사용하거나 사용을 위하여 보관하고자 하는 때에는 집행종료일부터 **14일 이내**에 보관등이 필요한 전기통신을 선별하여 통신제한조치를 허가한 법원에 보관등의 승인을 청구하여야 한다(통비법 제12조의2 제1항).
② 사법경찰관은 인터넷 회선을 통하여 송신·수신하는 전기통신을 대상으로 통신제한조치를 집행한 경우 그 전기통신의 보관 등을 하고자 하는 때에는 집행종료일부터 **14일 이내**에 보관 등이 필요한 전기통신을 선별하여 검사에게 보관 등의 승인을 신청하고, 검사는 신청일부터 **7일** 이내에 통신제한조치를 허가한 법원에 그 승인을 청구할 수 있다(통비법 제12조의2 제2항) [21 경찰승진, 21·20 경찰채용, 17 경간].
③ 법원은 청구가 이유 있다고 인정하는 경우에는 보관 등을 승인하고 이를 증명하는 서류를 발부하며, 청구가 이유 없다고 인정하는 경우에는 청구를 기각하고 이를 청구인에게 통지한다(통비법 제12조의2 제4항).

(3) 폐기

① 검사 또는 사법경찰관은 제1항에 따른 청구나 제2항에 따른 신청을 하지 아니하는 경우에는 집행종료일부터 **14일**(검사가 사법경찰관의 신청을 기각한 경우에는 그 날부터 **7일**) 이내에 통신제한조치로 취득한 전기통신을 폐기하여야 하고, 법원에 승인청구를 한 경우(취득한 전기통신의 일부에 대해서만 청구한 경우를 포함한다)에는 법원으로부터 승인서를 발부받거나 청구기각의 통지를 받은 날부터 **7일** 이내에 승인을 받지 못한 전기통신을 폐기하여야 한다(통비법 제12조의2 제5항).
② 검사 또는 사법경찰관은 통신제한조치로 취득한 전기통신을 폐기한 때에는 폐기의 이유와 범위 및 일시 등을 기재한 폐기결과보고서를 작성하여 피의자의 수사기록 또는 피내사자의 내사사건기록에 첨부하고, 폐기일부터 **7일** 이내에 통신제한조치를 허가한 법원에 송부하여야 한다(통비법 제12조의2 제6항) [21 경찰승진].

IX. 통신사실확인자료의 제공

1. 통신사실자료의 의의

① '통신사실확인자료'라 함은 다음 각목의 어느 하나에 해당하는 전기통신사실에 관한 자료를 말한다(통비법 제2조 제11항).
  ㉠ 가입자의 전기통신일시
  ㉡ 전기통신개시·종료시간
  ㉢ 발·착신 통신번호 등 상대방의 가입자번호
  ㉣ 사용도수
  ㉤ 컴퓨터통신 또는 인터넷의 사용자가 전기통신역무를 이용한 사실에 관한 컴퓨터통신 또는 인터넷의 로그기록자료
  ㉥ 정보통신망에 접속된 정보통신기기의 위치를 확인할 수 있는 발신기지국의 위치추적자료
  ㉦ 컴퓨터통신 또는 인터넷의 사용자가 정보통신망에 접속하기 위하여 사용하는 정보통신기기의 위치를 확인할 수 있는 접속지의 추적자료

2. 통신사실확인자료의 제공절차

(1) 자료요청

① 검사 또는 사법경찰관은 수사 또는 형의 집행을 위하여 필요한 경우 전기통신사업법에 의한 전기통신사업자에게 통신사실 확인자료의 열람이나 제출을 요청할 수 있다(통비법 제13조 제1항).

② 검사 또는 사법경찰관은 다른 방법으로는 범죄의 실행을 저지하기 어렵거나 범인의 발견·확보 또는 증거의 수집·보전이 어려운 경우에만 실시간 위치정보 추적자료 요청 및 특정한 기지국에 대하여 통신사실 확인자료제공을 요청할 수 있다(통비법 제13조 제2항 본문).
다만, 제5조 제1항 각 호의 어느 하나에 해당하는 범죄 또는 전기통신을 수단으로 하는 범죄에 대한 통신사실확인자료가 필요한 경우에는 제1항에 따라 열람이나 제출을 요청할 수 있다(통비법 제13조 제2항 단서).

(2) 허가절차

① 통신사실 확인자료제공을 요청하는 경우에는 요청사유, 해당 가입자와의 연관성 및 필요한 자료의 범위를 기록한 서면으로 관할 지방법원 또는 지원의 허가를 받아야 한다. 다만, 관할 지방법원 또는 지원의 허가를 받을 수 없는 긴급한 사유가 있는 때에는 통신사실 확인자료제공을 요청한 후 지체 없이 그 허가를 받아 전기통신사업자에게 송부하여야 한다(통비법 제13조 제3항).

판례	① 통신사실확인자료 제공요청에 의하여 취득한 통신사실확인자료를 범죄의 수사·소추 또는 예방을 위하여 사용하는 경우 그 대상범죄는 통신사실확인자료 제공요청의 목적이 된 범죄나 이와 관련된 범죄에 한정된다(대판 2014.10.27, 2014도2121) [사실관계] 검사가 통화내역(甲과 乙에 대한 공직선거법위반 사건의 수사과정에서 SK텔레콤이 A경찰서장에게 제공한 것)을 취득하는 과정에서 지방법원 또는 지원의 허가를 받았더라도 피고인에 대한 정치자금법위반의 공소사실은 甲과 乙의 공직선거법위반죄와는 아무 관련이 없으므로 이를 증거로 사용할 수 없다. ② [1] 통신사실확인자료를 범죄의 수사·소추를 위하여 사용하는 경우 그 대상범죄는 통신사실확인자료 제공요청의 목적이 된 범죄 및 이와 관련된 범죄에 한정되어야 하는데, 여기서 통신사실확인자료제공 요청의 목적이 된 범죄와 관련된 범죄라 함은 통신사실확인자료제공 요청허가서에 기재한 혐의사실과 **객관적 관련성**이 있고 자료제공 요청대상자와 피의자 사이에 **인적 관련성**이 있는 범죄를 의미한다. [2] 그 중 혐의사실과의 객관적 관련성은 통신사실확인자료제공 요청허가서에 기재된 혐의사실 자체 또는 그와 기본적 사실관계가 동일한 범행과 직접 관련되어 있는 경우는 물론 범행 동기와 경위, 범행 수단 및 방법, 범행 시간과 장소 등을 증명하기 위한 간접증거나 정황증거 등으로 사용될 수 있는 경우에도 인정될 수 있다. 그 관련성은 통신사실확인자료제공 요청허가서에 기재된 혐의사실의 내용과 당해 수사의 대상 및 수사 경위 등을 종합하여 구체적·개별적 연관관계가 있는 경우에만 인정된다고 보아야 하고, **혐의사실과 단순히 동종 또는 유사 범행이라는 사유만으로 관련성이 있다고 할 것은 아니다.** [3] 피의자와 사이의 인적 관련성은 통신사실 확인자료제공요청 허가서에 기재된 대상자의 공동정범이나 교사범 등 공범이나 간접정범은 물론 필요적 공범 등에 대한 피고사건에 대해서도 인정될 수 있다(대판 2017.1.25, 2016도13489) ③ 甲의 국가보안법위반죄에 대한 증거의 수집을 위하여 발부된 통신제한조치허가서에 의하여 피고인과 丙 사이 또는 피고인과 丁 사이의 통화내용을 감청하여 작성한 녹취서는 위 통신제한조치의 목적이 된 甲의 국가보안법위반죄나 그와 관련된 범죄를 위하여 사용되어야 한다(대판 2002.10.22, 2000도5461)

(3) 통지절차

① 검사 또는 사법경찰관은 통신사실 확인자료제공을 받은 사건에 관하여 다음 각 호의 구분에 따라 정한 기간 내에 통신사실 확인자료제공을 받은 사실과 제공요청기관 및 그 기간 등을 통신사실 확인자료제공의 대상이 된 당사자에게 서면으로 통지하여야 한다(통비법 제13조의3 제1항).

　㉠ **공소를 제기하거나, 공소제기·검찰송치를 하지 아니하는 처분(기소중지·참고인중지 또는 수사중지 결정은 제외) 또는 입건을 하지 아니하는 처분을 한 경우** : 그 처분을 한 날부터 30일 이내(제1호)

　㉡ **기소중지·참고인중지 또는 수사중지 결정을 한 경우** : 그 결정을 한 날부터 1년(제6조 제8항 각 호의 어느 하나에 해당하는 범죄인 경우에는 3년)이 경과한 때부터 30일 이내(제2호)

　㉢ **수사가 진행 중인 경우** : 통신사실 확인자료제공을 받은 날부터 1년(제6조 제8항 각 호의 어느 하나에 해당하는 범죄인 경우에는 3년)이 경과한 때부터 30일 이내 (제3호)

② 다만, 다음 각 호의 어느 하나에 해당하는 사유가 있는 경우에는 그 사유가 해소될 때까지 같은 항에 따른 통지를 유예할 수 있다(통비법 제13조의3 제2항).

　㉠ 국가의 안전보장, 공공의 안녕질서를 위태롭게 할 우려가 있는 경우(제1호)

　㉡ 피해자 또는 그 밖의 사건관계인의 생명이나 신체의 안전을 위협할 우려가 있는 경우(제2호)

　㉢ 증거인멸, 도주, 증인 위협 등 공정한 사법절차의 진행을 방해할 우려가 있는 경우(제3호)

　㉣ 피의자, 피해자 또는 그 밖의 사건관계인의 명예나 사생활을 침해할 우려가 있는 경우(제4호)

③ 검사 또는 사법경찰관으로부터 통신사실 확인자료제공을 받은 사실 등을 통지받은 당사자는 해당 통신사실 확인자료제공을 요청한 사유를 알려주도록 서면으로 신청할 수 있다(통비법 제13조의3 제5항).

④ 신청을 받은 검사 또는 사법경찰관은 원칙적으로 그 신청을 받은 날부터 30일 이내에 해당 통신사실 확인자료제공 요청의 사유를 서면으로 통지하여야 한다(통비법 제13조의3 제6항).

X. 대화의 비밀녹음 및 청취

1. 의 의
① 누구든지 공개되지 아니한 타인간의 대화를 녹음하거나 전자장치 또는 기계적 수단을 이용하여 청취할 수 없다(통비법 제14조 제1항)
② 수사기관에 의한 비밀녹음은 강제수사에 해당한다.

2. 수사기관의 비밀녹음

(1) 통신제한조치와 동일
① 통신비밀보호법은 수사기관이 공개되지 아니한 타인간의 대화를 녹음 또는 청취하는 것을 전기통신에 의한 통신조치와 동일한 요건 하에 허용하고 있다(통비법 제14조 제2항)
② 허가없이 공개되지 아니한 타인간의 대화를 녹음한 것이나 전자장치 또는 기계적 수단을 이용하여 청취한 것은 재판 또는 징계절차의 증거로 사용할 수 없다(통비법 제14조 제2항, 제4조)

(2) 일방의 동의에 의한 녹음
① 대화 당사자 일방만의 동의에 의한 감청은 일방만의 동의에 의하여 상대방의 사생활 비밀을 침해해서는 안되므로 법원의 허가 없이 허용될 수 없다.

판례	① (불법감청에 해당하여 증거능력이 부정[제3자 녹음에 해당함]) [1] 제3자가 전화통화 당사자 중 일방만의 동의를 받고 통화 내용을 녹음하였더라도 그 상대방의 동의가 없었다면 「통신비밀보호법」을 위반한 불법감청으로 그 녹음된 통화 내용의 증거능력을 인정할 수 없다. 이는 피고인이나 변호인이 이를 증거로 함에 동의하였다고 하더라도 달리 볼 것은 아니다. [2] 수사기관이 구속수감되어 있던 甲으로부터 乙의 마약류관리에관한법률위반(향정) 범행에 대한 진술을 듣고 추가적인 증거를 확보할 목적으로 **甲에게 그의 압수된 휴대전화를 제공하여 乙과 통화하고 위 범행에 관한 통화 내용을 녹음하게 한 경우에 이는 불법감청에 해당하고**, 그 녹음자체는 물론 이를 근거로 작성된 녹취록 첨부 수사보고서도 증거로 사용할 수 없다(대판 2010.10.14. 2010도9016) [21·20·18·17 변호사시험, 21·20·16 경찰승진, 21·20·18 경찰채용, 21·16 검찰9급, 19 경간, 20·16 검찰7급, 18 경간]

3. 사인에 의한 비밀녹음

(1) 제3자에 의한 비밀녹음

① 누구든지 공개되지 아니한 **타인간의 대화**를 녹음하거나 전자장치 또는 기계적 수단을 이용하여 청취할 수 없다(통비법 제14조 제1항).

② 제3자가 타인의 대화를 녹음한 경우에 녹음내용은 증거능력이 부정된다.

판례	① [1] 대화에 원래부터 참여하지 않는 제3자가 일반 공중이 알 수 있도록 공개되지 아니한 타인간의 발언을 녹음하거나 전자장치 또는 기계적 수단을 이용하여 청취하는 것은 특별한 사정이 없는 한 통신비밀보호법 제3조 제1항에 위반된다. [2] 甲이 휴대전화기로 乙과 통화한 후 예우차원에서 바로 전화를 끊지 않고 기다리던 중 그 휴대전화기로부터 乙과 丙이 대화하는 내용이 들리자 이를 그 휴대전화기로 녹음한 경우, 甲은 대화에 원래부터 참여하지 아니한 제3자이므로 휴대폰을 이용하여 대화를 청취·녹음하는 행위는 통신비밀보호법 제3조 위반행위에 해당한다(대판 2016.5.12. 2013도15616) [17 검찰7급] ② [1] 사람의 육성이 아닌 사물에서 발생하는 음향은 타인 간의 '대화'에 해당하지 않고 또한 사람의 목소리라고 하더라도 상대방에게 의사를 전달하는 말이 아닌 **단순한 비명소리나 탄식** 등은 타인과 의사소통을 하기 위한 것이 아니라면 특별한 사정이 없는 한 **타인 간의 '대화'에 해당한다고 볼 수 없다.** [2] 증인이 친분이 있던 피해자와 통화를 마친 후 전화가 끊기지 않은 상태에서 휴대전화를 통하여 몸싸움을 연상시키는 **'악'하는 소리와 '우당탕' 소리**를 1~2분 들었다고 증언한 경우, 그 소리는 「통신비밀보호법」에서 말하는 **타인 간의 대화에 해당하지 않는다.** [3] '악'과 같은 대화가 아닌 사람의 목소리를 녹음하거나 청취하는 행위가 개인의 사생활의 비밀과 자유 또는 인격권을 중대하게 침해하여 사회통념상 허용되는 한도를 벗어난 것이 아니라면 위와 같은 목소리를 들었다는 진술을 형사절차에서 증거로 사용할 수 있다(대판 2017.3.15. 2016도19843) [21·19 검찰9급, 19 검찰7급] ③ (허가서에 통신제한조치의 대상과 범위로 '대상자와 상대방 사이의 국가보안법위반 혐의사실을 내용으로 하는 대화에 대한 녹음 및 청취'로 기재되어 있는 경우) 통신비밀보호법에서 말하는 '대화'에는 당사자가 마주 대하여 이야기를 주고받는 경우뿐만 아니라 당사자 중 한 명이 일방적으로 말하고 상대방은 듣기만 하는 경우도 포함되므로, 강연과 토론·발표 등은 대상자와 상대방 사이의 대화에 해당되고 따라서 5.10. 회합 및 5.12. 회합에 대한 녹음은 허가서의 대상 및 범위에 포함되는 것으로 적법하며, 별도로 사후허가를 받을 필요가 없다(대판 2015.1.22. 2014도10978 전원합의체)

판례	〈불법감청 등에 해당하여 증거능력이 부정되는 경우(제3자녹음에 해당)〉 ④ 녹음테이프 검증조서의 기재 중 피고인과 무속인 간의 대화를 녹음한 부분은 공개되지 아니한 타인간의 대화를 녹음한 것이므로 통비법 제14조 제2항 및 제4조의 규정에 의하여 그 증거능력이 없고, 피고인들 간의 전화통화를 녹음한 부분은 피고인의 동의없이 불법감청한 것이므로 그 증거능력이 없다(대판 2001.10.9, 2001도3106) ⑤ 甲, 乙이 A와의 통화 내용을 녹음하기로 합의한 후 甲이 스피커폰으로 A와 통화하고 乙이 옆에서 이를 녹음한 경우, 전화통화의 당사자는 甲과 A이고, 乙은 제3자에 해당하므로 乙이 전화통화 당사자 일방인 甲의 동의를 받고 통화 내용을 녹음하였다고 하더라도 상대방인 A의 동의가 없었던 이상 이는 통신비밀보호법 제3조 제1항에 위반한 '전기통신의 감청'에 해당하여 그 녹음파일은 증거로 사용할 수 없고, 이는 A가 녹음파일 및 이를 채록한 녹취록에 대하여 증거동의를 하였다 하더라도 마찬가지이다(대판 2019.3.14, 2015도1900)

(2) 대화당사자에 의한 비밀녹음

① 통신비밀보호법은 '타인간의 대화'의 비밀녹음을 금지하고 있으므로, 대화의 일방 당사자가 상대방의 동의없이 녹음한 경우에는 '타인간의 대화'를 비밀녹음한 것이 아니므로 통신비밀보호법에 위반되지 않는다.

판례	① [1] 전화통화 당사자의 일방이 상대방 몰래 통화내용을 녹음하더라도 대화 당사자 일방이 상대방 모르게 그 대화내용을 녹음한 경우와 마찬가지로 통비법 제3조 제1항 위반이 되지 아니한다. [2] 전화통화의 당사자 일방이 상대방과의 통화내용을 녹음한 경우, 통신비밀보호법 위반의 불법감청이 아니므로 이를 통하여 녹음된 전화통화의 내용은 증거능력이 있다(대판 2002.10.8, 2002도123) [19 변호사시험, 16 경찰승진, 15경간, 13 해경채용]

판례	**〈불법감청 등에 해당하지 않아 증거능력이 인정되는 경우(당사자녹음에 해당)〉** ① 피고인이 범행 후 피해자에게 전화를 걸어오자 피해자가 증거를 수집하려고 그 전화내용을 녹음한 경우, 그 녹음테이프가 피고인 모르게 녹음된 것이라 하여 이를 위법하게 수집된 증거라고 할 수 없다(대판 1997.3.28, 97도240) [21·20·16·15 경찰승진, 20 법원9급, 19·18 경간, 16 검찰9급, 16 경찰채용] ② [1] 3인간의 대화에서 그 중 한 사람이 대화의 내용을 녹음하는 경우 다른 2인의 발언은 그 녹음자에 대한 관계에서 '타인 간의 대화'라고 할 수 없으므로 위 녹음행위는 통신비밀보호법에 위반되는 행위가 아니다. [2] 3인 간의 대화에서 그 중 한 사람이 그 대화를 녹음 또는 청취하는 경우에 다른 두 사람의 발언은 그 녹음자 또는 청취자에 대한 관계에서 통신비밀보호법 제3조 제1항에서 정한 '타인 간의 대화'라고 할 수 없으므로, 이러한 녹음 또는 청취하는 행위 및 그 내용을 공개하거나 누설하는 행위가 통신비밀보호법 제16조 제1항에 해당한다고 볼 수 없다(대판 2014.5.16, 2013도16404) [21·17 변호사시험, 19 경찰채용, 15 검찰9급, 13 해경간부, 13 해경채용] ③ 사인이 피고인 아닌 사람과의 대화내용을 대화 상대방 몰래 녹음하였다고 하더라도 그 녹음테이프가 위법하게 수집된 증거로서 증거능력이 없다고 할 수 없으며, 사인이 피고인 아닌 사람과의 대화내용을 상대방 몰래 비디오로 촬영·녹음한 경우에도 그 비디오테이프의 진술부분에 대하여도 위와 마찬가지로 취급하여야 할 것이다(대판 1999.3.9, 98도3169) [16 변호사시험, 16 검찰9급, 15 경간] ④ 녹음파일의 대화당사자가 A와 甲, 乙이고, 당시 甲과 乙이 이 3인 간의 대화를 녹음한 경우, 녹음파일은 통신비밀보호법 제3조 제1항에서 규정한 '타인 간의 대화'를 녹음한 경우에 해당하지 않고, 이들이 丙의 권유 또는 지시에 따라 녹음을 하였다고 하더라도 甲과 乙이 녹음의 주체이므로 제3자의 녹음행위로 볼 수 없다(대판 2019.3.14, 2015도1900)

제4절 수사상 증거보전 및 증인신문

1 수사상 증거보전

I. 의 의

① 증거보전이란 공판기일에서 정상적으로 증거를 조사할 때까지 기다려서는 그 증거의 사용이 불가능하거나 현저히 곤란하게 될 염려가 있는 경우에 검사·피고인·피의자·변호인이 청구하여 판사가 미리 증거를 조사하고 그 결과를 보전하여 공판절차에서 사용할 수 있게 하는 제도를 말한다(제184조).

② 수사기관과 달리 독자적인 증거수집권이 없는 피의자·피고인에게 공판절차 개시 전에 판사의 힘을 빌려 유리한 증거를 수집·확보할 수 있도록 함으로써 공정한 재판의 이념을 실현하기 위한 제도이다.

II. 요 건

검사, 피고인, 피의자 또는 변호인은 미리 증거를 보전하지 아니하면 그 증거를 사용하기 곤란한 사정이 있는 때에는 제1회 공판기일 전이라도 판사에게 압수, 수색, 검증, 증인신문 또는 감정을 청구할 수 있다(제184조 제1항).

1. 증거보전의 필요성

① 증거보전은 미리 증거를 보전하지 아니하면 그 증거를 사용하기 곤란한 사정 즉 '증거보전의 필요성'이 있을 때에 할 수 있다. [16 경찰승진, 16 경찰채용]

② 증거물의 멸실·분산, 증인의 사망임박·질병·해외거주 또는 검증대상 목적물의 현장보전 불가능 등이 이에 해당된다.

2. 제1회 공판기일 전(청구시기)

① 증거보전은 제1회 공판기일 전에 한하여 이를 청구할 수 있다(∵ 제1회 공판기일 이후에는 수소법원에 의한 증거조사가 가능하기 때문이다) [20·19·18·17·16 경찰승진, 20·19 경간, 19 검찰9급, 18 변호사시험, 16·15 경찰채용 등]

② 수사개시 후 제1회 공판기일 전이라면 공소제기 전후를 불문한다.

③ 형사입건 되기 전, 재심청구사건에서는 증거보전절차가 허용되지 않는다.

판례	① 증거보전은 피고인 또는 피의자가 형사입건도 되기 전에는 청구할 수 없다(대판 1979.6.12, 79도792) [19 경찰승진, 17 해경간부, 16 경간, 13 경찰채용] ② 재심청구사건에서는 증거보전청구는 허용되지 아니한다(대결 1984.3.29, 84모15) [19 경간, 18 법학특채, 17·16 경찰채용, 16·14 경찰승진, 15 검찰7급]

Ⅲ. 증거보전의 절차

1. 증거보전의 청구

(1) 청구권자

① 증거보전의 청구권자는 검사, 피의자, 피고인, 변호인이다(제184조 제1항) [20·19·18·17 경찰승진, 20·16 경간, 19 검찰9급, 18 변호사시험, 18·16·15 경찰채용]

② 변호인의 청구권은 독립대리권이므로, 피의자·피고인의 명시한 의사에 반해서 행사할 수 있다.

(2) 청구방식

① 증거보전의 청구는 다음 지역을 관할하는 지방법원판사에게 하여야 한다(규칙 제91조 제1항).
   ㉠ 압수에 관하여는 압수할 물건의 소재지
   ㉡ 수색 또는 검증에 관하여는 수색 또는 검증할 장소, 신체 또는 물건의 소재지
   ㉢ 증인신문에 관하여는 증인의 주거지 또는 현재지
   ㉣ 감정에 관하여는 감정대상의 소재지 또는 현재지

② 증거보전을 청구함에는 **서면으로** 그 사유를 소명하여야 한다(제184조 제3항) [20·17·16 경찰승진, 19 해경간부, 16·13 경찰채용]

③ 증거보전청구서에는 사건의 개요, 증명할 사실, 증거 및 보전의 방법, 증거보전을 필요로 하는 사유를 기재하여야 한다(규칙 제91조 제2항)

(3) 청구내용

① 증거보전으로 청구할 수 있는 것은 압수·수색·검증·감정·증인신문이다(제184조 제1항) [19 경간, 18·17·15 경찰승진, 18·16·15 경찰채용]

② 증거보전으로 방법으로 피의자신문 또는 피고인신문을 청구할 수는 없다

③ 공동피고인 또는 공범자를 증인으로 신문할 수는 있다(판례).

| 판례 | ① 증거보전 방법으로 피의자신문 또는 피고인신문을 청구할 수는 없다(대판 1979.6.12, 79도792) [20·19·16 경간, 18 경찰승진, 15 경찰채용, 15 검찰7급]

② 공동피고인과 피고인이 뇌물을 주고받은 사이로 필요적 공범관계에 있다고 하더라도 검사는 수사단계에서 피고인에 대한 증거를 미리 보전하기 위하여 필요한 경우에는 판사에게 공동피고인을 증인으로 신문할 것을 청구할 수 있다(대판 1988.11.8, 86도1646) [20·19·16 경간, 19·16 경찰승진, 18·17 변호사시험, 18·17 경찰채용, 17·15 검찰7급, 17 해경간부]

③ (증거보전 절차에서 작성된 증인신문조서 중 증인에 대한 반대신문과정에서 피의자가 진술한 내용을 기재한 부분 ⇒ 증거능력 X) 증인신문조서가 증거보전절차에서 피고인이 증인으로서 증언한 내용을 기재한 것이 아니라 증인의 증언내용을 기재한 것이고 다만 피의자였던 피고인이 당사자로 참여하여 자신의 범행사실을 시인하는 전제 하에 위 증인에게 반대신문한 내용이 기재되어 있을 뿐이라면, 위 조서는 공판준비 또는 공판기일에 피고인 등의 진술을 기재한 조서도 아니고, 반대신문과정에서 피의자가 한 진술에 관한 한 「형사소송법」 제184조에 의한 증인신문조서도 아니므로 위 조서 중 피의자의 진술 기재 부분에 대하여는 「형사소송법」 제311조에 의한 증거능력을 인정할 수 없다(대판 1984.5.15, 84도508) [19·18 해경채용, 18·13 경찰승진, 16 경찰채용, 16 해경간부, 15 경간, 14 변호사시험] |

2. 판사의 조치

(1) 기각결정

① 판사는 청구가 부적법하거나 필요없다고 인정되면 청구기각결정을 한다(제184조 제4항)
② 청구기각결정에 대하여는 3일 이내에 항고할 수 있다(제184조 제4항) [20·19·18 경간, 20·19 검찰9급, 18 변호사시험, 18·17·16 경찰승진, 18 경찰채용, 17 검찰7급]

(2) 증거보전의 실행

① 판사는 청구가 적법하고 또 증거보전의 필요성이 인정되면 증거보전을 한다(제184조 제1항)
② 증거보전의 청구를 받은 판사는 법원 또는 재판장과 동일한 권한이 있다(제184조 제2항) [20·18·16 경찰승진, 14 경찰채용]

따라서 공판절차에서의 압수·수색·검증·감정·증인신문의 규정은 그대로 증거보전 절차에서의 증거조사와 증거보전에 적용이 된다. 판사는 증인신문의 전제가 되는 소환을 할 수 있고, 영장을 발부하여 구인, 압수·수색·검증·감정, 증인신문을 할 수 있다.

③ **참여권의 보장** : 증거보전절차에서 판사가 압수·수색·검증·감정·증인신문을 할 때에는 검사·피의자·피고인·변호인의 참여권을 보장해 주어야 한다(제184조 제3항, 제163조 등)

판례	① 증거보전절차에서 증인신문을 하면서 증인신문의 일시와 장소를 피의자와 변호인에게 미리 통지하지 아니하여 참여의 기회를 주지 않은 때에는 증인신문조서의 증거능력은 인정되지 않는다(대판 1992.2.28, 91도2337) [17·13 경찰채용, 17 해경간부, 16 경간, 15 경찰승진, 15 검찰7급] ② [1] 당사자에게 참여의 기회를 주지 않고 행한 증인신문은 참여권을 침해한 것으로서 무효이지만, 피고인이 그 증인신문조서에 대하여 증거동의를 하면 그 하자는 치유된다. [2] 판사가 증거보전절차로 **증인신문**을 하는 경우에는 검사, 피의자 또는 변호인에게 증인신문의 시일과 장소를 미리 통지하여 증인신문에 참여할 수 있는 기회를 주어야 하나, **참여의 기회를 주지 아니한 경우라도 피고인과 변호인이 증인신문조서를 증거로 할 수 있음에 동의하여** 별다른 이의없이 적법하게 증거조사를 거친 경우에는 증인신문조서는 증인신문절차가 위법하였는지의 여부에 관계없이 **증거능력이 부여된다**(대판 1988.11.8, 86도1646) [18 검찰9급]

Ⅳ. 증거보전 후의 절차

1. 증거물의 보전과 열람·등사권

① 증거보전에 의하여 압수한 물건 또는 작성한 조서(증인신문조서, 검증조서 등)는 증거보전을 한 판사가 속하는 법원에 보관한다. 검사·피고인·피의자 또는 변호인은 **판사**의 허가를 얻어서 그 서류와 증거물을 **열람 또는 등사할 수 있다**(제185조) [20·18 경간, 19 경찰승진, 16·15 경찰채용]

2. 조서의 증거능력

① 증거보전절차에서 작성된 조서는 법관의 조서로서 당연히 증거능력이 인정된다(제311조 단서) [19 해경간부, 18 변호사시험, 14 경찰채용]

② 증거보전에 의하여 보전된 증거를 이용하려면 검사·피고인·피의자·변호인이 그 증거에 대한 증거신청을 하여야 하며(제294조) 수소법원은 증거보전을 한 법원으로부터 그 기록을 송부받아 증거조사를 하여야 한다.

2 참고인에 대한 증인신문

I. 의 의

증인신문청구는 참고인이 출석 또는 진술을 거부할 경우에 **제1회 공판기일 전**에 한하여 **검사의 청구**에 의하여 판사가 그를 증인으로 신문하고 그 증언을 보전하는 처분을 말한다(제221조의2)

II. 요 건

1. 증인신문의 필요성

① 범죄의 수사에 없어서는 아니될 사실을 안다고 명백히 인정되는 자가 수사기관의 출석 요구에 응하지 아니하거나 진술을 거부하는 경우이다(제221조의2 제1항) [18 변호사시험]

② 증인신문을 청구하기 위해서는 그 증인의 진술로서 증명할 대상인 피의사실이 존재해야 한다.

판례	① [1] 증인신문청구를 하려면 증인의 진술로서 증명할 대상인 피의사실이 존재하여야 하고, 피의사실은 수사기관이 어떤 자에 대하여 내심으로 혐의를 품고 있는 정도의 상태만으로는 존재한다고 할 수 없고, 고소·고발 또는 자수를 받거나 또는 수사기관 스스로 범죄의 혐의가 있다고 보아 수사를 개시하는 범죄의 인지 등 수사의 대상으로 삼고 있음을 외부적으로 표현한 때에 비로소 그 존재를 인정할 수 있다. [2] 검사가 아직 범죄인지를 하지 않고 어떤 자에 대하여 내심으로 혐의를 품고 있는 상태에서는 수사상 증인신문청구를 할 수 없다(대판 1989.6.20, 89도648) [15 해경간부]

2. 제1회 공판기일 전(청구시기)

증인신문청구도 제1회 공판기일 전에 한하여 이를 청구할 수 있다. 제1회 공판기일 전인 이상 공소제기 전후를 불문한다. [16 경간]

III. 참고인에 대한 증인신문의 절차

1. 증인신문의 청구

(1) 청구권자

참고인에 대한 증인신문청구는 검사만이 할 수 있다(제221조의2 제1항). 피의자·피고인 및 변호인은 청구할 수 없다. [18 법학특채]

(2) 청구의 방식
① 증인신문을 청구할 때에는 서면으로 그 사유를 소명하여야 한다(제221조의2 제3항)
[20 경찰승진]
② 증인신문청구서는 증인의 성명·직업·주거, 피의자 또는 피고인의 성명·죄명 및 범죄사실의 요지·증명할 사실 등을 기재하여야 한다(규칙 제111조 제1항)

2. 판사의 조치

(1) 기각결정
① 청구가 부적법하거나 요건이 구비되지 않은 경우에 판사는 청구기각결정을 한다.
② **기각결정에 대해서는 불복할 수 없다**. 즉, 항고할 수 없다. [18 변호사시험, 18 법학특채, 16 경찰승진, 15 해경채용]

(2) 증인신문
① 판사는 청구가 적법하고 이유가 있다고 인정할 때에는 별도의 결정없이 바로 증인신문을 하여야 한다.
② 증인신문청구를 받은 판사는 법원 또는 재판장과 동일한 권한이 있다(제221조의2 제4항) [16 경찰승진] 따라서 판사의 증인신문에는 법원 또는 재판장의 증인신문규정이 그대로 적용된다.
③ **참여권의 보장** : 판사는 검사의 청구에 따라 증인신문기일을 정한 때에는 피고인·피의자 또는 변호인에게 이를 통지하여 증인신문에 참여할 수 있도록 하여야 한다(제221조의2 제5항) [20·16 경찰승진, 18 변호사시험, 14 경간]

Ⅳ. 참고인에 대한 증인신문 후의 절차

1. 증인신문조서의 송부와 열람·등사권

① 증인신문을 할 때에는 판사는 지체없이 이에 관한 서류를 검사에게 송부하여야 한다(제221조의2 제6항) [20 경찰승진, 18 검찰7급]
② 피고인·피의자·변호인에게 증인신문에 관한 서류의 열람·등사권이 인정되지 않는다.

2. 증인신문조서의 증거능력

증인신문절차에서 작성된 증인신문조서는 법관의 면전조서로서 당연히 증거능력이 인정된다(제311조 단서)

06 수사의 종결

제1절 수사종결의 의의와 종류

1 수사종결의 의의

① 수사는 공소제기 여부를 판단할 수 있을 정도로 범죄의 혐의가 명백하게 되었거나 또는 수사를 계속할 필요가 없는 경우에 종결된다. 수사의 종결은 공소의 제기 또는 불기소의 형태로 나타난다.

② 공소를 제기한 후에도 검사는 공소유지를 위하여 수사를 할 수 있으며, 불기소처분 후에도 얼마든지 수사를 재개할 수 있다.

판례	① 검사의 불기소처분에는 확정재판에 있어서의 확정력과 같은 효력이 없어 일단 불기소처분을 한 후에도 공소시효가 완성되기까지 언제라도 공소를 제기할 수 있는 것이다 (대판 1998.3.27, 97다50855)

2 사법경찰관의 수사종결

> 수사준칙 제51조(사법경찰관의 결정) ① 사법경찰관은 사건을 수사한 경우에는 다음 각 호의 구분에 따라 결정해야 한다.
> 1. 법원송치
> 2. 검찰송치
> 3. 불송치
>   ㉠ 혐의없음
>   ㉡ 죄가 안됨
>   ㉢ 공소권 없음
>   ㉣ 각하
> 4. 수사중지
>   ㉠ 피의자중지
>   ㉡ 참고인중지
> 5. 이송

Ⅰ. 검찰송치

① 사법경찰관은 고소·고발사건을 포함하여 범죄를 수사한 때에 범죄의 혐의가 있다고 인정되는 경우에는 지체 없이 검사에게 사건을 송치하고, 관계 서류와 증거물을 송부하여야 한다(제245조의5 제1호). [21 경찰채용]

Ⅱ. 불송치

1. 혐의없음

① 사법경찰관은 범죄를 수사한 후 범죄의 혐의가 없다고 인정되는 경우에는 불송치결정을 할 수 있다(제245조의5 제2호)

2. 죄가 안됨

① 피의사실이 범죄구성요건에 해당하나 법률상 범죄의 성립을 조각하는 사유(위법성 조각사유, 책임 조각사유)가 있어 범죄를 구성하지 아니하는 경우에 하는 결정이다(수사준칙 제51조 제1항 제3호)

② 다만 형법 제10조 제1항(심신상실)에 따라 벌할 수 없는 경우에는 사건을 검사에게 이송한다(수사준칙 제51조 제3항 제1호)

3. 공소권 없음

① 피의사건에 관하여 소송조건이 결여되었거나 형이 면제되는 경우 등에 하는 결정이다(수사준칙 제51조 제1항 제3호, 경찰수사규칙 제108조 제1항)

② '공소권 없음' 사유(경찰수사규칙 제108조 제1항)
  ㉠ 형을 면제한다고 법률에서 규정한 경우
  ㉡ 판결이나 이에 준하는 법원의 재판·명령이 확정된 경우
  ㉢ 통고처분이 이행된 경우
  ㉣ 사면이 있는 경우
  ㉤ 공소시효가 완성된 경우
  ㉥ 범죄 후 법령의 개정·폐지로 형이 폐지된 경우
  ㉦ 「소년법」, 「가정폭력범죄의 처벌 등에 관한 특례법」, 「성매매알선 등 행위의 처벌에 관한 법률」 또는 「아동학대범죄의 처벌 등에 관한 특례법」에 따른 보호처분이 확정된 경우(보호처분이 취소되어 검찰에 송치된 경우는 제외한다)
  ㉧ 동일사건에 대하여 재판이 진행 중인 경우(수사준칙 제51조 제3항 제2호는 제외한다)
  ㉨ 피의자에 대하여 재판권이 없는 경우

㋐ 친고죄에서 고소가 없거나 고소가 무효 또는 취소된 경우
㋑ 공무원의 고발이 있어야 공소를 제기할 수 있는 죄에서 고발이 없거나 고발이 무효 또는 취소된 경우
㋒ 반의사불벌죄에서 처벌을 희망하지 않는 의사표시가 있거나 처벌을 희망하는 의사표시가 철회된 경우, 「부정수표 단속법」에 따른 수표회수, 「교통사고처리 특례법」에 따른 보험가입 등 법률에서 정한 처벌을 희망하지 않는 의사표시에 준하는 사실이 있는 경우
㋓ 동일사건에 대하여 공소가 취소되고 다른 중요한 증거가 발견되지 않은 경우
㋔ 피의자가 사망하거나 피의자인 법인이 존속하지 않게 된 경우

4. 각 하

① 고소·고발로 수리한 사건에서 다음 각 목의 어느 하나에 해당하는 사유가 있는 경우에 각하결정을 한다(경찰수사규칙 제108조 제1항 제4호).
㉠ 고소인 또는 고발인의 진술이나 고소장 또는 고발장에 따라 제1호부터 제3호까지의 규정에 따른 사유에 해당함이 명백하여 더 이상 수사를 진행할 필요가 없다고 판단되는 경우
㉡ 동일사건에 대하여 사법경찰관의 불송치 또는 검사의 불기소가 있었던 사실을 발견한 경우에 새로운 증거 등이 없어 다시 수사해도 동일하게 결정될 것이 명백하다고 판단되는 경우
㉢ 고소인·고발인이 출석요구에 응하지 않거나 소재불명이 되어 고소인·고발인에 대한 진술을 청취할 수 없고, 제출된 증거 및 관련자 등의 진술에 의해서도 수사를 진행할 필요성이 없다고 판단되는 경우
㉣ 고발이 진위 여부가 불분명한 언론 보도나 인터넷 등 정보통신망의 게시물, 익명의 제보, 고발 내용과 직접적인 관련이 없는 제3자로부터의 전문(傳聞)이나 풍문 또는 고발인의 추측만을 근거로 한 경우 등으로서 수사를 개시할 만한 구체적인 사유나 정황이 충분하지 않은 경우

Ⅲ. 수사중지

1. 피의자중지

피의자의 소재불명 또는 참고인중지사유가 아닌 사유로 인하여 수사를 종결할 수 없는 경우에 그 사유가 해소될 때까지 수사를 중지하는 결정이다(수사준칙 제51조 제1항 제4호, 경찰수사규칙 제98조 제1항 제1호).

2. 참고인중지

참고인·고소인·고발인 또는 같은 사건 피의자의 소재불명으로 수사를 종결할 수 없는 경우에 그 사유가 해소될 때까지 수사를 중지하는 결정이다(수사준칙 제51조 제1항 제4호, 경찰수사규칙 제98조 제1항 제2호).

Ⅳ. 이 송

1. 검사 이송

① 사법경찰관은 '죄가안됨' 또는 '공소권없음'에 해당하는 사건이 다음 각 호의 어느 하나에 해당하는 경우에는 해당 사건을 검사에게 이송한다(수사준칙 제51조 제3항).
  ㉠ 형법 제10조 제1항(심신상실)에 따라 벌할 수 없는 경우
  ㉡ 기소되어 사실심 계속 중인 사건과 포괄일죄를 구성하는 관계에 있는 경우

2. 고위공직자범죄수사처 이첩

수사처의 범죄수사와 중복되는 사법경찰관의 범죄수사에 대하여 처장이 수사 진행 정도 및 공정성 논란 등에 비추어 수사처에서 수사하는 것이 적절하다고 판단하여 이첩을 요청하는 경우(공수처법 제24조 제1항)와 사법경찰관이 검사의 고위공직자 범죄혐의를 발견한 경우(공수처법 제25조 제2항)에는 사건을 고위공직자범죄수사처에 이첩하여야 한다.

Ⅴ. 법원송치

1. 소년보호사건 송치

① 경찰서장은 소년법 제4조 제2항에 따라 소년보호사건을 법원에 송치하는 경우에는 소년보호사건 송치서를 작성하여 사건기록을 편철하고 관계 서류와 증거물을 관할 가정법원 소년부 또는 지방법원 소년부에 송부해야 한다(경찰수사규칙 제107조)

2. 즉결심판 청구

① 20만원 이하의 벌금 또는 구류나 과료에 처할 범죄사건으로서 즉결심판절차에 의하여 처리될 경미사건의 경우에 경찰서장이 시·군법원에 즉결심판을 청구함으로써 수사절차를 종결한다(즉결심판에 관한 절차법 제3조 제1항).

② 이때 경찰서장은 즉결심판의 청구와 동시에 즉결심판을 함에 필요한 서류 또는 증거물을 판사에게 제출하여야 한다(즉결심판에 관한 절차법 제4조).

VI. 불송치결정의 부수절차

1. 검사에게 불송치결정서 등 송부

① 사법경찰관이 범죄를 수사한 후 범죄의 혐의가 없다고 인정하여 불송치결정을 하는 경우에는 그 이유를 명시한 서면(불송치결정서)과 함께 관계 서류와 증거물을 지체 없이 검사에게 송부하여야 한다. 이 경우 검사는 송부받은 날부터 90일 이내에 사법경찰관에게 반환하여야 한다(제245조의5 제2호) [21 경찰채용]

2. 고소인 등에 대한 불송치결정의 취지·이유 통지

① 사법경찰관은 불송치결정서 등을 송부한 날로부터 7일 이내에 서면으로 고소인·고발인·피해자 또는 그 법정대리인(피해자가 사망한 경우에는 그 배우자·직계친족·형제자매를 포함한다)에게 사건을 검사에게 송치하지 아니하는 취지와 그 이유를 통지하여야 한다(제245조의6).

3 검사의 수사종결

Ⅰ. 공소제기

① 검사는 수사결과 범죄의 객관적 혐의가 충분하고 소송조건을 구비하여 유죄판결을 받을 수 있다고 인정할 때에는 공소를 제기한다.
② 다만, 벌금·과료·몰수에 해당하는 사건의 경우에는 검사는 공소제기와 동시에 약식명령을 청구할 수 있다(제449조)

Ⅱ. 불기소처분

피의자에 대하여 공소를 제기하지 않는 처분으로 이에는 협의의 불기소처분, 기소유예, 기소중지, 참고인중지 등이 있다. 불기소처분은 일사부재리의 원칙이 적용되지 않는다.

1. 협의의 불기소처분

(1) 혐의없음
  ① 다음의 경우에 '혐의없음' 처분을 한다(검찰사건사무규칙 제115조 제3항 제2호).
    ㉠ **범죄인정 안됨** : 피의사실이 범죄를 구성하지 않거나 피의사실이 인정되지 않는 경우
    ㉡ **증거 불충분** : 피의사실을 인정할 만한 충분한 증거가 없는 경우

(2) 죄가안됨
  피의사실이 범죄구성요건에는 해당하지만 법률상 범죄의 성립을 조각하는 사유(위법성조각사유, 책임 조각사유)가 있어 범죄를 구성하지 않는 경우에 하는 결정이다(검찰사건사무규칙 제115조 제3항 제3호).

(3) 공소권 없음
  ① 피의사건에 관하여 처벌조건이나 소송조건이 결여된 경우에 하는 결정이다
  ② '공소권 없음' 사유(검찰사건사무규칙 제115조 제3항 제4호)
    ㉠ 확정판결이 있는 경우
    ㉡ 통고처분이 이행된 경우
    ㉢ 「소년법」·가정폭력처벌법·성매매처벌법 또는 아동학대처벌법에 따른 보호처분이 확정된 경우(보호처분이 취소되어 검찰에 송치된 경우는 제외한다)
    ㉣ 사면이 있는 경우
    ㉤ 공소의 시효가 완성된 경우

ⓑ 범죄 후 법령의 개폐로 형이 폐지된 경우
ⓢ 법률에 따라 형이 면제된 경우
ⓞ 피의자에 관하여 재판권이 없는 경우
ⓩ 같은 사건에 관하여 이미 공소가 제기된 경우(공소를 취소한 경우를 포함한다. 다만, 공소를 취소한 후에 다른 중요한 증거를 발견한 경우는 포함되지 않는다)
ⓧ 친고죄 및 공무원의 고발이 있어야 논할 수 있는 죄의 경우에 고소 또는 고발이 없거나 그 고소 또는 고발이 무효 또는 취소된 경우
ⓚ 반의사불벌죄의 경우 처벌을 희망하지 않는 의사표시가 있거나 처벌을 희망하는 의사표시가 철회된 경우
ⓣ 피의자가 사망하거나 피의자인 법인이 존속하지 않게 된 경우

(4) 각 하

① 수사를 할 수 없거나 불필요한 경우 등에 하는 결정이다.
② '각하' 사유(검찰사건사무규칙 제115조 제3항 제5호)
  ㉠ 고소 또는 고발이 있는 사건에 관하여 고소인 또는 고발인의 진술이나 고소장 또는 고발장에 의하여 제2호부터 제4호까지의 규정에 따른 사유에 해당함이 명백한 경우
  ㉡ 법 제224조(자기 또는 배우자의 직계존속에 대한 고소 제한), 제232조 제2항(고소를 취소한 자의 재고소 제한) 또는 제235조(자기 또는 배우자의 직계존속에 대한 고발 제한)에 위반한 고소·고발의 경우
  ㉢ 같은 사건에 관하여 검사의 불기소결정이 있는 경우(새로이 중요한 증거가 발견되어 고소인, 고발인 또는 피해자가 그 사유를 소명한 경우는 제외한다)
  ㉣ 법 제223조(피해자의 고소권), 제225조부터 제228조까지의 규정(피해자 이외의 자의 고소권)에 따른 고소권자가 아닌 자가 고소한 경우
  ㉤ 고소인 또는 고발인이 고소·고발장을 제출한 후 출석요구나 자료제출 등 혐의 확인을 위한 수사기관의 요청에 불응하거나 소재불명이 되는 등 고소·고발사실에 대한 수사를 개시·진행할 자료가 없는 경우
  ㉥ 고발이 진위 여부가 불분명한 언론 보도나 인터넷 등 정보통신망의 게시물, 익명의 제보, 고발 내용과 직접적인 관련이 없는 제3자로부터의 전문(傳聞)이나 풍문 또는 고발인의 추측만을 근거로 한 경우 등으로서 수사를 개시할만한 구체적인 사유나 정황이 충분하지 않은 경우
  ㉦ 고소·고발 사건(진정 또는 신고를 단서로 수사개시된 사건을 포함한다)의 사안의 경중 및 경위, 피해회복 및 처벌의사 여부, 고소인·고발인·피해자와 피고소인·피고발인·피의자와의 관계, 분쟁의 종국적 해결 여부 등을 고려할 때 수사 또는 소추에 관한 공공의 이익이 없거나 극히 적은 경우로서 수사를 개시·진행할 필요성이 인정되지 않는 경우

2. 기소유예

(1) 의 의

① 기소유예란 범죄혐의가 충분하고 소송조건이 구비되었음에도 불구하고 검사가 형법 제51조의 사항(양형의 조건)을 참작하여 재량으로 공소를 제기하지 않는 처분을 말한다(제247조, 검찰사건사무규칙 제115조 제3항). [13 검찰7급]

② 검사는 피의사실이 인정되는 경우에 반드시 공소를 제기하여야 하는 것이 아니라 피의자의 연령, 피해자에 대한 관계, 범행의 동기 및 수단과 결과 등을 참작하여 소추를 필요로 하지 아니하는 경우에는 기소유예 처분을 할 수 있다. [17 변호사시험]

참고	형법 제51조(양형의 조건) 형을 정함에 있어서는 다음 사항을 참작하여야 한다. ㉠ 범인의 연령, 성행, 지능과 환경 ㉡ 피해자에 대한 관계 ㉢ 범행의 동기, 수단과 결과 ㉣ 범행 후의 정황

(2) 효 력

① 기소유예는 검사의 종국처분이므로 법원의 확정판결과 같은 확정력이 인정되지 않는다.

② 따라서 기소유예 처분 후 수사의 재개나 공소제기가 가능하며, 법원이 이에 대하여 유죄판결을 선고하더라도 일사부재리의 원칙에 반하지 않는다. [18 법학특채, 13 경간]

판례	① 검사가 절도죄에 관하여 일단 기소유예의 처분을 한 것을 그 후 다시 재기하여 기소하였다 하여도 기소의 효력에 아무런 영향이 없는 것이고, 법원이 유죄판결을 선고하였다 하여 일사부재리의 원칙에 반하는 것이라 할 수 없다(대판 1983.12.27, 83도2686) [13 경간]

3. 기소중지 및 참고인중지

(1) 기소중지

피의자의 소재불명 또는 국외도피 등의 사유로 수사를 종결할 수 없는 경우에는 그 사유가 해소될 때까지 수사를 일시적으로 중지하는 처분이다(검찰사건사무규칙 제120조). 기소중지는 잠정적인 수사중지처분이라는 점에서 수사의 종결처분인 불기소처분과 구별된다.

(2) 참고인중지

고소인·고발인 또는 중요한 참고인의 소재불명 등의 사유로 수사를 종결할 수 없는 경우에 수사를 일시적으로 중지하는 처분이다(검찰사건사무규칙 제121조)

4. 공소보류(국가보안법 제20조)

① 검사는 국가보안법 위반 사범에 대해서 형법 제51조의 사유를 참작하여 공소제기를 보류할 수 있다. 공소보류를 받은 자가 공소제기 없이 2년을 경과한 때에는 소추할 수 없다(국가보안법 제20조).

② 국가보안법상 이념이 다른 사람이 우리와 이념을 함께 하겠다고 한다면 처벌보다는 2년간 지켜보겠다는 취지이다.

Ⅲ. 다른 기관으로 송치

1. 타관송치

검사는 사건이 그 소속검찰청에 대응한 법원의 관할에 속하지 아니한 때에는 사건을 서류와 증거물과 함께 관할법원에 대응한 검찰청검사에게 송치하여야 한다(제256조).

2. 군검사에의 송치

검사는 사건이 군사법원의 재판권에 속하는 때에는 사건을 서류와 증거물과 함께 재판권을 가진 관할 군검찰부 군검사에게 송치하여야 한다(제256조의2).

3. 소년부 송치

검사는 소년에 대한 피의사건을 수사한 결과 보호처분에 해당하는 사유가 있다고 인정한 경우에는 사건을 관할 소년부에 송치하여야 한다(소년법 제49조 제1항).

4. 가정보호사건 송치

검사는 가정보호사건으로 처리하는 경우에는 그 사건을 관할 가정법원 또는 지방법원에 송치하여야 한다(가정폭력범죄의 처벌 등에 관한 특례법 제11조 제1항).

5. 성매매보호사건 송치

검사는 성매매를 한 사람에 대하여 사건의 성격·동기, 행위자의 성행 등을 고려하여 이 법에 따른 보호처분을 하는 것이 적절하다고 인정할 때에는 특별한 사정이 없으면 보호사건으로 관할법원에 송치하여야 한다(성매매알선 등 행위의 처벌에 관한 법률 제12조 제1항).

6. 아동보호사건 송치

검사는 아동학대범죄를 아동보호사건으로 처리하는 경우에는 그 사건을 관할 법원에 송치하여야 한다(아동학대범죄의 처벌 등에 관한 특례법 제28조 제1항).

Ⅳ. 검사의 수사종결처분의 부수절차

1. 고소·고발사건의 처리

① 사법경찰관리는 고소·고발을 수리한 날부터 3개월 이내에 수사를 마쳐야 한다(경찰수사규칙 제24조 제1항)
② 검사가 고소·고발에 의하여 범죄를 수사할 때에는 고소·고발을 수리한 날로부터 3월 이내에 수사를 완료하여 공소제기 여부를 결정하여야 한다(제257조) [20 경찰승진, 17 경간]

2. 수사종결처분의 통지

(1) 고소인·고발인에 대한 통지

① 검사는 고소 또는 고발있는 사건에 관하여 공소를 제기하거나 제기하지 아니하는 처분, 공소의 취소 또는 타관송치를 한 때에는 그 처분한 날로부터 **7일 이내**에 서면으로 고소인 또는 고발인에게 그 취지를 통지하여야 한다(제258조 제1항) [20·18 경간, 18·14·13 경찰승진, 17 검찰9급]
② 검사는 고소 또는 고발있는 사건에 관하여 공소를 제기하지 아니하는 처분을 한 경우에 고소인 또는 고발인의 청구가 있는 때에는 7일 이내에 고소인 또는 고발인에게 그 이유를 서면으로 설명하여야 한다(제259조)

(2) 피의자에 대한 통지

① 검사는 불기소 또는 타관송치의 처분을 한 때에는 **피의자**에게 **즉시** 그 취지를 통지하여야 한다(제258조 제2항) [19 경간, 18 법학특채, 17 검찰9급, 16·15 경찰승진]

(3) 피해자에 대한 통지

① 검사는 범죄로 인한 피해자 또는 그 법정대리인(피해자가 사망한 경우에는 그 배우자·직계친족·형제자매를 포함한다)의 **신청이 있는 때**에는 당해 사건의 공소제기여부, 공판의 일시·장소, 재판결과, 피의자·피고인의 구속·석방 등 구금에 관한 사실 등을 신속하게 통지하여야 한다(제259조의2) [18·13 경찰승진, 18 법학특채, 17 검찰7급, 17 검찰9급, 16 법원9급]

3. 압수물의 환부

① 불기소처분의 경우에 검사는 압수물을 원래의 점유자에게 필요적으로 환부해야 한다.
② 검사는 불기소처분된 고소·고발사건에 관한 압수물 중 중요한 증거가치가 있는 압수물에 관하여는 그 사건에 대한 검찰항고 또는 재정신청 절차가 종료된 후에 압수물 환부절차를 취하여야 한다(검찰압수물사무규칙 제56조 제1항).

4 고위공직자범죄수사처 검사의 수사종결

Ⅰ. 수사권만 있는 범죄에 대한 수사종결

① 수사처검사는 고위공직자 등의 범죄에 대해서 원칙적으로 공소제기를 할 수 없다. 그러므로 수사처검사는 고위공직자 등에 관한 수사를 한 때에는 관계 서류와 증거물을 지체 없이 서울중앙지방검찰청 소속 검사에게 송부하여야 한다(공수처법 제26조 제1항).
② 이에 따라 관계 서류와 증거물을 송부받아 사건을 처리하는 검사는 처장에게 해당 사건의 공소제기 여부를 신속하게 통보하여야 한다(공수처법 제26조 제2항).

Ⅱ. 수사권과 공소권이 있는 범죄에 대한 수사종결

1. 공소제기

① 수사처검사는 대법원장 및 대법관, 검찰총장, 판사 및 검사, 경무관 이상 경찰공무원이 재직 중에 본인 또는 본인의 가족이 범한 고위공직자범죄 및 관련범죄에 대해서는 수사를 한 후 직접 공소를 제기·유지할 수 있다(공수처법 제3조 제1항 제2호).
② 이 경우 수사처검사는 수사와 공소의 제기 및 유지에 필요한 행위를 한다(공수처법 제20조 제1항).

2. 불기소 등

① 공소제기 이외의 불기소 등의 수사종결처분은 검사의 경우에 준해서 가능하다(공수처법 제47조 참고).

제2절 불기소처분에 대한 불복

1. 사법경찰관의 불송치결정에 대한 불복

Ⅰ. 고소인 등의 이의신청에 의한 송치

① 불송치결정의 통지를 받은 사람(고발인은 제외한다)은 해당 사법경찰관의 소속 관서의 장에게 이의를 신청할 수 있다(제245조의7 제1항)
② 사법경찰관은 이의신청이 있는 때에는 지체 없이 검사에게 사건을 송치하고 관계 서류와 증거물을 송부하여야 하며, 처리결과와 그 이유를 신청인에게 통지하여야 한다(제245조의7 제1항)

Ⅱ. 검사에 의한 통제

1. 재수사요청권

① 검사는 사법경찰관이 사건을 **송치하지 아니한 것이 위법 또는 부당한 때**에는 그 이유를 문서로 명시하여 사법경찰관에게 재수사를 요청할 수 있다(제245조의8 제1항) [21 경찰채용]
② 사법경찰관은 검사의 재수사 요청이 있는 때에는 사건을 재수사하여야 한다(제245조의8 제1항) [21 경찰채용]

2. 송치요구권

① 검사는 사법경찰관이 제64조 제1항 제2호에 따라 재수사 결과를 통보한 사건에 대해서 다시 재수사를 요청하거나 송치 요구를 할 수 없다. 다만, 검사는 사법경찰관이 사건을 송치하지 않은 위법 또는 부당이 시정되지 않아 사건을 송치받아 수사할 필요가 있는 다음 각 호의 경우에는 형사소송법 제197조의3에 따라 사건송치를 요구할 수 있다(수사준칙 제64조 제2항)
㉠ 관련 법령 또는 법리에 위반된 경우
㉡ 범죄 혐의의 유무를 명확히 하기 위해 재수사를 요청한 사항에 관하여 그 이행이 이루어지지 않은 경우. 다만, 불송치 결정의 유지에 영향을 미치지 않음이 명백한 경우는 제외한다.
㉢ 송부받은 관계 서류 및 증거물과 재수사 결과만으로도 범죄의 혐의가 명백히 인정되는 경우
㉣ 공소시효 또는 형사소추의 요건을 판단하는 데 오류가 있는 경우

2 검찰의 불기소처분에 대한 불복

Ⅰ. 검찰항고

1. 의 의
① 검찰항고란 검사의 불기소처분에 대하여 고소인·고발인이 그 검사 소속 고등검찰청 검사장 또는 대검찰청 검찰총장에게 불복을 신청하는 제도를 말한다(검찰청법 제10조 제1항, 제3항).
② 단순히 항고라고도 하는데 상소의 일종인 항고와 구별하기 위하여 보통은 '검찰항고'라는 용어를 사용한다.

2. 항 고

(1) 의 의
검사의 불기소처분에 불복하는 고소인이나 고발인은 그 검사가 속한 지방검찰청 또는 지청을 거쳐 서면으로 관할 고등검찰청 검사장에게 불기소처분의 시정을 구하는 제도를 말한다(검찰청법 제10조 제1항).

(2) 내 용
① **항고권자** : 검사의 불기소처분에 불복하는 고소인 또는 고발인이다. 고소하지 않은 피해자는 검사의 불기소처분에 대하여 검찰청에 항고할 수 없다 [18·14 검찰9급]
② **대 상** : 검사의 불기소처분에 대해서만 할 수 있다. 불기소처분에는 협의의 불기소처분뿐만 아니라 기소유예 및 기소중지처분도 포함된다.
③ **기 간** : 항고는 검사로부터 불기소처분을 받은 날부터 30일 이내에 이를 하여야 한다(검찰청법 제10조 제4항). 다만 항고를 한 자가 자신에게 책임이 없는 사유로 정하여진 기간 이내에 항고를 하지 못한 것을 소명하면 그 항고 기간은 그 사유가 해소된 때부터 기산한다(제6항).
④ **절 차** : 검사의 불기소처분에 불복하는 고소인이나 고발인은 그 검사가 속한 지방검찰청 또는 지청을 거쳐 서면으로 관할 고등검찰청 검사장에게 항고할 수 있다(검찰청법 제10조 제1항).
⑤ **검사장의 처리** : 고등검찰청 검사장은 항고가 이유 있다고 인정하면 소속 검사로 하여금 지방검찰청 또는 지청 검사의 불기소처분을 직접 경정하게 할 수 있다. 이 경우 고등검찰청 검사는 지방검찰청 또는 지청의 검사로서 직무를 수행하는 것으로 본다(검찰청법 제10조 제2항).

3. 재항고

(1) 의 의

항고를 한 자가 항고를 기각하는 처분에 대해 검찰총장에게 그 시정을 구하는 제도이다(검찰청법 제10조 제3항)

(2) 내 용

① **재항고권자** : 검찰청법 제10조는 재정신청을 할 수 있는 자는 항고를 할 수 없도록 하였으므로 재항고는 재정신청권자가 아닌 고발인만이 할 수 있다. 고소인은 항고를 거친 후에 고등법원에 재정신청을 할 수 있으므로 고소인에게는 재항고가 허용되지 않는다.

② **절 차** : 항고를 기각하는 처분에 불복하거나 항고를 한 날부터 항고에 대한 처분이 이루어지지 아니하고 3개월이 지났을 때에는 그 검사가 속한 고등검찰청을 거쳐 서면으로 검찰총장에게 재항고할 수 있다. 이 경우 해당 고등검찰청의 검사는 재항고가 이유 있다고 인정하면 그 처분을 경정하여야 한다(검찰청법 제10조 제3항)

③ **기 간**

㉠ 재항고는 항고기각 결정을 통지받은 날 또는 항고 후 항고에 대한 처분이 이루어지지 아니하고 3개월이 지난 날부터 30일 이내에 하여야 한다(검찰청법 제10조 제5항)

㉡ 기간이 지난 후 접수된 재항고는 기각하여야 한다(검찰청법 제10조 제7항)

Ⅱ. 재정신청

1. 의 의

① 재정신청이란 검사가 불기소처분을 한 경우 고소인(형법 제123조부터 제126조까지의 죄에 대하여는 '고발인'도 포함)이 관할 **고등법원에 신청**하여 고등법원의 결정으로 검찰에 공소제기를 강제시키는 제도를 말한다(제260조 제1항) [20·19·17 경찰승진, 18 경간]

② 신청이 이유 있는 때에는 고등법원의 공소제기결정에 의하여 검사의 공소제기가 강제되기 때문에 기소강제절차(강제기소제도)라고도 한다.

③ 기소편의주의에 대한 예외이다.

2. 재정신청권자와 재정신청의 대상

(1) 재정신청권자

① **고소인** : 검사로부터 불기소처분의 통지를 받은 고소권자로서 고소를 한 자가 원칙적으로 재정신청권자가 된다(제260조 제1항). 고소의 대상이 된 범죄에는 제한이 없다.
[19 경간, 19 경찰채용, 15 해경채용]

② **고발인**
　㉠ 고발인은 형법 제123조(직권남용죄), 제124조(불법체포·감금죄), 제125조(폭행·가혹행위죄), 제126조(피의사실공표죄)의 죄에 대해서만 재정신청을 할 수 있다(제260조 제1항) [20·15 경간, 19·15 경찰채용, 18·16 경찰승진, 18 검찰9급, 15 변호사시험]
　　　두문자 　남포가피
　㉡ 다만 형법 제126조의 죄(피의사실공표죄)에 대해서는 피공표자의 명시한 의사에 반하여 재정신청을 할 수 없다(제260조 제1항 단서)
③ 고소·고발을 취소한 자는 재정신청을 할 수 없다.

(2) 재정신청의 대상

① 재정신청의 대상은 검사의 불기소처분이다. 불기소처분의 이유에는 제한이 없으므로 협의의 불기소처분은 물론 기소유예에 대해서도 재정신청을 할 수 있다. [17 법원9급, 16 검찰9급, 15 변호사시험]
② 검사의 공소제기나 공소취소는 불기소처분이 아니므로 재정신청의 대상이 되지 아니한다. [15 변호사]
③ 진정사건에 대한 검사의 내사종결처분은 불기소처분이 아니므로 재정신청의 대상이 되지 아니한다.

판례	① [1] 대통령에게 제출한 청원서를 대통령비서실로부터 이관받은 검사가 진정사건으로 내사 후 내사종결처리한 경우 위 내사종결처리는 고소 또는 고발 사건에 대한 불기소처분이라고 볼 수 없어 재정신청의 대상이 되지 아니한다. [2] 진정에 따른 내사사건의 내사종결처분은 재정신청의 대상이 아니다 (대결 1991.11.5. 91모68) [19 경간, 20·15 경찰승진]

④ 검사의 불기소처분 당시에 공소시효가 완성되어 공소권이 없는 경우에 재정신청이 허용되지 않는다(대결 1990.7.16. 90모34)

3. 재정신청의 방법과 효력

(1) 검찰항고전치주의

① 재정신청인이 재정신청을 하려면 검찰청법 제10조에 따른 항고를 거쳐야 한다 (제260조 제2항 본문) [20 경찰승진, 20·18·16 경간, 17 변호사시험]
② 다만, 검찰항고를 반드시 거치도록 하는 것이 부적절하다고 인정되는 아래 3가지 경우에는 예외를 인정하여 검찰항고를 거치지 않고 곧장 재정신청을 제기할 수 있다 (제260조 제2항 단서) [19 경간, 20·19 경찰승진, 19 해경간부, 19 해경채용, 17 변호사시험]
　㉠ 항고 이후 재기수사가 이루어진 다음에 다시 공소를 제기하지 아니한다는 통지를 받은 경우

ⓒ 항고 신청 후 항고에 대한 처분이 행하여지지 아니하고 3개월이 경과한 경우
ⓒ 검사가 공소시효 만료일 30일 전까지 공소를 제기하지 아니하는 경우

(2) 재정신청기간 및 방법

① **재정신청기간**

㉠ 재정신청을 하려는 자는 검찰항고의 기각결정을 통지받은 날 또는 검찰항고전치주의의 예외 사유가 발생한 날부터 10일 이내에 지방검찰청검사장 또는 지청장에게 재정신청서를 제출하여야 한다(제260조 제3항) [19 경찰채용, 19 해경채용]

㉡ 다만, 검사가 공소시효 만료일 30일 전까지 공소를 제기하지 아니하는 경우에는 공소시효 만료일 전날까지 재정신청서를 제출할 수 있다(제260조 제3항) [14 경찰승진, 14 경찰채용]

㉢ 신청기간을 넘긴 신청은 부적법하다.

판례	① [1] 재정신청기간이 경과된 후에 재정신청보충서를 제출하면서 재정신청의 대상을 추가한 경우, 그 추가부분에 대한 재정신청은 부적법하다. [2] 재정신청 제기기간이 경과된 후에 재정신청보충서를 제출하면서 원래의 재정신청에 재정신청 대상으로 포함되어 있지 않은 고발사실을 재정신청의 대상으로 추가한 경우, 그 재정신청보충서에서 추가한 부분에 관한 재정신청은 법률상 방식에 어긋난 것으로서 부적법하다(대결 1997.4.22, 97모30) [19 법원9급, 15 경간] ② 구금중인 고소인이 재정신청서를 그 기간 안에 교도소장 또는 그 직무를 대리하는 사람에게 제출하였다 하더라도 재정신청서가 기간 내에 불기소처분을 한 검사가 소속한 지방검찰청의 검사장 등에게 도달하지 아니한 이상 이를 적법한 재정신청서의 제출이라고 할 수 없다(대결 1998.12.14, 98모127) [18 경찰채용] ③ 재정신청 기각결정에 대한 재항고나 그 재항고 기각결정에 대한 즉시항고로서의 재항고에 대한 법정기간의 준수 여부는 재항고장이나 즉시항고장이 법원에 도달한 시점을 기준으로 판단하여야 하고, 거기에 재소자 피고인 특칙은 준용되지 아니한다(대결 2015.7.16, 2013모2347 전원합의체) [19 변호사시험, 19 경찰채용, 19·17 검찰9급, 15 해경채용]

② **재정신청방법**
　㉠ 재정신청서에는 재정신청의 대상이 되는 사건의 범죄사실 및 증거 등 재정신청을 이유있게 하는 사유를 기재하여야 한다(제260조 제4항)
　㉡ 재정신청은 대리인에 의하여도 할 수 있다(제264조 제1항) [18·16 경찰승진, 18·14 경찰채용]

(3) 재정신청의 효력
　① 재정신청이 있으면 고등법원의 재정결정이 확정될 때까지 공소시효의 진행이 정지된다(제262조의4 제1항) [19 검찰7급, 18 변호사시험, 18 경찰승진, 18·15 경찰채용, 18 검찰9급, 17 경간, 17 법원9급]
　② 재정신청권자가 수인인 경우에 공동신청권자 중 1인의 신청은 그 전원을 위하여 효력이 발생한다(제264조 제1항) [21 법학특채, 20·19 경간, 19·16 검찰9급, 18·16 경찰승진, 15 변호사시험]

(4) 재정신청의 취소
　① 재정신청은 고등법원의 재정결정이 있을 때까지 취소할 수 있다. 취소한 자는 다시 재정신청을 할 수 없다(제264조 제2항) [20·16 경찰승진, 19 경간, 15 변호사시험]
　② 재정신청의 취소는 다른 공동신청권자에게 효력이 미치지 아니한다(제264조 제3항) [21 법학특채, 20·19·15 경간, 19 검찰9급, 18 경찰승진, 15 변호사시험]
　③ 재정신청의 취소는 관할고등법원에 서면으로 하여야 한다. 다만, 기록이 관할고등법원에 송부되기 전에는 그 기록이 있는 검찰청 검사장 또는 지청장에게 하여야 한다(규칙 제121조 제1항)

4. 지방검찰청 검사장·지청장의 처리

(1) 검찰항고를 거친 경우(검찰항고전치주의가 적용되는 경우)
　① 재정신청서를 제출받은 지방검찰청검사장 또는 지청장은 재정신청서를 제출받은 날부터 7일 이내에 재정신청서·의견서·수사 관계 서류 및 증거물을 관할 고등검찰청을 경유하여 관할 고등법원에 송부하여야 한다(제261조 본문)
　② 이미 검찰항고를 거쳤기 때문에 신속히 고등법원에 관계서류 등을 송부하도록 한 것이다.

(2) 검찰항고를 거치지 않은 경우(검찰항고전치주의가 적용되지 아니한 경우)
　① 신청이 이유 있는 것으로 인정하는 때에는 즉시 공소를 제기하고 그 취지를 관할 고등법원과 재정신청인에게 통지하고, 신청이 이유 없는 것으로 인정하는 때에는 30일 이내에 재정신청서·의견서·수사 관계 서류 및 증거물을 관할 고등법원에 송부한다(제261조 단서)

5. 고등법원의 처리

(1) 재정신청사건의 관할법원
① 재정신청사건은 불기소처분을 한 검사 소속의 지방검찰청 소재지를 관할하는 고등법원의 관할이다(제260조 제1항).
② 고등법원은 재정신청서를 송부받은 때에는 송부받은 날부터 **10일** 이내에 피의자 및 재정신청인에게 그 사실을 통지하여야 한다(제262조 제1항, 규칙 제120조) [16 검찰9급]

(2) 고등법원의 심리
① 법원은 재정신청서를 송부받은 날부터 **3개월 이내**에 항고의 절차에 준하여 재정결정을 하여야 한다(제262조 제2항 본문) [18 경찰승진]
  ㉠ 이 기간은 훈시기간이므로 이 기간 경과 후의 재정결정은 위법한 것이 아니다
② 재정신청사건의 심리는 특별한 사정이 없는 한 공개하지 아니한다(제262조 제3항)
③ 법원은 필요한 때에는 증거를 조사할 수 있다(제262조 제2항 단서) [18 경찰승진, 17 검찰9급]
  따라서 법원은 피의자신문, 참고인조사 등을 할 수 있다.
④ 재정신청사건의 심리 중에는 관련 서류 및 증거물을 **열람 또는 등사할 수 없다.** 다만, 법원은 제262조 제2항 후단의 증거조사과정에서 작성된 서류의 전부 또는 일부의 열람 또는 등사를 허가할 수 있다(제262조의2) [20·19 경간, 19 검찰9급, 17 법원9급]

(3) 재정결정
① **기각결정**
  ㉠ 재정신청이 법률상의 방식에 위배하거나 이유 없는 때에는 신청을 기각한다(제262조 제2항 제1호) [18 경간] 법원은 기각결정을 한 때에는 즉시 그 정본을 재정신청인·피의자와 관할 지방검찰청검사장 또는 지청장에게 송부하여야 한다(제262조 제5항)
    ⓐ 법률상의 방식에 위배되는 때란 신청기간의 경과, 신청권자가 아닌 자의 신청 등을 말한다.
    ⓑ 재정신청이 이유 없는 때란 검사의 불기소처분이 정당한 경우를 말한다.
  ㉡ 재정신청에 대한 기각결정이 확정된 사건에 대하여는 다른 중요한 증거를 발견한 경우를 제외하고는 소추할 수 없다(제262조 제4항). [20 변호사시험, 18 법학특채, 17 경간, 17·14 검찰9급]

판례	① 검사의 무혐의 불기소처분이 위법하다 하더라도 기록에 나타난 여러 가지 사정을 고려하여 기소유예의 불기소처분을 할 만한 사건이라고 인정되는 경우에는 재정신청을 기각할 수 있다(대결 1997.4.22, 97모30) [21 법학특채, 19·15 경간, 18 경찰채용, 17 경찰승진]

② [1] 고등법원의 재정신청 기각결정이 확정된 사건에 대하여는 다른 중요한 증거를 발견한 경우를 제외하고는 소추할 수 없는데, 이 경우 재정신청 기각결정이 확정된 사건이라 함은 재정신청사건을 담당하는 법원에서 공소제기의 가능성과 필요성 등에 관한 심리와 판단이 현실적으로 이루어져 재정신청 기각결정의 대상이 된 사건만을 의미한다.
[2] 재정신청 기각결정의 대상이 되지 않은 사건은 '제2항 제1호의 결정이 확정된 사건'이라고 할 수 없고, 설령 재정신청 기각결정의 대상이 되지 않은 사건이 고소인의 고소내용에 포함되어 있었다 하더라도 이와 달리 볼 수 없다(대판 2015.9.10. 2012도14755) [19 법원9급, 18 경찰승진, 17 변호사시험]

③ [1] 재정신청 기각결정이 확정된 사안에 대하여는 다른 중요한 증거를 발견한 경우를 제외하고는 소추할 수 없는데, 여기에서 '다른 중요한 증거를 발견한 경우'란 재정신청 기각결정 당시에 제출된 증거에 새로 발견된 증거를 추가하면 충분히 유죄의 확신을 가지게 될 정도의 증거가 있는 경우를 말한다.
[2] **단순히** 재정신청 기각결정의 정당성에 의문이 제기되거나 범죄피해자의 권리를 보호하기 위하여 형사재판절차를 진행할 필요가 있는 정도의 증거가 있는 경우는 여기에 해당하지 않는다. 그리고 관련 민사판결에서의 사실인정 및 판단은, 그러한 사실인정 및 판단의 근거가 된 증거자료가 새로 발견된 증거에 해당할 수 있음은 별론으로 하고, 그 자체가 새로 발견된 증거라고 할 수는 없다(대판 2018.12.28. 2014도17182) [21 법원9급, 19 경간]

② 공소제기결정
㉠ 재정신청이 이유 있는 때에는 사건에 대한 공소제기를 결정한다(제262조 제2항 제2호) [18 경간]
㉡ 공소제기결정을 한 때에는 즉시 그 정본과 사건기록을 재정신청인·피의자와 관할 지방검찰청검사장 또는 지청장에게 송부하여야 한다(제262조 제5항)
㉢ 재정결정서를 송부받은 관할 지방검찰청 검사장 또는 지청장은 지체 없이 담당검사를 지정하고 지정받은 검사는 공소를 제기하여야 한다(제262조 제6항) [17 변호사시험]
㉣ 공소제기결정이 있는 때에는 공소시효에 관하여 그 결정이 있는 날에 공소가 제기된 것으로 본다(제262조의4 제2항) [18·15 경찰채용, 18 검찰9급]

(4) 재정결정에 대한 불복
① 고등법원의 재정신청 기각결정에 대해서는 즉시항고할 수 있으나, 공소제기결정에 대하여는 불복할 수 없다(제262조 제4항) [20·19·18 경간, 18 변호사시험, 17 경찰채용, 17 검찰9급, 17 법원9급]

② 공소제기 결정의 잘못을 본안사건에서 다툴 수 없다

판례	① 법원이 재정신청 대상 사건이 아님에도 이를 간과한 채 형사소송법 제262조 제2항 제2호에 따라 공소제기결정을 하였다고 하더라도, 그에 따른 공소가 제기되어 본안사건의 절차가 개시된 후에는 다른 특별한 사정이 없는 한 본안사건에서 위와 같은 잘못을 다툴 수 없다(대판 2017.11.14, 2017도13465) [19 경찰채용, 19 검찰9급, 19 법원9급] ② 법원이 재정신청서에 재정신청을 이유 있게 하는 사유가 기재되어 있지 않음에도 이를 간과한 채 형사소송법 제262조 제2항 제2호 소정의 공소제기결정을 한 관계로 그에 따른 공소가 제기되어 본안사건의 절차가 개시된 후에는, 다른 특별한 사정이 없는 한 이제 그 본안사건에서 위와 같은 잘못을 다툴 수 없다(대판 2010.11.11, 2009도224) [19·17 경찰승진]

(5) 재정신청인의 비용부담

① 법원은 재정신청 기각결정 또는 재정신청의 취소가 있는 경우에는 결정으로 **재정신청인**에게 신청절차에 의하여 생긴 비용의 전부 또는 일부를 **부담하게 할 수 있다**(제262조의3 제1항) [19·17 경찰승진, 18 경간, 17 검찰9급]

② 법원은 직권 또는 피의자의 신청에 따라 재정신청인에게 피의자가 재정신청절차에서 부담하였거나 부담할 변호인선임료 등 비용의 전부 또는 일부의 지급을 명할 수 있다(제262조의3 제2항) [18 법학특채, 16 경찰승진, 14 경찰채용]

③ 법원의 비용부담 결정에 대하여는 **즉시항고**를 할 수 있다(제262조의3 제3항) [19 경간, 18 법학특채, 13 경찰승진]

6. 검사의 공소제기 등

(1) 검사의 공소제기

① 고등법원으로부터 재정결정서를 송부받은 관할 지방검찰청 검사장 또는 지청장은 지체 없이 담당 검사를 지정하고 지정받은 검사는 **공소를 제기하여야 한다**(제262조 제6항) [21 법학특채, 17 변호사시험]

(2) 공소취소의 제한

① 검사는 고등법원의 공소제기결정에 따라 공소를 제기한 때에는 이를 **취소할 수 없다**(제264조의2) [19 경간, 19·18 경찰채용, 19 검찰7급, 17 변호사시험, 17 경찰승진, 16 검찰9급]

② 공소제기결정에 따라 제기한 공소를 검사가 임의로 취소할 수 있도록 한다면 재정신청제도의 취지가 몰각되기 때문이다.

Ⅲ. 헌법소원

1. 의 의

① 검사의 불기소처분에 대한 불복방법으로 검찰항고와 재정신청 이외에 헌법재판소에 대한 헌법소원의 청구도 있다.

② 즉, 공권력의 행사 또는 불행사로 인하여 헌법상 기본권을 침해받은 자는 헌법소원을 청구할 수 있는데, 검사의 불기소처분은 '공권력의 행사'에 해당하므로 이에 불복하는 자는 헌법소원을 청구할 수 있는 것이다(헌법재판소법 제68조 제1항)

2. 청구권자

(1) 고소인

고등법원의 재정결정은 법원의 재판이므로 이에 대해서는 헌법소원이 허용되지 않는다. 따라서 고소한 범죄피해자는 검사의 불기소처분에 대해서 헌법소원이 허용되지 않는다.

(2) 고발인

고발인은 헌법소원심판청구의 요건인 자기관련성이 없으므로 검사의 불기소처분에 대해서 헌법소원이 허용되지 않는다(헌재 2013.10.24, 2012헌마41) [17 검찰9급]

(3) 피의자

기소유예처분에 대하여 피의자는 헌법소원을 청구할 수 있다. 범죄혐의가 없음이 명백한 사안인데도 이에 대하여 검사가 자의적으로 기소유예처분을 한 경우에는 피의자의 평등권과 행복추구권을 침해하기 때문이다.

판례	① 피의자인 청구인의 폭행 혐의에 대한 피해자 진술의 신빙성에 상당한 의심의 여지가 있고, 나아가 청구인의 행위가 정당방위 내지 소극적 방어행위에 해당할 여지가 있음에도 검사는 경찰 송치 후 이러한 점에 관하여 아무런 추가 조사 없이 피해자의 진술만을 받아들여 청구인의 혐의를 인정하였는바, 이와 같은 수사미진의 잘못은 기소유예처분의 결정에 영향을 미침으로써 피의자인 청구인의 평등권과 행복추구권을 침해하였다 할 것이다(헌재 2012.7.26, 2010헌마642)

(4) 고소하지 아니한 피해자

판례	① 고소를 하지 않은 범죄피해자도 불기소처분에 대한 헌법소원심판을 청구할 수 있다(헌재 2008.11.27, 2008헌마399) [17 검찰9급, 16 변호사시험, 13 해경간부]

(5) 진정사건의 내사종결처분

판례	① [1] 진정에 기하여 이루어진 내사사건의 종결처분은 수사기관의 내부적 사건 처리 방식에 지나지 아니하고, 그 결과에 불만이 있으면 따로 고소나 고발을 할 수 있는 것이므로 헌법소원심판의 대상이 되는 공권력의 행사라고 할 수 없어 헌법소원의 대상이 되지 아니한다. [2] 진정에 따른 내사사건의 내사종결처분에 대해서 진정인은 재정신청 또는 헌법소원을 제기할 수 없다(헌재 2006.7.4. 2006헌마696) [20·14 경간, 15 경찰승진]

3. 효 과

① 헌법소원의 청구를 받은 헌법재판소는 청구가 이유 없으면 기각결정을 하고, 청구가 이유 있으면 인용결정을 한다. 헌법소원을 인용할 때에는 인용결정서의 주문에서 침해된 기본권과 침해의 원인이 된 공권력의 행사 또는 불행사를 특정하여야 한다(헌법재판소법 제75조 제2항)

② 검사의 불기소처분이 헌법에 위반된 경우 헌법재판소는 검사의 불기소처분을 취소할 수 있다(헌법재판소법 제75조 제3항) 검사의 불기소처분을 취소하는 결정이 있는 때에는 검사는 헌법재판소가 그 결정의 주문 및 이유에서 밝힌 취지에 맞게 성실히 수사하여 결정하여야 한다. 즉 헌법재판소가 검사의 불기소처분을 취소하더라도 공소제기가 의제되는 것은 아니다.

3 고위공직자범죄수사처검사의 수사종결에 대한 불복

1. 검사에게 송부한 경우의 불복

① 서울중앙지방검찰청 소속 검사의 불기소처분에 대해서는 일반적인 검사의 불기소처분에 대한 불복방법과 동일하다. 즉, 고소인·고발인 등은 검찰항고, 재정신청, 헌법소원을 통해서 불복할 수 있다.

2. 불기소결정에 대한 재정신청의 특례

① 고소·고발인은 수사처검사로부터 공소를 제기하지 아니한다는 통지를 받은 때에는 서울고등법원에 그 당부에 관한 재정을 신청할 수 있다(공수처법 제29조 제1항). 이 경우 항고를 거칠 필요가 없다.

② 재정신청을 하려는 사람은 공소를 제기하지 아니한다는 통지를 받은 날부터 30일 이내에 처장에게 재정신청서를 제출하여야 한다(공수처법 제29조 제2항)

③ 재정신청서를 제출받은 처장은 재정신청서를 제출받은 날부터 7일 이내에 재정신청서, 의견서, 수사 관계 서류 및 증거물을 서울고등법원에 송부하여야 한다. 다만, 신청이 이유 있는 것으로 인정하는 때에는 즉시 공소를 제기하고 그 취지를 서울고등법원과 재정신청인에게 통지한다(공수처법 제29조 제4항)

④ 공수처법에서 정한 사항 외에 재정신청에 관하여는 형사소송법 제262조 및 제262조의2부터 제262조의4까지의 규정을 준용한다. 이 경우 관할법원은 서울고등법원으로 하고, "지방검찰청검사장 또는 지청장"은 "처장", "검사"는 "수사처검사"로 본다(공수처법 제29조 제5항).

제3절 공소제기 후의 수사

I. 의 의

① 수사결과 검사가 피의자의 혐의를 인정하여 공소를 제기하면 수사는 원칙적으로 종결된다. 그러나 공소제기 후에도 검사가 공소유지를 위하여 또는 공소유지여부를 결정하기 위하여 수사를 해야 할 필요성이 여전히 인정된다.

② 공소제기로 인하여 사건은 법원의 지배로 이전되고, 피의자는 피고인으로서 검사와 대등한 소송주체가 된다. 따라서 공소제기 후의 임의수사는 일반적으로 허용되지만 강제수사는 법원의 심리에 지장을 줄 수 있고 공소제기 후에는 피고인의 당사자적 지위와 모순되기에 제한되어야 한다. [17 해경채용, 16 해경간부, 13 경간]

II. 공소제기 후의 임의수사

1. 피고인신문(피고인조사)

판례는 공소제기 후 검사가 작성한 피고인에 대한 진술조서의 증거능력을 인정함으로써 피고인신문을 허용하는 입장이다.

| 판례 | ① [1] 검사 작성의 피고인에 대한 진술조서가 공소제기 후에 작성된 것이라는 이유만으로는 곧 그 증거능력이 없다고 할 수 없다
[2] 검사가 공소제기 후에 피고인을 피의자로 신문하여 작성한 진술조서도 그 증거능력이 인정된다(대판 1984.9.25, 84도1646) [21·19·17·16·15 경찰승진, 21 경찰채용, 21 법학특채, 18 변호사시험, 16 경간 등] |

2. 참고인조사

① 참고인조사는 임의수사이므로 공소제기 후에도 원칙적으로 허용된다.

② 다만, 피고인에게 유리한 증언을 한 증인을 수사기관이 법정 외에서 다시 참고인으로 조사하여 법정에서의 진술을 번복하게 하는 것은 허용되지 않는다. 이렇게 작성한 참고인진술조서는 피고인이 증거로 할 수 있음에 동의하지 않는 한 증거능력이 없다(판례)

| 판례 | ① [1] **공판준비 또는 공판기일에서** 이미 증언을 마친 증인을 검사가 소환한 후 피고인에게 유리한 증언 내용을 추궁하여 일방적으로 번복시키는 방식으로 작성한 진술조서는 피고인이 증거로 할 수 있음에 동의하지 않는 한 증거능력이 인정되지 않는다.
[2] 그 후 원진술자인 종전 증인이 다시 법정에 출석하여 증언을 하면서 그 진술조서의 성립의 진정함을 인정하고 피고인측에 반대신문의 기회가 부여되었다고 |

하더라도 그 증언 자체를 유죄의 증거로 할 수 있음은 별론으로 하고, 위와 같은 진술조서의 증거능력이 없다는 결론은 달리할 것이 아니다(대판 2008.9.25, 2008도6985) [21·20·19·17·16 경찰승진, 21 법학특채, 18 검찰9급, 17 변호사시험, 17 경간, 17·16 검찰7급, 15 법원9급 등]

[동지판례] **공판준비 또는 공판기일에서** 이미 증언을 마친 증인을 검사가 소환한 후 피고인에게 유리한 그 증언 내용을 추궁하여 이를 일방적으로 번복시키는 방식으로 작성한 진술조서 또는 그 증인을 상대로 위증의 혐의를 조사한 내용을 담은 피의자신문조서는 **피고인이 증거로 할 수 있음에 동의하지 아니하는 한 그 증거능력이 없다고 할 것이나,** 그 후 원진술자인 종전 증인이 다시 법정에 출석하여 증언을 하였다면 그 증언 자체는 유죄의 증거로 할 수 있다(대판 2017.5.31, 2017도1660)

② 검사가 공판준비기일 또는 공판기일에서 이미 증언을 마친 증인을 소환하여 피고인에게 유리한 그 증언 내용을 추궁한 다음 진술조서를 작성하는 대신 그로 하여금 본인의 증언 내용을 번복하는 내용의 진술서를 작성하도록 하여 법원에 제출한 경우, 이러한 진술서는 피고인이 증거로 할 수 있음에 동의하지 않는 한 증거능력이 없다(대판 2012.6.14, 2012도534) [17 변호사시험]

③ 검사가 피고인의 공판절차에서 이미 증언을 마친 증인에게 수사기관에 출석할 것을 요구하여 그 증인을 상대로 위증의 혐의를 조사한 내용을 담은 피의자신문조서는 그 피고인이 증거로 함에 동의하지 않는 한 증거능력이 없다(대판 2013.8.14, 2012도13665) [20 변호사시험, 19 검찰9급, 14 법원9급]

④ [1] 제1심에서 피고인에 대하여 무죄판결이 선고되어 검사가 항소한 후, 수사기관이 항소심 공판기일에 증인으로 신청하여 신문할 수 있는 사람을 특별한 사정 없이 미리 수사 기관에 소환하여 작성한 진술조서는 피고인이 증거로 할 수 있음에 동의하지 않는 한 증거능력이 없다.
[2] 위 참고인이 나중에 법정에 증인으로 출석하여 진술조서의 성립의 진정을 인정하고 피고인 측에 반대신문의 기회가 부여된다 하더라도 진술조서의 증거능력을 인정할 수 없음은 마찬가지이다(대판 2019.11.28, 2013도6825) [21 경찰채용, 21 법원9급]

3. 기타의 임의수사

통역·번역의 위촉(제221조 제2항), 공무소조회(제199조 제2항)은 임의수사이므로 공소제기 후에도 허용된다.

Ⅲ. 공소제기 후의 강제수사

1. 피고인 구속

① 공소제기 후의 피고인 구속은 수소법원의 권한에 속하므로, 수사기관은 피고인을 구속할 수 없다(제70조).

② 불구속으로 기소된 피고인이 도망하거나 증거를 인멸할 염려가 있는 경우에는 검사는 수소법원에 직권에 의한 피고인 구속을 촉구할 수 있을 뿐이다.

판례	① [1] 공판절차에서 피고인은 검사와 대등한 지위를 가지는 당사자이므로 공소제기 후에 수사기관이 피고인을 구속할 수는 없고, 피고인 구속은 법원의 권한에 속한다. [2] 공소제기된 피고인의 구속상태를 계속 유지할 것인지 여부에 관한 판단은 전적으로 당해 수소법원의 전권에 속한다(대판 2011.4.28, 2009도10412) [19·17 경찰승진, 16 해경간부, 13 경간, 13 검찰9급] ② 형사소송법상 피고인의 구속에 관한 권한은 오직 법관에게 있을 뿐 검사에게는 피의자를 구속하기 위한 검사의 구속영장청구권과 유사한 권한마저도 없다(헌재 1996.11.28, 96헌마256)

2. 압수·수색·검증

(1) 원 칙

공소제기에 의하여 사건은 법원에 계속되고 압수·수색·검증도 수소법원의 권한에 속하므로, 수사기관의 압수·수색·검증은 허용되지 않는다.

판례	① 검사가 공소제기 후 형사소송법 제215조에 따라 수소법원 이외의 지방법원 판사에게 청구하여 발부받은 영장에 의하여 압수·수색하였다면, 그와 같이 수집된 증거는 원칙적으로 유죄의 증거로 삼을 수 없다(대판 2011.4.28, 2009도10412) [21·20·17·16 경찰승진, 21·18·16·15 경찰채용, 21 법학특채, 20·18·17 경간, 20·19·15 해경간부, 18·15 법원9급, 17 검찰9급, 16 변호사시험 등] ② 공소가 제기된 후에는 그 피고사건에 관한 형사절차의 모든 권한이 사건을 주재하는 수소법원의 권한에 속하게 되며, 수사의 대상이던 피의자는 검사와 대등한 당사자인 피고인으로서의 지위에서 방어권을 행사하게 되므로, **공소제기 후 구속·압수·수색 등 피고인의 기본적 인권에 직접 영향을 미치는 강제처분은 원칙적으로 수소법원의 판단에 의하여 이루어지지 않으면 안된다**(대판 2011.4.28, 2009도10412) [21 경찰승진, 17 검찰7급]

(2) 예 외

① 공소제기 후 검사 또는 사법경찰관이 피고인에 대한 구속영장을 집행하는 때에 그 집행현장에서는 영장없이 압수·수색·검증할 수 있다(제216조 제2항) [21 경찰채용, 19·17·16 경찰승진, 17 검찰7급, 13 검찰9급]

② 공소제기 후에도 수사기관은 임의제출물을 영장없이 압수할 수 있다(제218조) [19 경찰승진, 17 검찰7급]

제 3 편

증 거

01 서 론
02 증거능력 관련 문제
03 증명력 관련 문제

김종욱 **형사법3 [수사, 증거]**
cafe.naver. 김종욱형사법

01 서론

제1절 증거법의 기본개념

1 증거의 의의와 종류

Ⅰ. 증거의 의의

형사소송에 있어서 사실인정에 사용되는 객관적인 자료를 증거라고 한다. 증거를 통해 사실관계 존부에 대하여 법관이 심증을 형성하거나 또는 소송관계인이 법관으로 하여금 심증을 형성하게 하는 것을 증명이라 한다.

Ⅱ. 증거의 종류

1. 직접증거와 간접증거

증거자료와 요증사실과의 관계에 의한 구별이다.

(1) 직접증거
① 직접증거란 요증사실(범죄사실)을 직접 증명하는데 사용되는 증거를 말한다.
② 피고인의 자백, 범행목격자의 증언, 통화위조죄에 있어 위조통화, 무고죄에 있어 무고문서 등이 이에 해당한다.

(2) 간접증거(정황증거)
① 간접증거란 요증사실(범죄사실)을 간접적으로 추인케 하는 증거를 말한다.
② 범행현장에서 채취된 피고인의 지문, 상해사건에서 진단서, 피고인 옷에 묻은 피해자의 혈흔 등이 이에 해당한다.

(3) 양자의 관계
① 증거의 증명력을 법관이 자유롭게 판단하는 자유심증주의하에서는 직접증거와 간접증거간의 증명력의 우열은 없다(제308조 참고).
② 법관은 반드시 직접증거에 의해서가 아니라 간접증거에 의해서도 사실을 인정할 수 있다. 직접증거를 배척하고 간접증거를 채택할 수도 있고 그 역도 동일하다.

2. 인적 증거, 물적증거, 서증

증거방법의 물리적 성질에 따른 구별이다.

(1) 인적 증거(인증)
① 인적 증거란 사람의 진술내용이 증거가 되는 것을 말한다.
② 증인의 증언, 감정인의 감정 또는 피고인의 자백·진술 등이 이에 해당한다.

(2) 물적 증거(물증)
① 물건의 존재 또는 상태가 증거가 되는 것을 말한다.
② 범행에 사용된 흉기, 장물, 지문 등이 이에 해당한다.

(3) 서 증
서증은 물적 증거 가운데 서면이 증거로 되는 경우로, 증거서류와 증거물인 서면이 있다.

① **증거서류** : 서류의 의미·내용이 증거가 되는 것을 말한다. 즉 서류의 존재 자체는 증거가 되지 아니한다. 법원(법관) 작성 공판조서, 검증조서, 증인신문조서 등이 이에 해당한다. 증거서류에 대한 증거조사 방법은 원칙적으로 낭독이다(제292조 제1항)
② **증거물인 서면** : 서류의 존재 및 의미·내용이 증거가 되는 것을 말한다. 협박죄에 있어 협박문서, 위조죄에 있어서 위조문서, 손괴죄에 있어 손괴된 문서 등이 이에 해당한다. 증거물인 서면은 증거물과 증거서류의 성질을 모두 갖춘 경우로써 이에 대한 증거조사 방법은 원칙적으로 제시 및 낭독이다(제292조, 제292조의2, 대판 2013.7.26, 2013도2511)

3. 본증과 반증

증명의 방식에 따른 구별이다.

(1) 본증(본래증거)
① 본증이란 거증책임(입증책임)을 부담하는 당사자가 제출하는 증거를 말한다.
② 형사소송에서는 원칙적으로 검사가 거증책임을 부담하므로 검사가 제출하는 증거가 본증이 된다. 예외적으로 피고인에게 거증책임이 있는 경우에 피고인이 제출하는 증거가 본증이 된다.

(2) 반증(반대증거)
① 반증이란 본증에 의하여 증명될 사실을 부인하기 위하여 반대당사자가 제출하는 증거를 말한다. 원칙적으로 피고인이 제출하는 증거가 반증이 된다.

4. 진술증거와 비진술증거
진술의 내용에 의한 구별이다.

(1) 진술증거
① 진술증거란 사람의 진술내용이 증거가 되는 것을 말한다.
② 진술증거에는 구두에 의한 진술과 그 진술이 기재된 서면을 포함한다. 예 피고인의 자백, 증인의 증언, 피의자신문조서, 검증조서, 진술서 등
③ 진술증거에는 전문법칙이 적용된다.

(2) 비진술증거
① 비진술증거는 진술증거 이외의 증거를 말한다. 예 흉기, 장물, 지문 등
② 비진술증거에는 전문법칙이 적용되지 아니한다.

5. 실질증거와 보조증거

(1) 실질증거
① 실질증거란 요증사실(범죄사실)의 존부를 직접·간접적으로 증명하기 위하여 사용하는 증거를 말한다.
② 범행을 목격한 증인의 증언은 실질증거에 해당한다.

(2) 보조증거
① 보조증거란 실질증거의 증명력을 다투거나 보강하기 위한 증거를 말한다.
② 보조증거에는 보강증거와 탄핵증거가 있다. 보강증거란 실질증거의 증명력을 보강하기 위한 보조증거이고, 탄핵증거는 실질증거의 증명력을 다투기 위한 보조증거를 말한다.

Ⅲ. 증거능력과 증명력

1. 증거능력

(1) 의 의
① 증거능력이란 엄격한 증명의 자료로 사용될 수 있는 법률상의 자격을 말한다. 즉, 증거로서의 자격을 말한다.
② 증거능력이 없는 증거는 사실인정의 자료가 될 수 없다. 증거능력은 법률에 의하여 형식적으로 규정되어 있기 때문에 법관의 자유심증이 허용되지 아니한다.

(2) 증거능력 관련 증거법칙
① **증거재판주의** : 사실의 인정은 증거에 의하여야 한다(제307조 제1항) 사실의 인정은 '증거능력'이 있고 정식의 증거조사절차를 거친 증거에 의하여야 한다는 것이 제307조 제1항의 규범적인 의미이다.
② **위법수집증거배제법칙** : 적법한 절차에 따르지 아니하고 수집한 증거는 증거로 할 수 없다(제308조의2) 즉, 위법하게 수집된 증거는 '증거능력'이 없다.
③ **자백배제법칙** : 피고인의 자백이 고문 등 강제에 의하여 임의로 진술한 것이 아니라고 의심할 만한 이유가 있는 때에는 이를 유죄의 증거로 하지 못한다(제309조) 즉 임의성에 의심이 있는 자백은 '증거능력'이 없다.
④ **전문법칙** : 요증사실은 경험한 자가 직접 이를 진술하지 아니하고 간접적으로 전달할 때 그 증거를 전문증거라고 하고 전문증거는 전문법칙에 의하여 원칙적으로 '증거능력'이 없다(제310조의2)
⑤ **당사자의 동의와 증거능력** : 증거능력 없는 전문증거라도 당사자가 증거로 함에 동의하고 법원이 진정한 것으로 인정하면 '증거능력'이 인정된다(제318조)

2. 증명력(증거가치, 신빙성)

(1) 의 의
① 증명력이란 증거가 가지는 실질적인 가치를 말한다.
② 증거의 증명력은 법관의 자유판단에 맡겨져 있다.

(2) 증명력 관련 증거법칙
① **자유심증주의** : 증거의 증명력은 법관의 자유판단에 의한다(제308조) 즉 증거의 '증명력'은 법률에 의해 형식적으로 규정되어 있는 것이 아니라 법관이 자유롭게 판단한다.

② **자백의 보강법칙** : 피고인의 자백이 그 피고인에게 불이익한 유일한 증거인 때에는 이를 유죄의 증거로 하지 못한다(제310조) 따라서 자백의 '증명력'을 보강하는 보강증거가 없는 경우에는 피고인에게 유죄판결을 선고할 수 없다.

③ **탄핵증거** : 탄핵증거란 진술증거의 '증명력'을 탄핵하기 위하여 제출하는 증거를 말한다(제318조의2)

④ **공판조서의 증명력** : 공판기일의 소송절차로서 공판조서에 기재된 것은 그 조서만으로써 증명한다(제56조) 즉 공판조서에 기재된 소송절차에 관한 사항에 대해서는 절대적 '증명력'이 인정된다.

3. 양자의 관계

① 엄격한 증명에 있어서 증거능력은 증명력 판단의 전제가 된다. 증거능력 없는 증거는 (그것은 증거가 아니므로) 증명력을 따져볼 이유가 없다.

② 증거능력이 있다고 하여 언제나 증명력이 강한 것은 아니고, 증명력이 강하다고 하여 언제나 증거능력이 있는 것은 아니다. 증거능력은 법률에 형식적으로 규정되어 있고 증명력은 법관의 자유판단에 의할 뿐이다.

판례	① 검찰에서의 피고인의 자백이 임의성이 있어 그 증거능력이 부여된다 하여 자백의 진실성과 신빙성까지도 당연히 인정되어야 하는 것은 아니다(대판 2007.9.6, 2007도4959) [21 경찰승진, 15 해경채용]

제2절 증명의 기본원칙

1 증거재판주의

I. 의 의

형사소송법 제307조 제1항은 '사실의 인정은 증거에 의하여야 한다'라고 규정하고 있다. 사실의 인정은 증거에 의하여야 하는데 이는 '범죄사실 등 주요사실은 증거능력 있고 정식의 증거조사를 거친 증거에 의하여야 한다'라는 규범적인 의미가 담겨져 있는데 이것을 증거재판주의라고 한다.

판례	① 범죄사실의 인정은 증거능력이 있고 적법한 증거조사를 거친 증거에 의한 증명(이른 바 엄격한 증명)에 의하여야 한다(대판 1989.10.10. 87도966) [15 법원9급] ② 구성요건에 해당하는 사실은 엄격한 증명에 의하여 이를 인정하여야 하고, 증거능력이 없는 증거는 구성요건 사실을 추인하게 하는 간접사실이나 구성요건 사실을 입증하는 직접증거의 증명력을 보강하는 보조사실의 인정자료로도 사용할 수 없다(대판 2015.1.22. 2014도10978 전원합의체) [19 경간, 18 검찰7급, 17 검찰9급]

II. 증 명

1. 증명의 개념

① 증명(입증)이란 법관이 어떤 사실의 존부에 관하여 심증을 형성하는 것을 말한다. 즉, 증거를 통하여 일정한 사실을 밝히는 것을 말한다.
② 범죄사실의 인정은 합리적인 의심이 없는 정도의 증명에 이르러야 한다(제307조 제2항)
③ 증명이란 '합리적 의심의 여지가 없는 확신'을 말한다.

2. 증명의 유형

(1) 엄격한 증명

증거재판주의 원칙상 범죄사실 등 주요사실은 증거능력 있고 정식의 증거조사를 거친 증거에 의하여야 한다. 이것을 엄격한 증명이라고 한다.

판례	① 형사재판에서 유죄의 인정은 법관으로 하여금 합리적인 의심을 할 여지가 없을 정도로 공소사실이 진정하다는 확신을 가지게 할 수 있는 증명력을 가진 증거에 의하여야 한다(대판 2010.7.22. 2009도1151) [18 해경간부, 13 검찰9급] ② 형사재판에 있어 유죄로 인정하기 위한 심증형성의 정도는 합리적인 의심을 할 여지가 없을 정도여야 하나, 이는 모든 가능한 의심을 배제할 정도에 이를

것까지 요구하는 것은 아니다(대판 2013.6.27. 2013도4172) [15 해경간부]

③ 유죄의 인정을 위한 심증형성이 상정할 수 있는 모든 의심을 일일이 배제할 정도까지 되어야 하는 것은 아니므로, 여기에서 말하는 '합리적인 의심'은 막연한 의문·불신이나 단지 관념적인 가능성만으로 품게 되는 의심이 아니라 논리와 경험의 법칙에 기초하여 볼 때 증명 대상이 되는 사실과 양립할 수 없는 사실이 존재할 개연성이 있다고 할 정도로 객관성과 합리성을 지닌 의심임을 요한다(대판 2015.8.20. 2013도11650 전원합의체)

④ [1] 범죄사실의 인정은 법관으로 하여금 합리적인 의심을 할 여지가 없을 정도의 확신을 가지게 하는 증명력이 있는 엄격한 증거에 의하여야 하고, 법관은 검사의 증명이 위와 같은 확신을 가지게 하는 정도에 이르지 못한 경우에는 피고인의 이익으로 판단하여야 한다.
[2] 형사재판에서 범죄사실의 인정은 법관으로 하여금 합리적인 의심을 할 여지가 없을 정도의 확신을 가지게 하는 증명력을 가진 엄격한 증거에 의하여야 하는 것이므로 검사의 증명이 위와 같은 확신을 가지게 하는 정도에 충분히 이르지 못한 경우에는 비록 피고인의 주장이나 변명이 모순되거나 석연치 않은 면이 있는 등 유죄의 의심이 간다 하더라도 피고인의 이익으로 판단하여야 한다(대판 2015.5.14. 2015도119) [16 검찰7급, 14 경찰승진]

(2) 자유로운 증명

엄격한 증명에 대비되는 것으로 주요사실 이외의 기타 사실은 증거능력이 있는 증거에 의하지 않거나 정식의 증거조사에 의하지 아니하고 증명할 수 있다. 이것을 자유로운 증명이라고 한다.

(3) 비교

엄격한 증명과 자유로운 증명은 증거능력 유무와 증거조사방법의 차이만 있을 뿐 법관의 심증의 정도에는 차이가 없다.

Ⅲ. 엄격한 증명의 대상

1. 범죄사실

공소장에 기재된 범죄사실은 엄격한 증명의 대상이 된다.

판례	① [1] 공소장에 기재된 범죄사실은 엄격한 증명의 대상이 된다. [2] 공소사실에 특정된 범죄의 일시는 범죄의 성격상 특수한 사정이 있는 경우가 아닌 한 엄격한 증명을 통하여 인정되어야 한다(대판 2013.9.26, 2012도3722) [20·15 법원9급, 18 해경채용, 16 해경간부]

(1) 구성요건해당사실

① **객관적 구성요건요소** : 주체, 객체, 행위, 결과, 인과관계, 수단, 방법 등은 엄격한 증명의 대상이 된다.

> **(객관적 구성요건요소로써) 엄격한 증명의 대상이 되는 경우**
>
> ① 교사범에 있어서의 '교사의 사실'은 범죄사실을 구성하는 것으로서 이를 인정하기 위하여는 엄격한 증명이 요구된다(대판 2000.2.25, 99도1252) [17 경찰채용, 17·16 해경간부, 16 경찰승진, 16 해경채용]
>
> ② 뇌물죄에서의 수뢰액은 그 다과에 따라 범죄구성요건이 되므로 엄격한 증명의 대상이 된다(대판 2011.5.26, 2009도2453) [19 경간, 19·16 해경채용, 19 해경간부, 17 경찰승진, 16 검찰9급, 14 경찰채용 등]
>
> ③ 횡령한 재물의 가액이 특정경제범죄 가중처벌 등에 관한 법률의 적용 기준이 되는 하한 금액(5억원)을 초과한다는 점은 엄격한 증거에 의하여 증명되어야 한다 (대판 2017.5.30, 2016도9027) [20 경찰승진, 19 경찰채용]
>
> ④ 목적과 용도를 정하여 위탁한 금전을 수탁자가 임의로 소비하면 횡령죄를 구성할 수 있으나, 이 경우 피해자가 목적과 용도를 정하여 금전을 위탁한 사실 및 그 목적과 용도가 무엇인지는 엄격한 증명의 대상이다(대판 2013.11.14, 2013도8121) [20·15 법원9급, 19 경찰채용, 19 해경채용, 16 검찰9급]
>
> ⑤ 군인신분을 취득하여 일반법원은 재판권을 상실하는지 여부에 대하여 '민간인이 군에 입대하여 군인신분을 취득하였는가의 여부'를 판단함에는 엄격한 증명을 요한다(대판 1970.10.30, 70도1936) [19 해경간부, 19·16 해경채용]
>
> ⑥ 개별적인 소수에 대한 발언을 불특정 또는 다수인에게 전파될 가능성을 이유로 공연성을 인정하기 위해서는 막연히 전파될 가능성이 있다는 것만으로 부족하고 고도의 가능성 내지 개연성이 필요하며, 엄격한 증명을 요한다(대판 2020.12.30, 2015도15619)
>
> ⑦ 「폭력행위 등 처벌에 관한 법률」 제4조 제1항 소정의 '범죄단체의 구성·가입행위'

자체는 엄격한 증명을 요한다(대판 2005.9.9, 2005도3857) [17 해경간부]

⑧ 구 도로법 제54조 제2항(정당한 사유 없이 도로관리청의 적재량 측정요구에 불응한 도로법위반죄에 있어)에 의한 '적재량 측정요구가 있었다는 점' 범죄사실을 구성하는 중요부분으로서 이를 인정하기 위하여는 엄격한 증명이 요구된다(대판 2005.6.24, 2004도7212) [16 경찰승진]

⑨ 치료감호의 선고를 위하여는 그 요건에 대한 엄격한 증명이 있어야 한다(대판 2001.6.15, 2001감도42)

⑩ 독점규제법 제66조 제1항 제9호, 제19조 제1항 위반죄의 경우 '부당한 공동행위의 합의'에 대한 입증의 정도는 법관으로 하여금 합리적 의심을 할 여지가 없을 정도로 엄격한 증명을 요한다(대판 2008.5.29, 2006도6625)

② **주관적 구성요건요소** : 고의 및 과실, 목적범에서의 목적, 불법영득의사 등도 엄격한 증명의 대상이 된다.

㉠ 고의는 엄격한 증명의 대상이지만 내심의 사실로서 피고인이 이를 부정하는 경우에는 사물의 성질상 이와 상당한 관련성이 있는 간접사실을 통하여 증명할 수밖에 없다(대판 2013.9.12, 2013도6570) [13 해경간부]

| (주관적 구성요건요소로써) 엄격한 증명의 대상이 되는 경우

①-㉠ 뇌물수수죄에서 공무원의 직무에 관하여 수수하였다는 범의를 인정하기 위해서는 엄격한 증명이 요구된다(대판 2017.12.22, 2017도11616) [19 경찰채용]

①-㉡ 「특정범죄 가중처벌 등에 관한 법률」제3조의 알선수재죄에 있어서 '공무원의 직무에 속한 사항을 알선한다는 명목'으로 수수하였다는 범의는 범죄사실을 구성하는 것으로서 이를 인정하기 위해서는 엄격한 증명이 요구된다(대판 2013. 9.12, 2013도6570) [21·16 해경채용, 17 경찰채용]

[동지판례] 「특정경제범죄 가중처벌에 관한 법률」제7조의 알선수재죄에 있어서 금융기관 임직원의 직무에 속한 사항을 알선한다는 명목으로 금품을 수수하였다는 범의는 범죄사실을 구성하는 것으로서 이를 인정하기 위하여는 엄격한 증명이 요구된다(대판 2012.12.27, 2012도11200)

②-㉠ 공동정범에서 있어서 공모관계를 인정하기 위해서는 엄격한 증명이 요구된다 (대판 2018.4.19, 2017도14322 전원합의체) [21 변호사시험, 20·19 경찰채용, 16 검찰9급]

②-㉡ 공모공동정범에 있어서 '공모나 모의의 사실'은 엄격한 증명의 대상에 해당한다(대판 2007.4.27, 2007도236) [20·17·16 경찰승진, 20 검찰9급, 19 경찰채용, 17 해경간부, 16 경간, 16 해경채용]

②-㉢ 형법 제334조 제2항 합동범(특수강도)에 있어서의 '공모나 모의'는 엄격한 증명을 요한다(대판 2001.12.11, 2001도4013) [19 해경간부, 17·16 경찰채용, 13 변호사시험]

> ③ 횡령죄에서 **불법영득의사**를 실현하는 행위로서의 횡령행위가 있다는 점은 엄격한 증거에 의하여야 한다(대판 2017.2.15, 2013도14777) [16 검찰9급]
>
> ④-㉠ 내란죄에서 국헌문란의 **목적**은 범죄성립을 위하여 고의 외에 요구되는 초과주관적 위법요소이므로 엄격한 증명을 요하나, 확정적 인식임을 요하지 아니하며 미필적 인식이 있으면 족하다(대판 2015.1.22, 2014도10978 전원합의체) [20·19 경찰채용, 20 검찰9급]
>
> ④-㉡ 사문서위조죄에서 '행사할 **목적**'은 범죄가 성립하기 위한 주관적 구성요건요소로서 엄격한 증명의 대상이 된다(대판 2014.9.26, 2014도9030) [16 변호사시험]
>
> ④-㉢ 「특정범죄 가중처벌 등에 관한 법률」 제5조의9 제1항 위반죄의 '보복의 **목적**'이 행위자에게 있었다는 점은 엄격한 증명에 의하여야 한다(대판 2014.9.26, 2014도9030) [19 경찰채용, 15 검찰9급]

(2) 위법성과 책임에 관한 사실

구성요건에 해당하면 위법성과 책임이 추정되므로 위법성과 책임의 기초되는 사실은 증명을 요하지 않는다. 그러나 다툼이 있는 경우에는 그 추정이 깨어지므로 위법성조각사유와 책임조각사유의 부존재에 대해서 엄격한 증명을 요한다.

(3) 처벌조건

처벌조건은 범죄사실 자체는 아니지만 형벌권의 발생에 직접 관련되는 사실이므로 엄격한 증명을 요한다. 예 친족상도례에 있어서 일정한 친족관계의 존재

2. 형벌권의 범위에 관한 사실

(1) 법률상 형의 가중·감면의 이유되는 사실

① 형량은 범죄사실의 존부 못지않게 피고인의 이익에 중대한 영향을 미치므로 형벌권의 범위확정과 관련되는 사실도 엄격한 증명을 요한다.
② 누범전과, 중지미수, 방조범에 해당하는 사실 등은 엄격한 증명의 대상이 된다.
③ 심신상실과 심신미약은 법률문제로 보아 자유로운 증명으로 족하다(판례)

판례	① 범인의 범행 당시의 정신상태가 심신상실이었느냐 심신미약이었느냐는 자유로운 증명으로서 족하나 일반적으로는 전문가의 감정에 의뢰하는 것이 타당하다(대판 1961.10.26, 4294형상590)

(2) 몰수·추징에 관한 사실
① 몰수·추징에 관한 사실은 자유로운 증명으로 족하다(판례)

판례	① 몰수·추징의 대상이 되는지 여부나 추징액의 인정은 엄격한 증명을 필요로 하지 아니한다(대판 2015.4.23. 2015도1233) [20·19·18·17 경찰채용, 20·19 해경채용, 19·16 경간, 19 검찰7급, 18 법학특채, 16 검찰9급 등]

3. 간접사실·경험법칙·법규

(1) 간접사실
① 간접사실이란 범죄성립에 관한 주요사실의 존부를 간접적으로 추인케 하는 사실을 말하는데 간접사실은 원칙적으로 엄격한 증명의 대상이 된다.

판례	① 간접사실이나 보조사실도 범죄의 구성요건과 관련된 것인 이상 합리적인 의심의 여지가 없는 엄격한 증명을 요한다(대판 2015.1.22. 2014도10978 전원합의체)

(2) 경험법칙
① 경험법칙이란 사실을 판단하는 전제가 되는 지식을 의미한다.
② 일반적 경험법칙은 공지의 사실이므로 불요증사실에 해당하지만, 특정한 사람에게만 알려져 있는 특별한 경험법칙이나 그 내용이 명백하지 않은 경험법칙이 엄격한 증명을 요하는 사실의 인정에 필요한 경우에는 엄격한 증명을 요한다.

판례	① 범죄구성요건에 해당하는 사실을 증명하기 위한 근거가 되는 과학적인 연구결과는 적법한 증거조사를 거친 증거능력 있는 증거에 의하여 엄격한 증명으로 증명되어야 한다(대판 2010.2.11. 2009도2338) [21 검찰9급, 20·19 검찰7급, 19 경간] ② 음주운전에 있어서 위드마크 공식의 경우 그 적용을 위한 자료로 섭취한 알코올의 양, 음주시각, 체중 등이 필요하므로 그런 전제사실에 대한 엄격한 증명이 요구된다(대판 2008.8.21. 2008도5531) [21 해경채용, 20·16 검찰9급, 18 법학특채, 17 경찰승진, 17 해경간부, 15 경간 등] ③ 겉보리에 관한 식품위생법 제4조 제4호 위반죄의 구성요건해당 사실로서 '색소가 인체의 건강을 해할 우려가 있다는 점'에 대한 판단은 엄격한 증명이 요구된다(대판 2010.2.11. 2009도2338)

(3) 법 규

법규의 존재와 내용은 직권조사사항이므로 불요증사실이지만, 법규의 내용이 명백하지 않고 그것이 엄격한 증명을 요하는 사실을 인정하는 자료가 되는 때에는 엄격한 증명을 요한다.

판례	① 형법 제6조 단서의 '행위지의 법률에 의하여 범죄를 구성하는지 여부'에 대해서는 엄격한 증명을 필요로 한다(대판 2011.8.25, 2011도6507) [19·18 경찰채용, 19 검찰7급, 16 검찰9급]

Ⅳ. 자유로운 증명의 대상

자유로운 증명의 대상이 되는 사실은 증거능력이 없는 증거에 의하여 증명할 수도 있고, 그 증거조사의 방법도 법원의 재량에 맡겨져 있다.

1. 소송법적 사실

(1) 의 의
① 소송법적 사실이란 범죄사실이나 양형사실 이외의 것으로서 형사절차와 관련된 사실, 즉 소송조건의 존부와 절차진행의 적법성에 관한 사실을 말한다.
② 소송법적 사실은 범죄사실이 아니기 때문에 자유로운 증명으로 족하다.

(2) 절차의 적법성에 관한 사실
① 친고죄에 있어 고소의 유무, 각종 소송조건의 존부, 피고인의 구속기간, 공소제기 등은 자유로운 증명으로 족하다.

자유로운 증명O	① 친고죄에서 적법한 고소가 있었는지는 자유로운 증명의 대상이 된다(대판 2011.6.24, 2011도4451) [20·18·17·16 경찰승진, 20·17·15 법원9급, 19·16 경간, 17·16·15 경찰채용, 17·16 해경채용, 17·13 해경간부, 16 검찰9급 등] ② 반의사불벌죄에서 처벌을 희망하지 않는다는 의사표시 또는 처벌희망 의사표시 철회의 유무나 그 효력 여부에 관한 사실은 자유로운 증명의 대상이다 (대판 2010.10.14, 2010도5610) [21 경찰채용, 21 해경채용, 17 검찰9급, 13 변호사시험]

(3) 증거능력 인정을 위한 사실
① 자백의 임의성의 기초되는 사실도 소송법적 사실로서 자유로운 증명으로 족하다(판례)
② 제313조 단서에 규정된 '특히 신빙할 수 있는 상태'는 자유로운 증명으로 족하다(판례)

자유로운 증명○	① 피고인의 검찰 진술의 임의성의 유무가 다투어지는 경우에는 법원은 구체적인 사건에 따라 증거조사의 방법이나 증거능력의 제한을 받지 아니하고 제반 사정을 종합 참작하여 적당하다고 인정되는 방법에 의하여 자유로운 증명으로 그 임의성 유무를 판단하면 된다(대판 2004.3.26, 2003도8077) [17·16 경찰채용, 15 경찰승진] ② 피고인이 피의자신문조서에 기재된 피고인 진술의 임의성을 다투면서 그것이 허위자백이라고 다투는 경우, 법원은 구체적인 사건에 따라 피고인의 학력, 경력, 직업, 사회적 지위, 지능 정도, 진술의 내용, 조서의 형식 등 제반 사정을 참작하여 자유로운 심증으로 위 진술이 임의로 된 것인지 여부를 판단할 수 있다(대판 2012.11.29, 2010도3029) [20 경찰승진, 19 경간] ③-㉠ [1] 형사소송법 제313조 제1항 단서에 규정된 '특히 신빙할 수 있는 상태'는 증거능력의 요건에 해당하므로 검사가 그 존재에 대하여 구체적으로 주장·입증하여야 하는 것이지만, 이는 소송상의 사실에 관한 것이므로 엄격한 증명을 요하지 아니하고 자유로운 증명으로 족하다 [2] 피고인의 자필로 작성된 진술서의 경우에 증거능력 인정요건인 '특히 신빙할 수 있는 상태'는 자유로운 증명으로 족하다(대판 2001.9.4, 2000도1743) [20 해경채용, 19 경간, 19·17 해경간부, 15 변호사시험, 14 경찰채용, 14 검찰7급] ③-㉡ 형사소송법 제312조 제4항에 규정된 '특히 신빙할 수 있는 상태'는 증거능력의 요건에 해당하므로 검사가 그 존재에 대하여 구체적으로 주장·증명하여야 하지만, 이는 소송상의 사실에 관한 것이므로 엄격한 증명을 요하지 아니하고 자유로운 증명으로 족하다(대판 2012.7.26, 2012도2937) [20·18·16 경찰채용, 20 법원9급, 19 검찰7급, 18 경간, 16 검찰9급 등]

2. 정상관계(양형관계) 사실
① 양형의 기초가 되는 정상관계 사실은 복잡하고 비유형적이며 또한 양형은 법관의 재량에 해당하므로 이는 자유로운 증명의 대상이 된다.
② 따라서 형법 제51조의 범인의 연령·성행·지능·환경, 피해자에 대한 관계, 범행의 동기·수단·결과, 범행후의 정황은 자유로운 증명으로 족하다. 또한 선고유예·집행유예의 사유가 되는 사실이나 정상참작감경의 기초가 되는 사실 등도 자유로운 증명으로 족하다.

자유로운 증명O	① [1] 법원은 범죄의 구성요건이나 법률상 규정된 형의 가중·감면의 사유가 되는 경우를 제외하고는 법률이 규정한 증거로서의 자격이나 증거조사방식에 구애됨이 없이 상당한 방법으로 조사하여 양형의 조건이 되는 사항을 인정할 수 있다. [2] 수소법원이 심판에 필요한 자료의 수집·조사 등의 업무를 담당하는 법원 소속 조사관에게 양형의 조건이 되는 사항을 수집·조사하여 제출하게 하고, 이를 피고인에 대한 정상관계 사실과 함께 참작하여 형을 선고하는 것은 위법하다고 볼 수 없다(대판 2010.4.29, 2010도750) [18 해경채용, 18·15 검찰7급, 13 법원9급]

3. 보조사실

① 보조사실은 증거의 증명력에 영향을 미치는 사실로서 여기에는 증거의 증명력을 탄핵하는 사실과 보강하는 사실이 있다. 증거의 증명력을 탄핵하는 사실은 자유로운 증명으로 족하지만, 증명력을 보강하는 사실은 원칙적으로 엄격한 증명의 대상이 된다.

② 탄핵증거는 범죄사실을 인정하는 증거가 아니라 증거의 증명력을 깎아내리기 위해 사용되는 증거이므로 자유로운 증명이면 족하다.

판례	① [1] **탄핵증거**는 유죄증거에 관한 소송법상의 엄격한 증거능력을 요하지 아니한다. [2] 탄핵증거는 엄격한 증거조사를 거쳐야 할 필요가 없지만 법정에서 이에 대한 탄핵증거로서의 증거조사는 필요하다(대판 1985.5.14, 85도441) [21·19 경찰승진, 21·16 경찰채용, 20·17 검찰9급, 18·17 변호사시험, 18·15 해경채용, 18 경간, 16 법원9급, 15 검찰7급 등]

자유로운 증명O	① **몰**수·추징에 관한 사실 ② **탄**핵증거 ③ 친**고**죄에 있어 고소의 유무, 반의사불벌죄에서 처벌불원의사 ④ **양**형사유(양형의 조건이 되는 사항) ⑤ 진술의 **임**의성 ⑥ 특**신**상태(특히 신빙할 수 있는 상태) ⑦ 심**신**상실 또는 심신미약 여부 ⑧ **재**심청구이유 ⑨ **구**속기간 ⑩ 명예**훼**손죄에서 형법 제310조의 위법성조각사유 ※ 자유로운 증명의 대상은 위의 10가지이므로 이것을 암기하면 된다.

두문자 몰탄 고양이가 임신하면 재구속 훼

V. 불요증사실

불요증사실이란 이미 다 알고 있는 사실이기 때문에 증명을 요하지 않는 사실을 말한다. 즉, 엄격한 증명은 물론 자유로운 증명조차 필요 없는 사실을 말한다.

1. 공지의 사실

(1) 공지의 사실
① 공지의 사실이란 일반적으로 알려져 있는 사실을 말하며 증명을 요하지 않는다.
  예) 역사상 명백한 사실, 자연계의 현저한 사실
② 공지의 사실은 모든 사람에게 알려져 있음을 요하지 않고 일정한 범위의 사람에게 일반적으로 알려져 있으면 족하다.

(2) 법원에 현저한 사실
① 법원이 이전에 선고한 판결이나 결정의 내용 등과 같이 법관이기 때문에 직무상 알고 있는 사실을 말한다. 법원에 대한 국민의 신뢰를 확보하고 공정한 재판을 담보하기 위해서는 법관이 알고 있는 사실이라도 증명을 요한다(통설)

2. 추정된 사실

(1) 법률상 추정된 사실
① 어떤 전제사실이 증명되면 다른 사실을 인정하도록 법률에 규정되어 있는 것이다.
② 법률상 추정은 법관에게 추정된 사실의 인정을 강제하므로 실체적 진실주의 및 자유심증주의에 어긋나기 때문에 허용되지 않는다.

(2) 사실상 추정된 사실
① 어떤 전제사실이 증명되면 다른 사실을 추정하는 것이 논리적으로 합리적인 사실을 말한다.
② 즉, 구성요건에 해당하면 위법성이 추정되어 증명을 요구하지 않지만, 당사자가 다투면 추정은 깨지고 증명이 요구된다.

3. 거증금지사실

① 공무원의 직무상 비밀과 같이 증명으로 인하여 얻게 될 소송법적 이익보다 더 큰 초소송법적 이익 때문에 증명이 금지된 사실을 말한다.
② 원칙적으로 증명을 요하지 않는다.

Ⅵ. 거증책임(입증책임, 증명책임)

1. 의 의

거증책임이란 요증사실(범죄사실)의 존부가 증명되지 않을 경우에 그로 인하여 불이익을 받게 될 당사자의 지위를 말한다. 즉, 거증책임은 소송의 종결단계에서 증명이 제대로 되지 않았을 때 이로 인한 불이익을 누구에게 부담시킬 것인가를 의미한다.

2. 거증책임의 분배

무죄추정의 원칙과 '의심스러울 때에는 피고인의 이익으로(in dubio pro reo)' 원칙에 따라 거증책임은 원칙적으로 검사가 부담한다.

(1) 공소범죄사실

① 공소범죄사실 즉 구성요건해당성, 위법성, 책임의 존재에 대한 거증책임은 검사에게 있다.
② 구성요건해당성이 인정되면 위법성과 책임은 추정되지만, 피고인이 위법성조각사유나 책임조각사유를 주장한 경우에 그 부존재에 대한 거증책임은 검사에게 있다.

판례	① [1] 형사재판에 있어 공소가 제기된 범죄사실에 대한 입증책임은 검사에게 있고, 유죄의 인정은 법관으로 하여금 합리적인 의심을 할 여지가 없을 정도로 공소사실이 진실한 것이라는 확신을 가지게 하는 증명력을 가진 증거에 의하여야 한다. [2] 그러한 증거가 없다면 설령 피고인에게 유죄의 의심이 간다고 하더라도 피고인의 이익으로 판단하여야 한다(대판 2016.2.18, 2015도1185) [18 해경간부, 13 검찰9급] ② 허위사실 적시 명예훼손죄로 기소된 사건에서 사람의 사회적 평가를 떨어뜨리는 사실이 적시되었다는 점, 그 적시된 사실이 객관적으로 진실에 부합하지 아니하여 허위일 뿐만 아니라 그 적시된 사실이 허위라는 것을 피고인이 인식하고서 이를 적시하였다는 점은 모두 검사가 증명하여야 한다(대판 2020.2.13, 2017도16939) ③ 공소가 제기된 범죄사실의 주관적 요소인 고의의 존재에 대한 증명책임은 검사에게 있다(대판 2015.10.29, 2015도5355)

(2) 처벌조건

인적처벌조각사유나 객관적 처벌조건에 관한 거증책임은 검사가 부담한다.

(3) 형의 가중·감면의 이유되는 사실

형의 가중사유인 사실의 존재(예 누범전과), 형의 감면사실(예 심신미약)의 부존재에 대한 거증책임은 검사가 부담한다.

(4) 소송조건의 존부

친고죄의 고소, 공소시효의 완성 등 소송조건인 사실의 존재에 대하여 검사가 거증책임을 부담한다.

(5) 증거능력의 전제가 되는 사실

증거능력의 전제가 되는 사실에 대한 거증책임은 그 증거를 제출한 당사자가 부담한다. 따라서 자백의 임의성에 대해서 검사가 거증책임을 부담한다.

판례	① 진술의 임의성에 다툼이 있을 때에는 검사가 그 임의성의 의문점을 없애는 증명을 하여야 하며, 검사가 이를 증명하지 못하면 그 진술증거의 증거능력은 부정된다(대판 2015.9.10, 2012도9879) [21·16·15 경찰승진, 20 경찰채용, 17·15·14 법원9급, 15 해경채용, 15·13 검찰9급 등]

(6) 알리바이(범행현장부재)

① 알리바이 주장은 구성요건 해당사실을 부인하는 것이므로 검사가 알리바이의 부존재를 입증해야 한다(통설)
② 피고인이 알리바이(범행현장부재)를 주장한 경우에 이에 대한 거증책임은 피고인에게 있다. [14 검찰7급]

3. 거증책임의 전환

형법 제263조(동시범) 독립행위가 경합하여 상해의 결과를 발생하게 한 경우에 있어서 원인된 행위가 판명되지 아니한 때에는 공동정범의 예에 의한다.

형법 제310조(위법성의 조각) 제307조 제1항의 행위가 진실한 사실로서 오로지 공공의 이익에 관한 때에는 처벌하지 아니한다.

(1) 의 의

거증책임의 전환이란 원칙적으로 검사가 부담하는 거증책임이 예외적으로 피고인에게 전가되는 경우를 말한다.

(2) 상해죄의 동시범 특례(형법 제263조)
① 형법 제263조는 '독립행위가 경합하여 상해의 결과를 발생하게 한 경우에 있어서 원인된 행위가 판명되지 아니한 때에 공동정범의 예에 의한다'라고 규정하고 있다.
② 이는 행위자가 자기의 행위에 의하여 상해의 결과가 발생하지 않았다는 것을 증명해야 하고 그렇지 않으면 공동정범의 예에 의하여 처벌된다고 보아, 거증책임이 피고인에게 전환되는 규정이다(통설)

(3) 명예훼손죄에서 사실의 진실성 및 공익성(형법 제310조)
① 형법 제310조는 '제307조 제1항의 행위(사실적시 명예훼손행위)가 진실한 사실로서 오로지 공공의 이익에 관한 때에는 처벌하지 아니한다'라고 규정하고 있다.
② 형법 제310조 위법성조각사유의 충족 여부는 행위자에게 거증책임이 있다(판례)
[21 변호사시험]

판례	① 공연히 사실을 적시하여 사람의 명예를 훼손한 행위가 형법 제310조에 따라 위법성이 조각되려면 그것이 진실한 사실로서 오로지 공공의 이익에 관한 때에 해당된다는 점을 **행위자**가 증명하여야 한다(대판 2004.5.28, 2004도1497) [21·16 변호사시험, 20·17 검찰9급, 20 해경채용, 19 경간, 18 경찰채용, 18 해경간부 등]

Ⅶ. 입증의 부담

① 입증의 부담이란 소송이 진행되어감에 따라 어느 사실이 증명되지 않음으로써 불리한 판단을 받을 가능성이 있는 당사자가 그 불이익을 면하기 위하여 당해 사실을 증명할 증거를 제출해야 하는 부담을 말한다(형식적 거증책임)

② 거증책임은 소송의 진행과 관계없이 요증사실의 성질에 따라 고정되어 있으나, 입증의 부담은 소송의 진행과정에 따라 변한다. 즉, 검사가 자기에게 입증책임이 있는 요증사실을 증명하였다면 결과적으로 피고인은 불리한 위치에 있게 되고, 피고인은 증명된 요증사실의 부존재를 증명할 입증의 부담을 지는 것이다.

③ 검사는 법관이 유죄의 확신을 갖게 할 정도로 입증해야 하지만, 피고인은 법관에게 확신을 갖게 할 정도로 증명할 필요는 없고 반대사실의 존재를 의심케 함으로써 법관의 심증을 방해할 정도이면 족하다.

2 자유심증주의

제308조(자유심증주의) 증거의 증명력은 법관의 자유판단에 의한다.

I. 의 의

① 자유심증주의란 증거의 증명력은 법률에 규정하지 않고 법관의 자유로운 판단에 맡기는 원칙을 말한다.
② 형사소송법 제308조는 '증거의 증명력은 법관의 자유판단에 의한다'라고 하여 자유심증주의를 규정하고 있다.
③ 자유심증주의는 증거의 증명력 평가를 법관의 자유판단에 맡김으로서 사실인정의 합리성을 도모하기 위한 것이다.

| 판례 | ① 증거의 증명력을 법관의 자유판단에 의하도록 하는 것은 그것이 실체적 진실발견에 적합하기 때문이지 법관의 자의적인 판단을 인용한다는 것은 아니다(대판 2016.10.13, 2015도17869) [20 경간, 17 변호사시험] |

II. 내 용

1. 자유판단의 주체
① 증거의 증명력 판단의 주체는 법관 개인이다.
② 합의부의 경우에도 구성원인 법관이 각자 증거의 증명력을 판단한다.

2. 자유판단의 대상
① 법관이 자유롭게 판단할 수 있는 것은 '증거의 증명력'이다. 증거능력은 자유판단의 대상이 아니다. [21 경찰승진]
② 증거라 함은 요증사실에 대한 직접증거·간접증거, 실질증거·보조증거 등 그 형태를 불문한다.
③ 증거는 엄격한 증명의 자료로 사용되는 것뿐만 아니라 자유로운 증명의 자료로 사용되는 증거도 포함된다.

Ⅲ. 자유판단의 의미

1. 자유판단

① 자유판단(자유심증)이란 법관이 증거의 증명력을 판단함에 있어서 법률적 제한을 받지 않고 법관의 재량에 의하여 자유롭게 판단하는 것을 말한다.

판례	
	① 형사소송법 제307조 제1항, 제308조는 증거에 의하여 사실을 인정하되 증거의 증명력은 법관의 자유판단에 의하도록 규정하고 있는데, 이는 법관이 증거능력 있는 증거 중 필요한 증거를 채택·사용하고 증거의 실질적인 가치를 평가하여 사실을 인정하는 것은 법관의 자유심증에 속한다는 것을 의미한다(대판 2015.8.20, 2013도11650 전원합의체).
	② 충분한 증명력이 있는 증거를 합리적인 근거 없이 배척하거나 반대로 객관적인 사실에 명백히 반하는 증거를 아무런 합리적인 근거 없이 채택·사용하는 등으로 논리와 경험의 법칙에 어긋나는 것이 아닌 이상, 법관은 자유심증으로 증거를 채택하여 사실을 인정할 수 있다(대판 2015.8.20, 2013도11650 전원합의체) [20 경찰채용]
	③ 증명력이 있는 것으로 인정되는 증거를 합리적인 근거가 없는 의심을 일으켜 이를 배척하는 것은 자유심증주의의 한계를 벗어나는 것으로 허용되지 않는다(대판 2017.1.25, 2016도13489) [20 경간, 15 해경간부]
	④ 진술조서의 기재 중 일부분을 믿고 다른 부분을 믿지 아니한다고 하여도 그것이 곧 부당하다고 할 수 없다(대판 1980.3.11, 80도145)
	⑤ 증거의 취사와 이를 근거로 한 사실의 인정은 그것이 경험칙에 위배된다는 등의 특단의 사정이 없는 한 사실심법원의 전권에 속한다(대판 1988.4.12, 87도2709)

2. 인적 증거의 경우

(1) 피고인의 진술 또는 자백

① 법관은 다른 증거와 모순되는 피고인의 진술을 믿을 수 있다. 그리고 피고인이 자백한 경우라도 법관은 자백과 다른 사실을 인정할 수 있다.

㉠ 자백의 신빙성 유무를 판단할 때에는 자백 진술의 내용 자체가 객관적으로 합리성이 있는지, 자백의 동기나 이유는 무엇이며, 자백에 이르게 된 경위는 어떠한지, 그리고 자백 외의 정황증거 중 자백과 저촉되거나 모순되는 것은 없는지 등 제반 사정을 고려하여 판단하여야 한다(대판 2016.10.13, 2015도17869)

㉡ 피고인이 수사기관에서부터 공판기일에 이르기까지 일관되게 범행을 자백하다가 어느 공판기일부터 갑자기 자백을 번복한 경우에는, 자백 진술의 신빙성 유무를 살피는 외에도 자백을 번복하게 된 동기나 이유 및 경위 등과 함께 수사기관 이래의 진술 경과와 그 진술의 내용 등에 비추어 번복 진술이 납득할 만한 것이고 이를 뒷받침 할 증거가 있는지 등을 살펴보아야 한다(대판 2016.10.13, 2015도17869)

판례	① 검찰에서의 피고인의 자백이 임의성이 있어 그 증거능력이 부여된다 하여 자백의 진실성과 신빙성까지도 당연히 인정되는 것은 아니다(대판 2007. 9.6, 2007도4959) [21 경찰승진, 15 해경채용] ② 검찰에서의 피고인의 자백이 법정진술과 다르다거나 피고인에게 지나치게 불리한 내용이라는 사유만으로는 그 자백의 신빙성이 의심스럽다고 할 수는 없는 것이다(대판 2010.7.22, 2009도1151) [19 경찰채용] ③ 공동피고인 중 1인이 다른 공동피고인들과 공동하여 범행을 하였다고 자백한 경우, 법원은 자유심증주의의 원칙상 자백한 피고인 자신의 범행에 관한 부분만을 취신하고 다른 공동피고인들이 범행에 관여하였다는 부분은 배척할 수 있다(대판 1995.12.8, 95도2043) [20 검찰7급, 15 검찰9급] ④ 피고인의 자백진술의 수차에 걸친 변경이 당초에 의도적으로 숨겼던 사실을 밝히거나 부정확한 기억을 되살린 것이라기보다는 피고인이 허위로 자백한 내용 중 객관적 상황에 맞지 않는 부분을 그 후 객관적 상황에 맞추어 수정한 것으로 보여지는 경우, 이와 같은 자백은 그 진술내용 자체가 객관적인 합리성이 결여된 것으로 신빙성이 없다(대판 1983.9.13, 83도712)

(2) 증인의 증언
① 증인의 성년·미성년, 책임능력의 유무는 증명력에 차이가 없다.
② 선서한 증인의 증언이 선서하지 않은 증인의 증언보다 신빙성이 높다고 할 수 없다.
③ 증인이 모순되는 진술을 한 경우라도 어느 것을 믿을지는 법관의 자유판단이다.

판례	① 동일인의 검찰에서의 진술과 법정에서의 증언이 다를 경우 법원은 검찰에서의 진술이 위법하게 이루어진 것이 아닌 한 이를 믿고 범죄사실을 인정할 수 있다(대판 1988.6.28, 88도740) [21 경찰채용, 13 해경간부] ② 乙이 검찰에서는 자금을 조성하여 甲에게 정치자금으로 제공하였다고 진술하였다가 제1심 법정에서는 정치자금으로 제공한 사실을 부인하면서 자금의 사용처를 달리 증언하였다고 하더라도, 제1심 법원은 乙의 검찰 진술의 신빙성을 인정하여 甲에게 유죄를 선고할 수 있다(대판 2015.8.20, 2013도11650 전원합의체) [17 변호사시험] ③ 경찰에서의 진술조서의 기재와 당해사건의 공판정에서의 같은 사람의 증인으로서의 진술이 상반되는 경우 반드시 공판정에서의 증언에 따라야 한다는 법칙은 없고 그 중 어느 것을 채용하여 사실인정의 자료로 할 것인가는 오로지 사실심법원의 자유심증에 속하는 것이다(대판 1987.6.9, 87도691) [15 경간] ④ 피해자의 증언이나 진술이 공소사실에 부합하는 유일한 직접증거라 하더라도 그 증거가 합리적이고 이치에 맞는 내용이라면 이를 유죄의 증거로 한

다하여 위법이라고 할 수는 없다(대판 1986.2.25, 85도2769)
⑤ 피해자를 비롯한 증인들의 진술이 대체로 일관되고 공소사실에 부합하는 경우 객관적으로 보아 도저히 신빙성이 없다고 볼 만한 별도의 신빙성 있는 자료가 없는 한 이를 함부로 배척하여서는 안 된다(대판 2012.6.28, 2012도2631)
⑥ 증인의 진술이 그 주요 부분에 있어서 일관성이 있는 경우에는 그 밖의 사소한 사항에 관한 진술에 다소 일관성이 없다는 등의 사정만으로는 그 진술의 신빙성을 함부로 부정할 것은 아니다(대판 2013.2.28, 2012도15689)
⑦ 피고인의 문서위조 내지 변조의 유죄 인정에 관하여 피고인과 상반되는 이해관계를 갖고 있는 고소인의 증언이나 진술을 유력한 직접 증거로 채용하고 있다 하더라도 그 진술내용이 합리적이고 이치에 맞는 것이라면 이러한 채증과정에 무슨 위법이 있다고 할 수 없다(대판 1995.2.24, 94도2092)
⑧ 피해자의 진술은 그가 피고인과 상반되는 이해관계를 가지는 자이며, 진술을 번복하거나 일관성이 없는 부분이 많고 경찰·검찰·제1심 법정에서 단계적으로 진술내용이 불어나면서 구체화, 합리화되어가고 있으며 사람이 목격하거나 경험한 사실에 대한 기억은 시일이 경과함에 따라 흐려질 수는 있을지언정 오히려 처음보다 명료해진다는 것은 이례에 속하는 것임에 비추어보아 신빙성이 의심스럽다(대판 1993.3.9, 92도2884)

④ **성폭력 피해자의 진술의 증명력 판단**

판례

① 일정 기간 동안에 발생한 피해자의 일련의 강간 피해 주장 중 그에 부합하는 진술의 신빙성을 대부분 부정할 경우, 일부 사실에 대하여만 피해자의 진술을 믿어 유죄를 인정하려면 그와 같이 피해자 진술의 신빙성을 달리 볼 수 있는 특별한 사정이 인정되어야 할 것이다(대판 2010.11.11, 2010도9633)

[사실관계] 2009년 10월 20일, 10월 22일, 10월 28일, 10월 29일 총 4회의 강간 공소사실에 대하여 2009년 10월 20일과 10월 22일자 강간의 점에 대하여 피해자의 진술을 믿기 어렵다는 이유로 무죄를 선고하고, 피해자 진술의 신빙성을 달리 볼 수 있는 특별한 사정이 없음에도 2009년 10월 28일과 10월 29일자 강간의 점에 대하여는 유죄판결을 선고한 것에는 필요한 심리를 다하지 아니한 위법이 있다

② 미성년자인 피해자가 자신을 보호·감독하는 지위에 있는 친족으로부터 강간이나 강제추행 등 성범죄를 당하였다고 진술하는 경우에 그 진술의 신빙성을 판단함에 있어서, 피해자가 자신의 진술 이외에는 달리 물적 증거 또는 직접 목격자가 없음을 알면서도 보호자의 형사처벌을 무릅쓰고 스스로

수치스러운 피해 사실을 밝히고 있고, 허위로 그와 같은 진술을 할 만한 동기나 이유가 분명하게 드러나지 않을 뿐만 아니라, 진술 내용이 사실적·구체적이고, 주요 부분이 일관되며, 경험칙에 비추어 비합리적이거나 진술 자체로 모순되는 부분이 없다면, 그 진술의 신빙성을 함부로 배척해서는 안 된다(대판 2020.5.14, 2020도2433)

③ 피고인의 친딸로 가족관계에 있던 피해자가 '마땅히 그러한 반응을 보여야만 하는 피해자'로 보이지 않는다는 이유만으로 피해자 진술의 신빙성을 함부로 배척할 수 없다. 그리고 친족관계에 의한 성범죄를 당하였다는 피해자의 진술은 피고인에 대한 이중적인 감정, 가족들의 계속되는 회유와 압박 등으로 인하여 번복되거나 불분명해질 수 있는 특수성이 있다는 점을 고려해야 한다(대판 2020.8.20, 2020도6965)

⑤ **뇌물죄에서의 진술**

판례	

① 금원수수 여부가 쟁점이 된 사건에서 금원수수자로 지목된 피고인이 수수 사실을 부인하고 있고 이를 뒷받침할 금융자료 등 객관적 물증이 없는 경우 금원을 제공하였다는 사람의 진술만으로 유죄를 인정하기 위해서는 그 사람의 진술이 증거능력이 있어야 함은 물론 **합리적인 의심을 배제할 만한 신빙성이 있어야 한다**(대판 2016.6.23, 2016도2889) [17 변호사시험]

② [1] 여러 차례에 걸쳐 금품을 제공하였다고 주장하는 사람의 진술을 신뢰할 수 있는지에 관하여 그 중 상당한 진술 부분을 그대로 믿을 수 없는 객관적인 사정 등이 밝혀짐에 따라 그 부분 진술의 신빙성을 배척하는 경우라면, 여러 차례에 걸쳐 금품을 제공하였다는 진술의 신빙성은 전체적으로 상당히 허물어졌다고 보아야 할 것이므로, 비록 나머지 일부 금품 제공 진술 부분에 대하여는 이를 그대로 믿을 수 없는 객관적 사정 등이 직접 밝혀지지 않았다고 하더라도, 여러 차례에 걸쳐 금품을 제공하였다고 주장하는 사람의 진술만을 내세워 함부로 나머지 일부 금품 수수 사실을 인정하는 것은 원칙적으로 허용될 수 없다.
[2] 나머지 일부 금품 수수 사실을 인정할 수 있으려면, 신빙성을 배척하는 진술 부분과는 달리 이 부분 진술만은 신뢰할 수 있는 근거가 확신할 수 있을 정도로 충분히 제시되거나 그 진술을 보강할 수 있는 다른 증거들에 의하여 충분히 뒷받침되는 경우 등과 같이 합리적인 의심을 해소할 만한 특별한 사정이 존재하여야 한다(대판 2016.2.18, 2015도11428)

③ 뇌물죄에서 수뢰자가 증뢰자에게서 돈을 받은 사실은 시인하면서도 뇌물로 받은 것이 아니라 빌린 것이라고 주장하는 경우, 수뢰자가 그 돈을 실제로 빌린 것인지는 수뢰자가 증뢰자에게서 돈을 수수한 동기, 전달 경위 및 방법, 수뢰자와 증뢰자의 관계, 양자의 직책이나 직업 및 경력, 수뢰자의

	차용 필요성 및 증뢰자 외의 자에게서 차용 가능성 등 증거에 의하여 나타나는 객관적인 사정을 모두 종합하여 판단하여야 한다(대판 2013.6.13, 2013도1685)

(3) 전문가(감정인, 부검의 등)의 감정의견

① 법관은 감정인 등 전문가의 감정의견에 기속되지 않는다. 또한 감정의견이 상충되는 경우 소수의견에 따를 수도 있고, 여러 의견 가운데 일부분만을 채택할 수도 있다.

판례	① 심신장애의 유무 및 정도의 판단은 법률적 판단으로서 반드시 전문감정인의 의견에 기속되어야 하는 것은 아니고, 여러 사정을 종합하여 법원이 독자적으로 판단할 수 있다(대판 2007.11.29, 2007도8333) [21·20·17 변호사시험, 20 법원9급, 20·15 검찰9급, 19·18 해경채용, 17·15 법행, 19·16 경간, 15·13 사시, 15·14·13 경찰채용 등] ② 감정의견이 상충된 경우 다수 의견을 안 따르고 소수 의견을 채용해도 되고 여러 의견 중에서 그 일부씩을 채용하여도 무방하며 여러 개의 감정의견이 일치되어 있어도 이를 배척하려면 특별한 이유를 밝히거나 또는 반대감정의견을 구하여야 된다는 법리도 없다(대판 1976.3.23, 75도2068) ③ (부검의의 소견) 부검의가 사체에 대한 부검을 실시한 후 어떤 것을 유력한 사망 원인으로 지시한다고 하여 그 밖의 다른 사인이 존재할 가능성을 가볍게 배제하여서는 아니 되고, 특히 형사재판에서 위 부검의의 소견에 주로 의지하여 유죄의 인정을 하기 위해서는 다른 가능한 사망원인을 모두 배제하기 위한 치밀한 논증의 과정을 거치지 않으면 아니 된다(대판 2012.6.28, 2012도231) [14 경찰승진]

3. 증거서류의 경우

① 증거서류의 증명력도 자유판단의 대상이 된다.
② 공판조서의 기재내용이 공판정 외에서 작성된 조서의 기재내용보다 증명력이 우월한 것은 아니며, 피고인의 공판정 진술이 증거서류에 기재된 내용보다 우월한 증명력을 가지는 것도 아니다.

판례	① 동일한 사항에 관하여 두 개의 서로 다른 내용이 기재된 공판조서가 병존하는 경우에 그 중 어느 쪽을 진실한 것으로 볼 것인지는 법관의 자유로운 심증에 따를 수밖에 없다(대판 1988.11.8, 86도1646) [20 경간, 20 검찰7급] ② 증거보전절차에서의 진술에 대하여 법원이 사유가 있어 그것을 믿지 않더라도 자유심증주의의 남용이라고 할 수 없다(대판 1980.4.8, 79도2125) [13 해경간부] ③ 검사 작성 조서의 기재가 사법경찰관 작성 조서의 기재보다 그 신빙성에 있어서

항상 우월하다고 단정할 수는 없는 것이니, 검사 작성 조서 기재의 증명력을 사법경찰관 작성 조서의 기재에 비추어 배척한 것이 채증법칙위반이라 할 수 없다(대판 1983.3.22. 82도2494).

④ 처분문서라 할지라도 그 기재 내용과 다른 명시적·묵시적 약정이 있는 사실이 인정될 경우에는 그 기재 내용과 다른 사실을 인정할 수 있고, 작성자의 법률행위를 해석함에 있어서도 경험법칙과 논리법칙에 어긋나지 않는 범위 내에서 자유로운 심증으로 판단할 수 있다(대판 2008.2.29. 2007도11029).

⑤ 형사재판에 있어서는 처분문서라 하여도 이를 배척하는 이유 설시를 하여야 한다는 법칙이 없으며 경험칙 내지는 논리칙에 위배되지 아니하는 한 그 증거취사는 사실심의 전권에 속한다(대판 2008.2.29. 2007도10414).

4. 간접증거의 경우

① 간접증거(정황증거)의 증명력도 자유판단의 대상이 된다.
② 법관은 반드시 직접증거에 의해서가 아니라 간접증거(정황증거)에 의해서도 사실을 인정할 수 있다. 법관은 하나의 증거 중에서 일부분만을 믿을 수도 있고, 단독으로 증명력이 없는 여러 증거를 결합한 종합증거에 의해서도 사실을 인정할 수 있다.

| 판례 | ① [1] 형사재판에서 유죄의 심증은 반드시 직접증거에 의하여 형성되어야만 하는 것은 아니며 경험칙과 논리법칙에 위반되지 아니하는 한 **간접증거에 의하여 형성되어도 된다.**
[2] 간접증거가 개별적으로는 완전한 증명력을 가지지 못하더라도 **전체 증거를 상호 관련하에 종합적으로 고찰하여** 증명력이 있는 것으로 판단되면 그에 의하여도 범죄사실을 인정할 수 있는 것이다.
[3] 형사재판에 있어서 유죄로 인정하기 위한 심증형성의 정도는 합리적인 의심을 할 여지가 없을 정도이어야 하고, 여기서 합리적 의심이란 논리와 경험칙에 기하여 요증사실과 양립할 수 없는 사실의 개연성에 대한 합리성 있는 의문을 의미한다.
[4] 이는 피고인에게 유리한 정황을 사실인정과 관련하여 파악한 이성적 추론에 그 근거를 두어야 하는 것이므로, **단순히 관념적 의심이나 추상적인 가능성에 기초한 의심은 합리적 의심에 포함된다고 할 수 없다**(대판 2013.6.27. 2013도4172) [21·20 경찰승진, 19·15 해경간부, 18 검찰9급, 17 변호사시험, 17·15 경간]
② 형사재판에 있어 심증형성은 반드시 직접증거에 의하여 형성되어야만 하는 것은 아니고 간접증거에 의할 수도 있는 것이며, **간접증거는 이를 개별적·고립적으로 평가하여서는 아니 되고 모든 관점에서 빠짐없이 상호 관련시켜 종합적으로 평가하고,** 치밀하고 모순 없는 논증을 거쳐야 한다(대판 2013.6.27. |

2013도4172) [15 해경간부]

③ 증거의 증명력에 대한 법관의 판단은 논리와 경험칙에 합치하여야 하고 형사재판에서 유죄로 인정하기 위한 심증 형성의 정도는 **합리적인 의심을 할 여지가 없을 정도여야 하나**, 이는 모든 가능한 의심을 배제할 정도에 이를 것까지 요구하는 것은 아니다(대판 2013.6.27, 2013도4172) [17 경간, 15 해경간부]

④ 증명력이 있는 것으로 인정되는 증거를 합리적인 근거가 없는 의심을 일으켜 이를 배척하는 것은 자유심증주의의 한계를 벗어나는 것으로 허용되지 않는다(대판 2013.6.27, 2013도4172) [15 해경간부]

⑤ 간접증거에 의하여 주요사실의 전제가 되는 수개의 간접사실을 인정할 때에는 합리적 의심을 허용하지 않을 정도의 증명이 있어야 하고, 그 하나 하나의 간접사실이 상호 모순·저촉이 없어야 함은 물론 논리와 경험칙·과학법칙에 의하여 뒷받침되어야 한다(대판 2017.5.30, 2017도1549) [18 검찰9급]

⑥ [1] 살인죄 등과 같이 법정형이 무거운 범죄의 경우에도 직접증거 없이 **간접증거만에 의하여 유죄를 인정할 수 있다.**
[2] 피해자의 시체가 발견되지 아니하였더라도 간접증거를 상호 관련하에서 종합적으로 고찰하여 살인죄의 공소사실을 인정할 수 있다 할 것이다(대판 2008.3.13, 2007도10754) [21·20 경찰승진, 19 변호사시험, 15 경간]

⑦ 목격자의 진술 등 직접증거가 전혀 없는 사건에 있어서는 적법한 증거들에 의하여 인정되는 간접사실들에 논리법칙과 경험칙을 적용하여 공소사실이 합리적인 의심을 할 여지가 없이 진실한 것이라는 확신을 가지게 할 정도로 추단될 수 있을 경우에만 이를 유죄로 인정할 수 있고, 이러한 정도의 심증을 형성할 수 없다면 설령 피고인에게 유죄의 의심이 간다고 하더라도 피고인의 이익으로 판단할 수밖에 없다(대판 2011.1.13, 2010도13226)

⑧ 공소사실을 인정할 수 있는 직접증거가 없고, 공소사실을 뒷받침할 수 있는 가장 중요한 간접증거의 증명력이 환송 뒤 원심에서 새로 현출된 증거에 의하여 크게 줄어들었으며 그 밖에 나머지 간접증거를 모두 종합하여 보더라도 공소사실을 뒷받침할 수 있는 증명력이 부족한 경우 공소사실을 유죄로 판단할 수 없다(대판 2003.2.26, 2001도1314)

⑨ 범인으로 지목된 자에게 범행을 저지를 만한 뚜렷한 동기가 발견되지 않는 경우 형사재판의 증거재판주의 이념에 비추어 간접증거나 정황사실을 통한 유죄의 인정에 더욱 신중을 기하지 않을 수 없으며, 그와 달리 피고인이 순간적인 격분상태에서 보잘 것 없는 동기로 살인의 범행에까지 이르렀을 것이라고 쉽게 추인하여서는 아니 된다(대판 2012.6.28, 2012도231)

⑩ 범행에 관한 간접증거만이 존재하고 더구나 그 간접증거의 증명력에 한계가 있는 경우, 범인으로 지목되고 있는 자에게 범행을 저지를 만한 동기가 발견

| | 되지 않는다면, 만연히 무엇인가 동기가 분명히 있는데도 이를 범인이 숨기고 있다고 단정할 것이 아니라 반대로 간접증거의 증명력이 그만큼 떨어진다고 평가하는 것이 형사 증거법의 이념에 부합하는 것이다(대판 2006.3.9, 2005도8675) |

③ 상해사건에서 피해자의 상해진단서는 상해사실 자체에 대한 간접증거에 해당한다.

| 판례 | ① [1] 상해죄의 피해자가 제출하는 **상해진단서**는 거기에 기재된 상해가 곧 피고인의 범죄행위로 인하여 발생한 것이라는 사실을 직접 증명하는 직접적인 증거가 되기에는 부족하다.
[2] **상해진단서**는 특별한 사정이 없는 한 피해자의 진술과 더불어 피고인의 상해사실에 대한 유력한 증거가 되며, 합리적인 근거없이 그 증명력을 함부로 배척할 수는 없다(대판 2011.1.27, 2010도12728) ※ 그 상해에 대한 진단일자 및 상해진단서 작성일자가 상해 발생시점과 시간상으로 근접하고 상해진단서 발급 경위에 특별히 신빙성을 의심할 만한 사정이 없으며 거기에 기재된 상해 부위와 정도가 피해자가 주장하는 상해의 원인 내지 경위와 일치하는 경우에는, 그 무렵 피해자가 제3자로부터 폭행을 당하는 등으로 달리 상해를 입을 만한 정황이 발견되거나 의사가 허위로 진단서를 작성한 사실이 밝혀지는 등의 특별한 사정이 없는 한, 그 상해진단서는 피해자의 진술과 더불어 피고인의 상해 사실에 대한 유력한 증거가 되고, 합리적인 근거 없이 그 증명력을 함부로 배척할 수 없다. [21·14 경찰승진, 19 해경간부, 15 경간, 15 검찰9급]
② [1] 형사사건에서 상해진단서는 피해자의 진술과 함께 피고인의 범죄사실을 증명하는 유력한 증거가 될 수 있다. 그러나 상해 사실의 존재 및 인과관계 역시 합리적인 의심이 없는 정도의 증명에 이르러야 인정할 수 있으므로, 상해진단서의 객관성과 신빙성을 의심할 만한 사정이 있는 때에는 그 증명력을 판단하는 데 매우 신중하여야 한다.
[2] 특히 상해진단서가 주로 통증이 있다는 피해자의 주관적인 호소 등에 의존하여 의학적인 가능성만으로 발급된 때에는 그 진단 일자 및 진단서 작성일자가 상해 발생 시점과 시간상으로 근접하고 상해진단서 발급 경위에 특별히 신빙성을 의심할 만한 사정은 없는지, 상해진단서에 기재된 상해 부위 및 정도가 피해자가 주장하는 상해의 원인 내지 경위와 일치하는지, 피해자가 호소하는 불편이 기왕에 존재하던 신체 이상과 무관한 새로운 원인으로 생겼다고 단정할 수 있는지, 의사가 그 상해진단서를 발급한 근거 등을 두루 살피는 외에도 피해자가 상해 사건 이후 진료를 받은 시점, 진료를 받게 된 동기와 경위, 그 이후의 진료 경과 등을 면밀히 살펴 논리와 경험법칙에 따라 그 증명력을 판단하여야 한다(대판 2016.11.25, 2016도15018) |

Ⅳ. 자유판단의 기준

1. 의 의
사실인정은 법관의 자유판단에 의하지만 통상인이면 누구나 의심하지 않을 정도로 보편타당성을 가져야 한다. 따라서 증명력의 판단은 논리와 경험법칙에 위배되지 않아야 한다.

2. 자유판단의 기준

(1) 논리법칙
① 논리법칙이란 사고나 추리 등에 의하여 얻은 법칙을 말한다.
② 법관의 심증은 모순없는 논증에 의하여 형성되어야 한다. 따라서 계산착오 또는 판결이유의 모순은 논리에 반하여 허용되지 아니한다. 일관성이 없거나 애매하고 모순된 진술은 배척해야 한다.

판례	① 증인의 진술이 그 주요 부분에 있어서 일관성이 있는 경우에는 그 밖의 사소한 사항에 관한 진술에 다소 일관성이 없다는 등의 사정만으로는 그 진술의 신빙성을 함부로 부정할 것은 아니다(대판 2009.8.20, 2008도12112)

(2) 경험법칙(경험칙)
① 경험법칙이란 일반인이 경험을 통해서 체득한 지식과 법칙을 의미한다.
② 경험법칙이 사회생활상의 경험에 따른 개연성 또는 가능성의 정도에 불과한 경우에는 예외가 있을 수 있으므로 법관의 심증형성을 구속하지 못한다.
　예) 낮에 기혼남녀가 모텔에서 나온 것만으로 간음행위를 했다고 단정지을 수 없다.

(3) 과학적 증거방법
① 과학적 증거방법(유전자 검사결과, 혈액형 검사결과, 모발 및 소변 검사결과)은 일반적인 감정과는 달리 오류가능성이 매우 적기 때문에 법관이 사실을 인정함에 있어 상당한 정도로 구속력을 가진다. 다만, 이를 위한 전제요건으로 시료의 채취·보관 및 측정의 정확성 등이 담보되어야 한다.

판례	① [1] 유전자검사나 혈액형검사 등 과학적 증거방법은 그 전제로 하는 사실이 모두 진실임이 입증되고 그 추론의 방법이 과학적으로 정당하여 오류의 가능성이 전무하거나 무시할 정도로 극소한 것으로 인정되는 경우에는 법관이 사실인정을 함에 있어 상당한 정도로 구속력을 가진다. [2] 비록 사실의 인정이 사실심의 전권이라 하더라도 아무런 합리적 근거 없이 함부로 이를 배척하는 것은 자유심증주의의 한계를 벗어나는 것으로서 허용될 수 없다(대판 2007.5.10, 2007도1950) [21 검찰9급]

② 과학적 증거방법이 사실인정에 있어서 상당한 정도로 구속력을 갖기 위해서는 감정인이 전문적인 지식·기술·경험을 가지고 공인된 표준 검사기법으로 분석한 후 법원에 제출하였다는 것만으로는 부족하고, **시료의 채취·보관·분석 등 모든 과정에서 시료의 동일성이 인정되고 인위적인 조작·훼손·첨가가 없었음이 담보되어야 하며, 각 단계에서 시료에 대한 정확한 인수·인계 절차를 확인할 수 있는 기록이 유지되어야 한다**(대판 2010. 3.25, 2009도14772) [21 검찰9급]

② 판 례

판례

① [1] 유전자형이 다르면 동일인이 아니라고 확신할 수 있다는 유전자감정 분야에서 일반적으로 승인된 전문지식에 비추어 볼 때, 피고인의 유전자형이 범인의 그것과 상이하다는 감정결과는 피고인의 무죄를 입증할 수 있는 유력한 증거에 해당한다.
[2] 범인식별절차에 있어서 신빙성을 높이기 위하여 준수하여야 할 절차를 충족하지 못하였을 뿐 아니라, 피고인의 유전자검사 결과가 범인의 것과 상이하다는 국립과학수사연구소의 감정결과가 제출되었음에도 불구하고 피고인의 유죄를 인정한 원심판결을 파기한 사례(대판 2007.5.10, 2007도1950)

② 피고인이 메트암페타민을 투약하였다고 하여 마약류 관리에 관한 법률 위반(향정)으로 기소되었는데, 공소사실을 부인하고 있고, 투약의 일시, 장소, 방법 등이 명확하지 못하며, 투약 사실에 대한 직접적인 증거로는 피고인의 소변과 머리카락에서 메트암페타민 성분이 검출되었다는 국립과학수사연구원의 감정 결과만 있는 사안에서, 감정물이 피고인으로부터 채취한 것과 동일하다고 단정하기 어려워 그 감정 결과의 증명력은 피고인의 투약 사실을 인정하기에 충분하지 않다(대판 2018.2.8, 2017도14222)

③ 유전자검사 결과 주사기에서 마약성분과 함께 피고인의 혈흔이 확인됨으로써 피고인이 필로폰을 투약한 사정이 적극적으로 증명되는 경우, 반증의 여지가 있는 소변 및 모발검사에서 마약성분이 검출되지 않았다는 소극적 사정에 관한 증거만으로 이를 쉽사리 뒤집을 수 없다(대판 2009.3.12, 2008도8486)

④ 피고인 모발에서 메스암페타민 성분이 검출되지 않았다는 국립과학수사연구소장의 감정의뢰회보가 있는 경우에 위 감정의뢰회보는 적어도 피고인은 모발채취일로부터 위 모발이 자라는 통상적 기간 내에는 필로폰을 투약하지 않았다는 유력한 증거에 해당한다(대판 2008.2.14, 2007도10937)

	⑤ 피고인 모발에서 메스암페타민 성분이 검출되었다는 국립과학수사연구소장의 감정의뢰회보가 있는 경우, 그 회보의 기초가 된 감정에 있어서 실험물인 모발이 바뀌었다거나 착오나 오류가 있었다는 등의 구체적인 사정이 없는 한 피고인으로부터 채취한 모발에서 메스암페타민 성분이 검출되었다고 인정하여야 하고 따라서 논리와 경험의 법칙상 피고인은 감정의 대상이 된 모발을 채취하기 이전 언젠가에 메스암페타민을 투약한 사실이 있다고 인정하여야 한다(대판 1994.12.9, 94도1680)

(4) 범인식별절차

① 범인식별절차란 목격자가 용의자의 인상착의를 직접 보거나 사진을 보고 범인과 동일한지 아닌지를 판단하고자 거치는 절차를 말한다.
② 원칙적으로 다자대면에 의한 경우에 피해자의 진술에 신빙성 높지만, 예외적으로 범죄 발생 직후 그 현장이나 부근에서는 일대일대면에 의한 범인식별도 허용된다.

판례	① [1] 일반적으로 용의자의 인상착의 등에 의한 범인식별 절차에서 용의자 한 사람을 단독으로 목격자와 대질시키거나 용의자의 사진 한 장만을 목격자에게 제시하여 범인 여부를 확인하게 하는 방식은 부가적인 사정이 없는 한 그 신빙성이 낮다고 보아야 한다. [16 경간, 15 경찰채용] [2] 범인식별 절차에서 목격자의 진술의 신빙성을 높이기 위해서는 범인의 인상착의 등에 관한 목격자의 진술 내지 묘사를 사전에 상세히 기록화한 다음, 용의자를 포함하여 그와 인상착의가 비슷한 여러 사람을 동시에 목격자와 대면시켜 범인을 지목하도록 하여야 하고, 용의자와 목격자 및 비교대상자들이 상호 사전에 접촉하지 못하도록 하여야 하며, 사후에 증거가치를 평가할 수 있도록 대질 과정과 결과를 문자와 사진 등으로 서면화하는 등의 조치를 취하여야 한다. [20·16 경간] [3] **범죄 발생 직후 목격자의 기억이 생생하게 살아있는 상황에서 현장이나 그 부근에서 범인식별 절차를 실시하는 경우에는**, 목격자에 의한 생생하고 정확한 식별의 가능성이 열려 있고 범죄의 신속한 해결을 위한 즉각적인 대면의 필요성도 인정할 수 있으므로, **용의자와 목격자의 일대일 대면도 허용된다**(대판 2009.6.11, 2008도12111)

판례	① 피해자가 경찰관과 함께 범행 현장에서 강제추행을 저지른 범인을 추적하다 골목길에서 범인을 놓친 직후 골목길에 면한 집을 탐문하여 용의자를 확정한 경우, 그 현장에서 용의자와 피해자의 일대일 대면은 허용된다(대판 2009.6.11, 2008도12111) [19 해경간부, 17·15 경간]
	② 야간에 짧은 시간 동안 강도의 범행을 당한 피해자가 어떤 용의자의 인상착의 등에 의하여 그를 범인으로 진술하는 경우에 피해자가 범행 전에 용의자를 한 번도 본 일이 없고 피해자의 진술 외에는 그 용의자를 범인으로 의심할만한 객관적인 사정이 존재하지 않는 상태에서, 수사기관이 잘못된 단서에 의하여 범인으로 지목하고 신병을 확보한 피의자를 일대일로 대면하고 그가 범인임을 확인한 것이라면, 위 피해자의 진술은 그 신빙성이 낮다(대판 2001.2.9, 2000도4946) [17 경간]
	③ 피해자에게 먼저 피고인만의 사진을 제시한 채 범인인지를 물어본 다음, 인상착의가 비슷한 다른 비교대상자 없이 피고인만을 직접 대면하게 하여 피고인이 범인인지 여부를 확인하게 한 경우에 범인식별절차에 있어서 신빙성을 높이기 위하여 준수하여야 할 절차를 충족하지 못하였다(대판 2007.5.10, 2007도1950)
	④ 강간 피해자가 수사기관이 제시한 47명의 사진 속에서 피고인을 범인으로 지목하자 이어진 범인식별 절차에서 수사기관이 피해자에게 피고인 한 사람만을 촬영한 동영상을 보여주거나 피고인 한 사람만을 직접 보여주어 피해자로부터 범인이 맞다는 진술을 받고 다시 피고인을 포함한 3명을 동시에 피해자에게 대면시켜 피고인이 범인이라는 확인을 받은 경우, 위 피해자의 진술은 범인식별 절차에서 목격자 진술의 신빙성을 높이기 위하여 준수하여야 할 절차를 지키지 않은 상태에서 얻어진 것으로서 범인의 인상착의에 관한 피해자의 최초 진술과 피고인의 그것이 불일치하는 점이 많아 신빙성이 낮다(대판 2008.1.17, 2007도5201)
	⑤ 피해자가 가해자의 인상착의에 대한 정확한 기억을 갖고 있지 못한 상태에서 피고인이 가해자인지 여부를 묻는 피해자의 모(母) 등의 반복된 질문에 의한 암시를 받아 피고인을 가해자로 지목한 경우에 위 피해자의 진술은 그 신빙성이 낮다(대판 2008.7.10, 2006도2520)

(5) 확정판결

① 동일한 사실관계에 관하여 이미 확정된 형사판결은 원칙적으로 상당한 구속력을 가지지만, 민사판결은 그 구속력이 형사판결에 비하여 약하다. 형사재판은 실체적 진실발견주의가 지배하지만, 민사재판은 형식적 진실발견에 그치기 때문이다.

판례	
	①-㉠ 형사재판에 있어서 이와 관련된 다른 형사사건의 확정판결에서 인정된 사실은 특별한 사정이 없는 한 유력한 증거자료가 되는 것이나, 당해 형사재판에서 제출된 다른 증거 내용에 비추어 관련 형사사건의 확정판결에서의 사실판단을 그대로 채택하기 어렵다고 인정될 경우에는 이를 배척할 수 있다(대판 2014.3.27, 2014도1200) [19 경간, 17 변호사시험, 15 검찰9급]
	①-㉡ 동일한 사실관계에 관하여 이미 확정된 형사판결이 인정한 사실은 유력한 증거자료가 되므로 그 형사재판의 사실 판단을 채용하기 어렵다고 인정되는 특별한 사정이 없는 한 이와 배치되는 사실은 인정할 수 없다(대판 2009.12.24, 2009도11349)
	② 형사재판에 있어서 관련된 민사사건의 판결에서 인정된 사실은 공소사실에 대하여 유력한 인정자료가 된다고 할지라도 반드시 그 민사판결의 확정사실에 구속을 받는 것은 아니고, 형사법원은 증거에 의하여 민사판결에서 확정된 사실과 다른 사실을 인정할 수 있다(대판 2011.11.24, 2009도980)

V. 자유심증주의의 합리성 보장제도

1. 상소에 의한 구제

법관의 심증형성이 논리법칙과 경험법칙에 반하여 합리성을 잃어 판결에 영향을 미쳐 사실오인이 있을 때에는 항소 및 상고이유가 된다.

2. 증거능력에 의한 제한

증거능력이 없는 증거는 증명력 평가의 대상에서 제외되므로 증거능력이 있는 증거만이 증명력의 대상이 된다.

3. 증거요지의 적시

유죄판결에는 증거설명을 요구하여 합리적인 증거평가를 담보하므로 증명력의 합리성을 보장하고 있다.

4. 탄핵증거

증명력 판단의 합리성을 보장하기 위하여 증거의 증명력을 탄핵하는 탄핵증거의 제도를 두고 있다.

Ⅵ. 자유심증주의의 예외

1. 자백보강법칙(자백의 증명력 제한)

증거능력이 있는 자백에 의해 법관이 유죄를 확신하는 경우에도 보강증거가 없으면 유죄를 선고할 수 없으므로(제310조), 자유심증주의의 예외에 해당한다.

2. 공판조서의 증명력

공판기일의 소송절차로서 공판조서에 기재된 것은 법관의 심증 여하를 불문하고 공판조서에 기재된 대로 인정하므로(제56조), 이는 자유심증주의의 예외에 해당한다.

3. 진술거부권·증언거부권의 행사

진술거부권 또는 증언거부권을 행사하였다고 하여 이를 피고인에게 불리한 정황증거로 인정하여 심증을 형성하는 것은 허용되지 아니하므로, 자유심증주의의 예외에 해당한다.

02 증거능력 관련 문제

제1절 위법수집증거배제법칙

제308조의2(위법수집증거의 배제) 적법한 절차에 따르지 아니하고 수집한 증거는 증거로 할 수 없다.

1 서 설

Ⅰ. 의 의

① 위법수집증거배제법칙이란 위법한 절차에 의하여 수집된 증거의 증거능력을 부정하는 법칙을 말한다.
② 형사소송법 제308조의2는 '적법한 절차에 따르지 아니하고 수집한 증거는 증거로 할 수 없다'라고 규정하고 있다. [18 검찰9급]

Ⅱ. 이론적 근거

① 실체적 진실의 발견은 적정한 절차에서 행하여질 것을 요하므로, 헌법상 허용될 수 없는 절차에 의해 위법하게 수집된 증거의 증거능력을 부정함으로써 적법절차를 실현한다.
② 위법수집증거의 증거능력 배제는 위법한 수사를 방지·억제하기 위한 가장 유효한 방법이므로 위법수사를 억제한다.

판례	① 헌법과 형사소송법이 정한 절차에 따르지 아니하고 수집한 증거는 기본적 인권 보장을 위해 마련된 적법한 절차에 따르지 않은 것으로서 원칙적으로 유죄 인정의 증거로 삼을 수 없다. 수사기관의 위법한 압수수색을 억제하고 재발을 방지하는 가장 효과적이고 확실한 대응책은 이를 통하여 수집한 증거는 물론 이를 기초로 하여 획득한 2차적 증거를 유죄 인정의 증거로 삼을 수 없도록 하는 것이다(대판 2007.11.15, 2007도3061 전원합의체).

Ⅲ. 자백배제법칙과의 관계

① 자백의 증거능력에 관해서는 제309조에서 별도로 규정하고 있으므로 위법수집증거배제법칙은 '자백 이외의 진술증거'와 '비진술증거'의 증거능력과 관련하여 문제가 된다.
② 자백배제법칙은 위법수집증거배제법칙의 특칙에 해당한다.
③ 변호인의 접견교통권을 침해하여 작성된 피의자신문조서와 진술거부권을 고지하지 않고 작성된 피의자신문조서는 위법수집증거배제법칙에 의하여 증거능력이 부정된다(판례)

판례	
	① 피의자가 구속되어 국가안전기획부에서 조사를 받다가 **변호인의 접견신청이 불허되어** 이에 대한 준항고를 제기 중에 검찰로 송치되어 검사가 피의자를 신문하여 제1회 피의자신문조서를 작성한 후 준항고절차에서 위 접견불허처분이 취소되어 접견이 허용된 경우에는 검사의 피의자에 대한 위 제1회 피의자신문은 변호인의 접견교통을 침해한 상황에서 시행된 것으로 보아야 할 것이므로, 그 피의자신문조서는 증거능력이 없다(대판 1990.9.25, 90도1586) [19 경찰채용] ② 피의자가 변호인의 참여를 원한다는 의사를 명백하게 표시하였음에도 **수사기관이 정당한 사유 없이 변호인을 참여하게 하지 아니한 채** 피의자를 신문하여 작성한 피의자신문조서는 증거로 할 수 없다(대판 2013.3.28, 2010도3359) [20·15 경간, 20·18·17·16 경찰채용, 19·16·15 경찰승진, 17 변호사시험, 15 검찰7급, 15 법원9급] ③ [1] 피의자에게 **진술거부권을 고지하지 않은 상태**에서 이루어진 자백은 위법하게 수집된 증거로서 그 증거능력이 부정된다. [2] 수사기관이 피의자를 신문함에 있어서 피의자에게 미리 **진술거부권을 고지하지 않은 때**에는 그 피의자의 진술은 위법하게 수집된 증거로서 진술의 임의성이 인정되는 경우라도 증거능력이 부인 되어야 한다(대판 2014.4.10, 2014도1779) [21·19·18·17·16 경찰승진, 20·18·17 경간, 20·19·17·15 경찰채용, 19·18 법원9급, 16·15 변호사시험, 16 검찰9급 등] ④ [1] 피의자신문조서가 아닌 일반적인 진술조서의 형식으로 조서를 작성한 경우, 진술조서의 내용이 피의자신문조서와 실질적으로 같고, 진술의 임의성이 인정되는 경우라도 미리 피의자에게 진술거부권을 고지하지 않았다면 위법수집증거에 해당한다. [2] 검사가 피의자를 구속 기소한 후 다시 그를 소환하여 공범들과의 활동 등에 관한 신문을 하면서 피의자신문조서가 아닌 일반적인 진술조서의 형식으로 조서를 작성한 경우, 조서의 내용이 피의자신문조서와 실질적으로 같고, 그 진술의 임의성이 인정되는 경우라도 **미리 피의자에게 진술거부권을 고지하지 않았다**면 그 조서는 유죄의 증거로 할 수 없다(대판 2009.8.20, 2008도8213) [20 경찰승진, 16 검찰7급, 14 경찰채용]

2 적용범위

I. 일반적 기준

1. 중대한 위법

① 위법수집증거배제법칙은 단순히 경미한 절차의 위법에는 적용하지 않고, 증거수집절차에 중대한 위법이 있는 경우에 한하여 적용된다(판례).

판례	① 수사기관의 절차위반행위가 적법절차의 실질적 내용을 침해하는 경우에 해당하지 않는다면, 법원은 예외적으로 위법하게 수집된 증거를 유죄 인정의 증거로 사용할 수 있다(대판 2015.1.22, 2014도10978 전원합의체 참고) [18 검찰9급]

2. 중대한 위법의 판단기준

① 중대한 위법이란 적정절차의 기본이념에 반하는 경우로, 침해된 이익과 절차위반의 정도·상황 등을 종합적으로 고려하여 구체적·개별적으로 판단해야 한다.

판례	① [1] 헌법과 형사소송법이 정한 절차에 위반하여 수집한 증거는 기본적 인권 보장을 위해 마련된 적법한 절차에 따르지 않은 것으로서 원칙적으로 유죄의 증거로 삼을 수 없다. [2] 다만, 수사기관의 증거 수집 과정에서 이루어진 절차 위반행위와 관련된 모든 사정을 전체적·종합적으로 살펴볼 때, 수사기관의 절차 위반행위가 적법절차의 실질적인 내용을 침해하는 경우에 해당하지 아니하고, 오히려 그 증거의 증거능력을 배제하는 것이 헌법과 형사소송법이 형사소송에 관한 절차 조항을 마련하여 적법절차의 원칙과 실체적 진실 규명의 조화를 도모하고 이를 통하여 형사 사법 정의를 실현하려 한 취지에 반하는 결과를 초래하는 것으로 평가되는 예외적인 경우라면 법원은 그 증거를 유죄 인정의 증거로 사용할 수 있다(대판 2009.3.12, 2008도763) [20·15·13 경찰채용, 18 검찰9급, 17 해경간부, 16 경찰승진, 15 법원9급, 15·13 경간] ② 수사기관의 절차 위반행위에도 불구하고 그 수집된 증거를 유죄 인정의 증거로 사용할 수 있는 예외적인 경우에 해당한다고 볼 수 있으려면, 그러한 예외적인 경우에 해당한다고 볼 만한 구체적이고 특별한 사정이 존재한다는 것을 검사가 입증하여야 한다(대판 2009.3.12, 2008도763) [20 경찰채용]

Ⅱ. 구체적 고찰

① 압수·수색·검증영장 법관의 서명·날인란에 서명만 있고 날인이 없는 경우 형사소송법이 정한 요건을 갖추지 못하여 적법하게 발부되었다고 볼 수 없으나, 위와 같은 결함은 피고인의 기본적 인권보장 등 법익 침해 방지와 관련성이 적으므로 절차 조항 위반의 내용과 정도가 중대하지 않고 절차 조항이 보호하고자 하는 권리나 법익을 본질적으로 침해하였다고 볼 수 없다. 오히려 이러한 경우에까지 공소사실과 관련성이 높은 파일 출력물의 증거능력을 배제하는 것은 적법절차의 원칙과 실체적 진실규명의 조화를 도모하고 이를 통하여 형사사법 정의를 실현하려는 취지에 반하는 결과를 초래할 수 있다(대판 2019.7.11, 2018도20504) [20 경찰승진]

증거 능력 ○	① 수사관들이 피고인들과 변호인에게 압수·수색 일시와 장소를 통지하지 아니하였으나, 피고인들은 일부 압수·수색과정에 직접 참여하기도 하였고, 직접 참여하지 아니한 압수·수색절차에도 피고인들과 관련된 참여인들의 참여가 있었고, 압수된 디지털 저장매체들이 제3자의 서명하에 봉인되고 그 해쉬(Hash)값도 보존되어 있는 경우, 이는 유죄인정의 증거로 사용할 수 있는 예외적인 경우에 해당한다(대판 2015.1.22, 2014도10978 전원합의체). ② 수사관들이 주거주 등이나 지방공공단체 직원 등의 참여 없이 피고인의 거소지에서 압수·수색을 하다가 곧바로 거소지의 임차인인 甲에게 연락하여 참여할 것을 고지하였고, 甲이 현장에 도착한 때부터 압수물 선별 과정, 디지털 포렌식 과정, 압수물 확인 과정에 甲과 변호인의 적극적이고 실질적인 참여가 있었으며, 압수·수색의 전 과정이 영상녹화된 경우, 이는 유죄인정의 증거로 사용할 수 있는 예외적인 경우에 해당한다(대판 2015.1.22, 2014도10978 전원합의체). ③ 유류물인 강판조각 및 임의제출물인 보강용 강판과 페인트를 영장 없이 적법하게 압수한 경우, 위 압수 후 압수조서의 작성 및 압수목록의 작성·교부 절차가 제대로 이행되지 아니한 잘못이 있다 하더라도 그것이 적법절차의 실질적인 내용을 침해하는 경우에 해당한다거나 그 증거능력의 배제가 요구되는 경우에 해당한다고 볼 수는 없다(대판 2011.5.26, 2011도1902).
증거 능력 ×	〈위법하게 수집된 '진술증거'의 증거능력을 부정한 경우〉 ① [1] 수사기관이 피고인 아닌 제3자를 상대로 위법하게 수집한 증거는 원칙적으로 제3자뿐만 아니라 피고인에 대하여도 유죄의 증거로 삼을 수 없다. [2] 피고인에 대하여 「성매매알선 등 행위의 처벌에 관한 법률」 위반으로 공소가 제기된 사건에서 피고인 아닌 A를 **사실상 강제연행한 상태에서 받은 자술서 및 진술조서**는 형사소송법 제308조의2에 따라 증거능력이 부정되므로, 이를 피고인들에 대한 유죄 인정의 증거로 삼을 수 없다(대판 2011.6.30, 2009도6717) [21·20 경찰채용, 19 경간, 19·13 해경채용, 18 법원9급] ② 사법경찰관이 피의자신문조서를 작성하면서 피의자에게 진술거부권 등을 고지하고 행사여부를 질문하였다 하더라도 형사소송법 제244조의3 제2항에 규정된 방식

인 **자필 또는 사법경찰관이 피의자 답변을 작성한 부분에 피의자의 기명날인 또는 서명의 형식으로 답변이 기재되어 있지 아니하다**면 그 피의자신문조서는 증거능력이 인정되지 않는다(대판 2014. 4. 10, 2014도1779) [20 경찰승진, 20 · 18 경찰채용, 20 · 17 · 16 검찰9급, 20 · 19 법원9급, 15 검찰7급 등].

③ 피고인이 아닌 자(참고인)가 수사과정에서 진술서를 작성하였지만 수사기관이 그에 대한 조사과정을 기록하지 아니한 경우에는, 특별한 사정이 없는 한 '적법한 절차와 방식'에 따라 수사과정에서 진술서가 작성되었다 할 수 없으므로 증거능력을 인정할 수 없다(대판 2015. 4. 23, 2013도3790) [19 경찰채용, 19 · 16 검찰7급, 18 · 17 · 16 변호사시험, 18 검찰9급, 18 법원9급, 17 해경간부 등].

④ **선거관리위원회 위원·직원이 관계인에게 진술이 녹음된다는 사실을 미리 알려주지 아니한 채 진술을 녹음하였다**면, 그와 같은 조사절차에 의하여 수집한 녹음파일 내지 그에 터잡아 작성된 녹취록은 원칙적으로 유죄의 증거로 쓸 수 없다(대판 2014. 10. 15, 2011도3509) [19 · 17 · 15 경찰채용, 18 · 17 · 16 경찰승진, 18 · 16 경간, 17 법원9급].

⑤ **긴급체포가 그 요건을 갖추지 못한 경우**, 단순히 체포가 위법함에 그치는 것이 아니라 그 체포에 의한 유치 중에 작성된 피의자신문조서도 특별한 사정이 없는 한 증거능력이 부정된다(대판 2008. 3. 27, 2007도11400) [21 · 20 · 18 · 16 · 15 경찰승진, 20 · 19 · 17 경간, 20 · 18 · 17 경찰채용, 19 법원9급 등].

⑥ [1] 「헌법」 제109조, 「법원조직법」 제57조 제1항에서 정한 공개금지사유가 없음에도 불구하고 재판의 심리에 관한 공개를 금지하기로 결정하였다면 그러한 공개금지결정은 피고인의 공개재판을 받을 권리를 침해한 것으로서 그 증인신문절차에 의하여 이루어진 증인의 증언은 증거능력이 없고, 변호인의 반대신문권이 보장되었더라도 달리 볼 수는 없다.
[2] 공개금지사유가 없었음에도 공개금지결정에 따라 비공개로 진행된 증인신문절차에서의 증인의 증언은 변호인의 반대신문권이 보장되었다 하더라도 증거능력이 없다(대판 2015. 10. 29, 2014도5939) [21 · 17 변호사시험, 21 · 18 경찰채용, 21 법학특채, 18 검찰7급, 15 검찰9급].

⑦ 증거보전절차에서 증인신문을 하면서 증인신문의 일시와 장소를 피의자 및 변호인에게 미리 통지하지 아니하여 증인신문에 참여할 수 있는 기회를 주지 아니하였고 또 **변호인이 제1심 공판기일에 위 증인신문조서의 증거조사에 관하여 이의신청을 하였다**면 위 증인신문조서는 증거능력이 없다 할 것이고, 그 증인이 후에 법정에서 그 조서의 진정성립을 인정한다 하여 다시 그 증거능력을 취득한다고 볼 수도 없다(대판 1992. 2. 28, 91도2337) [17 · 13 경찰채용, 17 해경간부, 16 경간, 15 경찰승진, 15 검찰7급].

⑧ [1] 위법한 체포상태에서 마약 투약 혐의를 확인하기 위한 채뇨 요구가 이루어진 경우 그와 같은 위법한 채뇨 요구에 의하여 수집된 '소변검사시인서'는 유죄 인정의 증거로 삼을 수 없다
[2] 호텔 투숙객 A가 마약을 투약하였다는 신고를 받고 출동한 경찰관이 임의동행

을 거부하는 A를 **강제로 경찰서로 데리고 가서 채뇨 요구를 하자 이에 A가 응하여 소변검사가 이루어진 경우**, 그 결과물인 소변검사시인서는 증거능력이 없다(대판 2013.3.14, 2012도13611) [20 변호사시험, 20 경간, 14 검찰7급]

⑨ 수사기관이 이메일에 대한 압수수색영장을 집행할 당시 피압수자인 A정보통신서비스회사(네이버)에 **팩스로 영장 사본을 송신했을 뿐 그 원본을 제시하지 않았고** 압수조서와 압수물 목록을 작성하여 피압수·수색 당사자에게 교부하였다고 볼 수 없는 경우, 이러한 방법으로 압수된 이메일은 위법수집증거로 원칙적으로 유죄의 증거로 삼을 수 없다(대판 2017.9.7, 2015도10648) [20 경간, 19 변호사시험]

⑩ 검사 작성의 피의자신문조서가 검사에 의하여 피의자에 대한 변호인의 접견이 부당하게 제한되고 있는 동안에 작성된 경우에는 증거능력이 없다(대판 1990.8.24, 90도1285) [15 변호사시험]

⑪ 사법경찰관사무취급이 행한 검증이 사건발생 후 범행장소에서 긴급을 요하여 판사의 영장없이 시행된 것이라면 이는 형사소송법 제216조 제3항에 의한 검증이라 할 것임에도 불구하고 기록상 사후영장을 받은 흔적이 없다면 이러한 검증조서는 유죄의 증거로 할 수 없다(대판 1984.3.13, 83도3006) [18 경찰채용]

〈위법하게 수집된 '비진술증거'의 증거능력을 부정한 경우〉

⑫ 압수물과 같은 비진술증거에 대하여도 위법수집증거배제법칙이 적용되어 압수절차가 위법한 경우 그 압수물은 증거능력이 부정된다(대판 2017.7.18, 2014도8719 참고) [21 경찰승진, 19 해경간부, 18 경찰채용]

⑬ 검사가 공소제기 후 형사소송법 제215조에 따라 수소법원 이외의 지방법원판사에게 청구하여 발부받은 영장에 의하여 압수·수색하였다면, 그와 같이 수집된 증거는 원칙적 유죄의 증거로 삼을 수 없다(대판 2011.4.28, 2009도10412) [21·20·17·16 경찰승진, 20·18·17 경간, 20·19·15 해경간부, 18·16·15 경찰채용, 18·15 법원9급, 17 검찰9급, 16 변호사시험 등]

⑭ 수사기관이 영장 또는 감정처분허가장을 발부받지 아니한 채 피의자의 동의 없이 피의자의 신체로부터 혈액을 채취하고 **사후에도 지체 없이 영장을 발부받지 않았다**면, 그 혈액 중 알코올농도에 관한 감정의뢰회보는 원칙적으로 유죄의 증거로 사용할 수 없다. 이 경우 피고인이나 변호인의 증거동의가 있다고 하더라도 유죄의 증거로 사용할 수 없다(대판 2012.11.15, 2011도15258) [21·19·18·15 경찰승진, 21·16 경찰채용, 20 법원9급, 18 변호사시험, 18 법학특채, 17 해경채용, 17 검찰9급 등]

⑮ 긴급체포 시 압수한 물건에 관하여 형사소송법 제217조 제2항, 제3항의 규정에 의한 **압수·수색영장을 발부받지 않고도** 즉시 반환하지 않는 경우 이를 유죄인정의 증거로 사용할 수 없는 것이고, 피고인이나 변호인이 이를 증거로 함에 동의하였다고 하더라도 달리 볼 것은 아니다(대판 2009.12.24, 2009도11401) [21·20·17 경찰승진, 21·20·17·16 경찰채용, 20·17 해경채용, 20 검찰9급, 19 경간 등]

⑯ 정보통신망법상 음란물 유포의 범죄혐의를 이유로 압수·수색영장을 발부받은 사법경찰리가 피고인의 주거지를 수색하는 과정에서 대마를 발견하자, 피고인을 마약법위반죄의 현행범으로 체포하면서 대마를 압수하였으나, 그 다음날 피고인을 석방하였음에도 **사후 압수·수색영장을 발부받지 않은 경우**, 위 압수물과 압수조서는 형사소송법상 영장주의를 위반하여 수집한 증거로서 증거능력이 부정된다(대판 2009.5.14, 2008도10914) [19 경간, 19·18·15 경찰승진, 19·16 해경간부, 17 검찰9급, 15·14 해경채용, 14 변호사시험, 14·13 경찰채용 등]

⑰ 형사소송법 규정에 위반하여 소유자, 소지자 또는 보관자가 아닌 자로부터 제출받은 물건을 **영장없이 압수한 경우** 그 압수물 및 압수물을 찍은 사진은 이를 유죄 인정의 증거로 사용할 수 없는 것이고, 피고인이나 변호인이 이를 증거로 함에 동의하였다고 하더라도 달리 볼 것은 아니다(대판 2010.1.28, 2009도10092) [21·20·19·17·16 경찰승진, 20·18 변호사시험, 20·17·15 경간, 20·18·16·15 경찰채용, 17 검찰9급]

⑱ 수출입물품 통관검사절차에서는 압수·수색영장 없이 우편물의 개봉이나 시료채취 등을 할 수 있지만, 마약류 불법거래 방지를 위한 조치로서 수사기관의 요청으로 특정한 수출입물품을 개봉하여 그 내용물의 점유를 취득하면서 **사전이나 사후에 영장을 발부받지 않았다면 이는 위법한 증거수집에 해당하여**, 압수물 등의 증거능력이 부정된다(대판 2017.7.18, 2014도8719) [20·18 경찰채용, 19 경간]

3 관련문제

Ⅰ. 사인의 위법수집증거

1. 의 의

사인에 의하여 위법하게 수집된 증거에 대해서는 위법수집증거배제법칙을 적용하지 않고, 피고인의 개인의 이익과 효과적인 형사소추의 이익을 비교하여 증거의 허용여부를 결정한다(판례).

판례	① 국민의 인간으로서의 존엄과 가치를 보장하는 것은 국가기관의 기본적인 의무에 속하는 것이고 이는 형사절차에서도 당연히 구현되어야 하는 것이지만, 국민의 사생활 영역에 관계된 모든 증거의 제출이 곧바로 금지되는 것으로 볼 수는 없으므로, 법원으로서는 효과적인 형사소추 및 형사소송에서의 진실발견이라는 공익과 개인의 인격적 이익 등의 보호이익을 비교형량하여 그 허용 여부를 결정하여야 한다(대판 2010.9.9, 2008도3990)

2. 구체적 고찰

판례	① 피고인이 범행 후 피해자에게 전화를 걸어오자 피해자가 증거를 수집하려고 그 전화내용을 녹음한 경우, 그 녹음테이프가 피고인 모르게 녹음된 것이라 하여 이를 위법하게 수집된 증거라고 할 수 없다(대판 1997.3.28, 97도240) [21·20·16·15 경찰승진, 20 법원9급, 19·18 경간, 16 검찰9급, 16 경찰채용] ② [1] 사인(私人)인 제3자가 절취한 업무일지를 소송사기의 피해자가 대가를 지급하고 취득한 경우, 그 업무일지는 사기죄에 대한 증거로 사용될 수 있다. [2] 사문서위조 및 소송사기가 문제된 피고사건에서 **제3자가 절취하고 소송사기의 피해자측이 수사기관에 증거자료로 제출하기 위하여 대가를 지급하고 입수한 피고인의 업무일지가 증거로 제출된 경우**, 피고인을 형사소추하기 위해서는 이 사건 업무일지가 반드시 필요한 증거로 보이므로, 설령 그것이 제3자에 의하여 절취된 것으로서 위 소송사기 등의 피해자 측이 이를 수사기관에 증거자료로 제출하기 위하여 대가를 지급하였다 하더라도 공익실현을 위하여는 이 사건 업무일지를 범죄의 증거로 제출하는 것이 허용되고, 증거능력이 인정된다(대판 2008.6.26, 2008도1584) [21 경찰승진, 20·19 해경채용, 19·15 경간, 18·16 검찰9급] ③ [1] 고소인이 피고인의 주거에 침입하여 절취한 증거물의 증거능력을 인정한다. [2] 피고인 A와 B의 간통 범행을 고소한 A의 남편 甲이 A의 주거에 침입하여 수집한 후 수사기관에 제출한 혈흔이 묻은 휴지들 및 침대시트를 목적물로 하여 이루어진 감정의뢰회보는 증거능력이 있다(대판 2010.9.9, 2008도3990) [20·16 법원9급, 19 경간, 19·13 해경간부, 15 변호사시험]

④ '악'과 같은 대화가 아닌 사람의 목소리를 녹음하거나 청취하는 행위가 개인의 사생활의 비밀과 자유 또는 인격권을 중대하게 침해하여 사회통념상 허용되는 한도를 벗어난 것이 아니라면 위와 같은 목소리를 들었다는 진술을 형사절차에서 증거로 사용할 수 있다(대판 2017.3.15, 2016도19843) [21·19 검찰9급, 19 검찰7급]

⑤ **시청 공무원인 제3자가 권한 없이 전자우편에 대한 비밀 보호조치를 해제하는 방법을 통하여 전자우편을 수집(정보통신망법위반 행위)**했다고 하더라도, 공직선거법위반죄(공무원의 지위를 이용한 선거운동행위)는 중대한 범죄에 해당할 뿐만 아니라 피고인이 전자우편을 증거로 함에 동의한 점 등을 종합하면 전자우편을 증거로 제출하는 것은 허용되어야 할 것이므로, 이 전자우편은 증거능력을 인정할 수 있다(대판 2013.11.28, 2010도12244) ※ 시청 공무원은 수사기관이 아니다 [19 해경간부]

[사실관계] 시청공무원인 제3자가 권한 없이 전자우편에 대한 비밀보호조치를 해제하고 시장 乙의 전자우편을 수집한 경우, 이 전자우편은 증거능력을 인정할 수 있다.

⑥ 고소인 甲 측의 의뢰를 받은 乙이 피고인 주식회사 운영의 A사이트에 적용된 검색제한 조치를 무력화하는 기술인 패치프로그램을 이용하여 '침해자료 목록 및 화면출력 자료'를 수집하였는데, 위 자료는 피고인들에 대한 형사소추를 위하여 반드시 필요한 증거이므로 공익의 실현을 위해서 위 자료를 증거로 제출하는 것이 허용되어야 한다(대판 2013.9.26, 2011도1435)

⑦ 동영상의 촬영 행위가 증거수집을 위한 수사행위에 해당하고 그 촬영 장소가 우리나라가 아닌 일본이나 중국의 영역에 속한다는 사정은 있으나 촬영의 상대방이 우리나라 국민이고 앞서 공개된 장소에서 일반적으로 허용되는 상당한 방법으로 이루어진 촬영으로서 강제처분이라고 단정할 수 없는 점 등을 고려하여 보면, 위와 같은 사정은 그 촬영 행위에 의하여 취득된 증거의 증거능력을 부정할 사유는 되지 못한다(대판 2013.7.26, 2013도2511)

Ⅱ. 독수과실이론

1. 의 의

① 독수과실이론이란 위법하게 수집된 1차증거(독수)에 의하여 발견된 2차증거(과실)의 증거능력을 배제하는 이론을 말한다. [18 해경채용, 15 경찰채용] 예 고문에 의하여 살인범행을 자백받고 그 자백에 의하여 살해도구를 발견한 경우에 살해도구의 증거능력은 부정된다.

② 위법수집증거를 기초로 수집한 다른 증거의 증거능력을 인정하면 위법수집증거배제법칙이 무의미해지므로 2차증거도 증거능력을 부정해야 한다는 것이 일반적인 입장이다.

| 판례 | ① [1] 헌법과 형사소송법이 정한 절차에 따르지 아니하고 수집한 증거는 물론 이를 기초로 하여 획득한 2차 증거 역시 원칙적으로 유죄인정의 증거로 삼을 수 없다. [2] 수사기관의 위법한 압수수색을 억제하고 재발을 방지하는 가장 효과적이고 확실한 대응책은 이를 통하여 수집한 증거는 물론 이를 기초로 하여 획득한 2차적 증거를 유죄 인정의 증거로 삼을 수 없도록 하는 것이다(대판 2007.11.15, 2007도3061 전원합의체) [18 해경채용, 16 경찰승진, 15 경찰채용] |

2. 제한의 필요성(예외)

(1) 예외적으로 인정

위법하게 수집된 증거에서 파생하는 2차적 증거는 원칙적으로 증거능력이 배제되어야 하지만 예외적인 경우에는 2차적 증거의 증거능력을 인정할 수 있다(판례)

| 판례 | ①-㉠ 증거수집 과정에서 이루어진 적법절차 위반행위의 내용과 경위 및 그 관련 사정을 종합하여 볼 때 당초의 적법절차 위반행위와 증거수집 행위의 중간에 그 행위의 **위법 요소가 제거 내지 배제되었다고 볼 만한 다른 사정이 개입됨으로써 인과관계가 단절된 것으로 평가할 수 있는 예외적인 경우에는 이를 유죄 인정의 증거로 사용할 수 있다**(대판 2013.3.14, 2010도2094)

 ①-㉡ 위법하게 수집된 증거에서 파생하는 2차적 증거는 원칙적으로 증거능력이 배제되어야 하지만, 절차에 따르지 않은 증거수집과 2차적 증거수집 사이의 인과관계의 희석 또는 단절 여부를 중심으로 2차적 증거수집과 관련된 모든 사정을 전체적 종합적으로 고려하여 예외적인 경우에는 2차적 증거의 증거능력을 인정할 수 있다(대판 2009.3.12, 2008도11437) [21 경찰승진, 21 법학특채, 20·15 경찰채용, 19 경간, 18 해경채용, 15 검찰9급]

 ②-㉠ 위법요소를 제거·배제시키는 사정으로는 진술거부권을 고지하지 않은 것이 단지 수사기관의 실수일 뿐 피의자의 자백을 이끌어내기 위한 의도적이고 기술적인 증거확보의 방법으로 이용되지 않았고, 그 이후 이루어진 신문에서는 진술거부권을 고지하여 잘못이 시정되는 등 수사 절차가 적법하게 진행되 |

있다는 사정, 최초 자백 이후 구금되었던 피고인이 석방되었다거나 변호인으로부터 충분한 조력을 받은 가운데 상당한 시간이 경과하였음에도 다시 자발적으로 계속하여 동일한 내용의 자백을 하였다는 사정, 최초 자백 외에도 다른 독립된 제3자의 행위나 자료 등도 물적 증거나 증인의 증언 등 2차적 증거 수집의 기초가 되었다는 사정, 증인이 그의 독립적인 판단에 의해 형사소송법이 정한 절차에 따라 소환을 받고 임의로 출석하여 증언하였다는 사정 등은 통상 2차적 증거의 증거능력을 인정할만한 정황에 속한다(대판 2009.3.12, 2008도11437)

②-ⓒ 수사기관이 법관의 영장에 의하지 아니하고 신용카드 매출전표의 거래명의자에 관한 정보를 획득한 경우, 이에 터잡아 수집한 2차적 증거들의 증거능력을 판단할 때, 수사기관이 의도적으로 영장주의의 정신을 회피하는 방법으로 증거를 확보한 것이 아니라고 볼만한 사정, 체포되었던 피의자가 석방된 후 상당한 시간이 경과하였음에도 다시 동일한 내용의 자백을 하였다거나 그 범행의 피해품을 수사기관에 임의로 제출하였다는 사정 등은 통상 2차적 증거의 증거능력을 인정할 만한 정황에 속한다(대판 2013.3.28, 2012도13607) [18 경찰승진, 15 변호사시험]

(2) 구체적 판례

| 증거
능력 O | ① [1] 강도 현행범으로 체포된 피고인이 진술거부권을 고지받지 아니한 채 자백을 하고, 이후 **40여일이 지난 후에 변호인의 충분한 조력을 받으면서 공개된 법정에서 임의로 자백한 경우**에 법정에서의 피고인의 자백은 증거로 사용할 수 있다.
[2] 진술거부권을 고지받지 않은 상태에서 임의로 자백을 하였다 하더라도, 이후 피고인이 **변호인으로부터 충분한 조력을 받고 상당한 기간이 흘러 자발적으로 계속하여 동일한 내용의 자백을 하였다**면 자백은 예외적으로 유죄 인정의 증거로 사용할 수 있는 2차적 증거에 해당한다
[3] 진술거부권을 고지하지 않은 상태에서 임의로 행해진 피고인의 자백에 기초하여 피해자 신원이 밝혀지게 되었다 하더라도 그 피해자가 독립적 판단에 의해 적법한 소환절차에 따라 **자발적으로 출석하여 공개된 법정에서 임의로 진술을 하였다**면 그 진술은 유죄 인정의 증거로 사용할 수 있다(대판 2009. 3.12, 2008도11437) [20·16 경찰승진, 20·14 법원9급, 19 변호사시험, 19·17 경간, 19·18·15 해경채용, 15 경찰채용, 15 검찰7급]
② [1] 수사기관이 사전에 영장을 제시하지 않은 채 구속영장을 집행한 다음 **공소제기 후에 이루어진 피고인의 법정진술**은 증거능력이 있다
[2] 구속집행 당시 영장이 제시되지는 않았으나, 피고인이 청구한 구속적부심 |

사절차에서 영장을 제시받아 그 기재된 범죄사실을 숙지하고 있으며, **구속 중 이루어진 법정 진술의 임의성 등을 다투지 않고 오히려 변호인과의 충분한 상의를 거친 후 공소사실 전부에 대하여 자백한 경우**라면, 그 자백을 증거로 할 수 있다.
[3] 사전에 구속영장을 제시하지 아니한 채 구속영장을 집행하고 그 구속 중 수집한 피고인의 진술증거 중 피고인의 제1심 법정진술은, 피고인이 구속집행절차의 위법성을 주장하면서 청구한 구속적부심사의 심문 당시 구속영장을 제시받은 바 있고, 구속적부심사와 보석의 청구를 통하여 구속집행절차의 위법성만을 다투었을 뿐 그 구속 중 이루어진 진술증거의 임의성이나 신빙성에 대하여는 전혀 다투지 않았다면, 유죄 인정의 증거로 삼을 수 있다(대판 2009.4.23, 2009도526) [20·19 해경채용, 19 검찰9급, 16 법원9급, 14 경간]

③ [1] 마약 투약 혐의를 받고 있던 피고인을 경찰관들이 영장 없이 강제로 연행한 상태에서 마약 투약 여부의 확인을 위한 1차 채뇨절차가 이루어졌다고 하더라도, 그 후 **피고인이 법관이 발부한 영장에 의하여 적법하게 구금되고, 압수·수색영장에 의하여 2차 채뇨 및 채모절차가 적법하게 이루어진 이상**, 이와 같은 사정은 체포과정에서의 절차적 위법과 2차적 증거수집 사이의 인과관계를 희석하게 할 만한 정황에 속한다.
[2] 법관이 발부한 압수영장에 의하여 이루어진 2차 채뇨 및 채모 절차를 통해 획득된 감정서는 모두 증거능력이 인정된다(대판 2013.3.14, 2012도13611) [20 해경채용, 15 변호사시험, 15 경간, 14 검찰7급]

④ 피고인의 제1심 법정 자백은 수사기관이 법관의 영장 없이 그 거래명의자에 관한 정보를 알아낸 후 그 정보에 기초하여 긴급체포함으로써 구금 상태에 있던 피고인으로부터 받아낸 최초 자백 이후 약 3개월이 지난 시점에 공개된 법정에서 적법한 절차를 통하여 임의로 이루어진 것이라는 점 등을 고려하여 볼 때 유죄 인정의 증거로 사용할 수 있는 경우에 해당한다. 나아가 피해자들 작성의 진술서는 제3자인 피해자들이 범행일로부터 약 3개월, 11개월 이상 지난 시점에서 기존의 수사절차로부터 독립하여 자발적으로 자신들의 피해 사실을 임의로 진술한 것이므로 역시 유죄 인정의 증거로 사용할 수 있는 경우에 해당한다(대판 2013.3.28, 2012도13607)

⑤ 처벌기준치에 미달한 호흡측정 결과에 오류가 있다고 인정할 만한 객관적이고 합리적인 사정이 있어 교통사고 조사를 담당한 경찰관이 피고인의 음주운전 혐의를 제대로 밝히기 위하여 피고인의 자발적인 동의를 얻어 혈액 채취에 의한 측정방법으로 다시 음주측정을 한 조치를 위법하다고 할 수 없고, 이를 통하여 획득한 혈액측정 결과 또한 위법한 절차에 따라 수집한 증거라고 할 수 없으므로 그 증거능력을 부정할 수 없다(대판 2015.7.9, 2014도16051)

증거 능력 ×	① [1] 사법경찰관이 형사소송법 제215조 제2항의 규정에 위반하여 **영장없이 물건을 압수하였다**면 추후 피의자로부터 그 압수물에 대한 임의제출동의서를 받았다 하더라도 압수는 위법하다. [2] 경찰이 피고인의 집에서 20m 떨어진 곳에서 피고인을 체포한 후 피고인의 집안을 수색하여 칼과 합의서를 압수하고도 **적법한 시간 내에 압수수색영장을 청구하여 발부받지 않은 경우**에 위 칼과 합의서는 위법하게 압수된 것으로서 증거능력이 없고 이를 기초로 한 2차 증거인 '임의제출동의서', '압수조서 및 목록', '압수품 사진' 역시 증거능력이 없다(대판 2010.7.22, 2009도14376) [20·18 법원9급, 19 경찰승진, 16 검찰7급, 16·15 경간, 14 해경채용] ② [1] 음주운전 피의자에 대해 **위법한 강제연행 상태에서** 호흡측정방법에 의한 음주측정을 한 다음, 즉시 그 자리에서 피의자가 자신의 호흡측정 결과에 대한 탄핵을 하기 위하여 스스로 혈액채취방법에 의한 측정을 할 것을 요구하여 혈액채취가 이루어진 경우, 호흡측정에 의한 측정결과는 물론 혈액채취에 의한 측정결과도 증거능력이 없다. [2] **위법한 강제연행 상태에서** 호흡측정방법에 의한 음주측정을 한 다음, 강제연행 상태로부터 시간적·장소적으로 단절되었다고 볼 수 없는 상황에서 피의자가 호흡측정결과를 탄핵하기 위하여 스스로 혈액채취방법에 의한 측정을 할 것을 요구하여 혈액채취가 이루어진 경우 그러한 혈액채취에 의한 측정 결과를 유죄 인정의 증거로 쓸 수는 없다. [3] 위법한 체포 상태에서 음주측정요구가 이루어진 경우, 음주 측정요구를 위한 위법한 체포와 그에 이은 음주측정요구는 주취운전이라는 범죄행위에 대한 증거 수집을 위하여 연속하여 이루어진 것으로서 그 일련의 과정을 전체적으로 보아 위법한 음주측정요구가 있었던 것으로 볼 수밖에 없다(대판 2013.3.14, 2010도2094) [21·20·15 변호사시험, 20·16·15 경간, 19 경찰채용, 18·17 경찰승진, 16 검찰9급]
판례	① **범행 현장에서 지문채취 대상물에 대한 지문채취가 먼저 이루어진 이상**, 수사기관이 그 이후에 지문채취 대상물을 적법한 절차에 의하지 아니한 채 압수하였다고 하더라도 위와 같이 채취된 지문은 위법하게 압수한 지문채취 대상물로부터 획득한 2차적 증거에 해당하지 아니함이 분명하여 이를 가리켜 위법수집증거라고 할 수 없다(대판 2008.10.23, 2008도7471) [21·18·15 경찰승진, 19 경간, 20·17 검찰7급, 15 변호사시험, 15 경찰채용] ② [1] 범죄의 피해자인 검사가 그 사건의 수사에 관여하거나 압수·수색영장의 집행에 참여한 검사가 다시 수사에 관여하였다는 이유만으로 바로 그 수사가 위법하다거나 그에 따른 참고인이나 피의자의 진술에 임의성이 없다고 볼 수는 없다. [2] 압수·수색영장의 집행과정에서 폭행 등의 피해를 당한 검사 등이 수사에

관여하였다는 이유만으로 그 검사 등이 작성한 참고인진술조서 등의 증거능력이 부정될 수 없다(대판 2013.9.12, 2011도12918) [19·18 경찰승진, 17·14 경찰채용, 17 해경간부, 16 법원9급, 14 경간]

③ 검찰관이 피고인을 뇌물수수 혐의로 기소한 후 형사사법공조절차를 거치지 아니한 채 과테말라공화국에 현지출장하여 그곳 호텔에서 뇌물공여자를 상대로 참고인 진술조서를 작성한 경우 피고인에 대한 국내 형사소송절차에서 위와 같은 사유로 인하여 위법수집증거배제법칙이 적용된다고 할 수 없다(대판 2011.7.14, 2011도3809) [19 경찰승진, 17 검찰9급, 15 경간]

제2절 자백배제법칙

> **헌법 제12조** ⑦ 피고인의 자백이 고문·폭행·협박, 구속의 부당한 장기화 또는 기망 기타의 방법에 의하여 자의로 진술된 것이 아니라고 인정될 때 또는 정식재판에 있어서 피고인의 자백이 그에게 불리한 유일한 증거일 때에는 이를 유죄의 증거로 삼거나 이를 이유로 처벌할 수 없다.
>
> **형사소송법 제309조(강제등 자백의 증거능력)** 피고인의 자백이 고문, 폭행, 협박, 신체구속의 부당한 장기화 또는 기망 기타의 방법으로 임의로 진술한 것이 아니라고 의심할 만한 이유가 있는 때에는 이를 유죄의 증거로 하지 못한다.

I. 의의 및 이론적 근거

1. 의 의

① 자백배제법칙이란 고문 등 강제에 의하여 임의성이 의심되는 자백의 증거능력을 부정하는 증거법칙을 말한다.

② 헌법과 형사소송법에 자백배제의 법칙이 명문으로 규정하고 있다.

2. 이론적 근거

(1) 학 설

① **허위배제설**

임의성이 의심되는 자백은 허위일 가능성이 많아 실체적 진실발견을 저해하기 때문에 증거능력이 부정된다는 견해이다.

② **인권옹호설**

자백배제법칙을 헌법상 보장된 진술거부권의 담보장치로 이해하여, 인권보장을 위해 피고인의 증거능력을 부정한다는 견해이다.

③ **절충설**

임의성 없는 자백의 증거능력을 부정하는 근거로 허위배제설과 인권옹호설이 모두 타당하다는 견해이다.

④ **위법배제설**

자백취득과정에서의 적정절차 보장을 확보하기 위한 증거법상의 원칙이라고 이해하여 자백취득과정의 위법성으로 인하여 증거능력이 부정된다는 견해이다.

(2) 판 례

판례는 종래 허위배제설에 가까운 입장이었으나, 이후 위법배제설을 취한 경우도 있고 최근에는 절충설을 취하는 판례들도 많이 등장하고 있다.

| 판례 | ① **(허위배제설의 입장)** 피고인의 자백진술이 객관적 합리성이 결여되고 범행현장과 객관적 상황과 중요한 부분이 부합되지 않는 등의 특별 사정이 있는 경우 피고인이 수사기관에서 자백하게 된 연유가 피고인의 주장대로 고문이 아니라 할지라도 다소의 폭행 또는 기타의 방법으로 자백을 강요하여 임의로 진술한 것이 아니라고 의심할 사유가 있다 할 것이다(대판 1977.4.26, 77도210)
② **(위법배제설의 입장)** 진술의 임의성이라는 것은 고문, 폭행, 협박, 신체구속의 부당한 장기화 또는 기망 기타 진술의 임의성을 잃게 하는 사정이 없다는 것 즉, 증거의 수집과정에 위법성이 없다는 것인데, 진술의 임의성을 잃게 하는 그와 같은 사정은 헌법이나 형사소송법의 규정에 비추어 볼 때 이례에 속한다 할 것이므로 진술의 임의성은 추정된다(대판 1997.10.10, 97도1720)
③ **(절충설의 입장)** 임의성 없는 진술의 증거능력을 부정하는 취지는, 허위진술을 유발 또는 강요할 위험성이 있는 상태하에서 행하여진 진술은 그 자체가 실체적 진실에 부합하지 아니하여 오판을 일으킬 소지가 있을 뿐만 아니라 그 진위 여부를 떠나서 진술자의 기본적 인권을 침해하는 위법 부당한 압박이 가하여지는 것을 사전에 막기 위한 것이다(대판 2006.1.26, 2004도517) [17 경간] |

Ⅱ. 자백배제법칙의 적용범위

① 형사소송법 제309조는 '피고인의 자백이 고문·폭행·협박, 신체구속의 부당한 장기화 또는 기망 기타의 방법으로 임의로 진술한 것이 아니라고 의심할 만한 이유가 있을 때에는 이를 유죄의 증거로 하지 못한다'라고 규정하고 있는 바 위 법조에 규정된 진술의 자유를 침해하는 위법사유는 원칙적으로 예시사유에 해당한다(대판 1985.2.26, 82도2413) [18 경찰채용, 12 경찰승진]

1. 고문·폭행·협박에 의한 자백

① 고문·폭행·협박의 형태에는 제한이 없다.

② 피고인이 고문을 직접 당하지는 않았다고 할지라도 타인, 즉 가족이나 다른 피고인이 고문당하는 것을 보고 자백한 경우에도 고문에 의한 자백에 해당한다. [15 경찰승진]

판례	① 참고인에 대한 검찰 진술조서가 강압상태 또는 강압수사로 인한 정신적 강압상태가 계속된 상태에서 작성된 것으로 의심되어 그 임의성을 의심할 만한 사정이 있는데도 검사가 그 임의성의 의문점을 없애는 증명을 하지 못하였다면 유죄의 증거로 사용할 수 없다(대판 2006.11.23, 2004도7900) [19 경찰승진] ② 피고인의 검찰에서의 자백이 잠을 재우지 아니한 채 폭언과 강요, 회유한 끝에 받아낸 것으로 임의로 진술한 것이 아니라고 의심할 만한 상당한 이유가 있는 때에 해당한다면 그 피의자신문조서는 증거능력이 없다(대판 1999.1.29, 98도3584)

③ 검사 앞에서는 고문을 받은 적이 없으나 경찰에서 고문을 받아 자백한 경우는 임의성이 없는 진술에 해당하여 증거능력이 부정된다.

판례	① 피고인이 수사기관에서 가혹행위 등으로 인하여 임의성 없는 자백을 하고 그 후 **법정에서도 임의성 없는 심리상태가 계속되어 동일한 내용의 자백을 하였다**면 법정에서의 자백도 임의성 없는 자백이라고 보아야 한다(대판 2012.11.29, 2010도3029) [21·18 경찰승진, 19 경간, 18 경찰채용, 18 검찰7급, 15 변호사시험, 15 검찰9급 등] ② 검사 이전의 수사기관에서 고문 등 가혹행위로 인하여 임의성 없는 자백을 한 후 **검사 조사 단계에도 임의성 없는 심리상태가 계속되어** 자백 강요행위 없이 동일한 내용의 자백을 한 경우 검사 앞에서의 자백의 임의성은 부정된다(대판 2013.7.11, 2011도14044) [18 경찰승진, 18 검찰7급, 15 검찰9급, 15 해경채용, 14 해경간부 등] ③ 피고인이 경찰에서 가혹행위 등으로 인하여 임의성 없는 자백을 하고 그 후 검찰이나 법정에서도 임의성 없는 심리상태가 계속되어 동일한 내용의 자백을 하였다면 각 자백도 임의성 없는 자백이라고 보아야 한다(대판 2015.9.10, 2012도9879) ④ 검사 작성의 피고인에 대한 제1회 피의자신문조서의 기재는 그 자백 내용에 있어 그 자체에 객관적 합리성이 없고 검사 앞에서 조사 받을 당시는 자백을 강요당한 바 없다고 하여도 경찰에서의 자백이 폭행이나 신체구속의 부당한 장기화에 의하여 임의로 진술한 것이 아니라고 의심할 만한 상당한 이유가 있어서 경찰에서 피고인을 조사한 경찰관이 검사 앞에까지 피고인을 데려간 경우 검사 앞에서의 자백도 그 임의성이 없는 심리상태가 계속된 경우라고 할 수밖에 없어 검사 작성의 피고인에 대한 제1회 피의자신문조서는 증거능력이 없다(대판 1992.3.10, 91도1) [15 검찰9급]

2. 신체구속의 부당한 장기화에 의한 자백

① 부당한 장기구속이란 체포·구속영장 없이 구속된 경우뿐만 아니라 적법하게 구속된 경우라도 구속할 필요가 없게 된 상태에서 계속 구금되어 있는 경우를 포함한다.

② 부당한 장기구속으로 인한 경우라면 자백의 임의성과 무관하게 증거능력이 부정된다. 그리고 영장없이 수일간 불법구속하여 고문이나 잠을 재우지 않고 받아낸 진술은 증거능력이 부정된다.

③ 어느 정도의 부당한 구금이 자백의 증거능력 부인사유가 되는지는 구체적인 사정을 기초로 구속의 필요성과 비례성을 기준으로 판단하여야 한다.

판례	① 구속영장에 의함이 없이 경찰에 연행된 이래 강압적인 수사를 받아 15일간의 불법구금상태에서의 자백은 증거능력이 인정되지 않는다(대판 1985.2.26. 82도2413) [15 경찰승진]

3. 기망에 의한 자백

① 단순한 착오를 이용하는 것만으로는 부족하고, 국가기관에 의한 신문방법이 정당하지 않음을 비난할 수 있을 정도로 적극적인 사술이 있어야 한다. ⓔ 목격자가 있다고 속이거나 이미 물증이 확보되었다고 속여 자백을 받아낸 경우

② 기망의 대상에는 사실뿐만 아니라 법률문제도 포함된다.

판례	① 검찰 수사관이 피의자에게 피의사실을 자백하면 그 피의사실 부분은 가볍게 처리하고 보호감호의 청구를 하지 않겠다는 각서를 작성하여 주면서 자백을 유도한 경우, 위 자백은 기망에 의하여 임의로 진술한 것이 아니라고 의심할 만한 이유가 있는 때에 해당하여 증거로 할 수 없다(대판 1985.12.10. 85도2182) [19 경간, 18·15 경찰승진, 15 변호사시험]

4. 기타 방법에 의한 자백

(1) 이익 약속에 의한 자백

① 자백의 대가로 일정한 이익의 제공을 약속하여 자백을 받아낸 경우를 말한다.
　　ⓔ 가벼운 형으로 처벌하겠다고 약속하고 자백을 받아낸 경우

② 이익은 구체적이고 특정한 것이어야 하므로, 자백하는 것이 유리하다는 일반적인 약속만으로는 이에 해당하지 않는다.

| 판례 | ⟨자백의 임의성이 없는 경우 ⇒ 증거능력 ×⟩
① 「특정범죄가중처벌등에관한법률」 위반 사건을 단순수뢰죄의 가벼운 형으로 처벌되도록 하겠다고 약속하고 자백을 유도한 상황하에서 얻어진 자백은 그 임의성이 의심되어 증거능력이 부정된다(대판 1984.5.9, 83도2782) [14 해경간부]

⟨자백의 임의성이 있는 경우 ⇒ 증거능력 ○⟩
② 일정한 증거가 발견되면 피의자가 자백하겠다고 한 약속이 **검사의 강요나 위계에 의하여 이루어졌다든가 경한 죄의 소추 등 이익과 교환조건으로 된 것으로 인정되지 않는 한**, 위와 같은 약속하에 된 자백이라 하여 곧 임의성 없는 자백이라고 단정할 수는 없다(대판 1983.9.13, 83도712) [21·18 경찰승진, 20·19·18 경찰채용, 16 검찰7급, 15 변호사시험, 14 해경간부 등] |

(2) 위법한 신문방법에 의한 자백

① 피의자가 피로로 인하여 정상적인 판단능력을 상실할 정도의 수면부족상태에서의 자백은 증거능력이 없다.

| 판례 | ① [1] 별건으로 구속된 자를 일정 기간 동안 거의 매일 검사실로 소환하여 밤늦게까지 조사를 하였다면 그에 대한 진술조서는 임의성을 의심할 만한 사정이 있어 증거능력이 부정된다.
[2] 별건으로 수감 중인 자를 약 1년 3개월의 기간 동안 무려 270회나 검찰청으로 소환하여 밤늦은 시각 또는 그 다음날 새벽까지 조사를 하였거나, 국외로 출국하여야 하는 상황에 놓여있는 자를 심리적으로 압박하여 조사를 하였을 가능성이 충분하다면 그들에 대한 진술조서는 임의성을 의심할 만한 사정이 있다(대판 2006.1.26, 2004도517) [19 경간]

② 피고인의 검찰에서의 자백은 피고인이 검찰에 연행된 때로부터 약 30시간 동안 잠을 재우지 아니한 채 검사 2명이 교대로 신문을 하면서 회유한 끝에 받아낸 것으로 임의로 진술한 것이 아니라고 의심할 만한 이유가 있는 때에 해당한다고 보아 그 피의자신문조서는 증거능력이 없다(대판 1997.6.27, 95도1964) [15 경간]

③ 알선수재사건의 공여자 등이 별건으로 구속된 상태에서 10여 일 내지 수십여 일 동안 거의 매일 검사실로 소환되어 밤늦게까지 조사를 받았다면 이들은 과도한 육체적 피로, 수면부족, 심리적 압박감 속에서 진술을 한 것으로 보여지므로 이들에 대한 진술조서는 그 임의성을 의심할 만한 사정이 있다(대판 2002.10.8, 2001도3931) |

(3) 소송법상의 권리를 침해하여 얻은 자백

① **변호인 조력권 침해** : 변호인 선임권·접견교통권을 침해하여 받은 자백은 증거능력이 부정된다. 다만, 변호인 아닌 자와의 접견이 금지된 상태하에서 피의자신문조서가 작성된 것만으로는 임의성이 부정되는 것은 아니다.

판례	① 검사가 피의자에 대한 변호인의 접견을 부당하게 제한하고 있는 동안에 검사가 작성한 피의자신문조서는 증거능력이 없다(대판 1990.8.24, 90도1285) [20·15 변호사시험, 19·14 해경간부, 14 경찰승진] [비교판례] [1] 검사의 접견금지 결정으로 비변호인과의 접견이 제한된 상태에서 피의자신문조서가 작성되었다는 것만으로는 자백에 임의성이 없는 것으로 볼 수 없다 [2] 비변호인과의 접견이 제한된 상태에서 작성된 피의자신문조서는 임의성이 인정된다(대판 1984.7.10, 84도846) [19 해경간부, 18·13 경간, 15 경찰승진, 15 해경채용, 14 경찰채용]

② **진술거부권을 고지하지 않은 경우** : 자백배제법칙이 아닌 위법수집증거배제법칙에 의하여 증거능력이 부정된다(판례)

판례	① [1] 피의자에게 **진술거부권을 고지하지 않은 상태**에서 이루어진 자백은 위법하게 수집된 증거로서 그 증거능력이 부정된다. [2] 수사기관이 피의자를 신문함에 있어서 피의자에게 **미리 진술거부권을 고지하지 않은 때**에는 그 피의자의 진술은 위법하게 수집된 증거로서 진술의 임의성이 인정되는 경우라도 증거능력이 부인 되어야 한다(대판 2014.4.10, 2014도1779) [21·19·18·17·16 경찰승진, 21 법학특채, 20·18·17 경간, 20·19·17·15 경찰채용, 19·18 법원9급, 16·15 변호사시험, 16 검찰9급 등]

(4) 거짓말탐지기에 의한 자백

피검사자의 동의가 있는 경우에는 위법한 침해로 볼 수 없으므로 그 결과 취득한 자백은 증거능력이 인정된다.

(5) 마취분석에 의한 자백

약물을 투여하여 무의식적인 상태에서 자백을 하게 하는 것은 인간의 의사지배능력을 배제하고 인격권과 진술거부권을 침해하는 위법한 수사이므로, 이에 의한 자백은 상대방의 동의 여부를 불문하고 증거능력이 부정된다.

Ⅲ. 자백배제법칙의 효과

1. 증거능력의 절대적 부정

① 임의성이 의심되는 자백은 절대적으로 증거능력이 부정된다.

② 따라서 피고인이 유죄의 증거로 함에 동의하더라도 증거능력이 인정되지 아니하며, 탄핵증거로도 사용할 수 없다. [20·18·15 경찰채용, 20·14 경간, 19·16·15 경찰승진 등]

판례	① 임의성이 인정되지 아니하여 증거능력이 없는 진술증거는 피고인이 증거로 함에 동의하더라도 증거로 삼을 수 없다(대판 2006.11.23. 2004도7900) [20·18 경찰채용, 20·14 경간, 19·16·15 경찰승진, 19·16 법원9급, 18 검찰9급 등]

2. 파생증거의 증거능력

임의성이 의심되어 증거능력이 부정된 자백에 근거하여 획득한 다른 증거도 결국 위법하게 수집된 증거이므로 증거능력이 부정된다.

3. 상소이유

임의성이 의심되는 자백을 유죄 인정의 자료로 삼은 경우에는 제309조 및 제307조 위반에 해당하여 상대적 항소이유 및 상대적 상고이유가 된다.

Ⅳ. 관련 문제

1. 인과관계의 필요

고문·폭행 등 자백의 임의성을 의심하게 할 만한 사유와 자백 사이에는 인과관계가 있어야 한다.

판례	① [1] 피고인의 자백이 임의성이 없다고 의심할 만한 사유가 있는 때에 해당한다 할지라도 그 임의성이 없다고 의심하게 된 사유들과 피고인의 자백과의 사이에 인과관계가 존재하지 않은 것이 명백한 때에는 그 자백은 임의성이 있는 것으로 인정된다. [2] 자백과 임의성이 없다고 의심하게 된 사유 사이에 인과관계가 존재하지 않는 것이 명백하여 그 자백이 임의성 있는 것임이 인정되는 때에는 그 자백은 증거능력을 가진다(대판 1984.11.27. 84도2252) [19 경간, 20·19·14 경찰채용, 16 변호사시험, 14 검찰9급]

2. 임의성의 입증

① 자백의 임의성에 대해서 다툼이 있는 경우에 그에 대한 거증책임은 검사에게 있다.

판례	① 진술의 임의성에 다툼이 있을 때에는 그 임의성을 의심할 만한 합리적이고 구체적인 사실을 피고인이 증명할 것이 아니고 검사가 그 임의성의 의문점을 없애는 증명을 하여야 할 것이고, 검사가 그 임의성의 의문점을 없애는 증명을 하지 못한 경우에는 그 진술증거는 증거능력이 부정된다(대판 2015.9.10, 2012도9879) [21·16·15 경찰승진, 21 법학특채, 20·18 경간, 20 경찰채용, 18·16 검찰7급, 17·15 법원9급, 15 검찰9급, 15 해경채용 등]

② 자백의 임의성은 소송법적 사실이므로 자유로운 증명으로 족하다.

판례	① 검사 작성의 피의자신문조서에 기재된 피의자의 진술에 관하여 공판정에서 그 임의성 유무가 다투어지는 경우 법원은 구체적인 사건에 따라 제반사정을 종합 참작하여 적당하다고 인정되는 방법에 의하여 자유로운 증명으로 그 임의성 유무를 판단하면 된다(대판 2012.11.29, 2010도3029) [19 해경간부, 18·17·16 경찰채용, 15 검찰9급, 15 해경채용]

제3절 전문법칙

1 전문증거

Ⅰ. 의 의

① **원본증거(본래증거)** : 사실을 체험한 자가 중간의 매개체를 거치지 않고 직접 법원에 진술하는 증거를 말한다.

② **전문증거** : 사실인정의 기초가 되는 경험사실을 경험자 자신이 직접 법원에 진술하지 않고 서면이나 타인의 진술 형식으로 간접적으로 법원에 전달되는 증거를 말한다.

내 용	[사례] 甲은 강간범 A가 B를 강간하는 현장을 목격하였다. ① 목격자 甲이 법정에 증인으로 출석하여 "나는 A가 B를 강간하는 것을 목격하였다"고 증언하면 이는 원본증거(본래증거)이다. ② 甲으로부터 목격 사실을 전해들은 乙이 법정에 증인으로 출석하여 "나는 甲으로부터 A가 B를 강간하는 것을 목격했다는 말을 전해들었다"라고 증언하면 이는 전문증거이다.

Ⅱ. 유 형

1. 전문진술(전문증언)

사실을 직접 경험한 자의 진술을 청취한 제3자가 그 원진술의 내용을 법원에 대하여 구두로 진술하는 경우이다.

2. 전문서류

① **진술서** : 사실을 직접 경험한 자가 자신이 경험한 내용을 서면에 기재한 후 그 서면을 법원에 제출하는 경우이다. ㉠ 진술서, 자술서, 감정서 등

② **진술조서(진술녹취서)** : 사실을 직접 경험한 자의 원진술을 청취한 제3자가 그 원진술의 내용을 서면에 기재한 후에 그 서면을 법원에 제출하는 경우이다. ㉠ 피의자신문조서, 참고인 진술조서

2 전문법칙

> **제310조의2(전문증거와 증거능력의 제한)** 제311조 내지 제316조에 규정한 것 이외에는 공판준비 또는 공판기일에서의 진술에 대신하여 진술을 기재한 서류나 공판준비 또는 공판기일 외에서의 타인의 진술을 내용으로 하는 진술은 이를 증거로 할 수 없다.

I. 의의 및 근거

1. 의 의

① 전문법칙이란 전문증거의 증거능력을 부정하는 증거법칙을 말한다. 즉, 직접 보지 않고 경험자에게 들은 내용만 가지고 법정에서 증언하는 것에 대해서는 증거능력을 부정한다는 것이다.

② 형사소송법 제310조의2는 "공판준비 또는 공판기일에서의 진술에 대신하여 진술을 기재한 서류나 공판준비 또는 공판기일 외에서의 타인의 진술을 내용으로 하는 진술은 이를 증거로 할 수 없다"고 규정하여 전문증거의 증거능력을 원칙적으로 부정하고 있다.

2. 근 거

제310조의2가 전문법칙을 선언한 규정이라는 데에는 이론이 없지만 전문법칙의 이론적 근거에 관하여 견해가 대립한다.

(1) 신용성의 결여

전문증거는 전달과정에서 오류나 와전의 가능성이 많기 때문에 신용성이 희박하여 증거능력이 부정된다고 보는 견해이다.

(2) 직접주의 요청

법관의 심증형성은 공판정에서 직접 조사한 원본증거에 의하여야 하는데, 전문증거는 이러한 직접주의에 반하기 때문에 증거능력이 부정된다고 보는 견해이다.

(3) 반대신문권 결여

진술증거에 의하여 불이익을 받게 될 당사자가 원진술자에 대한 반대신문을 통하여 그 오류를 시정할 수 있는 기회가 없으므로 증거능력이 부정된다는 견해이다.

Ⅱ. 적용범위

1. 진술증거

전문법칙은 진술증거에 대해서만 적용되고, 비진술증거인 흉기, 지문 등에 대해서는 적용되지 않는다.

판례	① [1] 검사가 甲의 협박죄에 대한 유죄의 증거로 협박메시지가 저장되어 있는 휴대전화기를 법정에 제출하는 경우 휴대전화기에 저장된 협박메시지는 전문증거가 아니다. [2] 정보통신망을 통하여 공포심이나 불안감을 유발하는 글을 반복적으로 상대방에게 도달하게 하는 행위를 하였다는 공소사실에 대하여 휴대전화기에 저장된 문자정보가 그 증거가 되는 경우 형사소송법 제310조의2에서 정한 전문법칙이 적용되지 않는다(대판 2008.11.13, 2006도2556) [21·20·19 변호사시험, 21·20·19·16 경찰채용, 20·18·17 경간, 20·18 경찰승진, 19·18·17 검찰9급, 16 법원9급 등] ② 수표를 발행한 후 예금부족 등으로 지급되지 아니하게 하였다는 부정수표단속법 위반의 공소사실을 증명하기 위하여 제출되는 수표는 증거물인 서면에 해당하므로 전문법칙이 적용되지 않는다(대판 2015.4.23, 2015도2275) [20·17 법원9급, 19 경찰채용, 19·17·16 검찰7급, 17 경간, 16 변호사시험 등] ③ 피해자의 상해 부위를 촬영한 사진은 비진술증거로서 전문법칙이 적용되지 않는다(대판 2007.7.26, 2007도3906) [17 변호사시험, 15 검찰7급]

2. 요증사실과의 관련성

(1) 판단의 상대성

① 어떤 증거가 전문증거인지 원본증거인지 여부는 요증사실과의 관계에 따라 정해진다.
② 즉, 원진술의 내용이 된 사실의 존부가 요증사실인 경우에만 전문증거가 되고, 원진술의 존재 자체가 요증사실인 경우에는 원본증거이지 전문증거가 아니므로 전문법칙이 적용되지 않는다.

사례	[사례] 甲은 乙로부터 "丙이 A를 살해하는 것을 목격했다"는 말을 들었다. ① 丙의 살인사건에 대하여 甲이 법정에서 증언한 경우 ⇒ 전문증거 ② 乙이 丙을 명예훼손한 사건에 대해 甲이 법정에서 증언한 경우 ⇒ 원본증거 [20·17 경간, 20·19 해경채용, 17 경찰채용, 14 변호사시험]

판례	① 다른 사람의 진술을 내용으로 하는 진술이 전문증거인지는 요증사실이 무엇인지에 따라 정해지는 바, 다른 사람의 진술, 즉 원진술의 내용인 사실이 요증사실인 경우에는 전문증거이지만 원진술의 존재 자체가 요증사실인 경우에는 본래증거이지 전문증거가 아니다(대판 2014.2.27, 2013도12155) [21 경찰채용, 21·19·14 변호사시험, 19 검찰7급, 18·14 경간, 18 검찰9급, 18·13 해경간부 등]
판례	〈원본증거에 해당하는 경우〉 ① [1] 甲이 법정에서 '피고인이 체육관 부지를 공시지가로 매입하게 해주고 방송국과의 시설이주 협의도 2개월 내로 완료하겠다고 말하였다'고 진술한 경우, 피고인의 이러한 원진술의 존재 자체가 피고인에 대한 사기죄 또는 변호사법위반죄 사건에 있어서의 요증사실이므로 이러한 사건에서 甲의 위와 같은 진술은 전문증거라고 볼 수 없다. [2] 사기죄에 대한 공판절차에서 증인이 "피고인이 피해자에게 토지를 싸게 구입하여 주겠다고 거짓말을 했다"는 취지로 진술한 경우, 이 진술은 본래증거이므로 전문법칙의 적용을 받지 않는다(대판 2012.7.26, 2012도2937) [20·15 해경간부, 17 경간, 13 검찰7급] ② A가 특정범죄가중처벌등에관한법률위반(알선수재)죄로 기소된 피고인으로부터 건축허가를 받으려면 담당공무원에게 사례비를 주어야 한다는 말을 들었다는 취지의 법정진술을 한 경우, 원진술의 존재 자체가 알선수재죄에서의 요증사실이므로 A의 진술은 전문증거가 아니라 본래증거에 해당한다(대판 2008.11.13, 2008도8007) [19 경간, 20·19 변호사시험, 18 검찰7급, 13 해경간부] ③ A가 "甲으로부터 '1,500억원 네가 원하는 대로 다 얘기해라. 乙에게 얘기해 놨다. 선지급에 대해서도 다 말해 놨다'는 말을 들었다"는 취지로 진술한 경우, A의 진술로 증명하고자 하는 사실이 '甲이 위와 같은 내용의 말을 하였다'는 것이라면 이는 본래증거에 해당하고, A의 진술로 증명하고자 하는 사실이 甲 진술의 진실성, 즉 '실제로 甲이 乙로부터 펀드 출자 및 선지급에 관하여 승낙을 받았는지 여부'라면 이는 전문증거에 해당한다(대판 2014.2.27, 2013도12155)

(2) 정황증거

판례	① [1] 어떤 진술이 기재된 서류가 그 내용의 진실성이 범죄사실에 대한 직접증거로 사용될 때는 전문증거가 되지만, 그와 같은 진술을 하였다는 것 자체 또는 진술의 진실성과 관계없는 간접사실에 대한 정황증거로 사용될 때는 반드시 전문증거가 되는 것이 아니다. [2] 어떠한 내용의 진술을 하였다는 사실 자체에 대한 정황증거로 사용될 것이라는 이유로 서류의 증거능력을 인정한 다음 그 사실을 다시 진술 내용이나 그 진실성을 증명하는 간접사실로 사용하는 경우에 그 서류는 전문증거에 해당한다(대판 2013.6.13, 2012도1600 전원합의체) [21 변호사시험, 21 경찰채용]

(3) 탄핵증거

탄핵증거는 요증사실을 증명하는 것이 아니고 진술의 증명력을 다투기 위한 증거이므로 전문법칙이 적용되지 않는다.

3 전문법칙의 예외이론

I. 의의 및 필요성

1. 의 의
① 전문법칙의 예외란 실체진실의 발견과 소송경제를 위하여 일정한 조건하에 전문증거라도 증거능력이 인정되는 경우를 말한다.
② 형사소송법은 제311조~제316조에서 전문법칙의 예외를 규정하고 있다.

2. 예외인정의 필요성
① 전문법칙을 엄격히 적용하면 명백한 범인을 처벌하지 못하는 불합리한 결과가 발생한다. 또한 당사자의 반대신문이 없는 경우에도 정황에 비추어 진실성을 인정할 수 있는 경우 일일이 원진술자를 증인이나 감정인으로 소환하여 직접 증거조사를 하는 것은 소송경제에 반하게 된다. 따라서 전문증거도 엄격한 요건하에 증거능력을 인정할 필요성이 있다.

II. 예외인정의 일반적 기준

1. 신용성의 정황적 보장
원진술자의 진술당시 여러 정황에 비추어 보았을 때 진술의 진실성을 담보할 수 있는 경우를 말한다. 즉 공판정에서 상대방에게 원진술자에 대한 반대신문의 기회를 주지 않더라도 진술 당시의 상황에 비추어 허위개입의 위험성이 없는 경우를 말한다.
㉠ 원진술이 특히 신빙할 수 있는 상태에서 행하여진 때

2. 필요성
원진술과 같은 가치의 증거를 얻는 것이 불가능하거나 현저히 곤란하기 때문에 진실발견을 위하여 어쩔 수 없이 전문증거라도 사용해야 할 필요가 있는 경우를 말한다.
㉠ 진술을 요하는 자가 사망·질병·외국거주·소재불명 그 밖에 이에 준하는 사유로 인하여 진술할 수 없을 때

3. 양자의 관계
신용의 정확적 보장과 필요성이 구비되면 전문증거라도 예외적으로 증거능력이 인정된다. 다만 두 요건은 모든 경우에 있어서 동등한 정도로 엄격하게 요구되는 것이 아니고 상호보완관계 또는 반비례관계에 있는 경우가 많다.

4 전문법칙의 예외

I. 서론

① 형사소송법 제310조의2는 전문증거는 "제311조 내지 제316조에 규정한 것 이외에는 공판준비 또는 공판기일에서의 진술에 대신하여 진술을 기재한 서류(전문서류)나 공판준비 또는 공판기일 외에서의 타인의 진술을 내용으로 하는 진술(전문진술)은 이를 증거로 할 수 없다"고 하여 제311조~제316조가 전문법칙에 대한 예외규정을 두고 있다.

② 제311조~제315조는 전문서류에 대한 예외규정이고, 제316조는 전문진술에 대한 예외규정이다.

적법성	적법한 절차와 방식에 따라 작성(형식적 + 실질적) ① 조서작성방식(기명날인·서명 등의 진정 ○) ② 진술거부권 고지, 변호인의 참여권 보장
진정 성립 (성립의 진정)	① 형식적 진정성립 : 조서에 기재된 간인, 기명날인, 서명 등이 진술자의 것임에 틀림없다는 원진술자의 진술 ② 실질적 진정성립 : 진술자가 진술한 대로 문서에 기재되어 있다는 원진술자의 확인진술
특신상태	특히 신빙(신뢰)할 수 있는 상태
반대신문권 보장	피고인 또는 변호인이 조서 또는 진술서 등의 내용에 관하여 원진술자나 작성자를 신문할 수 있었음
내용 인정	자백을 의미(진술한 내용이 실제사실과 부합하는 것)

용어 정리	① 조서 : 수사기관이 작성[(수사기관이) 조사한 서류] ② 진술서 : 사인이 직접 작성[사인이 진술한 서류] ③ 진술기재서류(진술서면) : 제3자가 피의자나 참고인의 진술을 기재한 서류 ④ 감정서 : 전문가 등이 감정 결과를 기재한 서류 ⑤ 실황조사서 : (수사기관이 범죄 현장의) 실황 등을 조사한 서류

		증거능력 인정 요건
제311조 - 법원·법관의 면전조서		당연히 증거능력 ○
제312조 (수사기관 작성[조서])	검사작성 피신조서(제1항)	적법성 + 내용인정
	사경작성 피신조서(제3항)	적법성 + 내용인정
	참고인 진술조서(제4항)	적법성 + 진정성립 + 특신상태 + 반대신문권 보장
	수사과정에서 작성한 진술서(제5항)	작성주체에 따라 제1항 ~ 제4항 적용
	검증조서(제6항)	적법성 + 진정성립
제313조 (사인 작성)	진술서와 진술기재서류 (제1항, 제2항)	㉠ 피고인 진술서 : 진정성립 　　　　　　　　(대체증명 가능 ⇒ 디지털포렌식 등) ㉡ 피고인 진술기재서류 : 진정성립 + 특신상태 ㉢ 피고인 아닌 자의 진술서 : 진정성립 + 반대신문권 보장 　　　　　　　　(대체증명 가능 ⇒ 디지털포렌식 등) ㉣ 피고인 아닌 자의 진술기재서류 : 진정성립
	감정서(제3항)	진정성립
제314조		사망·질병·외국거주·소재불명 기타의 사유로 원진술자의 진술불능(필요성) + 특신상태
제315조		당연히 증거능력이 있는 서류 ㉠ 공무원 또는 외국 공무원이 작성한 증서(제1호) ㉡ 사인이 업무상 필요로 작성한 통상문서(제2호) ㉢ 기타 특히 믿을 만한 정황에 의하여 작성된 문서(제3호)
제316조 (재판에서 진술)	전문진술(제1항) [피고인 전문진술]	특신상태
	전문진술(제2항) [피고인 아닌 자의 전문진술]	사망·질병·외국거주·소재불명 기타의 사유로 원진술자의 진술불능(필요성) + 특신상태

Ⅱ. 법원 또는 법관의 면전조서(제311조)

> 제311조(법원 또는 법관의 조서) 공판준비 또는 공판기일에 피고인이나 피고인 아닌 자의 진술을 기재한 조서와 법원 또는 법관의 검증의 결과를 기재한 조서는 증거로 할 수 있다. 제184조 및 제221조의2의 규정에 의하여 작성한 조서도 또한 같다.

1. 의 의

① 법원 또는 법관의 면전조서는 그 성립이 진정하고 신용성의 정황적 보장이 높기 때문에 당연히 증거능력이 인정된다(제311조)
  ㉠ 법원 또는 법관 작성 공판조서, 증인신문조서, 검증조서 그리고 증거보전절차나 증인신문절차에서 작성된 조서 등이 이에 해당한다. [19 경간, 18 경찰승진, 18 검찰9급]

판례	① 피고인이나 피고인 아닌 자의 진술을 기재한 당해 사건의 **공판조서**는 형사소송법 제311조 전문의 규정에 의하여 당연히 증거능력이 있다(대판 2003.10.10, 2003도3282). ② 녹음된 진술자의 상태 등을 확인하기 위하여 법원이 녹음테이프에 대한 검증을 실시한 경우, 그 **검증조서**는 당연히 증거능력이 인정된다(대판 2008.7.10, 2007도10755) [18 변호사시험, 18 경간, 16 검찰9급]

2. 공판조서 또는 공판준비조서

(1) 공판준비 또는 공판기일에 피고인의 진술을 기재한 조서

① 공판준비에서의 피고인의 진술을 기재한 조서(공판준비조서)와 공판기일에서의 피고인의 진술을 기재한 조서(공판조서)는 당연히 증거능력이 인정된다.
② '공판조서'는 당해 사건의 공판조서를 의미하므로, 다른 사건의 공판조서는 제311조가 아니고 제315조 제3호에 의하여 증거능력이 인정된다(판례)

판례	① 다른 피고인에 대한 형사사건의 공판조서는 형사소송법 제315조 제3호에 정한 서류로서 당연히 증거능력이 있다(대판 2005.4.28, 2004도4428) [21·20·16 변호사시험, 17 해경간부]

(2) 공판준비 또는 공판기일에서 피고인 아닌 자의 진술을 기재한 조서

① 공판준비에서의 피고인 아닌 자의 진술을 기재한 조서는 공판준비절차에서 증인·감정인·통역인·번역인 등을 신문하고 작성된 조서를 의미한다.
② 공판기일에 피고인 아닌 자의 진술을 기재한 조서는 피고인을 제외한 제3자의 진술이 기재된 공판조서를 의미한다.

③ 피고인 아닌 자에는 증인, 감정인 등은 물론 공범자나 공동피고인도 포함된다.
④ **공동피고인의 진술을 기재한 조서**
  ㉠ **공범인 공동피고인** : 제311조의 조서에 기재된 공범인 공동피고인의 진술은 피고인의 동의가 없어도 당연히 증거능력이 인정된다.
  ㉡ **공범이 아닌 공동피고인** : 피고인과 별개의 범죄사실로 기소되어 병합심리중인 공동피고인은 피고인의 범죄사실에 관하여는 증인의 지위에 있다 할 것이므로, 선서 없이 한 공동피고인의 법정진술은 피고인의 범죄사실을 인정하는 증거로 할 수 없다(대판 1982.9.14, 82도1000) [20 해경채용, 17 변호사시험]

(3) 법원 또는 법관 작성의 검증조서

법원 또는 법관작성의 검증조서는 당연히 증거능력이 인정된다.

(4) 증거보전절차와 증인신문청구절차에서 작성한 조서

증거보전절차에 의하여 작성된 조서와 제1회 공판기일 전에 검사의 신청에 의하여 행한 증인신문절차에 의하여 작성된 조서는 당연히 증거능력이 있다. [15 해경채용]

| 판례 | 〈증거능력이 인정되는 경우〉
① 피고인이 수사단계에서 다른 공동피고인에 대한 증거보전을 위하여 증인으로서 증언한 증인신문조서는 그 다른 공동피고인에 대하여 증거능력이 있다(대판 1966.5.17, 66도276)
② 당사자에게 참여의 기회를 주지 않고 행한 증인신문은 참여권을 침해한 것으로서 무효이지만, 피고인이 그 **증인신문조서**에 대하여 증거동의를 하면 그 하자는 치유된다(대판 1988.11.8, 86도1646) [18 검찰9급]
〈증거능력이 부정되는 경우〉
③ (증거보전 절차에서 작성된 증인신문조서 중 증인에 대한 반대신문과정에서 피의자가 진술한 내용을 기재한 부분 ⇒ 증거능력 ×) 증인신문조서가 증거보전절차에서 피고인이 증인으로서 증언한 내용을 기재한 것이 아니라 증인의 증언내용을 기재한 것이고 다만 피의자였던 피고인이 당사자로 참여하여 자신의 범행사실을 시인하는 전제 하에 위 증인에게 반대신문한 내용이 기재되어 있을 뿐이라면, 위 조서는 공판준비 또는 공판기일에 피고인 등의 진술을 기재한 조서도 아니고, 반대신문과정에서 피의자가 한 진술에 관한 한 「형사소송법」제184조에 의한 증인신문조서도 아니므로 **위 조서 중 피의자의 진술 기재 부분에 대하여는 「형사소송법」 제311조에 의한 증거능력을 인정할 수 없다**(대판 1984.5.15, 84도508) [19·18 해경채용, 18·13 경찰승진, 16 경찰채용, 16 해경간부, 15 경간, 14 변호사시험] |

Ⅲ. 피의자신문조서(제312조 제1항, 제3항)

> 제312조(검사 또는 사법경찰관의 조서 등)
> ① 검사가 작성한 피의자신문조서는 적법한 절차와 방식에 따라 작성된 것으로서 공판준비, 공판기일에 그 피의자였던 피고인 또는 변호인이 그 내용을 인정할 때에 한정하여 증거로 할 수 있다.
> ③ 검사 이외의 수사기관이 작성한 피의자신문조서는 적법한 절차와 방식에 따라 작성된 것으로서 공판준비 또는 공판기일에 그 피의자였던 피고인 또는 변호인이 그 내용을 인정할 때에 한하여 증거로 할 수 있다.

1. 의 의

① 피의자신문조서는 수사기관이 피의자를 신문하고 작성한 조서를 말한다.
② 수사기관에서의 조사과정에서 작성된 것이라면 그 명칭이 진술조서, 진술서, 자술서 등 그 서면의 형식은 불문한다.

판례	① 피의자의 진술을 녹취 내지 기재한 서류 또는 문서가 수사기관에서의 조사과정에서 작성된 것이라면 그것이 '진술조서, 진술서, 자술서'라는 형식을 취하였다고 하더라도 피의자신문조서와 마찬가지로 취급된다(대판 2014.4.10, 2014도1779) [18·16 경찰채용, 17·16 경간, 15 변호사시험, 15 경찰승진, 15 해경간부] ② 수사기관에서 피의자로 조사하는 과정을 녹화한 비디오테이프, CD 또는 이에 준하는 것들은 실질적으로 피의자의 진술을 기재한 수사기관 작성의 피의자신문조서와 다를 바 없다(대판 2007.10.25, 2007도6129)

2. 조서의 범위

(1) 검사 작성의 피의자신문조서(제312조 제1항)

① 작성주체는 검사이어야 한다.

(2) 사법경찰관 작성의 피의자신문조서(제312조 제3항)

① 작성주체는 검사 이외의 수사기관으로, 사법경찰관 및 특별사법경찰관을 의미한다. 사법경찰리도 포함된다.
② 외국의 권한 있는 수사기관도 포함된다. 예 미국 연방수사국(FBI)

판례	① [1] 형사소송법 제312조 제3항의 '검사 이외의 수사기관'에는 달리 특별한 사정이 없는 한 외국의 권한 있는 수사기관도 포함된다고 봄이 상당하다. [2] 외국의 권한있는 수사기관이 작성한 수사보고서 및 피고인이 그 과정에서 작성하여 제출한 진술서는 피고인이 그 내용을 부인하면 증거로 사용할 수 없다.

| 판례 | [3] 미국 연방수사국(FBI)의 수사관이 작성한 수사보고서 및 피고인이 위 수사관들에 의한 조사를 받는 과정에서 작성하여 제출한 진술서는 피고인이 그 내용을 부인하면 증거로 사용할 수 없다(대판 2006.1.13, 2003도6548) [19·16·15 경찰승진, 17·13 경찰채용, 15 해경간부, 13 검찰7급] |

③ 제312조 제3항은 별개의 사건에서 피의자였던 피고인에 대해 수사기관이 작성한 피의자신문조서에 대해서도 적용된다.

| 판례 | ① [1] 형사소송법 제312조 제3항은 당해 사건에서 피의자였던 피고인에 대한 검사 이외의 수사기관 작성의 피의자신문조서에만 적용되는 것은 아니고, 전혀 별개의 사건에서 피의자였던 피고인에 대한 검사 이외의 수사기관 작성의 피의자신문조서도 그 적용대상으로 하고 있는 것이라고 보아야 한다. [2] 피의자였던 피고인이 별개 사건에서 작성된 피의자신문조서의 내용을 부인하는 이상 그 조서는 당해 사건에 대한 유죄의 증거로 할 수 없다(대판 1995.3.24, 94도2287) [21 경찰채용] |

3. 증거능력 인정요건

(1) 절차 및 방식의 적법성

① 수사기관(검사, 사법경찰관 등)이 작성한 피의자신문조서는 적법한 절차와 방식에 의하여 작성된 것이어야 한다.

㉠ 형사소송법 제312조 제1항 및 제3항은 수사기관이 작성한 피의자신문조서의 증거능력이 인정되려면 "적법한 절차와 방식에 따라 작성된 것"이어야 한다고 규정하고 있다. 여기서 '적법한 절차와 방식'이라 함은 피의자에 대한 조서 작성 과정에서 지켜야 할 진술거부권의 고지 등 형사소송법이 정한 제반 절차를 준수하고 조서의 작성 방식에도 어긋남이 없어야 한다는 것을 의미한다(대판 2013.3.28, 2010도3359)

㉡ 피의자신문조서의 작성시에 변호인의 참여, 진술거부권 등의 고지, 수사과정의 기록 등의 규정을 준수해야 한다. 또한 피의자신문조서는 피의자에게 열람하게 하거나 읽어 들려주어야 한다.

| 판례 | 〈증거능력이 부정되는 경우〉
① 수사기관이 피의자를 신문함에 있어서 **피의자에게 미리 진술거부권을 고지하지 않은 때**에는 그 피의자의 진술은 위법하게 수집된 증거로서 진술의 임의성이 인정되는 경우라도 증거능력이 부인되어야 한다(대판 2014.4.10, 2014도1779) [21·19·18·17·16 경찰승진, 21 법학특채, 20·18·17 경간, 20·19·17·15 경찰채용, 19·18 법원9급, 16·15 변호사시험, 16 검찰9급 등] |

② 사법경찰관이 피의자에게 진술거부권을 행사할 수 있음을 알려 주고 그 행사 여부를 질문하였다 하더라도, **진술거부권 행사 여부에 대한 피의자의 답변이 자필로 기재되어 있지 아니하거나 그 답변 부분에 피의자의 기명날인 또는 서명이 되어 있지 아니한 사법경찰관 작성의 피의자신문조서**는 특별한 사정이 없는 한 증거능력을 인정할 수 없다(대판 2014.4.10, 2014도1779) [20 경찰승진, 20 경찰채용, 20·17·16 검찰9급, 20·19 법원9급, 18 경찰채용, 15 검찰7급]

③ 피의자가 변호인 참여를 원하는 의사를 표시하였는데도 수사기관이 정당한 사유 없이 변호인을 참여하게 하지 아니한 채 피의자를 신문하여 작성한 피의자신문조서는 증거능력이 없다(대판 2013.3.28, 2010도3359) [20·15 경간, 20·18·17·16 경찰채용, 19·16·15 경찰승진, 17 변호사시험, 15 검찰7급, 15 법원9급 등]

〈증거능력이 인정되는 경우〉

④ 수사기관이 피의자신문조서를 작성함에 있어서는 그것을 열람하게 하거나 읽어 들려야 하는 것이나 그 절차가 비록 행해지지 안했다 하더라도 그것만으로 그 피의자신문조서가 증거능력이 없게 된다고는 할 수 없고 제312조 소정의 요건을 갖추게 되면 증거능력이 인정된다(대판 1988.5.10, 87도2716)

ⓒ 피의자가 조서에 대하여 이의나 이견이 없음을 진술한 때에는 피의자로 하여금 그 취지를 자필로 기재하게 하고 조서에 간인한 후 기명날인 또는 서명하게 한다(제244조 제3항). 따라서 피고인의 서명, 날인 및 간인이 없는 피의자신문조서는 증거능력이 없다.

| 판례 | ① [1] 피고인의 서명·날인 및 간인이 없는 검사 작성의 피고인에 대한 피의자신문조서는 증거능력이 없다(대판 1992.6.23, 92도954)
[2] 피고인의 기명만이 있고 그 날인이나 무인이 없는 검사 작성의 피의자신문조서는 증거능력이 없다(대판 1981.10.27, 81도1370) [15 해경간부]

② 조서 말미에 피고인의 서명만이 있고 그 **날인이나 간인이 없는 검사 작성의 피고인에 대한 피의자신문조서**는 증거능력이 없다고 할 것이고, 그 날인이나 간인이 없는 것이 피고인이 그 날인이나 간인을 거부하였기 때문이어서 그러한 취지가 조서 말미에 기재되었다거나 피고인이 피의자신문조서의 임의성을 인정하였다 하더라도 증거능력이 없다(대판 1999.4.13, 99도237) [20 경찰승진, 19 경간, 18 검찰9급, 16 변호사시험]

③ [1] 검사 작성의 피의자신문조서에 **작성자인 검사의 서명날인이 되어 있지 아니한 경우**에 그 피의자신문조서는 공무원이 작성하는 서류로서의 요건을 갖추지 못한 것으로서 형사소송법 제57조 제1항에 위반되어 |

> 무효이므로 증거능력을 인정할 수 없다.
> [2] 그 피의자신문조서에 진술자인 피고인의 서명·날인이 되어 있다거나 피고인이 법정에서 그 피의자신문조서에 대하여 진정성립과 임의성을 인정하더라도 증거능력을 인정할 수 없다(대판 2001.9.28, 2001도4091) [19 해경채용, 18 경찰채용, 16 검찰7급]

② 위법한 절차에 의하여 작성된 피의자신문조서는 증거능력이 부정된다.

(2) 내용의 인정

① 수사기관(검사 또는 사법경찰관 등)이 작성한 피의자신문조서는 공판준비 또는 공판기일에 그 피의자였던 피고인 또는 변호인이 그 내용을 인정할 때에 한하여 증거로 할 수 있다(제312조 제1항·제3항) [19 경간, 20·19 경찰채용, 19 경찰승진]

② 내용의 인정이란 '조서의 기재내용이 객관적으로 진실하다'고 인정하는 것, 즉 자백하는 것을 말한다.

> **판례** ① 제312조 제3항의 '그 내용을 인정할 때'라 함은 피의자신문조서의 기재 내용이 진술내용대로 기재되어 있다는 의미가 아니고(그것은 문서의 진정성립에 속하는 사항임), 그와 같이 진술한 내용이 실제사실과 부합한다는 것을 의미한다(대판 2013.3.28, 2010도3359) [21 법학특채, 20 경찰승진, 18·16·15 경찰채용]

③ 피고인 또는 변호인이 피의자신문조서의 내용을 부인하거나 조서내용과 다른 진술을 할 때에는 그 조서는 증거능력이 부정된다. **이 경우 제314조는 적용되지 않는다.**

> **판례** ① [1] 당해 피고인과 공범관계가 있는 다른 피의자에 대한 검사 이외의 수사기관 작성의 피의자신문조서는 사망 등 사유로 인하여 법정에서 진술할 수 없는 때에 예외적으로 증거능력을 인정하는 규정인 **형사소송법 제314조가 적용될 수 없다.**
> [2] 당해 피고인과 공범관계가 있는 다른 피의자에 대한 검사 이외의 수사기관 작성의 피의자신문조서는 그 피의자의 법정진술에 의하여 그 성립의 진정이 인정되더라도 당해 피고인이 공판기일에서 그 조서의 내용을 부인하면 증거능력이 부정되므로 그 당연한 결과로 그 피의자신문조서에 대하여는 사망 등 사유로 인하여 법정에서 진술할 수 없는 때에 예외적으로 증거능력을 인정하는 규정인 **형사소송법 제314조가 적용되지 아니한다** (대판 2004.7.15, 2003도7185 전원합의체)
> [사실관계] A와 B가 공모하여 타인의 재물을 편취한 범죄사실로 기소된 사건에서, A가 법정에서 범행을 부인하고 B는 경찰 수사 단계에서 범행을 자백하는 자술서를 작성·제출 이후 사망한 경우, 공판준비 또는 공판기일에 진술을 요할 자가 사망하여 진술할 수 없는 때에 해당한다고 볼 수 없으므

	로 B의 자술서는 그 작성이 특히 신빙할 수 있는 상태 하에서 행하여졌음이 증명되었다 하더라도 A에 대한 유죄 인정의 증거로 할 수 없다. [20·19·17·15 변호사시험, 20·14 경찰승진, 20 해경간부, 19 경간, 19 해경채용, 18·17 경찰채용, 17 검찰7급 등]

④ '공소사실의 부인' 또는 '증거부동의'는 내용을 인정하지 않는 것에 해당한다.

판례	① 피고인이 제1심 제4회 공판기일부터 공소사실을 일관되게 부인하여 경찰 작성 피의자신문조서의 진술 내용을 인정하지 않는 경우, 제1심 제4회 공판기일에 피고인이 그 서증의 내용을 인정한 것으로 공판조서에 기재된 것은 착오 기재 등으로 보아 피의자신문조서의 증거능력을 부정하여야 한다(대판 2013.3.28, 2010도3359) [20 경찰채용, 19 경찰승진] ② 사법경찰리 작성의 피의자신문조서등본은 피고인이나 그 변호인이 증거로 함에 동의하지 아니한 서류인 것이 분명한 바 이는 그 내용을 인정하지 않는다는 취지와 같은 것이다(대판 1996.7.12, 96도667) [18 변호사시험] ③ 피고인이 검찰 이래 원심(제2심) 법정에 이르기까지 사법경찰리 앞에서의 자백이 허위였다고 일관되게 진술하고 있다면 결국 사법경찰리 작성의 피의자신문조서의 진술내용을 인정하지 않는 것이라고 보아야 한다(대판 1995.5.23, 94도1735)

4. 공범에 대한 검사 또는 사법경찰관 작성의 피의자신문조서

(1) 공범이 공동피고인이 된 경우

① A와 B가 공범이자 공동피고인인 경우에 B에 대한 검사 또는 사법경찰관 작성의 피의자신문조서는 A에 대해서 제312조 제1항 또는 제3항의 피의자신문조서에 해당한다(제312조 제4항의 '피고인 아닌 자'의 진술을 기재한 진술조서에 해당하지 않는다). 다만, A가 공판정에서 내용을 인정해야 A에 대해서도 증거능력이 인정된다(판례)

판례	① [1] 형사소송법 제312조 제3항은 검사 이외의 수사기관이 작성한 당해 피고인에 대한 피의자신문조서를 유죄의 증거로 하는 경우뿐만 아니라 검사 이외의 수사기관이 작성한 당해 피고인과 공범관계에 있는 다른 피고인이나 피의자에 대한 피의자신문조서를 당해 피고인에 대한 유죄의 증거로 채택할 경우에도 적용된다. [2] 피고인과 공범관계가 있는 다른 피의자에 대한 검사 이외의 수사기관 작성의 피의자신문조서는 그 피의자의 법정진술에 의하여 성립의 진정이 인정되더라도 당해 피고인이 공판기일에서 그 조서의 내용을 부인하면 증거능력이 부정된다(대판 2014.4.10, 2014도1779) [21·20·19·18 변호사시험, 21·20·18 경찰채용, 20·15 경찰승진, 20·19 해경채용, 19·16·15 검찰9급, 18·17 경간]

	[사실관계] 사법경찰관 작성의 공동피고인 乙에 대한 피의자신문조서를 乙이 법정에서 진정성립 및 내용을 인정한 경우, 공동피고인 甲이 그 피의자신문조서의 진정성립 및 내용을 인정하지 않는다면 甲에 대하여 증거능력이 없다.
	② 乙과 공범관계에 있는 공동피고인 甲이 乙에 대한 사법경찰관 작성 피의자신문조서의 내용을 부인하였다면, 乙이 법정에서 "경찰수사를 받던 중에 피의자신문조서에 기재된 것과 같은 내용으로 진술하였다"는 취지로 증언하였다 하더라도 그 증언은 甲의 유죄 인정의 증거로 할 수 없다(대판 2009.10.15, 2009도1889) [17 검찰9급, 15 해경간부]
	③ 형사소송법 제312조 제3항은 형법 총칙의 공범 이외에도, 서로 대향된 행위의 존재를 필요로 할 뿐 각자의 구성요건을 실현하고 별도의 형벌 규정에 따라 처벌되는 **필요적 공범 내지 대향범 관계에 있는 자들 사이에서도 적용된다** (대판 2020.6.11, 2016도9367) [19 경간]

(2) 공범이 공동피고인이 아닌 경우

A와 B가 공범이지만 공동피고인이 아닌 경우에 B에 대한 검사 또는 사법경찰관 작성의 피의자신문조서는 제312조 제1항 또는 제3항의 피의자신문조서에 해당한다. 다만, A가 공판정에서 내용을 인정해야 A에 대해서도 증거능력이 인정된다(판례)

판례	① 행위자가 아닌 법인 또는 개인이 양벌규정에 따라 공동피고인으로 기소된 경우, 검사 이외의 수사기관이 행위자에 대하여 작성한 피의자신문조서는 행위자가 그 내용을 인정한 경우에라도 당해 피고인인 법인 또는 개인이 그 내용을 부인하는 경우에는 형사소송법 제312조 제3항이 적용되어 증거능력이 없고, **형사소송법 제314조를 적용하여 증거능력을 인정할 수도 없다**(대판 2020.6.11, 2016도9367) [21 변호사시험, 19 경간]

Ⅳ. 진술조서(제312조 제4항)

> 제312조
> ④ 검사 또는 사법경찰관이 피고인이 아닌 자의 진술을 기재한 조서는 적법한 절차와 방식에 따라 작성된 것으로서 그 조서가 검사 또는 사법경찰관 앞에서 진술한 내용과 동일하게 기재되어 있음이 원진술자의 공판준비 또는 공판기일에서의 진술이나 영상녹화물 또는 그 밖의 객관적인 방법에 의하여 증명되고, 피고인 또는 변호인이 공판준비 또는 공판기일에 그 기재 내용에 관하여 원진술자를 신문할 수 있었던 때에는 증거로 할 수 있다. 다만, 그 조서에 기재된 진술이 특히 신빙할 수 있는 상태하에서 행하여졌음이 증명된 때에 한한다.

1. 서 설

(1) 의 의

① 진술조서란 검사 또는 사법경찰관이 피의자 아닌 자(참고인, 피해자 등)의 진술을 기재한 조서를 말한다. ⓔ 참고인 진술조서

판례	① **휴대전화기에 대한 압수조서 중 '압수경위'란에 기재된 내용**은 피고인이 공소사실과 같은 범행을 저지르는 현장을 직접 목격한 사람의 진술이 담긴 것으로서 형사소송법 제312조 제5항에서 정한 '피고인이 아닌 자가 수사과정에서 작성한 진술서'에 준하는 것으로 볼 수 있다(대판 2019.11.14, 2019도13290) [21 경찰채용, 20 경찰9급]

② 공범자나 제3자에 대한 피의자신문조서를 수사기관이 작성한 경우는 진술조서에 해당하여 제312조 제4항이 적용된다.

(2) 증거능력의 제한

① 검사 또는 사법경찰관이 피고인이 아닌 자의 진술을 기재한 조서는 적법한 절차와 방식에 따라 작성된 것으로서 그 조서가 검사 또는 사법경찰관 앞에서 진술한 내용과 동일하게 기재되어 있음이 원진술자의 공판준비 또는 공판기일에서의 진술이나 영상녹화물 또는 그 밖의 객관적인 방법에 의하여 증명되고, 피고인 또는 변호인이 공판준비 또는 공판기일에 그 기재 내용에 관하여 원진술자를 신문할 수 있었던 때에는 증거로 할 수 있다. 다만, 그 조서에 기재된 진술이 특히 신빙할 수 있는 상태하에서 행하여졌음이 증명된 때에 한한다(제312조 제4항).

2. 증거능력 인정요건

(1) 절차와 방식의 적법성

① 검사 또는 사법경찰관이 피고인이 아닌 자의 진술을 기재한 조서는 적법한 절차와 방식에 따라 작성된 것이어야 한다.

㉠ 서명 또는 날인이 되어 있지 아니한 진술조서는 증거능력을 인정할 수 없다.

판례	
	〈절차와 방식이 적법한 경우〉 ① 수사기관이 진술자의 성명을 가명으로 기재하여 조서를 작성하였다고 해서 그 이유만으로 그 조서가 '적법한 절차와 방식'에 따라 작성되지 않았다고 할 것은 아니다(대판 2012.5.24, 2011도7757) ※ 그러한 조서라도 공판기일 등에 원진술자가 출석하여 자신의 진술을 기재한 조서임을 확인함과 아울러 그 조서의 실질적 진정성립을 인정하고 나아가 그에 대한 반대신문이 이루어지는 등 형사소송법 제312조 제4항에서 규정한 요건이 모두 갖추어진 이상 그 증거능력을 부정할 것은 아니다. [19 검찰9급, 16 변호사시험] ② 검사 또는 사법경찰관이 피의자 아닌 자의 진술을 기재한 조서에 대하여 그 원진술자가 공판기일에서 간인·서명·날인한 사실과 그 조서의 내용이 자기가 진술한 대로 작성된 것이라는 점을 인정하면 그 조서는 원진술자의 공판기일에서의 진술에 의하여 성립의 진정함이 인정된 서류로서 증거능력이 있다 할 것이고, 원진술자가 공판기일에서 그 조서의 내용과 다른 진술을 하였다 하여 증거능력을 부정할 사유가 되지 못한다(대판 1985.10.8, 85도1843) **〈절차와 방식이 위법한 경우〉** ③ 사법경찰리 작성의 피해자에 대한 진술조서가 피해자의 화상으로 인한 서명불능이라는 이유로 입회하고 있던 **동생에게 대신 읽어 주고 그 동생으로 하여금 서명·날인하게 한 서류인 경우**, 그 진술 조서는 형식적 요건을 결여한 서류로서 증거로 사용할 수 없다(대판 1997.4.11, 96도2865) [20·15 경찰승진, 16 검찰9급, 15 경간] ④ [1] 외국에 거주하는 참고인과의 전화 대화내용을 문답형식으로 기재한 검찰주사보 작성의 수사보고서는 형사소송법 제313조가 적용되기 위하여 그 진술을 기재한 서류에 그 진술자의 서명 또는 날인이 있어야 한다. [2] 외국에 거주하는 참고인과의 전화 대화내용을 문답형식으로 기재한 검찰주사보 작성의 수사보고서에는 검찰주사보의 기명날인만 되어 있을 뿐 **원진술자인 A나 B의 서명 또는 기명날인이 없으므로** 각 수사보고서는 제313조에 정한 진술을 기재한 서류가 아니어서 제314조에 의한 증거능력의 유무를 따질 필요가 없다(대판 1999.2.26, 98도2742) ※ 수사보고서는 제314조의 요건인 외국거주 및 특신상태가 증명되더라도 증거능력이 없다. [18 경찰채용, 15 검찰7급, 14 변호사시험]

⑤ 검사가 참고인인 피해자와의 전화통화 내용을 기재한 수사보고서는 형사소송법 제313조 제1항 본문에 정한 피고인 아닌 자의 진술을 기재한 서류인 전문증거에 해당하나, 그 진술자의 서명 또는 날인이 없을 뿐만 아니라 진술자의 진술에 의해 성립의 진정함이 증명되지도 않았으므로 증거능력이 없다(대판 2010.10.14, 2010도5610) [20 변호사시험]

⑥ 수사보고서 중 피고인의 진술을 기재한 부분은 전문증거에 해당하는데 진술자인 피고인의 자필이거나 서명 또는 날인이 없어 전문증거의 증거능력에 대한 예외를 규정하고 있는 형사소송법 제313조 소정의 진술을 기재한 서류에 해당하지 아니하므로 증거능력이 없다(대판 2011.9.8, 2009도7419)

(2) 진정성립

① 검사 또는 사법경찰관 앞에서 진술한 내용과 동일하게 기재되어 있음이 원진술자의 진술이나 **영상녹화물** 기타 객관적인 방법에 의하여 증명되어야 한다.

② 원진술자가 진정성립을 인정한 이상 피고인이 그 내용을 부인하거나 조서내용과 다른 진술을 하여도 증거능력이 인정된다.

| 판례 | ① 검사가 작성한 참고인진술조서에 대하여 피고인이 증거로 함에 부동의한 경우, 원진술자가 법정에서 검사나 재판장의 신문에 대하여 수사기관에서 사실대로 진술하였다는 취지로 증언하더라도, **원진술자가 그 진술기재의 내용을 열람하거나 고지 받지 못한 채로 그와 같이 증언한 것이라면 그 진술조서는 증거능력이 없다**(대판 1994.11.11, 94도343) [17 변호사시험]
[동지판례] 검사 작성의 피해자 진술조서를 피고인이 증거로 함에 부동의하였고 원진술자가 공판기일에 증인으로 나와 진술기재 내용을 열람하거나 고지받지 못한 채 단지 검사의 신문에 대하여 "수사기관에서 사실대로 진술하였다"는 취지의 증언만을 한 경우 그 진술조서는 증거능력이 없다(대판 1994.9.9, 94도1384)
② [1] 피의자신문조서는 공판준비 또는 공판기일에 원진술자의 진술에 의하여 형식적 진정성립이 인정되더라도 특별한 사정이 없는 한 실질적 진정성립이 추정되는 것은 아니다.
[2] 피고인 본인의 진술에 의한 실질적 진정성립의 인정은 공판준비 또는 공판기일에서 한 명시적인 진술에 의하여야 하고, 단지 피고인이 실질적 진정성립에 대하여 이의하지 않았다거나 조서 작성절차와 방식의 적법성을 인정하였다는 것만으로 실질적 진정성립까지 인정한 것으로 보아서는 아니될 것이다(대판 2013.3.14, 2011도8325) [19·15 경간, 18 경찰채용, 18 법원9급, 14 해경간부]
③ 검사 또는 사법경찰관리 작성의 참고인에 대한 각 진술조서에 관하여 진술자가 법정에서 "진술조서들의 진술기재 내용이 자기가 진술한 것과 다른데 |

도 검사 또는 사법경찰관리가 마음대로 공소사실에 부합되도록 기재한 다음 '괜찮으니 서명·날인하라'고 요구하여서 할 수 없이 각 진술조서의 끝부분에 서명·날인한 것이다"라고 진술하였다면 진술조서들은 증거능력이 없다(대판 1990.10.16, 90도1474) [15 경찰승진]

④ 검사 작성의 甲, 乙에 대한 각 진술조서의 원진술자인 甲, 乙이 공판기일에서 "수사관이 불러주는 내용을 그대로 기재한 것에 불과한 자신들의 각 진술서를 토대로 하여 그 진술내용을 미리 기재한 각 진술조서에 서명·날인만을 하였다"는 취지로 진술한 경우 각 진술조서는 증거로 할 수 없다(대판 1993.1.19, 92도2636)

⑤ 원진술자인 甲이 "수사기관에서 사실대로 진술하고 진술한 대로 기재되어 있는지 확인하고 서명무인하였다" 취지로 증언하였을 뿐이어서 그 진술이 진술조서의 진정성립을 인정하는 취지인지 분명하지 아니하고, 오히려 "'피고인이 훔쳤다'는 부분은 진술한 사실이 없음에도 잘못 기재되었다"는 취지로 증언한 경우 그 진술조서는 증거능력이 없다(대판 2013.8.14, 2012도13665)

③ 일부에 대해서만 진정성립이 인정된 경우

| 판례 | ① 검사가 피의자나 피의자 아닌 자의 진술을 기재한 조서 중 **일부에 관하여만 원진술자가 공판준비 또는 공판기일에서 실질적 진정성립을 인정하는 경우**에는 법원은 당해 조서 중 어느 부분이 원진술자가 진술한 대로 기재되어 있고 어느 부분이 달리 기재되어 있는지 여부를 구체적으로 심리한 다음 진술한 대로 기재되어 있다고 하는 부분에 한하여 증거능력을 인정하여야 하고, 그 밖에 실질적 진정성립이 부정되는 부분에 대해서는 증거능력을 부정하여야 한다(대판 2013.3.14, 2011도8325) [20 경찰승진, 17·16 경찰채용, 16 경간] |

(3) 반대신문권 보장

① 피고인 또는 변호인이 공판준비 또는 공판기일에 그 기재내용에 관하여 원진술자를 신문할 수 있어야 한다.
② 피고인 또는 변호인에게 반대신문의 기회를 보장하면 족하고, 실제로 반대신문이 행하여져야 하는 것은 아니다.

| 판례 | ① (원진술자의 법정출석과 반대신문이 이루어지지 못한 경우) 수사기관이 원진술자의 진술을 기재한 조서는 그 내용을 피고인이 부인하고 **원진술자의 법정출석 및 반대신문이 이루어지지 못하였다면** 이를 주된 증거로 하여 공소사실을 인정할 수 없는 것이고, 피고인이 이에 대해 증거동의한 경우에는 마찬가지이다(대판 2006.12.8, 2005도9730) [19 해경채용, 19·16 해경간부] |

(4) 특신상태

진술조서에 기재된 진술이 특히 신빙할 수 있는 상태에서 행하여졌음이 증명되어야 한다.

판례	① [1] 형사소송법 제312조 제4항에서 '특히 신빙할 수 있는 상태'란 진술 내용이나 조서 작성에 허위개입의 여지가 거의 없고, 진술 내용의 신빙성이나 임의성을 담보할 구체적이고 외부적인 정황이 있는 것을 말한다. [2] 이러한 **'특히 신빙할 수 있는 상태'는** 증거능력의 요건에 해당하므로 검사가 그 존재에 대하여 구체적으로 주장·증명하여야 하지만, 이는 소송상의 사실에 관한 것이므로 엄격한 증명을 요하지 아니하고 **자유로운 증명으로 족하다**(대판 2012.7.26, 2012도2937) [20 해경채용, 18·15 경찰채용, 18·17 경간, 15 변호사시험, 15·14 해경간부, 13 검찰9급]

V. 진술서와 진술기재서류

1. 수사과정 이외의 과정에서 작성한 진술서 및 진술기재서류(제313조 제1항 및 제2항)

> **제313조(진술서등)**
> ① 전2조의 규정 이외에 피고인 또는 피고인이 아닌 자가 작성한 진술서나 그 진술을 기재한 서류로서 그 작성자 또는 진술자의 자필이거나 그 서명 또는 날인이 있는 것(피고인 또는 피고인 아닌 자가 작성하였거나 진술한 내용이 포함된 문자·사진·영상 등의 정보로서 컴퓨터용디스크, 그 밖에 이와 비슷한 정보저장매체에 저장된 것을 포함한다. 이하 이 조에서 같다)은 공판준비나 공판기일에서의 그 작성자 또는 진술자의 진술에 의하여 그 성립의 진정함이 증명된 때에는 증거로 할 수 있다. 단, 피고인의 진술을 기재한 서류는 공판준비 또는 공판기일에서의 그 작성자의 진술에 의하여 그 성립의 진정함이 증명되고 그 진술이 특히 신빙할 수 있는 상태하에서 행하여 진 때에 한하여 피고인의 공판준비 또는 공판기일에서의 진술에 불구하고 증거로 할 수 있다.
> ② 제1항 본문에도 불구하고 진술서의 작성자가 공판준비나 공판기일에서 그 성립의 진정을 부인하는 경우에는 과학적 분석결과에 기초한 디지털포렌식 자료, 감정 등 객관적 방법으로 성립의 진정함이 증명되는 때에는 증거로 할 수 있다. 다만, 피고인 아닌 자가 작성한 진술서는 피고인 또는 변호인이 공판준비 또는 공판기일에 그 기재 내용에 관하여 작성자를 신문할 수 있었을 것을 요한다.

(1) 진술서

① **의 의**
  ㉠ 진술서란 법원이나 수사기관 이외의 사인(피의자, 피고인 또는 참고인)이 범죄사실이나 그 밖의 사항에 대하여 스스로 기재한 서면을 말한다.
  ㉡ 자술서, 진술서, 시말서 등 명칭 여하를 불문하며, 반드시 자필일 것도 요하지 않는다.

ⓒ 당해 사건의 수사절차나 공판절차에서 작성될 것을 요하지 않으므로 사건과 관계 없이 작성된 일기나 메모 등도 진술서에 포함된다.
ⓓ 제313조의 적용대상이 되는 진술서는 수사과정 외에서 작성된 진술서로 제한된다.

② 증거능력의 인정요건
㉠ 피고인 아닌 자의 진술서
ⓐ 진정성립(대체증명 가능)
(ⅰ) 피고인이 아닌 자가 작성한 진술서는 작성자의 자필이거나 그 서명 또는 날인이 있고, 공판준비나 공판기일에서의 그 작성자의 진술에 의하여 그 성립의 진정함이 증명되어야 한다(제313조 제1항).
(ⅱ) 진술서의 작성자가 공판준비나 공판기일에서 그 성립의 진정을 부인하는 경우에는 과학적 분석결과에 기초한 디지털포렌식 자료, 감정 등 객관적 방법으로 성립의 진정함이 증명되는 때에는 증거로 할 수 있다(제313조 제2항). 즉 대체증명이 가능하다.

판례	① [1] 피해자 A가 동생 B에게 도움을 요청하면서 피고인으로부터 당한 **공갈 등 피해 내용을 담아 보낸 문자메시지를 촬영한 사진**은 형사소송법 제313조에 규정된 '피해자의 진술서'에 준하는 것으로 보아야 한다. [2] 이 경우 문자메시지의 작성자(피해자)인 A가 법정에 출석하여 자신이 문자메시지를 작성하여 동생 B에게 보낸 것과 같음을 확인하고, 동생 B도 법정에 출석하여 A가 보낸 문자메시지를 촬영한 사진이 맞다고 확인한 경우에 문자메시지를 촬영한 사진은 그 성립의 진정함이 증명되었다고 볼 수 있으므로 증거로 사용할 수 있다(대판 2010.11.25, 2010도8735) [19 경간, 18 경찰채용, 17 변호사시험, 17 검찰9급, 15 검찰7급 등] ② **수첩사본**은 그 작성자인 甲의 진술에 의하여 그 진정성립이 인정될 뿐 아니라 그 작성 경위와 내용 및 형식에 비추어 볼 때 특히 신용할 만한 정황에 의하여 작성된 것으로 보이므로 그 증거능력이 있다(대판 2011.1.27, 2010도11030) ③ 증거물로 제출된 타인의 성명, 계좌번호 등이 기재된 메모지는 그 작성자 및 작성·보관의 경위, 그리고 그 기재 내용과 공소사실과의 관련성 등이 불분명하여 형사소송법 제313조 제1항에 정한 전문증거로서 증거능력 인정을 위한 요건을 구비하지 못하였으므로 이는 증거능력이 없다(대판 2009.5.28, 2008도7769)

ⓑ **반대신문권 보장** : 피고인 아닌 자가 작성한 진술서는 피고인 또는 변호인이 공판준비 또는 공판기일에 그 기재내용에 관하여 작성자를 신문할 수 있어야 한다(제313조 제2항 단서).

ⓒ **피고인의 진술서**
ⓐ **진정성립(대체증명 가능)**
(ⅰ) 피고인이 작성한 진술서는 작성자의 자필이거나 그 서명 또는 날인이 있고, 공판준비나 공판기일에서의 그 작성자의 진술에 의하여 그 성립의 진정함이 증명되어야 한다(제313조 제1항).
(ⅱ) 진술서의 작성자가 공판준비나 공판기일에서 그 성립의 진정을 부인하는 경우에는 과학적 분석결과에 기초한 디지털포렌식 자료, 감정 등 객관적 방법으로 성립의 진정함이 증명되는 때에는 증거로 할 수 있다(제313조 제2항). 즉 대체증명이 가능하다.

(2) 진술기재서류

① **의 의**
㉠ 진술기재서류란 제3자가 피고인 또는 피고인 아닌 자의 진술을 기재한 서면를 말한다. 예 변호인이 피고인의 진술을 기재한 서면
㉡ 피고인 또는 피고인 아닌 자가 진술한 내용이 포함된 문자·사진·영상 등의 정보로서 컴퓨터용 디스크, 그 밖에 이와 비슷한 정보처리장치에 저장된 것을 포함한다(제313조 제1항 본문).

② **증거능력 인정요건**
㉠ **진술자가 피고인 아닌 경우(피고인 아닌 자의 진술기재서류)**
ⓐ **진정성립** : 피고인이 아닌 자의 진술을 기재한 서류로서 그 진술자의 서명 또는 날인이 있는 것은 공판준비나 공판기일에서 그 진술자의 진술에 의하여 그 성립의 진정함이 증명되어야 한다(제313조 제1항 본문).

판례	① [1] 수사기관이 아닌 사인이 피고인 아닌 사람과의 대화내용을 녹음한 녹음테이프는 형사소송법 제311조, 제312조 규정 이외의 피고인 아닌 자의 진술을 기재한 서류와 다를 바 없다. [2] 사인(私人)이 피고인 아닌 사람과의 대화내용을 녹음한 녹음테이프는 원본으로서 공판준비나 공판기일에서 원진술자의 진술에 의하여 녹음된 각자의 진술내용이 자신이 진술한 대로 녹음된 것이라는 점이 인정되면 피고인이 동의하지 않더라도 증거로 사용할 수 있다(대판 2011. 9. 8, 2010도7497) [20 해경간부, 18 경찰채용, 17·16 경간, 16 검찰9급, 15 변호사시험]

[판결이유] 수사기관이 아닌 사인이 피고인 아닌 사람과의 대화내용을 녹음한 녹음테이프는 형사소송법 제311조, 제312조 규정 이외의 피고인 아닌 자의 진술을 기재한 서류와 다를 바 없으므로, 이 경우 피고인이 그 녹음테이프를 증거로 할 수 있음에 동의하지 아니하는 이상 그 증거능력을 부여하기 위해서는 첫째, 녹음테이프가 원본이거나 원본으로부터 복사한 사본일 경우에는 복사과정에서 편집되는 등의 인위적 개작 없이 원본의 내용 그대로 복사된 사본일 것, 둘째 형사소송법 제313조 제1항에 따라 공판준비나 공판기일에서 원진술자의 진술에 의하여 그 녹음테이프에 녹음된 각자의 진술내용이 자신이 진술한 대로 녹음된 것이라는 점이 인정되어야 한다(대판 2011.9.8, 2010도7497) ※ 원진술자의 진술에 의하여 녹음된 각자의 진술내용이 자신이 진술한 대로 녹음된 것이라는 점이 인정되면 피고인이 동의하지 않더라도 증거로 사용할 수 있다.

② [1] 수사기관이 아닌 사인이 피고인 아닌 사람과의 대화 내용을 촬영한 비디오테이프는 형사소송법 제311조, 제312조의 규정 이외에 피고인 아닌 자의 진술을 기재한 서류와 다를 바 없다. [18 경찰채용]

[2] 이 경우 피고인이 그 비디오테이프를 증거로 함에 동의하지 아니하는 이상 그 진술 부분에 대하여 증거능력을 부여하기 위하여는, 첫째 비디오테이프가 원본이거나 원본으로부터 복사한 사본일 경우에는 복사과정에서 편집되는 등 인위적 개작 없이 원본의 내용 그대로 복사된 사본일 것, 둘째 형사소송법 제313조 제1항에 따라 공판준비나 공판기일에서 원진술자의 진술에 의하여 그 비디오테이프에 녹음된 각자의 진술내용이 자신이 진술한 대로 녹음된 것이라는 점이 인정되어야 한다(대판 2004.9.13, 2004도3161)

ⓒ 진술자가 피고인인 경우(피고인 진술기재서류)

ⓐ **진성성립 + 특신상태** : 피고인의 진술을 기재한 서류는 공판준비 또는 공판기일에서의 그 작성자의 진술에 의하여 그 성립의 진정함이 증명되고, 그 진술이 특히 신빙할 수 있는 상태하에서 행하여 진 때에 한하여 피고인의 공판준비 또는 공판기일에서의 진술에 불구하고 증거로 할 수 있다(제313조 제1항 단서)

판례

① [1] 디지털녹음기로 피고인과의 대화를 녹음한 후 저장된 녹음파일 원본을 컴퓨터에 복사하고 디지털녹음기의 파일 원본을 삭제한 뒤 다음 대화를 다시 녹음하는 과정을 반복하여 작성한 녹음파일 사본과 해당 녹취록의 경우 복사 과정에서 편집되는 등의 인위적 개작 없이 원본 내용 그대로 복사된 것으로 대화자들이 진술한 대로 녹음된 것이 인정되고, 제반 상황에 비추어 그 진술이 특히 신빙할 수 있는 상태 하에서 행하여진 것으로 인정된다면 그 녹음파일 사본과 녹취록의 증거능력은

인정된다.

[2] 피고인과 상대방 사이의 대화내용에 관한 녹취서가 공소사실의 증거로 제출되어 그 녹취서의 기재내용과 녹음테이프의 녹음내용이 동일한지 여부에 대하여 법원이 검증을 실시한 경우에, 증거자료가 되는 것은 녹음테이프에 녹음된 대화내용 그 자체이고, 그 중 피고인의 진술내용은 실질적으로 형사소송법 제311조, 제312조의 규정 이외에 피고인의 진술을 기재한 서류와 다름없어 피고인이 그 녹음테이프를 증거로 할 수 있음에 동의하지 않은 이상 그 녹음테이프 검증조서의 기재 중 피고인의 진술내용을 증거로 사용하기 위해서는, 형사소송법 제313조 제1항 단서에 따라 공판준비 또는 공판기일에서 그 작성자인 상대방의 진술에 의하여 녹음테이프에 녹음된 피고인의 진술내용이 피고인이 진술한 대로 녹음된 것임이 증명되고, 나아가 그 진술이 특히 신빙할 수 있는 상태하에서 행하여진 것임이 인정되어야 하며, 그 대화내용을 녹음한 원본이거나 혹은 원본으로부터 복사한 사본일 경우에는 복사과정에서 편집되는 등의 인위적 개작 없이 원본의 내용 그대로 복사된 사본임이 증명되어야만 한다(대판 2012.9.13, 2012도7461) [19·17 변호사시험, 19 경간, 19·17·16 검찰7급, 14 경찰채용]

2. 수사과정에서 작성한 진술서(제312조 제5항)

> **제312조** ⑤ 제312조 제1항부터 제4항까지의 규정은 피고인 또는 피고인이 아닌 자가 수사과정에서 작성한 진술서에 관하여 준용한다.

(1) 검사, 사법경찰관의 수사과정에서 작성한 피의자진술서

① **절차 및 방식의 적법성**

검사, 사법경찰관의 수사과정에서 작성한 피의자진술서는 적법한 절차와 방식에 의하여 작성된 것이어야 한다.

② **내용의 인정**

검사, 사법경찰관의 수사과정에서 작성한 피의자진술서는 공판준비 또는 공판기일에 그 피의자였던 피고인 또는 변호인이 그 내용을 인정할 때에 한하여 증거로 할 수 있다.

(2) 검사, 사법경찰관의 수사과정에서 작성한 참고인진술서

① **절차 및 방식의 적법성**

검사, 사법경찰관의 수사과정에서 작성한 참고인진술서는 적법한 절차와 방식에 의하여 작성된 것이어야 한다.

② 진정성립

　　검사 또는 사법경찰관 앞에서 진술한 내용과 동일하게 기재되어 있음이 원진술자의 진술이나 영상녹화물 기타 객관적인 방법에 의하여 증명되어야 한다.

③ 반대신문권 보장

　　피고인 또는 변호인이 공판준비 또는 공판기일에 그 기재내용에 관하여 원진술자를 신문할 수 있어야 한다.

④ 특신상태

　　참고인진술서에 기재된 진술이 특히 신빙할 수 있는 상태에서 행하여졌음이 증명되어야 한다.

VI. 수사기관의 검증조서(제312조 제6항)

> 제312조 ⑥ 검사 또는 사법경찰관이 검증의 결과를 기재한 조서는 적법한 절차와 방식에 따라 작성된 것으로서 공판준비 또는 공판기일에서의 작성자의 진술에 따라 그 성립의 진정함이 증명된 때에는 증거로 할 수 있다. [21·18 경찰승진, 18 경찰채용]

1. 의 의

① 검증조서란 수사기관이 검증을 실시하고 그 결과를 기재한 조서를 말한다.

② 검증조서에는 수사기관이 영장에 의한 검증(제215조)과 영장에 의하지 아니하는 강제처분으로서의 검증(제216조, 제217조), 승낙에 의한 검증 등의 결과를 기재한 조서가 포함한다.

③ 당해 사건 이외에 다른 사건의 검증조서도 포함된다.

판례	① (수사보고서에 기재된 검증결과) 사법경찰관이 수사의 경위 및 결과를 내부적으로 보고하기 위하여 수사보고서를 작성하면서 그 **수사보고서에 검증의 결과와 관련한 기재를 하였더라도 그 수사보고서**를 두고 「형사소송법」 제312조 제6항이 규정하고 있는 '검사 또는 사법경찰관이 검증의 결과를 기재한 조서'라고 할 수는 없다(대판 2001.5.29, 2000도2933) [21 해경채용, 19 경간, 16 경찰채용]

2. 증거능력 인정요건

(1) 절차와 방식의 적법성
① 검사 또는 사법경찰관이 작성한 검증조서는 적법한 절차와 방식에 따라 작성된 것이어야 한다(제312조 제6항).

(2) 진정성립
① 공판준비 또는 공판기일에서의 작성자의 진술에 따라 그 성립의 진정함이 증명되어야 한다(제312조 제6항).
② 검증조서의 작성자는 검증의 주체인 검사 또는 사법경찰관을 말한다.

3. 관련 문제

(1) 검증조서에 첨부된 사진·도화의 증거능력

검증조서에 첨부된 사진·도화는 검증조서와 일체를 이루는 것이므로 검증조서의 증거능력이 인정되면 당연히 증거능력이 인정된다. 하지만 검증 현장에서의 범행재연은 자백에 해당하므로 그 범행재연사진에 대해서는 검증의 주체가 수사기관인 경우에는 제312조 제1항 또는 제3항을 적용해야 한다.

판례	① 사법경찰관이 작성한 검증조서에 피의자이던 피고인이 검사 이외의 수사기관 앞에서 자백한 범행내용을 현장에 따라 진술·재연한 내용이 기재되고 그 재연 과정을 촬영한 사진이 첨부되어 있다면, 그러한 사진은 피고인이 공판정에서 그 진술내용 및 범행재연의 상황을 모두 부인하는 이상 증거능력이 없다 (대판 2006.1.13, 2003도6548) ※ 사법경찰관 작성의 검증조서 중 피고인의 진술기재 부분과 범행재연의 사진부분에 대하여 판례는 제312조를 적용하여 사법경찰관 작성의 피의자신문조서와 동일하게 내용인정을 해야만 증거능력이 있다고 보았다. [21·20·18 변호사시험, 19·17 경찰채용]

(2) 검증조서에 기재된 진술의 증거능력

판례	① 사법경찰관 작성의 검증조서에 대하여 피고인이 증거로 함에 동의하였을 뿐 공판정에서 검증조서에 기재된 '진술내용 및 범행을 재연한 부분'에 대하여 피고인이 그 성립의 진정 및 내용을 인정한 흔적을 찾아 볼 수 없고 오히려 이를 부인하고 있는 경우에는 그 증거능력을 인정할 수 없다(대판 1998.3.13, 98도159) ※ 사법경찰관 작성의 검증조서 중 피고인의 진술기재 부분과 범행재연의 사진부분에 대하여 판례는 제312조를 적용하여 사법경찰관 작성의 피의자신문조서와 동일하게 내용인정을 해야만 증거능력이 있다고 보았다. [21 변호사시험, 21 법학특채]

(3) 실황조사서의 증거능력

① 실황조사서란 수사기관이 임의수사의 한 방식으로 교통사고, 화재사고 등 사고현장의 상황을 조사하고 그 결과를 기재한 서면을 말한다.

② 실황조사서의 원작성자의 공판기일에서의 진술에 의하여 그 성립의 진정이 인정될 경우에는 증거능력을 인정한 판례(대판 1982.9.14, 82도1504)도 있고, 긴급검증시 작성된 실황조사서는 사후 영장을 발부받지 않은 한 유죄의 증거로 삼을 수 없다고 한 판례(대판 1989.3.14, 88도1399)도 있다.

판례	① 사법경찰관사무취급이 작성한 실황조서가 사고발생 직후 사고장소에서 긴급을 요하여 판사의 영장없이 시행된 것으로서 형사소송법 제216조 제3항에 의한 검증에 따라 작성된 것이라면 사후영장을 받지 않는 한 유죄의 증거로 삼을 수 없다(대판 1989.3.14, 88도1399) [18 경찰채용]

③ 실황조사서에 기재된 진술이나 첨부된 사진·도화의 증거능력은 검증조서와 동일하게 판단한다.

판례	① 사법경찰관이 작성한 실황조사서에 피의자이던 피고인이 사법경찰관의 면전에서 자백한 범행내용을 현장에 따라 진술, 재연하고 사법경찰관이 그 진술, 재연의 상황을 기재하거나 이를 사진으로 촬영한 것 외에 별다른 기재가 없는 경우에 있어서 피고인이 공판정에서 실황조사서에 기재된 진술내용 및 범행재연의 상황을 모두 부인하고 있다면 그 실황조사서는 증거능력이 없다(대판 1984.5.29, 84도378) ※ 사법경찰관이 작성한 실황조사서에 기재된 피의자의 진술의 증거능력에 대해서는 피의자신문조서에 관한 형사소송법 제312조 제3항이 적용된다.

Ⅶ. 감정서

> 제313조 ③ 감정의 경과와 결과를 기재한 서류도 제1항 및 제2항과 같다.

1. 의 의
① 감정서란 감정의 경과와 결과를 기재한 서면을 말한다.
② 감정은 법원의 명령에 의한 감정(제171조)와 수사기관의 촉탁에 의한 경우(제221조의3)이 있다.
③ 사인이 의뢰하여 의사가 작성한 진단서는 감성서가 아니라 제313조 제1항 및 제2항에 해당하는 진술서로 본다.

2. 증거능력 인정요건
(1) 진정성립
감정서는 진술서에 준하여 증거능력이 인정된다. 즉, 감정인의 자필이거나 그 서명 또는 날인이 있고, 공판준비가 공판기일에서의 그 감정인의 진술에 의하여 그 성립의 진정함이 증명되어야 한다.

판례	① 감정서에는 감정인의 기명날인이 있고, 감정인이 공판기일에서 작성명의가 진정하고 감정인의 관찰대로 기술되었다고 진술함으로써 그 성립의 진정함이 증명되었다 할 것이므로 증거능력이 인정된다(대판 2011.5.26, 2011도1902)

3. 제314조의 적용
감정인이 사망·질병·외국거주·소재불명 그 밖에 이에 준하는 사유로 인하여 진술할 수 없고 특히 신빙할 수 있는 상태하에서 행하여졌음이 증명된 때에는 그 조서 및 그 밖의 서류를 증거로 할 수 있다(제314조).

Ⅷ. 제314조의 적용(증거능력에 대한 예외)

> 제314조(증거능력에 대한 예외) 제312조 또는 제313조의 경우에 공판준비 또는 공판기일에 진술을 요하는 자가 사망·질병·외국거주·소재불명 그 밖에 이에 준하는 사유로 인하여 진술할 수 없는 때에는 그 조서 및 그 밖의 서류(피고인 또는 피고인 아닌 자가 작성하였거나 진술한 내용이 포함된 문자·사진·영상 등의 정보로서 컴퓨터용디스크, 그 밖에 이와 비슷한 정보저장매체에 저장된 것을 포함한다)를 증거로 할 수 있다. 다만, 그 진술 또는 작성이 특히 신빙할 수 있는 상태하에서 행하여졌음이 증명된 때에 한한다.

1. 제314조의 의의

① 제312조 또는 제313조에 규정된 조서 및 그 밖의 서류(피고인 또는 피고인 아닌 자가 작성하였거나 진술한 내용이 포함된 문자·사진·영상 등의 정보로서 컴퓨터용디스크, 그 밖에 이와 비슷한 정보저장매체에 저장된 것을 포함한다)가 원진술자의 사망·질병·외국거주·소재불명 그 밖에 이에 준하는 사유로 인하여 진술할 수 없는 때에는 특히 신빙할 수 있는 상태하에서 있는 경우에는 증거능력의 요건에 해당하지 않더라도 예외적으로 증거능력을 인정하여 확실한 범인을 처벌할 수 있도록 고려한 것이다.

2. 제314조의 적용범위

(1) 진술서 등

① 진술조서, 진술서, 검증조서, 감정서 등의 경우에는 제314조가 적용된다.
② 외국 수사기관이 작성한 조서나 문서도 제314조가 적용된다.

판례	① [1] 외국의 권한 있는 수사기관 등이 작성한 조서나 서류도 제314조 소정의 요건을 모두 갖춘 것이라면 이를 유죄의 증거로 삼을 수 있다 [2] 우리나라 법원의 형사사법공조 요청에 따라 미합중국 법원이 지명한 미합중국 검사가 작성한 피해자 및 공범에 대한 증언녹취서는 형사소송법 제312조 또는 제313조에 해당하는 조서 또는 서류로서, 원진술자가 공판기일에서 진술할 수 없는 때에는 형사소송법 제314조에 의하여 증거능력을 인정할 수 있다(대판 1997.7.25, 97도1351) [18 경간, 18 검찰7급, 13 해경채용, 13 법원9급]

(2) 검사 또는 사법경찰관 작성의 피의자신문조서

① 검사 또는 사법경찰관 작성의 피의자신문조서는 제314조가 적용되지 않는다. 따라서 제312조 제1항 또는 제3항에 의하여 증거능력을 인정받지 못한 검사 또는 사법경찰관 작성 피의자신문조서를 제314조에 의하여 증거능력을 인정할 수는 없다.
② 공범자에 대한 피의자신문조서는 제314조가 적용되지 않는다.

| 판례 | ① [1] 당해 피고인과 공범관계가 있는 다른 피의자에 대한 사법경찰관 작성 피의자신문조서에 대하여는 사망 등 사유로 인하여 법정에서 진술할 수 없는 때에는 형사소송법 제314조가 적용되지 아니한다.
[2] 甲과 乙이 공모하여 타인의 재물을 편취한 범죄사실로 기소된 사건에서, 甲은 법정에서 범행을 부인하고 乙은 경찰 수사 단계에서 범행을 자백하는 자술서를 작성·제출한 이후 사망하였다면, 乙의 자술서는 그 작성이 특히 신빙할 수 있는 상태 하에서 행하여졌음이 증명되었다 하더라도 甲에 대한 유죄 인정의 증거로 할 수 없다(대판 2004.7.15, 2003도7185 전원합의체) [20·14 경찰승진, 20·19 해경채용, 20 경간, 20 해경간부, 19·17 변호사시험, 18 경찰채용, 17 검찰7급 등] |

3. 제314조의 인정요건

(1) 필요성(원진술자가 사망·질병·외국거주·소재불명 기타의 사유로 원진술자의 진술불능)

원진술자가 사망·질병·외국거주·소재불명 그 밖에 이에 준하는 사유로 인하여 진술할 수 없어야 한다.

① **사망·질병**

  ㉠ 질병이란 치매, 식물인간 등 소환하더라도 기억력이나 분별력의 상실상태에 있어서 진술할 수 없는 정도로 중병을 요한다. 따라서 출산을 앞두고 있는 경우나 단순 입원한 경우에는 해당하지 않는다.

  ㉡ '질병'은 진술을 요할 자가 공판이 계속되는 동안 임상신문이나 출장신문도 불가능할 정도의 중병임을 요한다(대판 2006.5.25, 2004도3619)

제314조 해당 ○	① 증인으로 소환당할 당시부터 **노인성 치매로 인한 기억력 장애, 분별력 상실** 등으로 인하여 진술할 수 없는 상태하에 있는 경우(대판 1992.3.13, 91도2281) [17·16 해경채용, 16 경찰승진, 16 법원9급, 16·14 해경간부, 15 검찰9급] ② 진술을 요할 자가 **중풍·언어장애 등 3급 5호의 장애**로 인하여 법정에 출석할 수 없었고, 그 후 신병을 치료하기 위하여 속초로 간 후에는 그에 대한 소재탐지가 불가능하게 된 경우(대판 1999.5.14, 99도202) [17·16 경찰승진, 17 해경채용]
제314조 해당 ×	① 10세 남짓의 성추행 피해자인 진술자가 만 5세 무렵에 당한 성추행으로 인하여 **외상 후 스트레스 증후군**을 앓고 있다는 등의 이유로 공판정에 출석하지 아니한 경우(대판 2006.5.25, 2004도3619) [17·16 해경채용, 16 경찰승진, 16·14 해경간부] ② 원진술자가 공판기일에 증인으로 소환받고도 **출산을 앞두고 있다**는 이유로 출석하지 아니한 경우(대판 1999.4.23, 99도915) [15 경간, 15 검찰9급]

345

② **외국거주**

형사소송법 제314조의 '외국거주'는 진술을 하여야 할 사람이 외국에 있다는 사정만으로는 부족하고, 가능하고 상당한 수단을 다하더라도 그 사람을 법정에 출석하게 할 수 없는 사정이 있어야 예외적으로 그 요건이 충족될 수 있다(대판 2008.2.28, 2007도10004) [21·17 검찰9급, 16 법원9급]

제314조 해당 ○	①-㉠ 증인으로 채택되어 국내의 주소지 등으로 소환하였으나 소환장이 송달불능되었고 미국으로 출국하여 그곳에 거주하고 있음이 밝혀져 다시 미국 내 주소지로 증인소환증을 발송하자, 제1심법원에 경위서를 제출하면서 장기간 귀국할 수 없음을 통보한 경우(대판 2007.6.14, 2004도5561) [17 경찰승진, 15 검찰9급, 14 경찰채용]
	①-㉡ 증인으로 출석해야 할 자가 외국에 거주하면서 법원의 소환에 계속 불응하고, 구인장 집행도 불가능한 상태에 있는 등 가능하고 상당한 수단을 다하더라도 그 진술을 요할 자를 법정에 출석하게 할 수 없는 경우(대판 2007.6.14, 2004도5561) [15 검찰9급]
	② 진술을 요할 자가 일본으로 이주한 이래 전자우편에 의한 연락 이외에 그 주거지나 거소 등이 파악되지 않았고, 수사기관이 전자우편 주소로 증인 출석을 수차례 권유하였으나 자필진술서를 통하여 증언을 거부할 뜻을 명확히 표시한 경우(대판 2013.7.26, 2013도2511) [16 경찰승진]
	③ 이메일의 작성자인 乙은 프랑스에 거주하고 있고, 코리아연대의 총책으로 피고인 甲 등에 대한 공소사실 중 코리아연대 구성에 의한 국가보안법 위반 부분의 공동정범에 해당하기 때문에 법원으로부터 소환장을 송달받는다고 하더라도 법정에 증인으로 출석할 것을 기대하기 어려운 경우(대판 2016.10.13, 2016도8137)
	④ 진술을 요할 자가 차량공급업체 선정과 관련한 특가법위반(알선수재) 혐의로 수사를 받던 중 미국으로 불법도피하여 그 곳에 거주하고 있는 경우(대판 2002.3.26, 2001도5666)
제314조 해당 ×	① 증인으로 소환받은 자가 "현재 호주에 거주하고 있고, 비자 조건이 외국 또는 대한민국으로 방문을 하였을 시 3년간 호주 입국을 할 수 없는 임시체류 비자 'E'라는 조건으로 있어 증인으로 참석이 불가능하다"라는 이유로 불출석하자, 법원이 증인에 대하여 국제형사사법공조를 통한 증인소환이나 호주 법원에 대한 증인신문 요청 등의 조치를 전혀 시도해 보지 않고 증인채택을 취소한 경우(대판 2016.2.18, 2015도17115)

③ **소재불명**

㉠ '소재불명 그 밖에 이에 준하는 사유로 인하여 진술할 수 없는 때'라고 함은 소환장이 주소불명 등으로 송달불능이 되어 소재탐지촉탁까지 하여 소재수사를 하였는데도 그 소재를 확인할 수 없는 경우라야 이에 해당하고, 단지 소환장이 주소불명 등으로 송달불능되었다는 것만으로는 이에 해당한다고 보기에 부족하다(대판 2010.9.9, 2010도2602) [21·18 변호사시험]

㉡ 증인이 '소재불명이거나 그 밖에 이에 준하는 사유로 인하여 진술할 수 없는 때'에 해당한다고 인정할 수 있으려면 증인의 법정 출석을 위한 가능하고도 충분한 노력을 다하였음에도 불구하고 부득이 증인의 법정 출석이 불가능하게 되었다는 사정이 있어야 하며, 이는 검사가 증명하여야 한다(대판 2013.10.17, 2013도5001) [17 검찰9급]

제314조 해당 ○	① 진술을 요할 자가 일정한 주거를 가지고 있으면서도 법원의 소환에 계속 불응하고 구인하여도 구인장이 집행되지 않는 경우(대판 2000.6.9, 2000도1765) [16 법원9급, 13 경찰승진] ② 증인에 대한 소환장이 송달불능되어 수회에 걸쳐 그 소재탐지촉탁을 하였으나 그 소재를 알지 못하게 된 경우(대판 2004.3.11, 2003도171) ③ 법원이 증인으로 채택, 소환하였으나 계속 불출석하여 3회에 걸쳐 구인영장을 발부하였으나 가출하여 소재불명이라는 이유로 집행되지 않는 경우(대판 1986.2.5, 85도2788)
제314조 해당 ×	① 증인의 주소지가 아닌 곳으로 소환장을 보내 송달불능이 되자 그 곳을 중심한 소재탐지 끝에 소재불능회보를 받은 경우(대판 2006.12.22, 2006도7479) [18 경찰승진, 14 해경간부] ② 단지 소환장이 주소불명 등으로 송달불능되었다거나 소재탐지촉탁을 하였으나 그 회보가 오지 않은 경우(대판 1996.5.14, 96도575) [18 변호사시험] ③ 소재탐지촉탁 등으로 소재수사를 하지 않고 단순히 소환장이 주소불명으로 송달불능된 경우(대판 1985.2.26, 84도1697) ④ 경찰이 증인과 가족의 실거주지를 방문하지 않은 상태에서 전화상으로 '증인의 모(母)로부터 법정에 출석케 할 의사가 없다'는 취지의 진술을 들었다는 내용의 구인장 집행불능 보고서를 제출하고 있을 뿐이고, 검사가 증인의 법정 출석을 위하여 상당한 노력을 기울이지 않은 경우(대판 2007.1.11, 2006도7228) ⑤ 증인소환장이 송달되지 아니함에 따라 검사의 주소보정, 소재탐지촉탁 등을 거쳤으나, 검사가 직접 또는 경찰을 통하여 수사기록에 기재된 증인의 휴대전화번호들로 연락하여 법정 출석의사가 있는지를 확인하는 등의 방법으로 증인의 법정 출석을 위하여 상당한 노력을 기울였다는 자료

가 보이지 않은 경우(대판 2013.10.17, 2013도5001)

⑥ 피해자 등을 증인으로 채택하여 수회에 걸쳐 증인소환장의 송달을 실시하였으나 송달이 되지 아니하자, 증인에 대한 소재탐지촉탁을 하는 등 소재수사를 한 바 없이 증인 채택을 취소한 경우(대판 2010.9.9, 2010도2602)

⑦ 소환장이 송달불능된 자에 대하여는 소재탐사도 한 바 없이 또 소환을 받고도 2회나 출석하지 아니한 자에 대하여는 구인신청도 하지 아니한 채 검사가 도리어 양자의 소환신청을 철회한 경우(대판 1969.5.13, 69도364)

④ 그 밖에 이에 준하는 사유

㉠ 제314조의 '기타 사유'는 사망 또는 질병에 준하여 증인으로 소환될 당시부터 기억력이나 분별력의 상실 상태에 있다거나, 증인소환장을 송달받고 출석하지 아니하여 구인을 명하였으나 끝내 구인의 집행이 되지 아니하는 등으로 진술을 요할 자가 공판준비 또는 공판기일에 진술할 수 없는 예외적인 사유가 있어야 한다(대판 2006.5.25, 2004도3619)

| 제314조 해당 ○ | ① 수사기관에서 진술한 피해자인 유아(사건 당시 4세 6개월, 증언 당시 6세 11개월)가 공판정에서 진술을 하였으나 증인신문 당시 대부분의 사항에 관하여 기억이 나지 않는다는 취지로 진술하여 수사기관에서 행한 진술이 재현 불가능하게 된 경우(대판 2006.4.14, 2005도9561) [21 법학특채, 18·17·13 경찰승진, 17 검찰9급, 16 해경채용, 16·14 해경간부, 14 변호사시험]
② 일본에 거주하는 사람을 증인으로 채택하여 환문코자 하였으나 외무부로부터 현재 일본측에서 형사사건에 대하여는 양국 형법체계상의 상이함을 이유로 송달에 응하지 않고 있어 그 송달이 불가능하다는 취지의 회신을 받고 증인을 취소한 경우(대판 1987.9.8, 87도1446) [16 해경간부, 13 경찰승진] |

㉡ 원진술자가 증언거부권을 행사한 경우에는 제314조의 '그 밖에 이에 준하는 사유로 인하여 진술할 수 없는 때'에 해당하지 않는다(판례)

| 판례 | ①-㉠ (증인이 정당하게 증언거부권을 행사한 경우) 법정에 출석한 증인이 증언거부권을 행사하여 증언을 거부한 경우는 형사소송법 제314조의 '그 밖에 이에 준하는 사유로 인하여 진술할 수 없는 때'에 해당하지 아니한다(대판 2012.5.17, 2009도6788 전원합의체) [20·19·16·15·14 변호사시험, 20 경간, 19·17·13 경찰승진, 18 경찰채용, 17·15 검찰9급, 17·16·15·14 법원9급 등]
①-㉡ 피고인이 증거서류의 진정성립을 묻는 검사의 질문에 대하여 진술거부권을 행사하여 진술을 거부한 경우는 「형사소송법」 제314조의 '그 밖에 이에 준하는 사유로 인하여 진술할 수 없는 때'에 해당하지 아니 |

한다(대판 2013.6.13, 2012도16001) [19·14 변호사시험, 19 검찰9급, 19·13 해경채용, 16 법원9급, 15 검찰7급 등]

② (증인이 정당한 이유 없이 증언을 거부한 경우) [1] 수사기관에서 진술한 참고인이 법정에서 증언을 거부하여 피고인이 반대신문을 하지 못한 경우에는 증인이 정당하게 증언거부권을 행사한 것이 아니라 하더라도 형사소송법 제314조의 '그 밖에 이에 준하는 사유로 인하여 진술할 수 없는 때'에 해당하지 아니한다.
[2] 수사기관에서 진술한 참고인이 법정에서 증언을 거부하여 피고인이 반대신문을 하지 못한 경우, 정당하게 증언거부권을 행사한 것이 아니라도 피고인이 증인의 증언거부 상황을 초래하였다는 등의 특별한 사정이 없는 한 형사소송법 제314조의 '그 밖에 이에 준하는 사유로 인하여 진술할 수 없는 때'에 해당하지 않으므로 수사기관에서 그 증인의 진술을 기재한 서류는 증거능력이 없다(대판 2019.11.21, 2018도13945 전원합의체) [21 경찰채용, 21 법원9급, 21 법학특채, 20 검찰7급]

(2) 특신상태

① 진술조서의 진술 또는 작성이 특히 신빙할 수 있는 상태하에서 행하여졌음이 증명되어야 한다(제314조)

판례

① 형사소송법 제314조 단서에 규정된 '그 작성이 특히 신빙할 수 있는 상태에서 행하여졌음이 증명된 때'는 **그 서류의 작성에 허위 개입의 여지가 거의 없고, 신빙성이나 임의성을 담보할 구체적이고 외부적인 정황이 증명된 때를 의미한다**(대판 2016.10.13, 2016도8137) [20 경간, 19·18 검찰9급, 18 경찰채용]

② 법원이 형사소송법 제314조에 따라 증거능력을 인정하기 위하여는 단순히 그 진술이나 조서의 작성과정에 뚜렷한 절차적 위법이 보이지 않는다거나 진술의 임의성을 의심할 만한 구체적 사정이 없다는 것만으로는 부족하고, 이를 넘어 법정에서의 반대신문 등을 통한 검증을 굳이 거치지 않더라도 **진술의 신빙성과 임의성을 충분히 담보할 수 있는 구체적이고 외부적인 정황이 있어 그에 기초하여 법원이 유죄의 심증을 형성하더라도** 증거재판주의의 원칙에 어긋나지 않는다고 평가할 수 있는 정도에 이르러야 한다(대판 2014.8.26, 2011도6035) [19 검찰7급, 18 검찰9급, 17 법원9급]

③ 형사소송법 제314조에서의 '진술 또는 작성이 특히 신빙할 수 있는 상태하에서 행하여졌음에 대한 증명'은 단지 그러한 개연성이 있다는 정도로는 부족하고, **합리적인 의심의 여지를 배제할 정도에 이르러야 한다**(대판 2014.4.30, 2012도725) [20 경찰채용, 19 경간, 19 검찰9급, 19 검찰7급, 17 법원9급]

IX. 당연히 증거능력이 있는 서류(제315조)

> 제315조(당연히 증거능력이 있는 서류) 다음에 게기한 서류는 증거로 할 수 있다.
> 1. 가족관계기록사항에 관한 증명서, 공정증서등본 기타 공무원 또는 외국공무원의 직무상 증명할 수 있는 사항에 관하여 작성한 문서
> 2. 상업장부, 항해일지 기타 업무상 필요로 작성한 통상문서
> 3. 기타 특히 신용할 만한 정황에 의하여 작성된 문서

1. 의 의

제315조에 규정된 서류는 전문증거인 진술서의 일종이지만 특히 신용성이 높고 그 작성자인 공무원이나 업무자를 증인으로 신문하는 것이 부적당하거나 실익이 없기 때문에 당연히 증거능력을 인정하는 것이다. 즉, 성립의 진정이 추정되는 경우라고 할 수 있다.

2. 종 류

(1) 공무원 작성문서(공무원이 직무상 증명할 수 있는 사항에 관하여 작성한 문서)

① '가족관계기록사항에 관한 증명서, 공정증서등본 기타 공무원 또는 외국공무원의 직무상 증명할 수 있는 사항에 관하여 작성한 문서'는 당연히 증거능력이 있다(제315조 제1호). [15 경찰승진]

② 수사기관(수사공무원)이 직무상 작성한 문서는 적용되지 아니한다(이는 제312조 제1항, 제3항이 적용된다)

　㉠ '검사의 공소장'은 법원에 대하여 형사재판을 청구하는 서류로서 그 기재내용이 실체적 사실인정의 증거자료가 될 수는 없다(대판 1978.5.23, 78도575)

　㉡ 수사기관의 내부보고서는 제315조의 적용대상이 되지 아니한다(대판 2001.5.29, 2000도2933)

[제315조 제1호의 공무원 작성문서 해당 여부]

해당 O	① 일본 세관공무원 작성의 필로폰에 대한 범칙물건감정서등본과 분석 회답서등본(대판 1984.2.28, 83도3145) [19·16 경찰승진, 17 해경간부, 15 경찰채용, 14 검찰9급]
	② 특별한 자격이 없이 범칙물자에 대한 시가감정업무에 4~5년 종사해 온 세관공무원이 세관에 비치된 기준과 수입신고서에 기재된 가격을 참작하여 작성한 감정서(대판 1985.4.9, 85도225) [20 검찰7급, 18 법원9급]
	③ (국립과학수사연구소장이 작성한 감정의뢰회보서) 국립과학수사연구소장 작성의 감정의뢰 회보서는 공무원인 위 연구소장이 직무상 증명할 수 있는 사항에 관하여 작성한 문서라고 할 것이므로 당연히 증거능력 있는 서류라고 할 것이다(대판 1982.9.14, 82도1504) [15·13 경찰채용]

	④ (군의관이 작성한 진단서) 군의관이 작성한 진단서는 공무원이 직무상 증명할 수 있는 사항에 관하여 작성한 문서이므로 그 증거조사를 거친 이상 당연히 증거능력이 있다(대판 1972.6.13, 72도922) [14 경찰승진] [비교판례] 육군과학수사연구소 실험분석관이 작성한 감정서는 제315조가 적용되지 않는다(대판 1976.10.12, 76도2960) [16 경찰승진, 15 경찰채용] ⑤ 가족관계기록사항에 관한 증명서 [15·14 경찰승진] ⑥ 인감증명 [19 경간] ⑦ 전과조회보 [19 경간] ⑧ 공정증서등본 ⑨ 등기부등본 ⑩ 신원증명서 ⑪ 주민등록등본 ⑫ 보건복지부장관의 마약인 메사돈에 대한 시가조사보고서(대판 1967.6.13, 67도544)
해당 ×	① (외국 수사기관[FBI]이 작성한 수사보고서) [1] 외국의 권한 있는 수사기관이 작성한 수사보고서 및 피고인이 그 과정에서 작성하여 제출한 진술서는 피고인이 그 내용을 부인하면 증거로 사용할 수 없다. [2] 미국 연방수사국(FBI)의 수사관이 작성한 수사보고서는 형사소송법 제312조 제3항에 의하여 피고인 또는 변호인이 내용을 인정할 때에 한하여 증거능력이 인정된다(대판 2006.1.13, 2003도6548) ※ 외국 수사기관이 작성한 수사보고서는 제312조 제3항에 의해 증거능력이 인정되고, 제315조가 적용되지는 않는다. [19·16 경찰승진, 17·13 경찰채용, 15 해경간부, 13 검찰7급]

(2) 업무상 통상문서(업무상 필요로 작성한 통상문서)

① '상업장부, 항해일지 기타 업무상 필요로 작성한 통상문서'는 당연히 증거능력이 있다(제315조 제2호)

판례	① [1] 작성자가 자기에게 맡겨진 사무를 처리한 내역을 그때그때 계속적·기계적으로 기재하여 저장해 놓은 문서로서 업무상 필요로 작성한 통상문서에 해당하면 증거능력이 인정된다. [2] 상업장부나 항해일지, 진료일지 또는 이와 유사한 금전출납부 등과 같이 범죄사실의 인정여부와는 관계없이 자기에게 맡겨진 사무를 처리한 내역을 그때그때 계속적, 기계적으로 기재한 문서는 사무처리 내역을 증명하기 위하여 존재하는 문서로서 형사소송법 제315조 제2호에 의하여 당연히 증거능력이 인정된다(대판 2017.12.5, 2017도12671) [19 변호사시험, 19·16 검찰9급, 18 경찰승진, 16 경찰채용]

[제315조 제2호의 업무상 통상문서 해당 여부]

해당 ○	① (성매매업소 업주가 성매매를 전후하여 영업상 참고하기 위해 고객정보를 입력한 메모리카드에 기재된 내용) 성매매업소에 고용된 여성들이 성매매를 업으로 하면서 영업에 참고하기 위하여 성매매 상대방의 아이디와 전화번호 및 성매매방법 등을 입력한 메모리카드의 내용은 형사소송법 제315조 제2호의 '영업상 필요로 작성한 통상문서'로서 당연히 증거능력 있는 문서에 해당한다(대판 2007.7.26, 2007도3219) [20·14 검찰9급, 19·15·14·13 경찰승진, 18 법원9급, 17·15·13 경찰채용, 17 해경간부, 15 검찰7급 등] ② 금전출납부(대판 2017.12.5, 2017도12671)
해당 ×	① (사인인 의사가 작성한 진단서) 사인인 의사가 작성한 진단서는 제315조 제2호의 당연히 증거능력이 있는 서류로는 볼 수 없다(대판 1969.3.31, 69도179) ※ 의사가 작성한 진단서는 형사소송법 제315조 아니라 형사소송법 제313조 제1항이 적용되어 성립의 진정함이 증명되어야 증거능력이 인정된다. [20 해경채용, 18·16 검찰9급, 13 경간]

(3) 특신문서(기타 특히 신용할 만한 정황에 의하여 작성된 문서)

① '기타 특히 신용할 만한 정황에 의하여 작성된 문서'는 당연히 증거능력이 있다 (제315조 제3호)

② 형사소송법 제315조 제3호에서 규정한 '기타 특히 신용할 만한 정황에 의하여 작성된 문서'는 굳이 반대신문의 기회 부여 여부가 문제되지 않을 정도로 고도의 신용성의 정황적 보장이 있는 문서를 의미한다(대판 2015.7.16, 2015도2625 전원합의체) [20 검찰7급]

[제315조 제3호의 특신문서 해당 여부]

해당 ○	① 피고인에 대한 당해 사건이 아닌 다른 사건의 공판조서는 기타 특히 신용할 만한 정황에 의하여 작성된 문서로 형사소송법 제315조 제3호의 당연히 증거능력이 있는 서류에 해당하여 그 증거능력이 인정된다(대판 2005.1.14, 2004도6646) [21·20·16·14 변호사시험, 19 경찰승진, 17 법원9급, 17 해경간부, 14 검찰9급] ② (구속적부심사절차에서 피의자를 심문하고 그 진술을 기재한 구속적부심문조서 ⇒ 제315조 해당 ○ / 제311조 해당 ×) 구속적부심문조서는 형사소송법 제311조가 규정한 문서에는 해당하지 않는다 할 것이나, 특히 신용할 만한 정황에 의하여 작성된 문서라고 할 것이므로 특별한 사정이 없는 한 형사소송법 제315조 제3호에 의하여 당연히 그 증거능력이 인정된다(대판 2004.1.16, 2003도5693) ※ 구속적부심문조서는 제311조에 따라 증거능력이 인정되는 것이 아니라 제315조에 의하여 증거능력이 인정된다. [21 변호사시험, 21 법학특채, 20·17 경간, 20·19·15 경찰승진, 19·18·17·14 경찰채용, 19·14 검찰9급, 19 해경채용, 18 법원9급, 17·13 해경간부]

③ (사법경찰관 작성의 수사보고서) 검찰에서 피고인이 소지·탐독을 인정한 유인물에 대하여, 사법경찰관이 그 내용을 분석하고 이를 기계적으로 복사하여 그 말미에 그대로 첨부하여 작성한 수사보고서는 형사소송법 제315조 제3호 소정의 문서로써 당연히 증거능력이 인정된다(대판 1992.8.14, 92도1211) [20 검찰9급, 19 경간]

④ 군법회의 판결문 사본(대판 1981.11.24, 81도2591) [13 경간]

⑤ 민사판결문 사본

| 해당 × |

① 보험사기 사건에서 건강보험심사평가원이 수사기관의 의뢰에 따라 그 보내온 자료를 토대로 입원진료의 적정성에 대한 의견을 제시하는 내용의 '건강보험심사평가원의 입원진료 적정성 여부 등 검토의뢰에 대한 회신'은 형사소송법 제315조 제3호의 '기타 특히 신용할 만한 정황에 의하여 작성된 문서'에 해당하지 않는다(대판 2017.12.5, 2017도12671) [20 변호사시험, 19 경간, 20 검찰7급, 20 검찰9급, 19 경찰승진, 19 경찰채용, 18 법원9급]

② 대한민국 주중국 대사관 영사가 공무수행과정에서 작성하였지만 **공적인 증명보다는 상급자에 대한 보고를 목적으로 작성한 사실확인서**(공인 부분은 제외)는 「형사소송법」 제315조 제3호의 '기타 특히 신용할 만한 정황에 의하여 작성된 문서'에 해당하지 않는다(대판 2007.12.13, 2007도7257) [21 변호사시험, 20 검찰9급]

③ **유치장 근무자가 작성한 체포·구속인접견부**는 유치된 피의자가 죄증을 인멸하거나 도주를 기도하는 등 유치장의 안전과 질서를 위태롭게 하는 것을 방지하기 위한 목적으로 작성되는 서류일 뿐이므로, 형사소송법 제315조 제2호, 제3호에 규정된 당연히 증거능력이 있는 서류로 볼 수는 없다(대판 2012.10.25, 2011도5459) [19 검찰7급, 16 검찰9급]

④ 주민들의 진정서 사본은 피고인이 증거로 함에 동의하지 않고 기록상 원본의 존재나 그 진정성립을 인정할 아무런 자료도 없을 뿐 아니라 형사소송법 제315조 제3호의 규정사유도 없으므로 이를 증거로 할 수 없다(대판 1983.12.13, 83도2613)

⑤ 청와대 경제수석비서관이 사무처리의 편의를 위하여 자신이 경험한 사실 등을 기재한 업무수첩(대판 2019.8.29, 2018도14303 전원합의체) ※ 업무수첩은 사무처리의 편의를 위하여 자신이 경험한 사실 등을 기재해 놓은 것에 지나지 않는다. 이것은 '굳이 반대신문의 기회 부여가 문제 되지 않을 정도로 고도의 신용성에 관한 정황적 보장이 있는 문서'라고 보기 어려우므로, 형사소송법 제315조 제3호의 '기타 특히 신용할 만한 정황에 의하여 작성된 문서'에 해당하지 않는다.

⑥ 국정원 심리전단 직원이 국정원장의 지시에 따라 활동해야 할 주제와 구체적 활동 지침에 해당하는 이슈와 논지 등이 있는 '425지논 파일'과 269개 트위터 계정을 포함하고 있는 심리전단 직원별 트위터 계정 정보 등이 있는 '시큐리티 파일'(대판 2015.7.16, 2015도2625 전원합의체)

X. 전문진술(제316조)

> 제316조(전문의 진술)
> ① 피고인이 아닌 자(공소제기 전에 피고인을 피의자로 조사하였거나 그 조사에 참여하였던 자를 포함한다. 이하 이 조에서 같다)의 공판준비 또는 공판기일에서의 진술이 피고인의 진술을 그 내용으로 하는 것인 때에는 그 진술이 특히 신빙할 수 있는 상태하에서 행하여졌음이 증명된 때에 한하여 이를 증거로 할 수 있다.
> ② 피고인 아닌 자의 공판준비 또는 공판기일에서의 진술이 피고인 아닌 타인의 진술을 그 내용으로 하는 것인 때에는 원진술자가 사망, 질병, 외국거주, 소재불명 그 밖에 이에 준하는 사유로 인하여 진술할 수 없고, 그 진술이 특히 신빙할 수 있는 상태하에서 행하여졌음이 증명된 때에 한하여 이를 증거로 할 수 있다

1. 의 의

① 전문진술이란 경험사실을 들은 타인이 전문한 사실을 법원에서 진술하는 것을 말한다.
② 전문법칙은 전문진술의 증거능력을 인정하지 않는 것이 원칙이지만, 형사소송법 제316조는 이에 대한 예외를 인정하고 있다.

2. 피고인의 진술을 내용으로 하는 제3자의 진술(제316조 제1항)

(1) 의 의

① 피고인이 아닌 자(공소제기 전에 피고인을 피의자로 조사하였거나 그 조사에 참여하였던 자를 포함한다)의 공판준비 또는 공판기일에서의 진술이 피고인의 진술을 그 내용으로 하는 것인 때에는 그 진술이 특히 신빙할 수 있는 상태하에서 행하여졌음이 증명된 때에 한하여 이를 증거로 할 수 있다(제316조 제1항) [21·20·19 변호사시험, 20 경찰승진]

예) 증인 甲이 법정에서 「저(甲)는 피고인 乙과 2020년 7월 10일에 술을 마셨는데, 그때 피고인 乙이 '내가(乙)이 2020년 3월 5일에 A를 살해하여 암매장하였다'고 말하였습니다. 살해 방법 등에 대해서는 어떻게 어떻게 했다고 상세히 말하였다」고 진술한 경우, 피고인 乙의 진술이 특신상태에서 행하여진 것이라면 증인 甲의 진술은 증거능력이 인정된다.

(2) 적용범위

① **증언의 주체(피고인 아닌 자)**
  ㉠ 전문진술의 주체인 '피고인 아닌 자'는 피고인 이외의 자로서, 제3자는 물론 공동피고인이나 공범자도 포함한다.
  ㉡ 공소제기 전에 피고인을 피의자로 조사하였거나 그 조사에 참여하였던 자를 포함한다(제316조 제1항).
    ⓐ 피고인을 피의자로 조사하였던 자는 공판기일에서 피고인의 진술을 그 내용으로 하는 진술을 할 수 있고 피고인의 원진술이 특히 신빙할 수 있는 상태하에서

행하여졌음이 증명된 경우에는 증거능력이 있다. [21 변호사시험, 20 경찰승진, 15 해경채용]

ⓑ 공소제기 전에 피고인을 피의자로 조사하였던 검사의 법정 증언이 피고인의 진술을 그 내용으로 하는 것일 때에는 그 진술이 특히 신빙할 수 있는 상태하에서 행하여졌음이 증명된 때에 한하여 이를 증거로 할 수 있다. [19 법학특채, 18·14·13 경찰채용, 13 검찰9급]

② **원진술의 주체(피고인의 진술)**

㉠ 피고인 아닌 자의 전문진술은 '피고인의 진술'을 내용으로 하는 것이어야 한다. 여기서 피고인은 당해 피고인만을 의미하므로, 공동피고인이나 공범자는 제316조 제1항의 피고인에 해당하지 않고 제316조 제2항의 피고인 아닌 자에 해당한다.

㉡ 피고인의 진술은 반드시 피고인의 지위에서 행하여진 것일 필요는 없다. 따라서 피의자, 참고인 기타의 지위에서 행하여진 것도 포함한다.

(3) 증거능력 인정요건

① **특신상태** : 원진술자인 그 피고인의 진술이 특히 신빙할 수 있는 상태하에서 행하여졌음이 증명되어야 한다(제316조 제1항)

판례	① 형사소송법 제316조 제1항의 규정된 '그 진술이 특히 신빙할 수 있는 상태하에서 행하여진 때'라 함은 그 진술을 하였다는 것에 허위 개입의 여지가 거의 없고, 그 진술 내용의 신빙성이나 임의성을 담보할 구체적이고 외부적인 정황이 있는 경우를 가리킨다(대판 2012.5.24, 2010도5948) [21·18 검찰9급, 18·14 해경간부, 17·14 경찰승진, 17 경간, 15 경찰채용]

3. 피고인 아닌 자의 진술을 내용으로 하는 제3자의 진술(제316조 제2항)

(1) 의 의

① 피고인 아닌 자의 공판준비 또는 공판기일에서의 진술이 피고인 아닌 타인의 진술을 그 내용으로 하는 것인 때에는 원진술자가 사망, 질병, 외국거주, 소재불명 그 밖에 이에 준하는 사유로 인하여 진술할 수 없고, 그 진술이 특히 신빙할 수 있는 상태하에서 행하여졌음이 증명된 때에 한하여 이를 증거로 할 수 있다(제316조 제2항) [18 경찰승진]

(2) 적용범위

① **증언의 주체(피고인 아닌 자)**

전문진술의 주체인 '피고인 아닌 자'는 제316조 제1항의 경우와 동일하다.

판례	① 형사소송법 제316조 제2항에서 말하는 '피고인 아닌 자'라고 함은 제3자는 말할 것도 없고 공동피고인이나 공범자를 모두 포함한다(대판 2000.12.27, 99도5679) [20 변호사시험, 20·14 경찰승진, 15 경찰채용, 15 경간, 14 해경간부]

② **원진술의 주체(피고인 아닌 자의 진술)**

원진술자인 피고인 아닌 자는 제3자는 물론 공범자와 공동피고인도 포함한다.

판례	① 전문의 진술을 증거로 함에 있어서는 전문진술자가 원진술자로부터 진술을 들을 당시 원진술자가 증언능력에 준하는 능력을 갖춘 상태에 있어야 한다 (대판 2006.4.14, 2005도9561) [20·18·17·13 경찰승진, 18·14 해경간부, 17 경간, 15 경찰채용]

(3) 증거능력 인정요건

① 제314조와 동일하다(원진술자의 진술불능[필요성] + 특신상태)
② 즉, 원진술자가 사망, 질병, 외국거주, 소재불명 그 밖에 이에 준하는 사유로 인하여 진술할 수 없고, 그 진술이 특히 신빙할 수 있는 상태하에서 행하여졌음이 증명된 때에 한하여 이를 증거로 할 수 있다(제316조 제2항)

판례	① 형사소송법 제314조의 '특히 신빙할 수 있는 상태하에서 행하여졌음에 대한 증명'은 단지 그러할 개연성이 있다는 정도로는 부족하고 합리적인 의심의 여지를 배제할 정도에 이르러야 하고, 이러한 법리는 원진술자의 소재불명 등을 전제로 하고 있는 형사소송법 제316조 제2항의 '특신상태'에 관한 해석에도 그대로 적용된다(대판 2014.4.30, 2012도725) [18 검찰9급]

[제316조 제2항 적용 여부]

적용 ○	① 증인 A가 'B도 저와 똑같은 방법으로 금품을 강취당하고 강간을 당하였다고 하더라'라고 증언한 경우, B가 소재불명으로 인하여 진술할 수 없고 그 진술내용은 B가 범행을 당한 직후 같이 범행을 당한 A에게 한 그 범행 당한 경위와 내용에 관한 진술로서 특히 신빙할 수 있는 상태하에서 행하여진 것으로 인정되므로 A의 진술은 증거능력이 있다(대판 1981.7.7, 81도1282) ② 증인 등의 진술내용이 주한미국대사관 경비근무 중이었던 미군인의 진술을 전문한 것이라고 하더라도 동인이 한국근무를 마치고 귀국하여 진술할 수가 없고 또 그 진술이 동인작성의 근무일지 사본의 기재 등에 비추어 특히 신빙할 수 있는 상태하에서 행하여진 것으로 보고 이를 증거로 채택하였음에 잘못이 없다(대판 1976.10.12, 76도2781)

적용 ×	① **(원진술자가 부인 〉 조사한 경찰관의 법정진술)** [1] 원진술자가 법정에 출석하여 수사기관에서의 진술을 부인하는 취지로 증언을 한 이상 원진술자의 진술을 내용으로 하는 조사자의 증언은 증거능력이 없다. [2] 범죄현장을 목격한 자를 참고인으로 조사한 경찰관이 법정에서 "참고인이 범죄현장을 목격했다고 말했다"는 취지로 증언하더라도, **원진술자가 법정에 출석하여 그런 진술을 한 적이 없다고 부인한다면 경찰관의 법정 진술은 증거능력이 없다**(대판 2008.9.25, 2008도6985) [20·17 경찰승진, 18·15 해경간부, 17 경간, 13 검찰7급] ② 피해자가 제1심 법정에 출석하여 증언을 한 사건에 있어서는 원진술자인 피해자가 질병, 외국거주, 소재불명 그 밖에 이에 준하는 사유로 인하여 진술할 수 없는 때에 해당되지 아니하므로 피해자의 진술을 그 내용으로 하는 증인의 증언은 전문증거로서 증거능력이 없다(대판 2011.11.24, 2011도7173) ③ 원진술자가 제1심법원에 출석하여 진술을 하였다가 항소심에 이르러 진술할 수 없게 된 경우를 형사소송법 제316조 제2항에서 정한 '원진술자가 진술할 수 없는 경우'에 해당한다고는 할 수 없다(대판 2001.9.28, 2001도3997) ④ 전문진술의 원진술자가 공동피고인이어서 형사소송법 제316조 제2항 소정의 '피고인 아닌 타인'에는 해당하나 법정에서 공소사실을 부인하고 있어서 '원진술자가 사망, 질병 기타 사유로 인하여 진술할 수 없는 때'에는 해당되지 않는다(대판 2000.12.27, 99도5679)

XI. 재전문증거

1. 의 의
① 재전문증거란 전문법칙의 예외에 따라 증거능력이 인정되는 전문증거가 그 내용에서 다시 전문증거를 포함하는 경우를 말한다. 즉 타인의 전문진술을 들었다는 진술과 같이 이중의 전문이 되는 경우이다.
② 명문의 규정이 없어 견해가 대립한다.

2. 판 례
① 재전문진술이나 재전문진술을 기재한 조서는 피고인이 증거로 하는 데 동의하지 아니하는 한 증거로 할 수 없다(판례) [19 경간]

판례	① 재전문진술이나 재전문진술을 기재한 조서는 형사소송법상 그 증거능력을 인정하는 규정을 두고 있지 아니하므로, 피고인이 증거로 하는 데 동의하지 아니하는 한 형사소송법 제310조의2의 규정에 의하여 이를 증거로 할 수 없다 (대판 2012.5.24, 2010도5948) [21 법학특채, 20·17·14·13 경찰승진, 20·15 경찰채용, 20·19 해경채용, 19·17·14 경간, 18 해경간부, 17·16 변호사시험 등]

② 다만, '전문진술이 기재된 조서'는 형사소송법 제312조 내지 제314조의 규정과 제316조 제1항 또는 제2항의 규정에 따른 요건을 갖춘 때에는 예외적으로 증거능력이 인정된다 (판례)

판례	① 피고인의 진술을 그 내용으로 하는 전문진술이 기재된 조서는 형사소송법 제312조 내지 제314조의 규정에 의하여 그 증거능력이 인정될 수 있는 경우에 해당하여야 함은 물론, 나아가 형사소송법 제316조 제1항의 규정에 따른 조건을 갖춘 때에 예외적으로 증거능력을 인정하여야 한다(대판 2012.5.24, 2010도5948) [14 경간]
	② 피고인 아닌 자의 진술을 그 내용으로 하는 전문진술이 기재된 조서는 형사소송법 제312조 또는 제314조에 따라 증거능력이 인정될 수 있는 경우에 해당하여야 함은 물론 형사소송법 제316조 제2항에 따른 요건을 갖추어야 예외적으로 증거능력이 있다(대판 2017.7.18, 2015도12981) [19 경찰채용, 19 경간, 18·16 변호사시험]

5 전문법칙 관련 문제

I. 사진의 증거능력

1. 서 설
사진은 기계적 방법으로 대상을 특정하므로 증거가치가 매우 높은 증거이지만, 인위적 조작가능성이 있어서 증거능력 제한문제가 논의된다.

2. 사본으로서의 사진
① 사진이 본래증거로 제출되어야 할 자료의 대용물로서 제출되는 경우이다.
　(예) 범행에 사용된 흉기 및 범행도구를 촬영한 사진
② 원물의 존재와 이를 촬영한 사진임이 확인되면 증거능력이 인정된다. 특히 원본이 존재하거나 존재하였을 것, 원본의 제출이 불가능하거나 현저히 곤란하였을 것, 원본을 정확히 전사하였을 것 등 3가지 요건을 갖추어야 한다(판례)

| 판례 | ① [1] 휴대전화기 이용자가 문자정보가 저장된 휴대전화기를 법정에 제출할 수 없거나 그 제출이 곤란한 사정이 있는 경우, 검사는 그 문자정보를 읽을 수 있도록 한 휴대전화기의 화면을 촬영한 사진을 증거로 제출할 수 있다.
[2] 범행의 직접적인 수단이 된 **문자정보가 저장된 휴대전화기의 화면을 촬영한 사진이 증거로 제출된 경우**에 이를 증거로 사용하려면 문자정보가 저장된 휴대전화기를 법정에 제출할 수 없거나 그 제출이 곤란한 사정이 있고, 그 사진의 영상이 휴대전화기의 화면에 표시된 문자정보와 정확하게 같다는 사실이 증명되어야 한다.
[3] 휴대전화로 협박내용을 반복적으로 보냈다는 공소사실에 대한 증거로 제출된 '전송된 문자정보를 휴대전화 화면에 띄워 촬영한 사진'에 대해 피고인이 성립 및 내용의 진정을 부인하는 경우에도 위의 요건을 갖추면 이는 유죄 인정의 증거가 될 수 있다(대판 2008.11.13. 2006도2556) [18 경간, 18·17 검찰9급, 16 검찰7급, 14·13 경찰승진, 13 변호사시험]
② 검사 작성의 피고인이 된 피의자신문조서가 그 내용 중 일부를 가린 채 복사를 한 다음 원본과 상위없다는 인증을 하여 초본의 형식으로 제출된 경우에 그 피의자신문조서의 원본이 존재하거나 존재하였을 것, 피의자신문조서의 원본 제출이 불능 또는 곤란한 사정이 있을 것, 원본을 정확하게 전사하였을 것 등 3가지 요건을 전제로 피고인에 대한 검사 작성의 피의자신문조서원본과 동일하게 취급할 수 있다(대판 2002.10.22. 2000도5461) [14 해경채용]
③ 수표를 발행한 후 예금부족 등으로 지급되지 아니하게 하였다는 부정수표단속법 위반 공소사실을 증명하기 위하여 수표 원본이 아니라 전자복사기를 사용하여 복 |

> 사한 사본이 증거로 제출되었고 피고인이 이를 증거로 하는 데 부동의한 경우 위 수표 사본을 증거로 사용하기 위해서는 수표 원본을 법정에 제출할 수 없거나 제출이 곤란한 사정이 있고 수표 원본이 존재하거나 존재하였으며 증거로 제출된 수표 사본이 이를 정확하게 전사한 것이라는 사실이 증명되어야 한다(대판 2015. 4. 23, 2015도2275)

3. 진술의 일부인 사진

① 사진이 검증조서나 감정서에 첨부되어 진술의 일부로서 사용되는 경우를 말한다.

② 사진은 진술증거의 일부를 이루는 보조수단에 불과하므로 사진의 증거능력은 검증조서나 감정서와 일체로 판단한다.

> **판례**
> ① [1] 사법경찰관 작성의 검증조서에 대하여 피고인이 증거로 함에 동의하였을 뿐 공판정에서 검증조서에 기재된 '진술내용 및 범행을 재연한 부분'에 대하여 피고인이 그 성립의 진정 및 내용을 인정한 흔적을 찾아 볼 수 없고 오히려 이를 부인하고 있는 경우에는 그 증거능력을 인정할 수 없다.
> [2] 사법경찰관 작성의 검증조서에 甲이 A의 거실에서 현금을 가지고 나오면서 "빨리 도망가자"라고 말한 진술기재 부분과 범행을 재연하는 사진이 첨부되어 있는 경우, 甲이 법정에서 검증조서에 대해서만 증거로 활용함에 동의하고 진술 기재 부분과 재연사진에 대해서는 그 성립의 진정 및 내용을 부인하였다면, 위 진술기재 부분과 재연사진은 유죄의 증거로 사용할 수 없다(대판 1998. 3. 13, 98도159)
> ※ 사법경찰관 작성의 검증조서 중 피고인의 진술기재 부분과 범행재연의 사진부분에 대하여 판례는 제312조를 적용하여 사법경찰관 작성의 피의자신문조서와 동일하게 내용인정을 해야만 증거능력이 있다고 보았다. [21·20 변호사시험]

4. 현장사진

① 범인의 행동에 중점을 두어 범행상황과 그 전후 상황을 촬영한 사진으로서 독립증거로 이용되는 경우를 말한다.

② 현장사진에 대해서는 전문법칙이 적용된다는 견해(진술증거설)와 적용되지 않는다는 견해(비진술증거설)가 있다

Ⅱ. 녹음테이프의 증거능력

1. 서 설

녹음테이프는 사진과 함께 높은 증거가치를 가진 과학적 증거방법이지만 조작될 가능성이 있으므로 증거능력 제한문제가 논의된다.

2. 진술녹음

(1) 의 의

① 진술녹음이란 피고인이나 피고인 아닌 자의 진술이 녹음되어 있고 그 진술내용의 진실성이 증명의 대상이 되는 경우를 말한다. 법원 또는 수사기관의 녹음이 될 수도 있고 일반 사인의 녹음이 될 수도 있다.

(2) 진술녹음의 증거능력

① 진술녹음은 진술에 대신하는 서류와 그 기능이 동일한 전문증거에 해당하므로 전문법칙이 적용된다.

판례	① 피고인 또는 피고인 아닌 사람의 진술을 녹음한 녹음파일은 실질에 있어서 피고인 또는 피고인 아닌 사람이 작성한 진술서나 그 진술을 기재한 서류와 크게 다를 바 없어 그 녹음파일에 담긴 진술 내용의 진실성이 증명의 대상이 되는 때에는 전문법칙이 적용된다(대판 2015.1.22, 2014도10978 전원합의체)

② 작성주체와 작성시기에 따라 제311조 내지 제315조를 유추적용하여 판단하여야 한다. 즉, 법원·법관 앞에서 녹음한 것이면 제311조가 적용되어 당연히 증거능력이 인정되고, 수사기관이 진술녹음한 경우에는 제312조가 적용되고, 사인이 진술녹음한 경우에는 제313조가 적용된다.

판례	① 수사기관이 아닌 사인이 피고인 아닌 사람과의 대화내용을 녹음한 녹음테이프는 형사소송법 제311조, 제312조 규정 이외의 피고인 아닌 자의 진술을 기재한 서류와 다를 바 없으므로, 피고인이 그 녹음테이프를 증거로 할 수 있음에 동의하지 아니하는 이상 그 증거능력을 부여하기 위해서는 첫째, 녹음테이프가 원본이거나 원본으로부터 복사한 사본일 경우에는 복사 과정에서 편집되는 등의 인위적 개작 없이 원본의 내용 그대로 복사된 사본일 것, 둘째 형사소송법 제313조 제1항에 따라 공판준비나 공판기일에서 원진술자의 진술에 의하여 그 녹음테이프에 녹음된 각자의 진술내용이 자신이 진술한 대로 녹음된 것이라는 점이 인정되어야 할 것이다(대판 2011.9.8, 2010도7497) [20 해경간부, 18 경찰채용, 17·16 경간, 16 검찰9급, 15 변호사시험]

361

② 디지털녹음기로 피고인과의 대화를 녹음한 후 저장된 녹음파일 원본을 컴퓨터에 복사하고 디지털녹음기의 파일 원본을 삭제한 뒤 다음 대화를 다시 녹음하는 과정을 반복하여 작성한 녹음파일 사본과 해당 녹취록의 경우 복사 과정에서 편집되는 등의 인위적 개작 없이 원본 내용 그대로 복사된 것으로 대화자들이 진술한 대로 녹음된 것이 인정되고, 제반 상황에 비추어 그 진술이 특히 신빙할 수 있는 상태 하에서 행하여진 것으로 인정된다면 그 녹음파일 사본과 녹취록의 증거능력은 인정된다(대판 2007.3.15, 2006도8869) [14 경찰채용]

③ 디지털 녹음기로 녹음한 내용이 콤팩트디스크에 다시 복사되어 그 콤팩트디스크에 녹음된 내용을 담은 녹취록이 증거로 제출된 사안에서, 위 콤팩트디스크가 현장에서 녹음하는 데 사용된 디지털 녹음기의 녹음내용 원본을 그대로 복사한 것이라는 입증이 없는 이상, 그 콤팩트디스크의 내용이나 이를 녹취한 녹취록의 기재는 증거능력이 없다(대판 2007.3.15, 2006도8869) [14 경찰채용]

④ [1] 녹음테이프는 그 대화내용을 녹음한 원본이거나 혹은 원본으로부터 복사한 사본일 경우에는 복사과정에서 편집되는 등의 인위적 개작 없이 원본의 내용 그대로 복사된 사본임이 증명되어야만 하고, 그러한 증명이 없는 경우에는 쉽게 그 증거능력을 인정할 수 없다
[2] 디지털 녹음기에 녹음된 내용을 전자적 방법으로 테이프에 전사한 사본인 녹음테이프를 대상으로 법원이 검증절차를 진행하여 녹음된 내용이 녹취록의 기재와 일치하고 그 음성이 진술자의 음성임을 확인하였더라도, 그것만으로 녹음테이프의 증거능력을 인정할 수 없다(대판 2008.12.24, 2008도9414) [19·18 경찰승진, 16 법원9급, 16 검찰9급]

③ 녹음테이프 등의 증거능력 인정요건

| 판례 | ① 압수물인 디지털 저장매체로부터 출력한 문건을 증거로 사용하기 위해서는 디지털 저장매체 원본에 저장된 내용과 출력한 문건의 동일성이 인정되어야 하고, 이를 위해서는 디지털 저장매체 원본이 압수시부터 문건 출력시까지 변경되지 않았음이 담보되어야 한다. 그리고 압수된 디지털 저장매체로부터 출력한 문건을 진술증거로 사용하는 경우 그 기재 내용의 진실성에 관하여는 전문법칙이 적용되므로 형사소송법 제313조 제1항에 따라 그 작성자 또는 진술자의 진술에 의하여 그 성립의 진정함이 증명된 때에 한하여 이를 증거로 사용할 수 있다(대판 2013.6.13, 2012도16001) [21·16 경찰승진, 19 경간, 18·16·15 검찰7급, 17 경간, 17·16 법원9급, 16 검찰9급, 15 변호사시험, 15 경찰채용 등]
② 피고인 또는 피고인 아닌 사람이 컴퓨터용디스크 그 밖에 이와 비슷한 정보저장매체에 입력하여 기억된 문자정보 또는 그 출력물을 증거로 사용하는 경우 그 내용의 진실성에 관하여는 전문법칙이 적용되고 따라서 원칙적 |

으로 형사소송법 제313조 제1항에 의하여 그 작성자 또는 진술자의 진술에 의하여 성립의 진정함이 증명된 때에 한하여 이를 증거로 사용할 수 있다 (대판 2013.2.15, 2010도3504) [21·18 경찰승진]

③ 컴퓨터 디스켓에 담긴 문건이 증거로 사용되는 경우 그 기재 내용의 진실성에 관하여는 전문법칙이 적용된다 할 것이고, 따라서 피고인 또는 피고인 아닌 자가 작성하거나 또는 그 진술을 기재한 문건의 경우 원칙적으로 형사소송법 제313조 제1항 본문에 의하여 그 작성자 또는 진술자의 진술에 의하여 그 성립의 진정함이 인정된 때에 이를 증거로 사용할 수 있다(대판 2001.3.23, 2000도486) [16 경간]

④ 디지털 저장매체에 저장된 로그파일의 원본이 아니라 그 복사본의 일부 내용을 요약·정리하는 방식으로 새로운 문서파일이 작성된 경우 그 문서파일 또는 거기에서 출력한 문서를 로그파일 원본의 내용을 증명하는 증거로 사용하기 위하여는 피고인이 이를 증거로 하는 데 동의하지 아니하는 이상 그 문서파일의 기초가 된 로그파일 복사본과 로그파일 원본의 동일성도 인정되어야 하고 나아가 새로운 문서파일 또는 거기에서 출력한 문서를 진술증거로 사용하는 경우 그 기재 내용의 진실성에 관하여는 전문법칙이 적용되므로 형사소송법 제313조 제1항에 따라 공판준비기일이나 공판기일에서 그 작성자 또는 진술자의 진술에 의하여 성립의 진정함이 증명된 때에 한하여 이를 증거로 사용할 수 있다(대판 2015.8.27, 2015도3467) [19 경찰채용, 19 검찰9급, 17 검찰7급]

[녹음테이프의 증거능력 인정 여부]

증거능력 O	① 피고인 甲의 대화를 녹음한 乙이 "녹음파일 사본은 파일 원본을 컴퓨터에 그대로 복사한 것으로서 녹음파일 사본과 해당 녹취록 사이에 동일성이 있다"고 진술하였고, 피고인 甲도 "일부 파일에 인사말 등이 녹음되지 않은 것 같다" 등의 지적을 한 외에는 녹음된 음성이 자신의 것이 맞을 뿐만 아니라 그 내용도 자신이 진술한 대로 녹음되어 있으며 녹음파일 사본의 내용대로 해당 녹취록에 기재되어 있다는 취지로 진술한 경우, 녹음파일 사본과 해당 녹취록을 증거로 사용할 수 있다(대판 2012.9.13, 2012도7461) ② 비디오테이프의 내용에 인위적인 조작이 가해지지 않은 것이 전제된다면 비디오테이프에 촬영, 녹음된 내용을 재생기에 의해 시청을 마친 원진술자가 비디오테이프의 피촬영자의 모습과 음성을 확인하고 자신과 동일인이라고 진술한 것은 비디오테이프에 녹음된 진술내용이 자신이 진술한 대로 녹음된 것이라는 취지의 진술을 한 것으로 보아야 한다(대판 2004.9.13, 2004도3161) [18 경찰채용]

증거 능력 ×	① 피고인과 A의 대화를 녹음한 녹취록에 관하여 피고인이 위 녹취록에 대하여 부동의한 사건에서, A가 위 대화를 자신이 녹음하였고 위 녹취록의 내용이 다 맞다고 1심 법정에서 진술하였을 뿐 그 이외에 위 녹취록에 그 작성자가 기재되어 있지 않을 뿐만 아니라 검사는 위 녹취록 작성의 토대가 된 위 대화내용을 녹음한 원본 녹음테이프 등을 증거로 제출하지도 아니하는 경우, 위 녹취록의 기재는 증거능력이 없어 이를 증거로 사용할 수 없다(대판 2012.2.9, 2011도17658) [16 검찰9급] ② (사인인 甲이 피고인이 아닌 乙과의 대화내용을 녹음한 녹음테이프 등을 기초로 작성된) 녹취록을 피고인이 증거로 함에 동의하지 않았고, 甲이 법정에서 "乙이 사건 당시 피고인의 말을 다 들었다. 그래서 지금 녹취도 해왔다"고 진술하였을 뿐, 검사는 녹취록 작성의 토대가 된 대화내용을 녹음한 원본 녹음테이프 등을 증거로 제출하지 아니하고, 원진술자인 甲과 乙의 진술에 의하여 자신들이 진술한 대로 기재된 것이라는 점이 인정되지 아니하는 등 녹취록의 진정성립을 인정할 수 있는 요건이 전혀 갖추어지지 않았으므로 녹취록의 기재는 증거능력이 없다(대판 2011.9.8, 2010도7497) ③ (피고인과 甲 및 乙의 대화에 관한 녹취록에 대하여 피고인이 부동의한 사건에서) 甲이 대화를 자신이 녹음하였고 녹취록의 내용이 다 맞다고 1심 법정에서 진술하였을 뿐 그 이외에 녹취록에 그 작성자가 기재되어 있지 않을 뿐만 아니라 검사는 녹취록 작성의 토대가 된 대화내용을 녹음한 원본 녹음테이프 등을 증거로 제출하지도 아니하는 등 녹취록의 진정성립을 인정할 수 있는 요건이 전혀 갖추어지지 않았으므로 증거로 사용할 수 없다(대판 2010.3.11, 2009도14525) ④ 피해자가 피고인과의 대화내용을 녹음한 디지털녹음기에 대한 증거조사절차를 거치지 아니한 채 그 녹음내용을 재녹음한 카세트테이프에 대한 제1심 검증조서 중 피고인의 진술부분을 유죄의 증거로 채택한 원심의 조치는 잘못된 것이다(대판 2005.12.23, 2005도2945) ⑤ 사인인 乙이 피고인이 아닌 甲의 진술을 비밀 녹음한 테이프에 대한 녹취문 중 일부에 대하여 甲이 녹음테이프가 편집된 것으로 보인다고 진술함으로써 녹취문의 진정성립을 부인하고 있고, 나머지 녹취문에 대하여는 법정에서 녹음내용이 자신이 진술한 대로 녹음된 것이라고 진술한 바 없는 경우 증거능력이 인정되지 아니한다(대판 2005.2.18, 2004도6323) ⑥ (고소인이 피고인과의 대화를 녹음한 녹음테이프에 대한 증거조사에 있어) 녹음테이프의 녹음된 피고인의 진술내용이 피고인이 진술한 대로 녹음된 것이라는 점에 관한 고소인의 공판준비 또는 공판기일에서의 아무런 진술이 없으므로 증거능력이 없다(대판 2001.10.9, 2001도3106)

⑦ 컴퓨터 디스켓에 수록된 문건들(컴퓨터 디스켓에 대하여 실시한 검증 결과는 단지 디스켓에 수록된 문건의 내용이 출력물에 기재된 것과 같다는 것에 불과하여 증거자료가 되는 것은 여전히 컴퓨터 디스켓에 보관된 문건의 내용이다)에 대하여는 그 작성자 또는 진술자에 의하여 성립의 진정함이 증명된 바 없다. 그럼에도 불구하고 원심이 컴퓨터 디스켓에 수록된 문건들의 증거능력을 인정하여 이를 유죄의 증거로 쓴 것은 위법하다 (대판 1999.9.3, 99도2317)

3. 현장녹음

① 범죄현장에서 범행에 수반하여 발생한 음성이나 음향을 녹음한 것을 말한다.
② 현장녹음에 대하여 진술증거가 아니어서 전문법칙이 적용되지 않는다는 비진술증거설과 현장녹음도 진술증거의 일종으로 전문법칙이 적용되어야 한다는 진술증거설 또는 검증조서유사설이 있다.

Ⅲ. 영상녹화물의 증거능력

1. 의 의

영상녹화물은 영상과 음향을 녹화·녹음하여 재생할 수 있는 것으로, 영상녹화물의 증거능력은 원칙적으로 사진 및 녹음테이프의 경우와 동일하게 취급한다.

2. 진술녹화

(1) 의 의

① 검사 또는 사법경찰관은 피의자의 진술을 영상녹화할 수 있다. 이 경우 미리 영상녹화사실을 알려주어야 하며, 조사의 개시부터 종료까지의 전 과정 및 객관적 정황을 영상녹화하여야 한다(제244조의2 제1항) [21·20·19·18·17 경찰승진, 20·19·18·16 경간, 20·19·18·17·16 경찰채용, 18 변호사시험 등]
② 검사 또는 사법경찰관은 참고인의 진술도 영상녹화가 가능하나 이 경우에는 반드시 동의를 받아야 한다(제221조 제1항) [21 경찰승진, 20·18·17·16 경찰채용, 19 법학특채, 18 경간, 18 해경채용]

(2) 증거능력

① 영상녹화물은 공판단계에서 피고인이 진술함에 있어서 기억이 명백하지 아니한 사항에 관하여 기억환기용 수단으로 사용될 수 있다(제318조의2 제2항)

판례	① 수사기관이 참고인을 조사하는 과정에서 촬영한 영상녹화물은 다른 법률에서 달리 규정하고 있는 등의 특별한 사정이 없는 한 **공소사실을 직접 증명할 수 있는 독립적인 증거로 사용할 수 없다**(대판 2014.7.10, 2012도5041) [21·20·15 변호사시험, 21·20·17 법원9급, 20 경찰승진, 20·17 경간, 20 경찰채용, 20 해경채용, 18 해경간부, 16 검찰7급 등]

② 영상녹화물은 탄핵증거로 사용할 수 없다.

내용	① 피고인 또는 피고인 아닌 자의 진술을 내용으로 하는 영상녹화물은 공판준비 또는 공판기일에 피고인 진술의 증명력을 다투기 위한 **증거(탄핵증거)로 사용할 수 없다**(제318조의2 제2항 참고) [19·18·16 해경채용, 18 변호사시험, 18 경찰채용, 18·14·13 경간, 16 해경간부 등]

3. 현장녹화

① 수사기관이 범죄현장이나 전후상황을 담은 영상녹화물에 대해서 수사기관이 범죄를 수사함에 있어 현재 범행이 행하여지고 있거나 행하여진 직후이고, 증거보전의 필요성 및 긴급성이 있으며, 일반적으로 허용되는 상당한 방법에 의하여 촬영을 한 경우라면 수사기관의 촬영물의 증거능력을 인정한다(판례)

판례	① [1] 누구든지 자기의 얼굴 기타 모습을 함부로 촬영당하지 않을 자유를 가지나 이러한 자유도 국가권력의 행사로부터 무제한으로 보호되는 것은 아니고 국가의 안전보장·질서유지·공공복리를 위하여 필요한 경우에는 상당한 제한이 따르는 것이다. [2] 수사기관이 범죄를 수사함에 있어 현재 범행이 행하여지고 있거나 행하여진 직후이고, 증거보전의 필요성 및 긴급성이 있으며, 일반적으로 허용되는 상당한 방법에 의하여 촬영을 한 경우라면 위 촬영이 영장 없이 이루어졌다 하여 이를 위법하다고 단정할 수 없다(대판 1999.9.3, 99도2317) [19 법학특채, 18 검찰9급]

② 사인이 촬영한 현장녹화물은 진술서에 준하여 제313조 제1항에 의하여 증거능력을 판단한다.

Ⅳ. 전자기록의 증거능력

판례	① [1] 전자문서를 수록한 파일 등의 경우에는 원본임이 증명되거나 혹은 원본으로부터 복사한 사본일 경우에는 복사 과정에서 편집되는 등 인위적 개작 없이 원본의 내용 그대로 복사된 사본임이 증명되어야만 하고, 그러한 증명이 없는 경우에는 쉽게 그 증거능력을 인정할 수 없다. [2] 이때 원본 동일성은 증거능력의 요건에 해당하므로 검사가 그 존재에 대하여 구체적으로 주장·증명하여야 한다(대판 2018.2.8. 2017도13263) [21 변호사시험] ② [1] 녹음테이프 또는 녹음파일 등의 전자매체는 그 대화내용을 녹음한 원본이거나 혹은 원본으로부터 복사한 사본일 경우에는 복사과정에서 편집되는 등의 인위적 개작 없이 원본의 내용 그대로 복사된 사본임이 증명되어야만 하고, 그러한 입증이 없는 경우에는 쉽게 그 증거능력을 인정할 수 없다. [2] 녹음테이프에 수록된 대화내용이 이를 풀어쓴 녹취록의 기재와 일치한다거나 녹음테이프의 대화내용이 중단되었다고 볼 만한 사정이 없다는 점만으로는 위와 같은 증명이 있다고 할 수 없다(대판 2012.9.13. 2012도7461) [20 경찰채용, 19·16 검찰7급, 16·15 검찰9급]

Ⅴ. 거짓말탐지기 검사결과의 증거능력

1. 의 의

① 거짓말탐지기란 사람이 진술할 때 나타나는 혈압·호흡·맥박 등의 생리적 반응을 기계적으로 기록하여 그 진술의 진위여부를 판단하는데 사용되는 기계를 말한다.

② 피검사자의 동의가 있는 경우에 한하여 임의수사로서 허용된다.

2. 증거능력

① 거짓말탐지기 검사결과에 대해서는 일정한 요건이 충족되지 않는 한 증거능력이 없으며, 요건이 모두 충족된다 하더라도 정황증거로서의 기능을 하는데 그친다(판례)

판례	① 수사기관은 피검사자의 동의를 얻은 경우에 거짓말탐지기를 사용할 수 있다. 다만, 그 검사결과를 공소사실의 존부를 인정하는 직접증거로는 사용할 수 없고, 진술의 신빙성 유무를 판단하는 정황증거로만 사용할 수 있다(대판 2017.1.25. 2016도15526) [21 경찰승진, 14 경찰채용, 13 법원9급] ② 거짓말탐지기의 검사는 일정한 조건이 모두 충족되어 증거능력이 있는 경우에도 그 검사 결과는 검사를 받는 사람의 진술의 신빙성을 가늠하는 정황증거로서의 기능을 하는데 그친다(대판 1987.7.21. 87도968) [21 경찰승진, 14 경찰채용, 14 해경채용]

6 진술의 임의성

> **제317조(진술의 임의성)** ① 피고인 또는 피고인 아닌 자의 진술이 임의로 된 것이 아닌 것은 증거로 할 수 없다.
> ② 전항의 서류는 그 작성 또는 내용인 진술이 임의로 되었다는 것이 증명된 것이 아니면 증거로 할 수 없다.
> ③ 검증조서의 일부가 피고인 또는 피고인 아닌 자의 진술을 기재한 것인 때에는 그 부분에 한하여 전2항의 예에 의한다.

I. 서 설

1. 의 의

① 전문증거는 전문법칙의 예외에 해당하더라도 진술의 임의성이 인정되지 않으면 증거능력을 인정할 수 없다.

② 형사소송법 제317조 제1항에서 "피고인 또는 피고인 아닌 자의 진술이 임의로 된 것이 아닌 것은 증거로 할 수 없다"고 규정하여 진술증거의 임의성을 규정하고, 진술서면의 임의성, 검증조서의 일부를 이루는 진술서면의 임의성에 대하여 규정하고 있다(제317조 제2항 및 제3항).

2. 적용범위

① 자백에 대한 제309조(자백배제법칙)는 제317조의 특별규정이므로 제317조에 의하여 임의성이 요구되는 진술은 자백 이외의 일체의 진술증거를 의미한다(통설).

② 따라서 자백의 임의성이 인정되지 않으면 제309조에 의하여, 자백 이외의 진술의 임의성이 인정되지 않으면 제317조에 의하여 증거능력이 부정된다.

Ⅱ. 진술증거의 증거능력 인정요건

1. 진술의 임의성

① 임의성 없는 진술의 증거능력을 부정하는 취지는, 허위진술을 유발 또는 강요할 위험성이 있는 상태하에서 행하여진 진술은 그 자체가 실체적 진실에 부합하지 아니하여 오판을 일으킬 소지가 있을 뿐만 아니라 그 진위를 떠나서 진술자의 기본적 인권을 침해하는 위법 부당한 압박이 가하여지는 것을 사전에 막기 위한 것이다(대판 2006.11.23, 2004도7900) [17 경간]

② 진술의 임의성이 인정되지 않으면 증거능력을 인정할 수 없다(제317조 제1항). 임의성 없는 진술증거는 피고인이 증거로 함에 동의하더라도 증거능력이 인정되지 않는다.

판례	① 임의성이 인정되지 아니하여 증거능력이 없는 진술증거는 피고인이 증거로 함에 동의하더라도 증거로 삼을 수 없다(대판 2006.11.23, 2004도7900) [20·18 경찰채용, 20·18·14 경간, 19·16·15 경찰승진, 19·16 법원9급, 18 검찰9급, 17 해경간부, 15·13 변호사시험 등]

2. 서류작성의 임의성

① 진술을 기재한 서류는 진술의 임의성 이외에 서류작성의 임의성도 인정되어야 한다(제317조 제2항).
　㉠ 법원·수사기관이 작성한 조서와 공적인 증명문서, 통상의 업무과정에서 작성된 문서는 작성의 임의성이 문제될 여지가 없으므로 작성의 임의성이 문제되는 것은 피의자·참고인의 진술서로 제한된다.

② 서류작성의 임의성이 인정되지 않으면 그 서류는 증거능력이 부정된다.
　⑩ 피해자가 피고인의 강요에 의하여 합의서를 작성해 준 경우

③ 검증조서의 일부가 피고인 또는 피고인 아닌 자의 진술을 기재한 것인 때에는 그 부분에 한하여 진술의 임의성 및 조서작성의 임의성이 요구된다(제317조 제3항).

Ⅲ. 임의성의 조사와 증명

1. 임의성의 조사

① 진술의 임의성은 증거능력의 요건이므로 이를 다투는 경우에는 법원이 직권으로 임의성 유무를 조사하여야 한다.

② 임의성 조사는 증거조사 전에 하는 것이 원칙이나 증거조사에 들어간 후에도 임의성에 의문이 있다면 다시 조사할 수 있다.

③ 진술의 임의성은 소송법적 사실이므로 자유로운 증명으로 족하다.

| 판례 | ① 피고인의 검찰 진술의 임의성의 유무가 다투어지는 경우에는 법원은 구체적인 사건에 따라 증거조사의 방법이나 증거능력의 제한을 받지 아니하고 제반 사정을 종합 참작하여 적당하다고 인정되는 방법에 의하여 **자유로운 증명**으로 그 임의성 유무를 판단하면 된다(대판 2004.3.26, 2003도8077) [19 해경간부, 18·17·16·14 경찰채용, 15 경찰승진, 15 해경채용] |

2. 임의성의 증명

① 진술의 임의성은 증명을 요하는데 증명이란 법관에게 확신을 줄 정도의 증명을 말한다.

② 자백의 임의성에 대해서 다툼이 있는 경우에 그에 대한 거증책임은 검사에게 있다.

| 판례 | ① 참고인에 대한 검찰 진술조서가 강압상태 또는 강압수사로 인한 정신적 강압상태가 계속된 상태에서 작성된 것으로 의심되어 그 임의성을 의심할 만한 사정이 있는데도 검사가 그 임의성의 의문점을 없애는 증명을 하지 못하였다면 유죄의 증거로 사용할 수 없다(대판 2006.11.23, 2004도7900) [14 검찰9급]
② 진술의 임의성에 다툼이 있을 때에는 그 임의성을 의심할 만한 합리적이고 구체적인 사실을 검사가 입증하여야 한다(대판 2013.7.11, 2011도14044) [21·16·15 경찰승진, 20·18 경간, 20 경찰채용, 18·16 검찰7급, 17·15 법원9급, 15 검찰9급, 15 해경채용 등] |

제4절 당사자의 동의와 증거능력

> **제318조(당사자의 동의와 증거능력)** ① 검사와 피고인이 증거로 할 수 있음을 동의한 서류 또는 물건은 진정한 것으로 인정한 때에는 증거로 할 수 있다.
> ② 피고인의 출정없이 증거조사를 할 수 있는 경우에 피고인이 출정하지 아니한 때에는 전항의 동의가 있는 것으로 간주한다. 단, 대리인 또는 변호인이 출정한 때에는 예외로 한다.
>
> **제318조의3(간이공판절차에서의 증거능력에 관한 특례)** 제286조의2의 결정이 있는 사건의 증거에 관하여는 제310조의2, 제312조 내지 제314조 및 제316조의 규정에 의한 증거에 대하여 제318조제1항의 동의가 있는 것으로 간주한다. 단, 검사, 피고인 또는 변호인이 증거로 함에 이의가 있는 때에는 그러하지 아니하다.

I. 서 설

1. 증거동의의 의의

① 증거동의는 전문법칙에 의하여 증거능력이 없는 증거라도 **당사자가 동의**하고 **법원이 진정한 것으로 인정**한 경우에는 증거능력을 인정되는 제도를 말한다. 즉, 증거동의가 있으면 전문증거라도 증거로 사용할 수 있다.

    ㉠ 검사와 피고인이 증거로 할 수 있음을 동의한 서류 또는 물건은 법원이 진정한 것으로 인정한 때에는 증거로 할 수 있다(제318조 제1항) [21·16·13 경찰승진, 21 해경채용, 18·15 경찰채용, 13 변호사시험]

    ㉡ 검사와 피고인이 증거동의를 하더라도 법원이 그 증거를 진정한 것으로 인정하기 전에는 증거능력이 인정되지 않는다. [14 해경채용]

② 이는 재판의 신속과 소송경제를 도모하고 입증절차에서 당사자주의를 구현하기 위한 제도에 해당한다.

2. 증거동의의 성질

① 제318조 제1항의 증거동의는 작성자 또는 진술자에 대한 반대신문권을 포기한다는 의사표시이다(대판 1997.9.30, 97도1230)

판례	① 형사소송법 제318조 제1항은 전문증거 금지의 원칙에 대한 예외로서 반대신문권을 포기하겠다는 피고인의 의사표시에 의하여 서류 또는 물건의 증거능력을 부여하려는 규정이다(대판 1983.3.8, 82도2873) [15 경찰채용]

371

Ⅱ. 증거동의의 주체 및 상대방

1. 증거동의의 주체

① 증거동의의 주체는 당사자인 검사와 피고인이다.

② 법원이 직권으로 수집한 증거는 양 당사자의 동의가 있어야 하지만, 당사자 일방이 신청한 증거는 반대당사자의 동의가 있으면 된다.

③ 변호인도 피고인의 명시한 의사에 반하지 않는 한 피고인을 대리해서 증거동의를 할 수 있다(판례). 따라서 피고인의 명시한 의사에 반하는 변호인의 증거동의는 무효이고, 피고인의 동의를 변호인이 취소할 수 없다.

판례	① [1] 변호인은 피고인을 대리하여 증거동의에 관한 의견을 낼 수 있을 뿐이므로 피고인의 명시한 의사에 반하여 증거로 함에 동의할 수는 없다. [20 변호사시험] [2] 공판기일에서 피고인이 출석하여 증거로 함에 부동의한다는 의견을 진술하였으나, 그 후 피고인이 출석하지 아니한 공판기일에 변호인만이 출석하여 종전 의견을 번복하고 증거로 함에 동의하였더라도 특별한 사정이 없는 한 증거동의의 효력이 인정되지 않는다(대판 2013.3.28, 2013도3) [21·18 변호사시험, 20·19·18 법원9급, 19·15·13 검찰9급, 18 검찰7급, 17 해경채용, 16·14 경찰채용 등] ② [1] 형사소송법 제318조의 증거동의의 주체는 소송주체인 당사자라 할 것이지만, 변호인은 피고인의 명시한 의사에 반하지 않는 한 피고인을 대리하여 증거동의를 할 수 있다. [2] 피고인이 증거로 함에 동의하지 아니한다고 명시적인 의사표시를 한 경우 이외에는 변호인은 서류나 물건에 대하여 증거로 함에 동의할 수 있다(대판 2005.4.28, 2004도4428) [20 경찰채용, 20·16 해경간부, 19 검찰9급, 18 경간, 18·16 검찰7급, 18 법원9급 등] ③ 변호인의 증거동의에 대하여 피고인이 즉시 이의하지 아니하는 경우에는 변호인의 동의로 증거능력이 인정되어 증거조사 완료 전까지 그 동의가 취소 또는 철회되지 아니한 이상 일단 부여된 증거능력은 그대로 존속한다(대판 2005.4.28, 2004도4428) [18 검찰7급]

2. 증거동의의 상대방

① 증거동의는 반대신문권을 포기하는 소송행위이므로 의사표시는 법원에 하여야 하는 것이다. 따라서 반대당사자에 대한 동의의 의사표시는 증거동의로서의 효력이 없다.

판례	① 형사소송법 제318조 제1항은 '검사와 피고인이 증거로 할 수 있음을 동의한 서류 또는 물건은 진정한 것으로 인정한 때에는 증거로 할 수 있다'고 규정하고 있을 뿐 진정한 것으로 인정하는 방법을 제한하고 있지 아니하므로, 증거동의가 있는 서류 또는 물건은 법원이 제반 사정을 참작하여 진정한 것으로 인정하면 증거로 할 수 있다(대판 2015.8.27, 2015도3467) [18 검찰7급]

III. 증거동의의 대상

1. 증거능력이 없는 증거

① 증거동의의 대상이 되는 증거는 증거능력이 없는 전문증거에 한한다. 따라서 전문법칙의 예외에 해당하여 이미 증거능력이 있는 증거는 증거동의의 대상이 아니다.

판례	① **공판준비 또는 공판기일**에서 피고인에게 유리한 증언을 한 증인을 수사기관이 법정 외에서 다시 참고인으로 조사하면서 그 증언을 번복하게 하여 작성한 참고인진술조서는 피고인이 증거로 할 수 있음에 동의하면 증거로 사용할 수 있다(대판 2008.9.25, 2008도6985) [21·20·19·17·16 경찰승진, 18 검찰9급, 17 변호사시험, 17 경간, 17·16 검찰7급, 15 법원9급 등] ② (피고인과의 대화내용을 녹음한 보이스펜) 피고인과의 대화내용을 피해자가 녹음한 보이스펜 자체에 대해서는 피고인이 증거동의하였으나, 그 녹음내용을 재녹음한 녹음테이프의 녹취록의 기재가 위 각 녹음된 내용과 모두 일치하는 것으로 확인하였을 뿐 녹음테이프를 증거로 함에 동의하지 않았더라도, 그 진술이 특히 신빙할 수 있는 상태하에서 행하여진 것으로 인정된다면 녹취록은 증거능력이 있다(대판 2008.3.13, 2007도10804) [19 변호사시험, 19 경간, 14 경찰채용]
증거동의 대상 O	① 사법경찰관 및 검사 작성의 공동피고인에 대한 피의자신문조서(대판 1991.1.11, 90도2525) ② 사법경찰리가 작성한 피해자에 대한 진술조서나 압수조서(대판 1990.6.26, 90도827) ③ 사법경찰리가 작성한 진술조서, 압수조서, 검증조서 및 감정서(대판 1999.10.22, 99도3273) ④ 피해자의 상해부위를 촬영한 사진(대판 1997.9.30, 97도1230) ⑤ 일반 의사 작성의 사체해부 결과통보와 감정서(대판 1988.8.23, 88도1212) ⑥ 피해자에 대한 사망증명서 사본(대판 1986.7.8, 86도893)

② 위법수집증거나 임의성 없는 자백은 동의의 대상이 되지 않는다.

판례	① 긴급체포 시 압수한 물건에 관하여 형사소송법 제217조 제2항, 제3항의 규정에 의한 압수·수색영장을 발부받지 않고도 즉시 반환하지 않는 경우 이를 유죄인정의 증거로 사용할 수 없는 것이고, 피고인이나 변호인이 이를 증거로 함에 동의하였다고 하더라도 달리 볼 것은 아니다(대판 2009.12.24, 2009도11401) [21·20·17 경찰승진, 20·17·16·14 경찰채용, 20·17 해경채용, 20 검찰9급, 19 경간 등] ② 임의성이 인정되지 아니하여 증거능력이 없는 진술증거는 피고인이 증거로 함에 동의하더라도 증거로 삼을 수 없다(대판 2006.11.23, 2004도7900) [20·18 경찰채용, 20·14 경간, 19·16·15 경찰승진, 19·16 법원9급, 18 검찰9급 등]

2. 유죄증거에 대한 반대증거

① 유죄증거에 대한 반대증거는 증거동의의 대상이 되지 않는다(판례)

판례	① [1] 유죄의 자료가 되는 것으로 제출된 증거의 반대증거 서류에 대하여는 그것이 유죄사실을 인정하는 증거가 되는 것이 아닌 이상 상대방의 동의가 없다고 하더라도 증거판단의 자료로 할 수 있다. [2] 유죄의 자료가 되는 것으로 제출된 증거의 반대증거 서류에 대하여는 그것이 유죄사실을 인정하는 증거가 되는 것이 아닌 이상 반드시 그 진정성립이 증명되지 아니하거나 이를 증거로 함에 있어서의 상대방의 동의가 없다고 하더라도 증거판단의 자료로 할 수 있다(대판 1981.12.22, 80도1547) [21·19·18 해경채용, 19 검찰9급, 18·16 경간, 18·16·13 해경간부, 17·13 경찰승진, 15 검찰7급 등] ② 검사가 유죄의 자료로 제출한 증거들이 그 진정성립이 인정되지 아니하고 이를 증거로 함에 상대방의 동의가 없더라도, 이는 유죄사실을 인정하는 증거로 사용하는 것이 아닌 이상 공소사실과 양립할 수 없는 사실을 인정하는 자료로 쓸 수 있다(대판 1994.11.11, 94도1159) [16 해경채용, 13 경찰채용]

3. 서류 또는 물건

(1) 서 류

① **전문서류** : 제318조는 제310조의2(전문법칙)에 대응하는 조문이므로, 동의의 대상이 되는 서류는 증거능력이 없는 전문서류를 의미한다.

판례	① 참고인과의 전화대화 내용을 문답형식으로 기재한 사법경찰리 작성의 수사보고서는 진술자의 서명 또는 날인이 없으므로 형사소송법 제313조의 진술기재서류가 아니지만, 피고인이 증거로 함에 동의한 경우에는 증거로 사용할 수 있다(대판 1999.2.26, 98도2742) [18 경찰채용]

② **전문진술 및 재전문진술** : 제318조 제1항은 증거동의의 대상으로 서류 또는 물건을 규정하고 있으나, 전문증거인 이상 서류 이외에 '전문진술' 및 '재전문진술'도 증거동의의 대상이 된다.

판례	① [1] 재전문진술이나 재전문진술을 기재한 조서에 대하여는 달리 그 증거능력을 인정하는 규정을 두고 있지 아니하고 있으므로, 피고인이 증거로 하는 데 동의하지 아니하는 한 이를 증거로 할 수 없다 [2] '재전문진술'이나 '재전문진술을 기재한 조서'라도 피고인이 증거로 함에 동의하면 증거능력이 인정된다(대판 2012.5.24, 2010도5948) [20·17·16 변호사시험, 20·17 경찰승진, 20·15·14 경찰채용, 20·17·16 경간, 19 해경채용] ② 성폭력 피해아동이 어머니에게 진술한 내용을 어머니가 상담원에게 전한 후, 상담원이 그 내용을 검사 면전에서 진술하여 작성된 진술조서는 이른바 '재전문진술을 기재한 조서'로서 피고인이 동의하지 않는 한 증거능력이 인정되지 아니한다(대판 2000.3.10, 2000도159) [20 변호사시험]

③ 동의의 대상이 될 서류는 원본뿐만 아니라 사본도 포함된다.

판례	① 문서의 사본이라도 피고인이 증거로 함에 동의하였고 진정으로 작성되었음이 인정되는 경우에는 증거능력이 있다(대판 1996.1.26, 95도2526) ② 형사소송법 제318조 제1항에 의하여 피고인이 증거로 할 수 있음을 동의한 서류 또는 물건은 진정한 것으로 인정한 때에는 증거로 할 수 있는 것이고, 여기에서 말하는 동의의 대상이 될 서류는 원본에 한하는 것이 아니라 그 사본도 포함된다(대판 1986.7.8, 86도893) [19 해경채용]

(2) 물 건

① 제318조 제1항은 물건도 증거동의의 대상으로 규정하고 있으나, 이는 입법상 오류로서 원칙상 증거동의의 대상이 될 수 없다(다수설).

Ⅳ. 증거동의의 시기 및 방식

1. 증거동의의 시기
① 증거동의는 원칙적으로 증거조사 전에 하여야 한다.
② 증거조사 도중 또는 증거조사 후에 전문증거임이 밝혀진 경우에는 사후동의도 가능하고 이러한 동의가 있으면 그 하자가 치유되어 증거능력이 소급하여 인정된다. 일반적으로 사후동의는 변론종결시까지 가능하다.

2. 증거동의의 방식

(1) 묵시적 동의 가능
증거동의는 명시적일 것을 요하지 않고 묵시적으로도 가능하다(판례).

판례	① 피고인이 신청한 증인의 증언이 피고인 아닌 타인의 진술을 그 내용으로 하는 전문진술이라고 하더라도 피고인이 그 증언에 대하여 **'별 의견이 없다'고 진술하였다**면 그 증언을 증거로 함에 동의한 것으로 볼 수 있으므로 이는 증거능력 있다(대판 1983.9.27. 83도516) [20 경간, 19 검찰9급, 19 해경채용, 19·15 해경간부, 17 경찰채용, 16 검찰7급 등] ② 피고인이나 변호인이 무죄에 관한 자료로 제출한 서증 가운데 도리어 유죄임을 뒷받침하는 내용이 있다 하여도, 법원은 상대방의 동의 없는 한 그 서류의 진정성립 여부 등을 조사하고 아울러 그 서류에 대한 피고인이나 변호인의 의견과 변명의 기회를 준 다음이 아니면 그 서증을 유죄인정의 증거로 쓸 수 없다. 그러나 당해 서류를 제출한 당사자는 그것을 증거로 함에 동의하고 있음이 명백한 것이므로 상대방인 검사의 원용이 있으면 그 서증을 유죄의 증거로 사용할 수 있다(대판 2014.2.27. 2013도12155) [19 검찰7급] ③ 법원이 직권으로 증거조사를 할 때에는 양 당사자의 동의가 필요함은 물론이라 하겠으나 당해 서류를 제출한 당사자는 그것을 증거로 함에 동의하고 있음은 명백한 것이므로 상대방의 동의만 얻으면 충분하다(대판 1989.10.10. 87도966)

(2) 포괄적 동의 인정
검사가 제시한 모든 증거에 대하여 동의한다는 형식의 **포괄적 동의도 인정된다**(판례).

판례	① 증거동의는 개개의 증거에 대하여 개별적인 증거조사 방식을 거치지 아니하고 검사가 제시한 모든 증거에 대하여 피고인이 증거로 함에 동의한다는 방식으로 하여도 효력이 있다(대판 1983.3.8. 82도2873) [20 경간, 20 변호사시험, 20·18·17 경찰채용, 20·16 검찰7급, 19·15 해경간부]

V. 증거동의의 간주

1. 피고인의 불출석

① 피고인의 출정없이 증거조사를 할 수 있는 경우에 피고인이 출정하지 아니한 때에는 증거동의가 있는 것으로 간주한다. 단, 대리인 또는 변호인이 출정한 때에는 예외로 한다 (제318조 제2항)

② 다음의 경우에는 피고인의 출석 없이 재판이 가능하다.
  ㉠ 피고인이 법인이고 그 대표자나 대리인이 출석하지 아니한 경우(제276조 단서)
  ㉡ 다액 500만원 이하의 벌금 또는 과료에 해당하는 사건(제277조 제1호)
  ㉢ 공소기각 또는 면소의 재판을 할 것이 명백한 사건(제277조 제2호)
  ㉣ 장기 3년 이하의 징역 또는 금고, 다액 500만원을 초과하는 벌금 또는 구류에 해당하는 사건에서 법원이 피고인의 불출석을 허가한 때(제277조 제3호)
  ㉤ 피고인이 출석하지 아니하면 개정하지 못하는 경우에 구속된 피고인이 정당한 사유 없이 출석을 거부하고, 교도관에 의한 인치가 불가능하거나 현저히 곤란하다고 인정되는 때(제277조의2 제1항)
  ㉥ 항소심에서 피고인이 공판기일에 2회 출정하지 아니한 때(제365조)
  ㉦ 약식명령에 대하여 정식재판을 청구한 피고인이 정식재판절차의 공판기일에 2회 출정하지 아니한 때(제458조 제2항, 제365조)
  ㉧ 「소송촉진 등에 관한 특례법」 제23조에 의하여 피고인의 진술 없이 재판할 수 있는 경우

③ 피고인의 출정없이 증거조사를 할 수 있어 증거동의가 간주되는 경우

판례	① 「소송촉진 등에 관한 특례법」 제23조에 따라 법원이 피고인의 출정 없이 증거조사를 하는 경우에는 형사소송법 제318조 제2항에 따른 피고인의 증거동의가 있는 것으로 간주된다(대판 2011.3.10, 2010도15977) [20 변호사시험, 20·16 법원9급, 17 검찰7급, 15 검찰9급] ② 약식명령에 불복하여 정식재판을 청구한 피고인이 정식재판절차에서 2회 불출정하여 피고인의 출정없이 증거조사를 하는 경우는 증거동의가 있는 것으로 간주된다(대판 2010.7.15, 2007도5776) [21 해경채용, 20·13 경찰승진, 20·18 법원9급, 18·17·13 검찰9급, 17 경찰채용, 15·14 해경간부 등]

④ 피고인이 재판장의 허가없이 퇴정한 경우에는 증거동의로 간주된다(판례).

판례	① [1] 필요적 변호사건에서 피고인과 변호인이 재판거부의 의사를 표시하고 재판장의 허가 없이 퇴정한 경우에 피고인의 진의와는 관계없이 증거에 대하여 피고인의 동의가 있는 것으로 간주된다. [2] 필요적 변호사건이라 하여도 피고인이 재판거부의 의사를 표시하고 재판장의 허가 없이 퇴정하였으며 변호인마저 이에 동조하여 퇴정해 버린 경우에는 피고인이나 변호인의 재정 없이도 심리판결 할 수 있다(대판 1991.6.28, 91도865) [20·13 변호사시험, 20·18 경간, 20·17·15·14 경찰채용, 20·14 검찰9급, 18 경찰승진, 18·16 법원9급 등]

2. 간이공판절차의 특칙

① 간이공판절차의 결정이 있는 사건의 증거에 관하여는 증거능력이 인정되지 않는 전문증거에 대하여 당사자의 동의가 있는 것으로 간주한다. 단, 검사·피고인 또는 변호인이 증거로 함에 이의가 있는 때에는 그러하지 아니하다(제318조의3) [21·20·16 변호사시험, 20·18 경간, 20 해경간부, 18 해경채용, 17 검찰9급, 16·14 경찰채용, 16·15 법원9급 등]

㉠ 간이공판절차에서는 검사, 피고인 또는 변호인이 증거로 함에 이의가 없는 한 전문증거에 대하여 동의가 있는 것으로 간주한다.

㉡ 피고인이 공판정에서 공소사실에 대하여 자백하여 간이공판절차의 결정이 내려진 경우라 할지라도 변호인이 전문증거에 대하여 이의를 제기하였다면 증거동의의 효력이 의제되지 아니한다.

VI. 증거동의의 효과

1. 증거능력 인정

① 당사자의 동의가 있으면 제311조~제316조의 요건을 갖추지 않은 전문증거라 하더라도 법원이 진정한 것으로 인정하면 증거능력이 인정된다.

㉠ 당사자가 증거동의하더라도 법원이 진정한 것으로 인정하지 않으면 증거능력이 인정되지 아니한다. [12 경간]

② 증거동의가 있어 증거능력이 인정되더라도 증명력은 여전히 법관의 자유판단에 한다. 또한 증명력(증거가치)이 없는 것은 증거동의를 하더라도 유죄인정의 자료가 될 수 없다.

2. 증거동의의 효력이 미치는 범위

(1) 물적 범위

① **일부동의** : 증거동의는 일부에 대한 동의는 원칙적으로 허용되지 아니하나, 증거가 가분적인 경우에는 일부에 대한 동의도 가능하다. [21 경찰승진]

판례	① 검사 작성의 피고인 아닌 자에 대한 진술조서에 관하여 피고인이 공판정 진술과 배치되는 부분은 부동의한다고 진술한 것은 조사 내용의 특정 부분에 관하여 증거로 함에 동의한다는 특별한 사정이 있는 때와는 달리 그 조서를 증거로 함에 동의하지 아니한다는 취지로 해석하여야 한다(대판 1984.10.10. 84도1552) [19 해경간부, 16 경찰채용] ② [1] 피고인이 제1심 법정에서 경찰의 검증조서 가운데 '범행부분'만 부동의하고 '현장상황 부분'에 대해서는 모두 증거로 함에 동의하였다면, 검증조서 중 '범행상황 부분'만을 증거로 채용할 수 있다. [2] 피고인이 제1심 법정에서 경찰의 검증조서 중 범행에 관한 현장진술 부분에 대해서만 부동의하고 범행현장상황 부분에 대해서는 증거동의한 경우, 위 검증조서 중 동의한 범행현장상황 부분만을 증거로 채용할 수 있다 (대판 1990.7.24. 90도1303) [21 경찰승진, 18 변호사시험]

② **증거동의의 효력범위**

판례	① 변호인이 검사가 공판기일에 제출한 증거 중 뇌물공여자가 작성한 고발장에 대하여는 증거 부동의 의견을 밝히고, 같은 고발장을 첨부문서로 포함하고 있는 검찰주사보 작성의 수사보고에 대하여는 증거에 동의하여 증거조사가 행하여진 경우, 수사보고에 대한 증거동의의 효력은 첨부된 고발장에는 미치지 않는다(대판 2011.7.14. 2011도3809) [21 법학특채, 20 경간, 19 해경채용, 18 검찰7급, 16 변호사시험]

(2) 인적 범위

피고인이 수인인 경우에 증거동의의 효력은 동의한 피고인에게만 미치고, 다른 공동피고인에게는 그 효력이 미치지 않는다. 공동피고인은 각자가 독립하여 반대신문권을 가지기 때문이다.

(3) 시간적 범위

증거동의의 효력은 공판절차의 갱신이 있거나 심급을 달리하는 경우에도 소멸되지 않는다. 1심에서 한 증거동의의 효력은 항소심, 상고심에서도 그 효력이 있다.

판례	① 피고인이 제1심에서 사법경찰관 작성 조서에 대해 증거로 함에 동의하고 증거조사를 마쳤다면, 그 후 항소심에서 범행인정 여부를 다투고 있다 하여도 이미 한 증거동의의 효과에 아무런 영향이 없다(대판 1990.2.13, 89도2366) [19 검찰9급] ② 약식명령에 불복하여 정식재판을 청구한 피고인이 정식재판 절차의 제1심에서 2회 불출정하여 증거동의가 간주된 후 증거조사를 완료한 이상, 비록 피고인이 항소심에 출석하여 간주된 증거동의를 철회 또는 취소한다는 의사표시를 하더라도 증거능력이 상실되는 것은 아니다(대판 2010.7.15, 2007도5776) [19 법원9급, 18 해경간부, 17·13 경찰승진, 17·15·14 경찰채용, 17 검찰9급, 13 검찰7급]

Ⅶ. 증거동의의 철회 및 취소

1. 증거동의의 철회

① 증거동의는 절차의 안정성을 해하지 않는 범위에서 철회가 허용된다.
② 증거동의는 증거조사완료 전까지 그 의사를 철회할 수 있다(판례).

판례	① [1] 피고인은 증거로 할 수 있음에 동의하는 의사표시를 하였더라도 증거조사가 완료되기 전까지 그 의사를 철회할 수 있다. [2] 일단 증거조사가 완료된 뒤에는 취소 또는 철회가 인정되지 아니하므로 취소 또는 철회 이전에 이미 취득한 증거능력은 상실되지 않는다. [3] 검사가 제출한 증거에 대해 피고인이 증거동의 하였다면, **공판기일에서의 증거조사가 완료된 후 피고인이 증거동의의 의사표시를 취소하더라도 이미 취득한 증거능력이 상실된다고 볼 수 없다**(대판 2015.8.27, 2015도3467) [20·18 경간, 19·14·13 해경간부, 18·16·15·14 경찰채용, 18·16 검찰7급, 18·17 법원9급, 17 변호사시험, 16 경찰승진 등]

③ 동의의 철회는 제1심에서 한 증거동의를 제2심에서는 철회할 수 없다.

판례	① [1] 형사소송법 제318조에 규정된 증거동의 의사표시는 증거조사가 완료되기 전까지 취소 또는 철회할 수 있으나 일단 증거조사가 완료된 뒤에는 취소 또는 철회가 인정되지 아니하므로, **제1심에서 한 증거동의를 제2심에서 취소할 수 없다.** [2] 제1심에서 증거동의 간주 후 증거조사를 완료한 이상, 항소심에 출석하여 그 증거동의를 철회 또는 취소한다는 의사표시를 하더라도 그 증거능력이 상실되지 않는다(대판 2005.4.28, 2004도4428) [19·17 검찰9급, 19·18 법원9급, 18·17 해경채용, 17·16 경간, 17 경찰채용] ② [1] 제1심 법원이 간이공판절차에 의하여 상당하다고 인정하는 방법으로 적법하게 증거조사를 한 이상, 항소심에 이르러 피고인이 범행을 부인하더라도 제

> 1심 법원에서 증거로 할 수 있었던 증거는 항소법원에서도 증거로 할 수 있다 [2] 제1심에서 적법하게 간이공판절차에 의하여 상당하다고 인정이 되는 방법으로 증거조사를 한 이상, 항소심에 이르러 범행을 부인한다고 하더라도 제1심에서 이미 증거능력이 있던 증거는 증거능력이 그대로 유지되므로 다시 증거조사를 할 필요가 없다(대판 2005.3.11, 2004도8313) [21 경찰채용, 20 경간, 19 변호사시험, 19 검찰7급, 19 검찰9급, 17 경찰승진, 16 법원9급]

2. 증거동의의 취소

증거동의는 피고인의 유·무죄를 좌우하는 중요한 소송행위이므로 본인에게 귀책사유가 없는 한 중대한 착오나 수사기관의 강박 등의 경우에는 취소가 가능하다.

판례	① (변호인 재정시에 한 피고인의 증거동의) 피고인이 증거동의의 법적 효과에 대하여 잘 모르고 동의한 것이었다고 주장하나 그렇게 볼 만한 자료가 없고 변호인이 공판정에 재정하고 있으면서 피고인이 하는 동의에 대하여 아무런 이의나 취소를 한 사실이 없다면 그 동의에 법률적 하자가 있다고는 할 수 없다(대판 1983.6.28, 83도1019) [18 변호사시험, 16 경찰채용]

03 증명력 관련 문제

제1절 탄핵증거

> **제318조의2(증명력을 다투기 위한 증거)**
> ① 제312조부터 제316조까지의 규정에 따라 증거로 할 수 없는 서류나 진술이라도 공판준비 또는 공판기일에서의 피고인 또는 피고인이 아닌 자(공소제기 전에 피고인을 피의자로 조사하였거나 그 조사에 참여하였던 자를 포함한다. 이하 이 조에서 같다)의 진술의 증명력을 다투기 위하여 증거로 할 수 있다.
> ② 제1항에도 불구하고 피고인 또는 피고인이 아닌 자의 진술을 내용으로 하는 영상녹화물은 공판준비 또는 공판기일에 피고인 또는 피고인이 아닌 자가 진술함에 있어서 기억이 명백하지 아니한 사항에 관하여 기억을 환기시켜야 할 필요가 있다고 인정되는 때에 한하여 피고인 또는 피고인이 아닌 자에게 재생하여 시청하게 할 수 있다.

I. 서 설

1. 의 의

① 탄핵증거란 전문법칙에 의하여 증거능력이 없는 전문증거라도 진술의 증명력을 다투기 위하여 사용될 수 있는 증거를 말한다. 즉, 증거의 증명력을 깎아내리기 위해 사용되는 증거를 말한다.

> (예) 甲이 乙을 강간했다고 기소된 사건에서 목격자 A가 법정에 나와서 "甲이 乙을 강간하는 것을 내가 똑똑히 봤다"고 증언하였다. 이에 피고인측 증인 B가 "목격자 A가 강간현장을 보지 못했고, 또 그 자리에 있지도 않았다고 말하는 것을 들었다"고 증언한 경우에 B의 증언은 탄핵증거가 된다.

② 형사소송법 제318조의2는 "제312조 내지 제316조의 규정에 의하여 증거로 할 수 없는 서류나 진술이라도(증거능력 없는 전문증거라도) 공판준비 또는 공판기일에서의 피고인 또는 피고인 아닌 자의 진술의 증명력을 다투기 위하여는 이를 증거로 할 수 있다."고 규정하여 탄핵증거제도를 인정하고 있다. [20 변호사시험, 17 검찰9급]

③ 탄핵증거제도는 법관으로 하여금 증거가치를 재음미하게 함으로써 증명력 판단의 합리성을 도모할 수 있고, 엄격한 반증절차를 거치지 않아도 증거가치를 판단할 수 있으므로 소송경제에 도움이 된다.

2. 구별개념

진술의 증명력을 다투는 방법에는 탄핵증거 이외에도 반대신문과 반증이 있다.

(1) 반대신문

반대신문은 증인의 증언을 탄핵의 대상으로 하지만, 탄핵증거는 증인의 증언 이외에 증인 이외의 자의 진술도 탄핵의 대상에 포함된다.

(2) 반 증

① 반증은 증거능력 있는 증거를 수단으로 하므로 전문법칙이 적용되지만, 탄핵증거는 증거능력 없는 전문증거를 수단으로 하므로 전문법칙이 적용되지 않는다.
② 반증은 엄격한 증거조사절차를 요하지만, 탄핵증거는 엄격한 증거조사절차를 요하지 않는다.

3. 법적 성격

① 탄핵증거는 범죄사실을 인정하는 증거가 아니라 증거의 증명력을 깎아내리기 위해 사용되는 증거이므로 자유로운 증명이면 족하다.
② 탄핵증거는 전문법칙에 의하여 증거능력이 없는 전문증거라 하더라도 증거로 사용될 수 있다.
③ 탄핵증거에 의하여 탄핵되는 증거의 증명력은 법관의 자유심증주의에 의하므로 탄핵증거는 자유심증주의의 예외가 아니라 이를 보완하는 기능을 갖는다.

Ⅱ. 탄핵증거의 허용범위 및 자격

1. 탄핵증거의 허용범위

① 증거능력이 없는 전문증거를 어느 범위까지 탄핵증거로 사용할 수 있는지에 대하여 한정설(자기모순의 진술), 비한정설(모든 전문증거), 절충설(자기모순의 진술+보조사실), 이원설의 견해대립이 있다.

2. 탄핵증거의 자격

(1) 임의성 없는 자백과 진술

자백배제법칙에 의하여 증거능력이 부정되는 임의성 없는 자백은 탄핵증거로 사용될 수 없다. 임의성 없는 자백의 증거능력은 절대적으로 부정되기 때문이다.

판례	① 사법경찰리 작성의 피고인에 대한 피의자신문조서와 피고인이 작성한 자술서들은 모두 검사가 유죄의 자료로 제출한 증거들로서 피고인이 각 그 내용을 부인하는 이상 증거능력이 없으나, 그러한 증거라 하더라도 피고인의 법정에서의 진술을 **탄핵하기 위한 반대증거로 사용할 수 있다**(대판 1998.2.27. 97도1770) [21·18·17 변호사시험, 21 경찰승진, 20·16·14 경찰채용, 20 검찰9급, 19·14 해경채용, 18 해경간부, 16 법원9급 등]

(2) 성립의 진정이 인정되지 않는 전문서류

판례는 성립의 진정이 인정되지 않은 진술기재서류, 특히 진술자의 서명·날인이 없는 서류에 대해 탄핵증거로 사용할 수 있다고 본다.

판례	① 검사가 유죄의 자료로 제출한 증거들이 그 진정 성립이 인정되지 아니하고 이를 증거로 함에 상대방의 동의가 없더라도, 이는 유죄사실을 인정하는 증거로 사용하는 것이 아닌 이상 공소사실과 양립할 수 없는 사실을 인정하는 자료로 쓸 수 있다고 보아야 한다(대판 1994.11.11. 94도1159) [20 해경간부, 16·14 해경채용]

(3) 위법수집증거

위법하게 수집된 증거는 탄핵증거로 사용할 수 없다.

(4) 공판정 진술 후 자기모순의 진술

증인의 공판정에서의 증언 이후에 수사기관이 그 증인을 신문하여 작성한 진술조서를 증인의 공판정 증언에 대한 탄핵증거로 사용하는 것은 공판중심주의와 공정한 재판의 이념에 반하므로 허용되지 않는다.

(5) 영상녹화물

① 영상녹화물은 탄핵증거로 사용할 수 없다.
   ㉠ 피고인 또는 피고인 아닌 자의 진술을 내용으로 하는 영상녹화물은 공판준비 또는 공판기일에 피고인 진술의 증명력을 다투기 위한 증거로 사용할 수 없다. [19·18·16 해경채용, 18 변호사시험, 18 경찰채용, 18·14·13 경간, 16 해경간부 등]
② 다만, 영상녹화물은 피고인 또는 피고인 아닌 자의 기억환기의 목적으로 사용할 수 있을 뿐이다.
   ㉠ 피고인 또는 피고인이 아닌 자의 진술을 내용으로 하는 영상녹화물은 공판준비 또는 공판기일에 피고인 또는 피고인이 아닌 자가 진술함에 있어서 기억이 명백하지 아니한 사항에 관하여 기억을 환기시켜야 할 필요가 있다고 인정되는 때에 한하여 피고인 또는 피고인이 아닌 자에게 재생하여 시청하게 할 수 있다(제318

조의2 제2항) [21 법학특채, 20·17 경찰승진, 19 해경채용, 15 변호사시험]

ⓛ 제318조의2 제2항에 따른 영상녹화물의 재생은 **검사의 신청이 있는 경우에 한하고**, 기억의 환기가 필요한 피고인 또는 피고인 아닌 자에게만 이를 재생하여 시청하게 하여야 한다(규칙 제134조의5 제1항) [18 변호사시험]

Ⅲ. 탄핵의 대상 및 범위

1. 탄핵의 대상

(1) 진술의 증명력

① 탄핵의 대상은 공판준비 또는 공판기일에서의 피고인 또는 피고인 아닌 자의 진술의 증명력이다. 진술의 증명력이라 함은 진술의 신빙성을 의미한다.
② 진술은 구두에 의한 진술뿐만 아니라 진술을 기재한 서류도 포함된다. 따라서 진술이 서면의 형식으로 증거가 된 경우에는 탄핵의 대상이 된다. [15 경찰승진]

(2) 피고인 또는 피고인 아닌 자의 진술

① 피고인 아닌 자에는 수사절차에서 피의자를 조사하였거나 그 조사에 참여하였던 자의 법정 증언도 증거능력이 없는 서류나 진술로써 탄핵할 수 있는 대상에 포함된다.
② 피고인 아닌 자의 진술에는 공소제기 전 피고인을 피의자로 조사하였거나 그 조사에 참여한 자를 포함한다. [21 법학특채, 15 해경채용]
③ 피고인의 진술도 탄핵대상이 될 수 있다(판례)

판례	① 검사가 유죄의 자료로 제출한 사법경찰리 작성의 피고인에 대한 피의자신문조서는 피고인이 그 내용을 부인하는 이상 증거능력이 없으나, **그것이 임의로 작성된 것이 아니라고 의심할 만한 사정이 없는 한** 피고인의 법정에서의 진술을 탄핵하기 위한 반대증거로 사용할 수 있다(대판 2005.8.19, 2005도2617) [21 경찰채용, 20·13 검찰9급, 19·15 해경채용, 16·14 경찰채용, 16 법원9급, 16 검찰7급, 14 해경간부 등]

(3) 자기측 증인

① 자기측 증인의 증언도 탄핵의 해당이 될 수 있다. 자기측 증인이라 하여 반드시 유리한 증언만 하는 것은 아니기 때문이다.

2. 탄핵의 범위

① 탄핵증거는 진술의 증명력을 다투기 위한 경우에만 허용된다(제318조의2 제1항). 여기서 '증명력을 다투기 위한 경우'란 증인의 신빙성을 공격하여 증거의 증명력을 감쇄시키는 경우를 의미한다.

② 적극적으로 범죄사실이나 그 간접사실을 인정하는 증거로 사용될 수 없다. 그리고 처음부터 증명력을 지지하거나 보강하기 위하여 탄핵증거를 사용하는 것은 허용되지 않는다. [21 법학특채, 15 경찰승진] 다만, 일단 감쇄된 증명력을 회복하는 경우도 증명력을 다투기 위한 것이므로 허용된다(다수설).

판례	① 탄핵증거는 진술의 증명력을 감쇄하기 위하여 인정되는 것이고 범죄사실 또는 그 간접사실을 인정하는 증거로는 허용되지 않는다(대판 2012.10.25, 2011도5459) [20·18 경찰채용, 20 검찰9급, 19 경찰승진, 18 경간, 17 변호사시험, 16 검찰7급, 15 해경채용]
	② 검사가 탄핵증거로 신청한 체포·구속인접견부 사본은 피고인의 부인진술을 탄핵한다는 것이므로 결국 검사에게 입증책임이 있는 공소사실 자체를 입증하기 위한 것에 불과하므로 탄핵증거로 볼 수 없다(대판 2012.10.25, 2011도5459) [20 경찰채용, 19 경찰승진, 18 해경채용, 16 법원9급, 15 검찰7급]
	③ 원심이 피고인이 탄핵증거로 제출한 검사 작성의 A에 대한 진술조서 사본의 진술 기재에 의하여 피해자 B의 상해 부위를 인정하는 듯한 설시를 한 것은 부적절하다(대판 1996.9.6, 95도2945)

③ 증인의 경험, 기억 또는 표현의 정확성 등 증언의 신빙성에 관한 사항 및 증인의 이해관계, 편견 또는 예단 등 증인의 신용성에 관한 사항에 관하여 한다. 다만, 증인의 명예를 해치는 내용의 신문을 하여서는 아니된다(규칙 제77조 제2항)

Ⅳ. 탄핵증거의 조사방법

1. 탄핵증거의 제출

① 탄핵증거는 증명력을 다투어야 할 증거가 제출된 이후에 제출할 수 있다. 따라서 증인의 경우에는 원칙적으로 그 신문이 종료한 후에 탄핵증거를 제출하여야 한다.
② 이 경우 탄핵증거의 어느 부분에 의하여 진술의 어느 부분의 증명력을 다투려고 하는지를 구체적으로 명시하여야 한다.

판례	① 탄핵증거를 제출하는 경우에 증명력을 다투고자 하는 증거의 어느 부분에 의하여 진술의 어느 부분을 다투려고 한다는 것을 사전에 상대방에게 알려야 한다(대판 2005.8.19, 2005도2617) [21·19·15 경찰승진, 20·18 경간, 20·18·16·14·13 경찰채용, 20·17 검찰9급, 19·18 해경채용, 18·17 변호사시험 등]

2. 탄핵증거의 조사방법

탄핵증거는 범죄사실을 인정하는 증거가 아니므로 엄격한 증명의 경우와 같은 정식의 증거조사를 요하지 않는다. 다만, 공판중심주의 원칙상 공판정에서 행해질 것이 요구된다.

판례	① 탄핵증거는 범죄사실을 인정하는 증거가 아니므로 엄격한 증거조사를 거쳐야 할 필요가 없으나, **법정에서 이에 대한 탄핵증거로서의 증거조사는 필요하다**(대판 2005.8.19, 2005도2617) [20·15 검찰7급, 19 경찰승진, 19·18 해경채용, 18·14 경간, 18·16·15 경찰채용, 18·17·13 해경간부, 17 변호사시험 등] ② 비록 증거목록에 기재되지 않았고 증거결정이 있지 아니하였다 하더라도 공판과정에서 그 입증취지가 구체적으로 명시되고 제시까지 된 이상, 그 제시된 증거에 대하여 탄핵증거로서의 증거조사는 이루어졌다고 보아야 할 것이다(대판 2006.5.26, 2005도6271) [21 경찰채용, 21 법학특채, 19·16 해경채용, 17 해경간부, 13 검찰9급]

제2절 자백보강법칙

> **헌법 제12조** ⑦ 정식재판에 있어서 피고인의 자백이 그에게 불리한 유일한 증거일 때에는 이를 유죄의 증거로 삼거나 이를 이유로 처벌할 수 없다.
> **형사소송법 제310조(불이익한 자백의 증거능력)** 피고인의 자백이 그 피고인에게 불이익한 유일의 증거인 때에는 이를 유죄의 증거로 하지 못한다.

I. 서 설

1. 의 의

① 자백보강법칙이란 증거능력이 있고 신빙성이 있는 자백이 있더라도 다른 보강증거가 없으면 법관은 유죄의 판결을 할 수 없다는 원칙을 말한다. 즉, 피고인의 자백이 그 피고인에게 불이익한 유일의 증거인 때에는 법원은 무죄판결을 선고해야 한다.

② 형사소송법 제310조는 '피고인의 자백이 그 피고인에게 불이익한 유일의 증거인 때에는 이를 유죄의 증거로 하지 못한다'고 규정하고 있고, 헌법 제12조 제7항에 '정식재판에 있어서 피고인의 자백이 그에게 불리한 유일한 증거일 때에는 이를 유죄의 증거로 삼거나 이를 이유로 처벌할 수 없다'고 명문으로 규정하고 있다. [19 법학특채]

2. 자유심증주의의 예외

① 법관이 피고인의 자백에 의하여 유죄의 심증을 얻었다 하더라도 보강증거가 없으면 (법관의 심증에 반하여) 유죄판결을 선고할 수 없다는 점에는 이는 자유심증주의에 대한 예외에 해당한다.

3. 취 지

① 허위자백으로 인한 오판의 위험을 방지하고, 형사절차에서 자백편중으로 인하여 발생할 수 있는 인권침해의 폐단을 방지하는 것을 근거로 한다.

Ⅱ. 자백보강법칙의 적용범위

1. 자백보강법칙이 적용되는 절차

① 자백보강법칙은 '정식재판'에 대해서만 적용된다.

② 따라서 정식의 형사사건인 이상 통상의 공판절차는 물론 약식명령과 간이공판절차에서도 자백보강법칙이 적용된다. [18 경찰승진, 15 해경채용]

③ 정식의 형사사건이 아닌 즉결심판과 소년법상 소년보호사건에는 자백보강법칙이 적용되지 않는다. [19·15 해경채용, 19 검찰7급, 18 경찰승진, 18 경찰채용]

  ㉠ 즉결심판이나 소년보호사건에서는 피고인의 자백만을 증거로 범죄사실을 인정할 수 있다(즉, 유죄를 인정할 수 있다) [19 경간, 18 검찰9급, 17 법원9급]

  ㉡ 소년보호사건에 있어서는 비행사실의 일부에 관하여 자백 이외의 다른 증거가 없다 하더라도 법령적용의 착오나 소송절차의 법령위반이 있다고 할 수 없다(대결 1982.10.15, 82모36)

2. 보강을 필요로 하는 자백

(1) 피고인의 자백

① 자백보강법칙은 피고인의 자백에 대해서만 적용된다. 따라서 증인의 증언, 참고인의 진술 등은 적용되지 않는다.

② 그러나 반드시 피고인의 지위에서 한 자백에 한정되지 않고, 피고인·피의자·참고인 등 자백당시의 지위는 불문한다.

③ 자백의 상대방도 수사기관·사인을 불문하고, 그 방법도 구두·서면을 불문한다.
  (예) 자백의 내용이 적힌 진술서나 일기장, 수첩 등도 자백이다.

④ 피고인의 공판정에서의 자백도 자백보강법칙이 적용된다(대판 1966.7.26, 66도634) [21 법학특채, 19 해경채용, 17·15 법원9급]

⑤ **보강의 전제조건** : 피고인의 자백이 증거능력이 있고, 신빙성이 인정되어야만 자백보강법칙이 적용된다. 따라서 증거능력이 없는 자백은 보강증거가 있더라도 유죄의 증거가 될 수 없다.

(2) 공범자(공동피고인)의 자백

① **공범자의 자백의 증거능력**

공범인 공동피고인의 공판정에서의 자백은 다른 공동피고인에 대한 공소사실을 유죄로 인정하는 증거로 사용할 수 있다(판례)

판례	① **(공범자의 자백 ≠ 피고인 자백)** [1] 형사소송법 제310조 소정의 "피고인의 자백"에 공범인 공동피고인의 진술은 포함되지 않는다. [2] 공범인 공동피고인의 진술은 다른 공동피고인에 대한 범죄사실을 인정하는 증거로 할 수 있는 것일 뿐만 아니라 공범인 공동피고인들의 각 진술은 상호간에 서로 보강증거가 될 수 있다. [3] 공범인 공동피고인의 진술은 다른 공동피고인의 자백에 대한 보강증거가 될 수 있다(대판 1990.10.30, 90도1939) [21·14 법원9급, 20·19·16·13 변호사시험, 18 경찰승진, 18 검찰7급, 17 경간, 19·16·15·14 경찰채용, 16 검찰9급, 15·14 해경간부] ② 형사소송법 제310조의 '피고인의 자백'에는 공범인 공동피고인의 진술은 포함되지 않으며, 이러한 공동피고인의 진술은 독립한 증거능력이 있다 (대판 1992.7.28, 92도917) [18 경찰채용, 15·13 검찰7급] ③ 공동피고인의 자백은 피고인들간에 이해관계가 상반된다 하더라도 독립한 증거능력이 있다[즉, 피고인의 자백에 대한 보강증거가 될 수 있다] (대판 2006.5.11, 2006도1944) [20 경찰승진, 19 검찰9급, 19 해경간부, 17 법원9급, 17 검찰7급]

② **공범자의 자백의 증명력**

피고인의 공범자의 자백이 피고인의 공소사실에 관한 유일한 증거인 경우에 공범자의 자백만으로 피고인에게 유죄를 인정할 수 있다(판례).

판례	① 형사소송법 제310조의 '피고인의 자백'에는 공범인 공동피고인의 진술이 포함되지 아니하므로, 공범인 공동피고인의 진술은 다른 공동피고인에 대한 범죄사실을 인정하는 데 있어서 증거로 쓸 수 있고, 그에 대한 보강증거의 여부는 법관의 자유심증에 맡긴다(대판 1985.3.9, 85도951) [20·19·16 변호사시험, 18 검찰7급, 17 경간, 16 경찰채용] ② 공범인 피고인들의 각 자백은 상호보강증거가 되므로 그들의 자백만으로 범죄사실을 인정하였다 하여 보강증거없이 자백만으로 범죄사실을 인정한 위법이 있다 할 수 없다(대판 1983.6.28, 83도1111)

③ **사 례**

사례	[사례 1] 甲과 乙은 공동으로 丙을 살해하였다는 공소사실로 기소되어 공동피고인으로 재판을 받고 있다. 공판정에서 甲은 범죄사실을 자백하였으나 乙은 범죄사실을 부인하고 있고, 다른 보강증거가 없는 상황이다. [해설] ① 甲의 경우 : 보강증거가 없기 때문에 무죄를 선고하여야 한다. ② 乙의 경우 : 보강증거가 없더라도 甲의 자백에 의하여 유죄의 심증을 얻었다면 유죄를 선고할 수 있다.

[사례 2] 甲과 乙은 공동으로 丙을 살해하였다는 공소사실로 기소되어 공동피고인으로 재판을 받고 있다. 공판정에서 甲과 乙 모두 범죄사실을 자백하였으나, 다른 보강증거가 없는 상황이다.

[해설]
① 공범 모두 자백한 경우에는 그들 자백은 상호간의 보강증거가 될 수 있으므로 법원은 甲과 乙 모두에게 유죄를 선고할 수 있다.

Ⅲ. 보강증거의 자격

1. 일반적 자격

(1) 증거능력의 존재
① 보강증거는 자백의 증명력을 보강하여 유죄판결을 가능하게 하는 증거이므로 증거능력을 갖추고 있어야 한다.
② 따라서 전문증거는 전문법칙의 예외의 경우를 제외하고는 보강증거로 사용할 수 없고, 위법수집증거도 보강증거가 될 수 없다.

(2) 독립증거
① 보강증거는 피고인의 자백과는 실질적으로 독립된 증거가치를 가져야 한다.
② 보강증거는 직접증거가 아닌 간접증거나 정황증거도 보강증거가 될 수 있다.

판례	① 자백에 대한 보강증거는 직접증거가 아닌 간접증거나 정황증거도 보강증거가 될 수 있다(대판 2011.9.29, 2011도8015) [20·15·13 경찰채용, 18·17 해경간부, 17·16 경찰승진, 17 검찰7급, 16 검찰9급, 14 경간 등]

③ 증거능력 있고 독립된 증거인 이상 인증·서증·물증을 불문하고 자백에 대한 보강증거가 될 수 있다.

보강 증거 ○	① 피고인이 '위조한 신분증을 제시하여 행사하였다'고 자백하고 있는 때에 그 신분증의 현존은 자백을 보강하는 간접증거가 된다(대판 1983.2.22, 82도3107) [20 경찰채용, 18 해경채용, 18 검찰9급, 15 경찰승진, 14·13 해경간부] ② 뇌물공여의 상대방인 공무원이 뇌물을 수수한 사실을 부인하면서도 그 일시 경에 뇌물공여자를 만났던 사실 및 공무에 관한 청탁을 받기도 한 사실 자체는 시인하였다면, 이는 뇌물을 공여하였다는 뇌물공여자의 자백에 대한 보강증거가 될 수 있다(대판 1995.6.30, 94도993) [20 경찰승진, 16 경찰채용, 14 변호사시험]

③ 2010년 2월 18일 01:35경 자동차를 타고 온 피고인으로부터 필로폰을 건네받은 후 피고인이 위 차량을 운전해 갔다고 한 甲의 진술과 2010년 2월 20일 피고인으로부터 채취한 소변에서 나온 필로폰 양성 반응은, 피고인이 2010년 2월 18일 02:00경의 필로폰 투약으로 정상적으로 운전하지 못할 우려가 있는 상태에 있었다는 도로교통법위반 공소사실 부분에 대한 자백을 보강하는 증거가 되기에 충분하다(대판 2010.12.23, 2010도11272) [19 법원9급, 18 변호사시험, 17 경찰채용]

④ **자동차등록증에 차량의 소유자가 피고인으로 등록·기재된 사실**은 피고인이 그 차량을 운전하였다는 사실의 자백 부분에 대한 보강증거가 될 수 있고, 결과적으로 피고인의 무면허운전이라는 전체 범죄사실의 보강증거가 될 수 있다(대판 2000.9.26, 2000도2365) [19 검찰7급, 19 법원9급, 16 경찰채용]

⑤ 「국가보안법」상 회합죄를 피고인이 자백하는 경우, 회합 당시 상대방으로부터 받았다는 명함의 현존은 보강증거로 될 수 있다(대판 1990.6.22, 90도741) [18 변호사시험]

⑥ "가정불화로 유아를 살해하였다"는 자백에 대하여 낙태를 시키려 한 정황적 사실과 피해자의 사체의 존재는 보강증거가 될 수 있다(대판 1960.3.18, 59도880) [15 경찰승진, 14 해경간부]

⑦ 뇌물수수자가 무자격자인 뇌물공여자로 하여금 건축공사를 하도급 받도록 알선하고 그 하도급계약을 승인받을 수 있도록 하였으며, 공사와 관련된 각종의 편의를 제공한 사실을 인정할 수 있는 증거들은 뇌물공여자의 자백에 대한 보강증거가 될 수 있다(대판 1998.12.22, 98도2890) [17 경찰채용]

⑧ 현행범 체포 당시 임의제출 방식으로 압수된 피고인 소유 휴대전화기에 대한 압수조서 중 '압수경위'란에 기재된 내용에 피고인이 범행을 저지르는 현장을 직접 목격한 사람의 진술이 포함되어 있다면, 그 내용은 휴대전화기에 대한 임의제출 절차가 적법하였는지에 영향을 받지 않는 별개의 독립적인 증거에 해당하므로, 피고인이 증거로 함에 동의한 이상 유죄를 인정하기 위한 증거로 사용할 수 있다(대판 2019.11.14, 2019도13290) [20 검찰9급]

| 보강증거 ○ | ① 야간주거침입절도 자백에 대한 압수된 피해품의 현존사실은 자백의 보강증거가 될 수 있다(대판 1985.6.25, 85도848) [14 해경간부]
② '피고인 甲에게서 손목시계를 받은 사실은 있으나 장물인 정은 전혀 몰랐다'는 내용의 피고인 乙의 진술이 기재된 위 피고인에 대한 경찰 피의자신문조서는 피고인 乙이 내용을 부인하더라도 피고인 甲이 증거동의하는 이상 피고인 甲에 대한 공소사실을 인정하는 보강증거로 쓸 수 있다(대판 1985.11.12, 85도1838) [13 해경간부]
③ 오토바이를 절취당한 피해자로부터 오토바이가 세워져 있다는 신고를 받고 그 곳에 출동한 경찰관이 잠복근무하다가 피고인이 오토바이의 시동을 걸려는 것을 보고 그를 즉시 체포하면서 그로부터 오토바이를 압수하였다는 사법경찰리 작성의 압수조서의 기재는 피고인이 운전면허가 없다는 사실에 대한 직접적인 보강증거는 아니지만 오토바이를 운전하였다는 사실의 자백 부분에 대한 보강증거는 되는 것이므로 결과적으로 피고인이 운전면허 없이 운전하였다는 전체 범죄사실의 보강증거로 충분하다(대판 1994.9.30, 94도1146)
④ 기소된 대마 흡연일자로부터 한 달 후 피고인의 주거지에서 압수된 대마 잎이 피고인의 자백에 대한 보강증거가 된다(대판 2007.9.20, 2007도5845)
⑤ "부동산을 매수하면서 부족한 매수자금을 마련하기 위해 횡령 범행을 저질렀다"는 자백에 대한 '부동산등기부등본, 수사보고(압수·수색·검증영장 집행 결과 보고), 횡령 및 반환 일시 거래내역, 수사보고(계좌 영장집행 결과 보고), 계좌거래내역, 사실확인서'의 현존 [업무상횡령죄] (대판 2017.12.28, 2017도17628)
⑥ "공문서인 형사민원사무처리부의 기재 내용을 변조하였다"는 자백에 대한 '피고인이 변조하였다는 내용이 기재되어 있는 형사민원사무처리부'의 현존 [공문서변조죄] (대판 2001.9.28, 2001도4091)
⑦ 뇌물수수 자백에 대한 '(뇌물의 주요 사용처에 관하여) 친구인 甲과 함께 양평 소재의 토지 및 잠실 1단지 상가 구입자금으로 사용하였다'는 피고인의 진술과 일치하는 내용의 甲 작성 진술서 [특가법위반(뇌물)] (대판 2010.4.29, 2010도2556)
⑧ "부지를 낙찰 받을 수 있도록 도와달라는 부탁을 받고 공매업무 담당자 소개 및 공매관련 정보를 제공하겠다는 명목으로 피해자로부터 2,500만원을 송금받아 공무원이 취급하는 사건에 관하여 알선을 한다는 명목으로 금품을 받았다"는 자백에 대한 '피고인이 우선 5,000만원을 넣어두면 나중에 낙찰이 되었을 때 계약금으로 사용하겠으니 돈을 보내라고 하면서 쪽지에 계좌번호를 적어 주었습니다. 그래서 돈이 되는 대로 2,500만원을 만들어 |

보낸 것입니다'라는 내용의 피해자의 진술 [변호사법위반] (대판 2006.1.27. 2005도8704)

⑨ 히로뽕 6g를 소지하며 그 중에서 0.15g를 투약하고 0.85g를 매매한 죄로 기소된 사안에서, 구체적 사정에 비추어 히로뽕, 주사기, 상당량의 자기앞 수표 등에 대한 압수조서가 투약에 소비된 양과 압수된 양(4.8g)을 넘는 부분의 히로뽕 소지 및 매매사실에 관하여도 자백의 보강증거가 될 수 있다(대판 1997.4.11. 97도470)

⑩ "2015.12.28. 乙을 통하여 메트암페타민 0.7g을 수령하여 그 중 일부는 乙에게 무상으로 교부하였고 남은 것은 당일 모텔에서 투약하고 그 다음 날 이어서 투약하였다"라는 피고인 甲 자백에 대한 "乙은 2015.12.28. 甲의 지시에 따라 버스를 통하여 운송된 메트암페타민이 담긴 쇼핑백을 받아 甲에게 이를 전달하고 그 즉시 메트암페타민의 일부를 무상으로 교부받았는데 甲과 함께 모텔에 갔다가 바로 집으로 돌아왔고 甲은 모텔에 그대로 남았다"라는 내용의 乙에 대한 경찰 피의자신문조서사본과 검찰 진술조서 (대판 2017.6.8. 2017도4827)

⑪ "히로뽕 0.03g을 투약하였다"는 피고인 甲 자백에 대한 '피고인 甲이 체포될 때 압수된 히로뽕 87g'의 현존과 '피고인 甲에게 히로뽕 87.03g을 교부하였다'는 공동피고인 乙의 법정 자백(대판 2004.5.14. 2004도1066)

⑫ "1995년 1월 17일 메스암페타민 0.03g을 각 투약하고, 1995년 1월 18일 메스암페타민 9.04g을 매수하였다"는 자백에 대한 '피고인이 검거된 1995년 1월 18일에 채취한 피고인의 소변에서 메스암페타민 양성반응이 나왔다'는 내용의 감정회보의뢰서와 '피고인으로부터 검거 당시 압수된 메스암페타민 7.94g'의 현존(대판 1996.2.13. 95도1794)

④ 비록 독립된 증거이지만 그 증거와 피고인의 자백을 합쳐 보아도 자백이 진실한 것이라고 인정하기에 부족한 경우에는 보강증거가 될 수 없다.

보강 증거 ×	① "1994년 6월 중순, 7월 중순, 10월 중순, 11월 20일에 각 메스암페타민 0.03g을 투약하였다"는 자백에 대한 '피고인이 검거된 1995년 1월 18일에 채취한 소변에서 메스암페타민 양성반응이 나왔다'는 내용의 감정회보의뢰서와 '피고인으로부터 검거 당시 압수된 메스암페타민 7.94g'의 현존 [마약법위반] (대판 1996.2.13. 95도1794) ② "봉고화물차 1대를 절취한 후 甲과 합동하여 길가에 지나는 성명불상인이 들고 가는 손가방 1개를 낚아채어 절취하였다"는 자백에 대한 '(봉고화물차 소유자) 乙은 1985. 4.30. 22:00경 자기집 앞에 세워 둔 봉고화물차 1대를 도난당하였다'는 내용의 사법경찰관사무취급 작성 乙에 대한 진술조서 [손가방에 대한 절도죄] (대판 1986.2.25. 85도2656)

⑤ 공소사실의 객관적 부분과는 관련이 없는 범행의 동기에 관한 정황증거는 보강증거가 될 수 없다.

보강 증거 ×	① 피고인이 주거침입의 범행을 자백하는 때에 주거침입행위의 동기에 관한 참고인의 전문진술이 제출된 경우에 위 증거는 공소사실의 객관적 부분인 주거침입, 점거사실과는 관련이 없는 범행의 침입동기에 관한 정황증거에 지나지 않으므로 위 증거는 자백에 대한 보강증거가 될 수 없다(대판 1990. 12. 7. 90도2010) [18 해경채용, 14 검찰7급]

(3) 피고인의 자백

① 피고인의 자백은 자백에 대한 독립증거가 아니므로 보강증거가 될 수 없다. 즉, 자백을 자백으로 보강할 수는 없다.
  ㉠ 피고인의 공판정 외의 자백으로 공판정 자백을 보강할 수 없고, 서면에 의한 자백으로 구두에 의한 자백을 보강할 수 없다.
  ㉡ 피고인의 자백을 들은 자의 진술, 피고인이 작성한 일기장·수첩·메모 등은 자백에 대한 보강증거가 될 수 없다.

판례	① 피고인의 법정에서의 진술과 피고인에 대한 검찰 피의자신문조서의 진술 기재들은 피고인의 법정 및 검찰에서의 자백으로서 형사소송법 제310조에서 규정하는 자백의 개념에 포함되어 그 자백만으로는 유죄의 증거로 삼을 수 없다(대판 2008. 2. 14. 2007도10937) [16·13 변호사시험] ② [1] 피고인의 자백을 내용으로 하는 피고인 아닌 자의 진술은 피고인의 자백에 대한 보강증거가 될 수 없다. [2] "피고인이 범행을 자인하는 것을 들었다"는 피고인 아닌 자의 진술내용은 형사소송법 제310조의 피고인의 자백에는 포함되지 아니하나, 이는 피고인의 자백의 보강증거로 될 수 없다(대판 2008. 2. 14. 2007도10937) [20·19·18 경찰승진, 20·19·16 검찰7급, 18·16·15 경찰채용, 18 검찰9급, 17 변호사시험, 17·15 법원9급, 17·16 해경간부 등]

② 증거능력이 있더라도 그것이 실질상 자백이면 보강증거가 될 수 없다. [19 변호사시험]
③ 상업장부·항해일지·진료일지·금전출납부 등 사무 내역을 기재한 문서는 자백에 대한 보강증거가 될 수 있다.

판례	① [1] 상업장부나 항해일지, 진료일지 등의 경우 그 문서가 우연히 피고인이 작성하였고 그 문서의 내용 중 피고인의 범죄사실의 존재를 추론해 낼 수 있는 공소사실에 일부 부합되는 사실의 기재가 있다 하더라도 피고인이 범죄사실을 자백하는 문서라고 볼 수 없다. [2] 상업장부나 금전출납부 등과 같이 범죄사실의 인정 여부와는 관계없이 우연히 피고인이 자기에게 맡겨진 사무를 처리한 사무 내역을 그때그때 계속적·기계적으로 기재한 문서라면 공소사실에 일부 부합되는 사실의 기재가 있다 하더라도 이는 피고인이 범죄사실을 자백하는 문서라고 볼 수 없다. [3] 피고인이 업무추진 과정에서 그 업무수행에 필요한 자금을 지출하면서, 스스로 지출한 자금내역을 자료로 남겨두기 위하여 뇌물자금과 기타 자금을 구별하지 아니하고 그 지출 일시, 금액, 상대방 등의 내역을 계속적·기계적으로 기입한 수첩의 기재내용은 피고인의 자백에 대한 보강증거가 될 수 있다. [4] 피고인이 **업무상 사무처리 내역을 기재한 수첩의 기재내용**은 피고인의 자백에 대한 보강증거가 될 수 있다. [5] 상업장부, 항해일지 등 사무처리 내역을 그때마다 계속적·기계적으로 기재한 문서는 피고인 자백에 대한 보강증거가 될 수 있다. [6] 금전출납부 등과 같이 자기에게 맡겨진 사무를 처리한 사무내역을 그때그때 계속적, 기계적으로 기재한 문서의 경우는 그 존재 자체 및 기재가 그러한 내용의 사무가 처리되었음의 여부를 판단할 수 있는 별개의 독립된 증거자료이므로, **피고인이 우연히 작성한 그 문서의 내용 중 공소사실에 일부 부합되는 사실의 기재가 있다면 피고인의 자백에 대한 보강증거가 될 수 있다**(대판 1996.10.17, 94도2865 전원합의체) [19·14 변호사시험, 19·16·13 해경간부, 18·14 경간, 18 경찰채용, 18 검찰7급, 17·16·15·13 경찰승진, 16 검찰9급 등]

2. 공범자의 자백

① 공범자 모두 자백한 경우에는 그들의 자백은 상호간의 보강증거가 될 수 있다(판례)
  ㉠ 공범인 甲과 乙이 모두 자백하였으나 다른 증거가 없는 경우에 甲과 乙 모두 유죄를 선고할 수 있다.

판례	① 공동피고인의 자백은 이에 대한 피고인의 반대신문권이 보장되어 있어 증인으로 신문한 경우와 다를 바 없으므로 독립한 증거능력이 있다(대판 2007.10.11, 2007도5577) [21·20·19·17 변호사시험, 20·17 경간, 20·18 경찰승진, 20 해경채용, 18 경찰채용, 15 해경간부 등] ② 공범인 공동피고인의 진술은 다른 공동피고인에 대한 범죄사실을 인정하는 증거로 할 수 있는 것일 뿐만 아니라 공범인 공동피고인들의 각 진술은 상호간에 서로 보강증거가 될 수 있다(대판 1997.1.21, 96도2715) [19·17·16 경찰승진, 19·16·15 경찰채용, 17·16 검찰9급, 15 법원9급]

③ [1] 피고인이 자백한 상황에서 나머지 2명의 공동피고인 중 한 사람이 자백하였으나 다른 한 사람이 부인하는 경우에 공동피고인 중의 한 사람이 자백은 피고인의 자백에 대한 보강증거가 된다.
[2] 甲, 乙, 丙이 공모하여 타인의 재물을 편취한 범죄사실로 기소된 사건에서, 피고인 甲과 공동피고인 乙이 범죄사실을 자백하고 공동피고인 丙은 범죄사실을 부인하는 경우에 乙의 자백을 甲의 자백에 대한 보강증거로 사용할 수 있다(대판 1968.3.19, 68도43) [20 해경채용, 17·13 변호사시험]

Ⅳ. 보강증거의 범위

1. 보강증거가 필요한 범위

자백한 범죄사실의 전부에 대해서 보강증거를 요하는 것은 사실상 불가능하기 때문에 자백한 사실 중 어느 범위까지 보강증거가 필요한가의 문제이다.

(1) 학 설
① **진실성담보설(판례)** : 보강증거는 자백의 진실성을 담보하는 정도면 족하다는 견해이다.
② **죄체설** : 객관적 범죄사실인 죄체(罪體 ; 범죄사실의 객관적 측면, 누구인가의 위법·유책한 범죄행위에 의하여 발생한 법익의 침해)의 전부 또는 중요부분에 대한 보강증거가 필요하다는 견해이다.

(2) 판 례
① 판례는 진실성담보설의 입장이다.
㉠ 자백과 보강증거 사이에 어느 정도의 차이가 있어도 중요부분이 일치하고 그로써 **진실성이 담보되면** 보강증거로서의 자격이 있다고 보아야 할 것이다(대판 2008.5.29, 2008도2343)

| 판례 | ① [1] 자백에 대한 보강증거는 범죄사실의 전부 또는 중요부분을 인정할 수 있는 정도가 되지 아니하더라도 피고인의 자백이 가공적인 것이 아닌 **진실한 것임을 인정할 수 있는 정도만 되면 족할 뿐이다.**
[2] 또한 자백과 보강증거가 서로 어울러서 전체로서 범죄사실을 인정할 수 있으면 유죄의 증거로 충분하다(대판 2011.9.29, 2011도8015) [20·19·18·17·16 경찰채용, 20·14·13 경간, 19 변호사시험, 19·18·17·16 경찰승진, 18 해경간부, 17·16 검찰7급, 16 검찰9급, 15 해경채용 등]
② 자백에 대한 보강증거는 피고인의 임의적인 자백사실이 가공적인 것이 아니고 진실하다고 인정될 정도의 증거이면 **직접증거이거나 간접증거이거나 보강증거능력이 있다** 할 것이고, 반드시 그 증거만으로 객관적 구성요 |

건에 해당하는 사실을 인정할 수 있는 정도의 것임을 요하는 것이 아니다 (대판 1983.2.22, 82도3107) [16 경찰채용]

| 보강
증거
○ | ① [1] 피고인이 피해자의 재물을 절취하려다가 미수에 그쳤다는 내용의 공소사실을 자백한 경우, **피고인을 현행범인으로 체포한 피해자가 수사기관에서 한 진술 또는 현장사진이 첨부된 수사보고서**는 피고인 자백의 진실성을 담보하기에 충분한 보강증거가 될 수 있다.
[2] **범행에 사용된 노루발못뽑이와 손괴된 쇠창살의 모습이 촬영되어 수사보고서에 첨부된 현장사진**은 형법 제331조 제1항(야간손괴침입절도)의 죄에 관한 피고인의 자백에 대한 보강증거로 인정될 수 있다(대판 2011.9.29, 2011도8015) [20 경간, 19 경찰승진, 19 해경채용, 17 경찰채용, 16 변호사시험, 16 검찰7급]
② 피고인은 다세대주택의 여러 세대에서 7건의 절도행위를 한 것으로 기소되었는데 그 중 4건은 범행장소인 구체적 호수가 특정되지 않은 경우, 위 4건에 관한 피고인의 범행관련 진술이 매우 사실적·구체적·합리적이고 진술의 신빙성을 의심할 만한 사유도 없어 자백의 진실성이 인정된다면 **피고인의 집에서 해당 피해품을 압수한 압수조서와 압수물 사진**은 위 자백에 대한 보강증거가 된다(대판 2008.5.29, 2008도2343) [19 법원9급, 19 해경간부, 17 경찰승진, 17 경찰채용]
③ 피고인이 마약류취급자가 아님에도 향정신성의약품인 러미라를 甲에게 제공하고, 스스로 투약하였다고 하여 마약류 관리에 관한 법률 위반(향정)으로 기소된 사안에서, 피고인이 乙로부터 수수한 러미라를 투약하고 甲에게 제공하였다는 자백의 임의성이 인정되고, 乙에 대한 검찰 진술조서 등은 자백의 진실성을 담보하기에 충분하다(대판 2018.3.15, 2017도20247)
④ 메스암페타민을 甲에게 매도하였다는 乙의 진술이 메스암페타민 투약사실에 관한 피고인 甲의 자백에 대한 보강증거로서 충분하다(대판 2008.11.27, 2008도7883)
⑤ 자신이 운영하는 게임장에서 미등급 게임기를 판매·유통시켰다는 공소사실에 대하여 경찰 및 제1심 법정에서 자백한 후 이를 다시 번복한 사안에서, 미등급 게임기가 설치된 게임장 내부 사진 및 피고인 명의의 게임제공업자등록증 등의 증거가 자백의 진실성을 담보하기에 충분한 보강증거가 된다(대판 2008.9.25, 2008도6045) |

2. 보강증거의 필요여부

(1) 범죄사실

① 보강증거는 자백한 범죄의 '**객관적 구성요건 사실**'에 한해서만 필요로 한다.
② **범죄의 주관적 요소** : 고의나 목적 등 주관적 구성요건요소는 보강증거 없이 자백만으로 인정할 수 있다. [17 법원9급]

판례	① 고의는 자백만으로도 인정할 수 있다(대판 1961.8.16, 61도171) [17 법원9급, 15 해경간부]

③ **구성요건사실 이외의 사실** : 처벌조건이나 전과 등의 사실은 보강증거 없이도 피고인의 자백만으로 이를 인정할 수 있다. [14 법원9급, 13 경찰승진]

판례	① [1] 전과에 관한 사실을 보강증거 없이 피고인의 자백만으로 이를 인정할 수 있다. [2] 전과에 관한 사실은 누범가중의 사유가 되는 경우에도 피고인의 자백만으로 인정할 수 있다(대판 1979.8.21, 79도1528) [20 경찰승진, 18 변호사시험, 15·13 경간, 14 법원9급] ② 확정판결은 엄격한 의미의 범죄사실과는 구별되는 것이어서 피고인의 자백만으로도 그 존부를 인정할 수 있다(대판 1983.8.23, 83도820) [13 경찰승진]

(2) 죄수와 보강증거

① **실체적 경합범** : 실체적 경합범은 수죄이므로 개개의 범죄에 대하여 각각 보강증거가 필요하다.

판례	① 실체적 경합범은 각 범죄사실에 관하여 자백에 대한 보강증거가 있어야 한다(대판 2008.2.14, 2007도10937) [20 검찰7급, 18 변호사시험, 16 경찰승진] ② '피고인이 필로폰을 매수하면서 그 대금을 은행계좌로 송금한 사실'에 대한 압수·수색검증영장 집행보고는 필로폰 매수행위와 실체적 경합범 관계에 있는 필로폰 투약행위에 대한 보강증거는 될 수 없다(대판 2008.2.14, 2007도10937) [20 경간, 19 경찰승진, 19 해경채용, 19 법원9급, 16 검찰9급] ③ 2000년 10월 19일 채취한 소변에 대한 검사결과 메스암페타민 성분이 검출된 경우, 위 소변검사결과는 2000년 10월 17일 메스암페타민을 투약하였다는 자백에 대한 보강증거가 될 수 있음은 물론 같은 10월 13일 메스암페타민을 투약하였다는 자백에 대한 보강증거도 될 수 있다(대판 2002.1.8, 2001도1897) ※ 보강증거가 독립된 2개의 범죄행위와 모두 관련이 있는 경우에는 1개의 보강증거로 2개의 자백의 보강증거가 될 수 있다.

② **상상적 경합범** : 상상적 경합범의 경우 각 범죄에 대하여 보강증거가 필요하다는 견해와, 어느 하나에만 보강증거가 있으면 족하다는 견해가 대립한다.
③ **포괄일죄** : 개별적인 행위가 구성요건상 독립된 의미를 가지는 경우(상습범 등)에 한하여 개별적인 보강증거를 요한다(판례).

판례	① 피고인의 습벽을 범죄구성요건으로 하는 포괄일죄인 상습범에 있어서도 이를 구성하는 각 행위에 관하여 개별적으로 보강증거가 필요하다(대판 1996.2.13, 95도1794) [21·19·15 해경채용, 20·15·13 경간, 19 검찰7급, 18 변호사시험, 17·15 해경간부, 13 경찰승진 등] ② 약 3개월에 걸쳐 8회의 도박을 하였다는 혐의로 검사가 피고인에 대해 상습도박죄로 기소한 경우, 총 8회의 도박 중 3회의 도박사실에 대해서는 피고인의 자백 외에 보강증거가 없는 경우에 법원은 그 3회의 도박행위를 제외한 나머지 5회의 도박행위에 대하여만 유죄판결을 선고할 수 있다(대판 1996.2.13, 95도1794) [18 변호사시험]

V. 자백보강법칙 위반의 효과

① 자백을 유일한 증거로 하여 유죄판결을 선고한 경우 이는 헌법위반이자 법률위반으로 상소의 이유가 되고 그 판결이 확정된 경우에는 판결의 법령위반으로 비상상고의 이유가 된다.

판례	① [1] 보강증거가 없이 피고인의 자백만을 근거로 공소사실을 유죄로 판단한 경우에는 그 자체로 판결 결과에 영향을 미친 위법이 있는 것으로 보아야 한다. [2] 제1심법원이 증거의 요지에서 피고인의 자백을 뒷받침할 만한 보강증거를 거시하지 않았음에도, 항소심이 적법하게 증거조사를 마쳐 채택한 증거들로 피고인의 자백을 뒷받침하기에 충분하므로 제1심법원의 잘못이 판결 결과에 아무런 영향을 미치지 않았다고 하여 이를 유지한 것은 위법하다(대판 2007.11.29, 2007도7835) [15 경찰채용]

② 무죄를 인정할 증거가 새로 발견된 경우가 아니므로 재심의 사유는 되지 아니한다.

제3절 공판조서의 증명력

제56조(공판조서의 증명력) 공판기일의 소송절차로서 공판조서에 기재된 것은 그 조서만으로써 증명한다.

I. 서 설

1. 공판조서의 의의

① 공판조서는 공판기일의 소송절차를 기재한 조서를 말한다.

② 공판조서는 법원이 작성한 조서이고 정확성을 담보하는 제도적 장치들에 의하여 신용성이 매우 높다. 따라서 형사소송법은 공판조서를 증거능력뿐만 아니라 증명력에서도 특별히 취급하고 있다.

③ 공판조서는 법원 면전 조서로서 절대적으로 증거능력이 인정될 뿐더러(제311조), 소송절차에 관한 사항에 대해서는 절대적 증명력도 인정된다(제56조)

2. 공판조서의 배타적 증명력(절대적 증명력)

① 공판기일의 소송절차로서 공판조서에 기재된 것은 그 조서만으로써 증명한다(제56조). 여기에서 '조서만으로써 증명한다'라는 의미는 공판조서 이외의 증거를 참작하거나 반증을 허용하지 않는다는 의미이다. 이를 공판조서의 배타적 증명력(절대적 증명력)이라고 한다.

판례	① 공판조서의 기재가 명백한 오기인 경우를 제외하고는 공판기일의 소송절차로서 공판조서에 기재된 것은 조서만으로써 증명하여야 하고, 그 증명력은 공판조서 이외의 자료에 의한 반증이 허용되지 않는 절대적인 것이다(대판 2015. 8.27, 2015도3467) [20·14 경간, 20 해경간부, 19·17 변호사시험, 19·18 법원9급, 18 경찰승진, 18 해경채용] ② 공판기일에 검사가 제출한 증거에 관하여 동의 또는 진정성립 여부 등에 관한 피고인의 의견이 증거목록에 기재된 경우에 그 증거목록의 기재는 공판조서의 일부로서 명백한 오기가 아닌 이상 절대적인 증명력을 가진다(대판 2015.8.27, 2015도3467) [20 경간, 20 검찰7급, 19 변호사시험, 18 경찰승진, 18 법원9급] ③ 공판조서의 기재가 명백한 오기인지 여부는 원칙적으로는 공판조서만으로 판단하여야 할 것이지만, 공판조서가 아니더라도 당해 공판절차에 제출되어 공판기록에 편철되거나 법원이 직무상 용이하게 확인할 수 있는 자료 중에서 신빙성 있는 객관적 자료에 의하여 판단을 할 수 있다(대판 2010.7.22, 2007도3514)

② 법관은 공판기일의 소송절차에 관한 것은 심증 여하를 불문하고 공판조서에 기재된 대로 인정해야 하므로 자유심증주의의 예외에 해당한다.

③ 공판조서에 배타적 증명력을 인정하는 취지는 상소심에서 공판절차 진행의 적법여부를 둘러싼 분쟁 때문에 상소심의 심리가 지연되는 것을 방지하는데 그 목적이 있다. 즉 상소심에서 원심 공판절차의 적법여부에 대한 다툼이 있는 경우 원심 법관이나 법원사무관 등을 증인으로 소환하여 신문하는 것은 불합리하기 때문에 이를 미리 예방하고자 함에 있다.

3. 공판조서의 정확성 보장

(1) 의 의
① 공판조서의 배타적 증명력은 공판조서의 기재의 정확성이 보장될 것을 전제로 하므로, 형사소송법은 공판조서의 정확성을 담보하기 위한 장치를 마련하고 있다.

(2) 서명·날인에 의한 정확성 인증
① 공판조서에는 그 기재의 정확성을 담보하기 위하여 재판장과 참여한 법원사무관 등이 기명날인 또는 서명하여야 한다(제53조 제1항).

(3) 열람·등사권 및 이의신청권
① 피고인 및 변호인은 공판조서의 열람 또는 등사를 청구할 수 있다(제35조 제1항, 제55조 제1항).

② 다음 회의 공판기일에 있어서는 전회의 공판심리에 관한 주요사항의 요지를 조서에 의하여 고지하여야 한다(제54조 제2항). 검사, 피고인 또는 변호인은 공판조서의 기재에 대하여 변경을 청구하거나 이의를 제기할 수 있다(제54조 제3항).

판례	① 피고인이 공판조서의 열람 또는 등사를 청구하였음에도 법원이 불응하여 피고인의 열람 또는 등사청구권이 침해된 경우에는 그 공판조서를 유죄의 증거로 할 수 없을 뿐만 아니라 공판조서에 기재된 당해 피고인이나 증인의 진술도 증거로 할 수 없다(대판 2012.12.27, 2011도15869) [20·14 경간, 19 변호사시험, 18 경찰승진, 18 법원9급]

Ⅱ. 배타적 증명력이 인정되는 범위

공판조서의 배타적 증명력은 '공판기일의 소송절차로서 공판조서에 기재된 것'에 대해서만 인정된다.

1. 공판기일의 소송절차

(1) 공판기일의 절차
① 공판조서의 증명력은 '공판기일'의 절차에 한하여 인정된다.
② 당해 사건에 관한 절차라 할지라도 공판기일의 절차가 아닌 공판준비절차 또는 공판기일 외의 절차를 기재한 조서는 배타적 증명력이 인정되지 아니한다.

(2) 소송절차
① 공판기일의 절차 중 '소송절차'에 대해서만 배타적 증명력이 인정이 된다.
   예) 피고인이나 증인의 진술이 있었다는 사실, 피고인 출석여부, 공판을 행한 일시와 법원

판례	① 피고인에게 증거조사결과에 대한 의견을 묻고 증거조사를 신청할 수 있음을 고지하였을 뿐만 아니라 최종의견진술의 기회를 주었는지 여부와 같은 소송절차에 관한 사실은 공판조서에 기재된 대로 공판절차가 진행된 것으로 증명되고 다른 자료에 의한 반증은 허용되지 않는다(대판 1990.2.27, 89도2304)

② 소송절차가 아닌 실체관련 사항(피고인의 유무죄를 판단하기 위한 사항)은 배타적 증명력이 인정되지 않으므로 다른 증거에 의하여 다툴 수 있다. 예컨대 피고인의 자백, 증인의 증언, 감정인의 감정 등은 다른 증거에 의하여 얼마든지 그 증명력을 다툴 수 있다.

2. 공판조서에 기재된 소송절차

(1) 기재된 소송절차
① 배타적 증명력은 '공판조서에 기재된 것'에 한해서 인정된다. 공판조서에 기재된 사항이 필요적 기재사항인지 여부는 불문한다.

판례	① 피고인이 변호인과 함께 출석한 공판기일의 공판조서에 검사가 제출한 증거에 대하여 동의한다는 기재가 되어 있다면 피고인이 증거동의를 한 것으로 보아야 하고, 그 기재는 절대적인 증명력을 가진다(대판 2016.3.10, 2015도19139) [21 법학특채, 20 경간, 20·17·16 검찰7급, 19 경찰채용] ② 제1심 공판조서에 제1심 법원이 공개금지결정을 선고한 후 수사관들에 대하여 비공개 상태에서 증인신문절차를 진행한 것으로 기재된 이상, 그 공개금지결

정 선고 여부에 대하여 공판조서 이외의 다른 방법에 의한 증명이나 반증은 허용되지 않는다(대판 2013.7.26, 2013도2511) [20 해경간부, 14 경간]

③ [1] 공판조서에 재판장이 판결서에 의하여 판결을 선고하였음이 기재되어있다면 동 판결선고 절차는 적법하게 이루어졌음이 증명되었다고 할 것이고 여기에는 다른 자료에 의한 반증은 허용되지 않는다.
[2] 공판조서에 재판장이 판결서에 의하여 판결을 선고하였음이 기재되어 있다면 검찰서기의 판결서 없이 판결선고되었다는 내용의 보고서가 있더라도 공판조서의 기재내용이 허위라고 판정할 수 없다(대판 1983.10.25, 82도571) [20 검찰7급, 19 법원9급]

④ 검찰 피의자신문조서 중 피고인의 진술기재 부분에 관하여 제1심 작성의 증거목록에 피고인이 그 진정성립 및 임의성을 인정한 것으로 기재되어 있음이 분명하고 그 기재가 명백한 오기라고 볼 만한 아무런 자료가 없으므로, 제1심에서의 증거조사 당시 피고인이 위 피의자신문조서 중 자신의 진술기재 부분에 관하여 부동의하였음을 전제로 한 상고이유의 주장은 받아들일 수 없다(대판 2012.5.10, 2012도2496)

⑤ 원심 제6회 공판기일에 공판절차 갱신절차에 따른 재판장과 소송관계인의 진술, 검사의 항소이유서 진술, 피고인의 진술, 증거관계에 대한 진술 등이 있었던 것으로 기재되어 있음을 알 수 있고, 그 기재가 명백한 오기라고 볼 만한 자료가 없으므로 공판조서의 기재 내용을 다투는 상고이유는 받아들이지 아니한다(대판 2010.12.9, 2007도10121)

(2) 기재되지 않은 소송절차

① 공판조서에 기재되지 아니한 소송절차는 다른 자료에 의하여 증명할 수 있다. 공판조서에 기재되지 않았다고 하여 그 소송절차의 부존재가 추정되는 것은 아니다.

| 판례 | ① 공판조서에 피고인에 대하여 인정신문을 한 기재가 없다 하여도 같은 조서에 피고인이 공판기일에 출석하여 공소사실신문에 대하여 이를 시정하고 있는 기재가 있으니 인정신문이 있었던 사실이 추정된다 할 것이고 다만 조서의 기재에 이 점에 관한 누락이 있었을 따름인 것이 인정된다(대판 1972.12.26, 72도2421) |

(3) 기재의 불명확·모순, 오기

① 공판조서의 기재는 명확함을 요하므로, 그 기재가 불명확하거나 모순이 있는 경우에는 배타적 증명력이 인정되지 않는다.
② 공판조서에 명백한 오기가 있는 때에는 그 올바른 내용대로 배타적 증명력이 인정된다.

판례	① [1] 공판조서의 기재가 명백한 오기인 경우에는 공판조서의 기재에도 불구하고 공판조서에 기재된 내용과 다른 사실을 인정할 수 있다. [2] 공판조서의 기재가 명백한 오기인 경우에는 공판조서는 그 올바른 내용에 따라 증명력을 가진다(대판 1995.12.22, 95도1289) [14 경간]

Ⅲ. 배타적 증명력이 있는 공판조서

1. 당해 사건의 유효한 공판조서

① 공판조서의 배타적 증명력은 '당해 사건의 공판조서'에 대해서만 인정되고, 당해 사건이 아닌 다른 사건의 공판조서는 배타적 증명력이 인정되지 아니한다.

판례	① 동일한 사항에 관하여 두 개의 서로 다른 내용이 기재된 공판조서가 병존하는 경우에 그 중 어느 쪽이 진실한 것으로 볼 것인지는 법관의 자유로운 심증에 따를 수밖에 없다(대판 1988.11.8, 86도1646) [20 경간, 20 검찰7급]

② 공판조서의 배타적 증명력은 유효한 공판조서의 존재를 전제로 한다. 따라서 공판조서가 처음부터 작성되지 않은 경우나 중대한 방식위반으로 무효인 경우에는 배타적 증명력이 인정되지 않는다.

판례	① 당해 공판기일에 열석하지 아니한 판사가 재판장으로서 서명·날인한 공판조서는 소송법상 무효이므로 공판기일에 있어서의 소송절차를 증명할 공판조서로서의 증명력이 없다(대판 1983.2.8, 82도2940) [18 법원9급, 18 검찰7급]

2. 공판조서의 멸실·무효

① 공판조서가 멸실되었거나 무효인 경우에 상소심에서 원심판결의 소송절차가 위법함을 주장하면서 다른 자료에 의한 증명을 할 수 있는가가 문제된다. 다른 자료에 의한 증명이 허용되지 않으므로 상소심은 원판결을 파기환송해야 한다는 견해와, 공판조서에 의한 증명이 불가능하므로 다른 자료에 의한 증명이 허용된다는 견해가 있다.

제 4 편

참고사항

01 재판
02 상소

김종욱 형사법3 [수사, 증거]
cafe.naver. 김종욱형사법

01 재 판

제1절 재판의 기본개념

1 재판의 의의와 종류

Ⅰ. 재판의 의의
① 협의로는 사건의 실체, 즉 유·무죄에 대한 법원의 종국재판을 의미한다.
② 광의로는 법원 또는 법관의 법률행위적 소송행위를 총칭한다. 예를 들어 공소기각판결, 보석허가결정, 공소장변경허가결정, 영장의 발부 등도 광의의 재판에 해당한다.
③ 광의의 재판이 형사소송법상 재판의 일반적 의미이다.

Ⅱ. 재판의 종류
1. 기능에 의한 분류
   (1) 종국재판
       ① 종국재판이란 소송을 그 심급에서 종결시키는 재판을 말한다.
       ② 유죄·무죄의 실체재판과 관할위반·공소기각·면소 등의 형식재판이 여기에 해당한다. 또한 상소심에서의 상소기각판결, 파기자판, 파기환송의 재판도 포함된다.
       ③ 종국재판은 원칙적으로 '판결'의 형식을 취하지만, 공소기각결정이나 상소기각결정 등과 같이 '결정'의 형식을 취하기도 한다.

   (2) 종국 전 재판(중간재판)
       ① 종국 전의 재판이란 중간재판으로서 종국재판에 이르기까지의 절차에 관한 재판을 말한다.
       ② 보석허가결정, 공소장변경허가결정, 퇴정명령 등 종국재판 이외의 각종 결정과 명령이 이에 해당한다.

2. 형식에 의한 분류
   (1) 판 결
       ① 판결이란 법원이 하는 종국재판의 원칙적 형식이다. 형식재판의 공소기각결정을 제외하고는 실체재판은 모두 판결이다.
       ② 원칙적으로 구두변론을 거쳐야 하며, 이유를 명시하여야 한다(제37조 제1항, 제39조)

③ 실체판결과 형식재판 중 면소판결은 기판력이 발생한다.

(2) 결 정
① 결정이란 법원이 행하는 종국 전 재판(중간재판)의 원칙적 형식이다.
　예 보석허가결정, 공소장변경허가결정 등
② 구두변론을 거칠 필요는 없으나, 상소를 불허하는 결정을 제외하고는 이유를 명시하여야 한다(제37조 제2항, 제39조).
③ 결정은 기판력이 발생하지 않는다.

(3) 명 령
① 고지의 형태로, 법원이 아닌 재판장, 수명법관, 수탁판사가 하는 재판의 형식을 말한다. 종국 전 재판(중간재판)은 모두 명령이다. 다만, 약식명령은 '명령'이라는 명칭에도 불구하고 독립된 재판의 형식이다.
② 명령은 구두변론을 거치지 아니할 수 있고 필요하면 사실을 조사할 수 있다(제37조 제2항, 제3항)
③ 명령은 기판력이 없다.

	판 결	결 정	명 령
형 식	종국재판	종국재판, 종국 전 재판	종국 전 재판
주 체	법원	법원	법관
종 류	① 실체재판 ② 면소 ③ 공소기각판결	① 절차에 대한 재판(보석허가결정, 증거의 결정) ② 공소기각결정	① 재판장의 공판기일 지정 및 변경

3. 내용에 의한 분류

(1) 실체재판(본안재판)
① 사건에 대한 실체적 법률관계를 판단하는 재판을 말한다. 유죄판결과 무죄판결이 여기에 해당한다.
② 실체재판은 모두 종국재판이며 판결의 형식에 의한다.

(2) 형식재판(본안외 재판)
① 사건의 실체에 관하여 심리하지 않고 사건에 대한 절차적 법률관계를 판단하는 재판을 말한다.
② 종국전 재판과 종국재판 중에서 실체재판을 제외한 재판(공소기각, 면소판결, 관할위반)은 형식재판에 해당한다.

제2절 종국재판

1 서 설

종국재판이란 당해 심급을 종결시키는 재판을 말한다. 유죄 및 무죄판결, 면소판결, 관할위반판결, 공소기각판결, 공소기각결정 그리고 상소심에서의 상소기각재판, 파기자판·파기이송·파기환송의 재판이 이에 해당한다. 이하에서는 유죄판결 및 무죄판결, 면소판결, 공소기각판결, 공소기각결정에 대해서 설명한다.

2 유죄판결

I. 의 의

유죄판결이란 피고사건에 대하여 범죄의 증명이 있는 때에 선고하는 실체재판을 말한다.

II. 종 류

1. 형선고 판결
① 피고사건에 대하여 범죄의 증명이 있는 때에 형을 선고하는 판결을 말한다(제321조 제1항).
② 형의 집행유예, 노역장의 유치기간, 재산형의 가납판결은 형의 선고와 동시에 판결로써 선고하여야 한다(제321조 제2항, 제334조 제2항)

2. 형면제 판결
① 형벌법규에 형을 면제하는 규정이 있는 경우에 행하여지는 판결을 말한다(제322조)
 예) 친족상도례, 중지미수

3. 형의 선고유예 판결
① 자격정지 이상의 형을 받은 전과가 없는 자에 대하여 1년 이하의 징역이나 금고, 자격정지 또는 벌금의 형을 선고할 경우에 형법 제51조의 사항을 고려하여 뉘우치는 정상이 뚜렷할 때에 형의 선고를 유예하는 판결을 말한다(형법 제59조 제1항)

3 무죄판결

피고사건이 범죄로 되지 아니하거나 범죄사실의 증명이 없는 때에는 판결로써 무죄를 선고하여야 한다(제325조).

판례	① 피고인에 대한 범죄의 증명이 없게 된 경우에는 피해품인 압수물의 존재만으로 그 유죄의 증거가 될 수 없다(대판 1984.3.27, 83도3067) [18 경찰승진, 14 경간, 13 법원9급]

4 면소판결

I. 의 의

① 형사피고사건에 대하여 실체적 소송조건이 결여된 경우에 선고하는 판결을 말한다.
② 면소판결이 확정되면 기판력이 발생하며, 면소판결이 선고되면 구속영장은 그 효력을 상실한다.

II. 면소판결의 사유

> 제326조(면소의 판결) 다음 경우에는 판결로써 면소의 선고를 하여야 한다.
> 1. **확**정판결이 있은 때
> 2. **사**면이 있은 때
> 3. 공소**시**효가 완성되었을 때
> 4. 범죄 후의 법령개폐로 형이 **폐**지되었을 때

두문자 확사시폐 라면

5 공소기각의 재판

I. 의 의

① 관할권 이외의 형식적 소송조건이 결여된 경우에 사건의 실체에 대한 심리를 하지 않고 소송을 종결시키는 재판을 말한다.
② 공소기각결정과 공소기각판결이 있다.

Ⅱ. 공소기각결정

> 제328조(공소기각의 결정) ① 다음 경우에는 결정으로 공소를 기각하여야 한다.
> 1. 관할의 경합으로 재판할 수 없는 때(관할의 **경**합)
> 2. 공소장에 기재된 사실이 진실하더라도 범죄가 될 만한 사실이 **포**함되지 않을 때
> 3. 공소가 취소 되었을 때(공소**취**소)
> 4. 피고인이 **사**망 or 피고인인 법인이 존속하지 아니하게 되었을 때

두문자 경포대에서 취하면 죽는다고 (기각)결정됐다

Ⅲ. 공소기각판결

> 제327조(공소기각의 판결) 다음 각 호의 경우에는 판결로써 공소기각의 선고를 하여야 한다.
> 1. 피고인에 대하여 **재**판권이 없을 때
> 2. 공소제기 절차가 **법**률의 규정을 위반하여 무효일 때
> 3. 공소가 제기된 사건에 대하여 다시 공소가 제기되었을 때(**이**중기소)
> 4. 공소취소 후 다른 **중**요한 증거없이 다시 공소가 제기되었을 때
> 5. 친고죄 사건에서 **고**소가 취소되었을 때
> 6. 반의사불벌죄 사건에서 **처**벌불원 의사표시가 있거나 처벌희망 의사표시를 철회하였을 때

두문자 재법이다. 중고처리 (기각)판결해

Ⅳ. 공소기각재판의 효력

1. 고지·선고의 효력

① 공소기각의 재판이 고지·선고되면 구속력이 발생하며, 소송은 당해 심급에서 종결된다.
② 구속영장은 효력이 상실되며, 상소권이 발생한다.

2. 확정의 효력

① 공소기각의 재판이 확정되면 형식적 확정력과 내용적 구속력이 발생하며, 형식재판이므로 일사부재리의 효력은 발생하지 않는다.

3. 공소기각재판과 상소

① 검사는 공소기각판결에 대하여 상소할 수 있고, 공소기각결정에 대하여는 즉시항고를 할 수 있다(제328조 제2항)

02 상소

1 의의

① 상소란 법원의 미확정재판에 대하여 상급법원에 구제를 구하는 불복신청제도를 말한다. 상소에는 항소, 상고, 항고가 있다.
② 상소는 재판에 대한 불복신청에 해당한다. 수사기관의 처분에 대한 불복신청인 검찰항고와 재정신청은 상소가 아니다.

2 종류

상소의 대상은 법원의 판결과 법원의 결정이다. 법원이 아닌 재판장 또는 수명법관의 재판인 명령에 대해서는 상소할 수 없다.

Ⅰ. 판결에 대한 상소

판결에 대한 상소는 항소와 상고가 있다.

1. 항 소(1심 → 2심)

① 항소란 제1심 판결에 불복하여 제2심 법원에 제기하는 상소를 말한다.
② 단독판사의 제1심 판결에 대해서는 지방법원 본원 합의부에 항소할 수 있으며, 지방법원 합의부의 제1심 판결에 대해서는 고등법원에 항소할 수 있다.

2. 상 고(2심 → 3심)

> 제383조(상고이유) 다음 사유가 있을 경우에는 원심판결에 대한 상고이유로 할 수 있다.
> 1. 판결에 영향을 미친 헌법·법률·명령 또는 규칙의 위반이 있는 때
> 2. 판결후 형의 폐지나 변경 또는 사면이 있는 때
> 3. 재심청구의 사유가 있는 때
> 4. 사형, 무기 또는 10년 이상의 징역이나 금고가 선고된 사건에 있어서 중대한 사실의 오인이 있어 판결에 영향을 미친 때 또는 형의 양정이 심히 부당하다고 인정할 현저한 사유가 있는 때

① 상고는 제2심 판결에 불복하여 대법원에 제기하는 상소이다.

② **법률심** : 상고심은 원칙적으로 법률문제를 심리·판단하는 법률심이다. 그러나 예외적으로 사실오인과 양형부당을 상고이유로 하고 있고, 상고심에서도 파기자판을 할 수 있으므로 극히 예외적인 경우에는 사실심의 성격도 가지고 있다.

③ **사후심** : 상고심은 원판결이 부당한지 여부를 사후적으로 심사하는 사후심이다. 그 근거는 상고이유가 원칙적으로 법령위반으로 제한되어 있고(제383조 제1호) 상고법원은 변론없이 서면심리에 의해 판결할 수 있으며(제390조), 파기환송·이송을 원칙으로 하고 있기 때문이다.

3. 비약적상고

> 제372조(비약적 상고) 다음 경우에는 제1심판결에 대하여 항소를 제기하지 아니하고 상고를 할 수 있다.
> 1. 원심판결이 인정한 사실에 대하여 법령을 적용하지 아니하였거나 법령의 적용에 착오가 있는 때
> 2. 원심판결이 있은 후 형의 폐지나 변경 또는 사면이 있는 때

① 비약적 상고란 제1심 판결에 대하여 항소를 제기하지 아니하고 직접 대법원에 제기하는 상소를 말한다.

② 이는 법령해석의 통일을 신속히 하고 당사자의 이익을 신속히 회복시키기 위해서 인정되는 제도이다. 비약적 상고는 법원의 판결에 대해서만 인정되고 법원의 결정에 대해서는 인정되지 아니한다.

Ⅱ. 결정에 대한 상소

1. 의 의
① 결정에 대한 상소는 항고와 재항고가 있다.
② 결정에 대한 상소인 항고나 재항고는 법률이 필요하다고 인정하는 경우에만 허용되고 또한 그 절차도 간단하다.

2. 항고(1심→2심)
(1) 의 의
① 항고란 법원의 결정에 대한 상소를 말한다.
② (일반)항고에는 즉시항고와 보통항고가 있다.

(2) 즉시항고
① 즉시항고는 법률에 명문의 규정이 있는 경우에만 허용된다.
② 즉시항고는 제기기간이 원칙적으로 7일로 제한되며, 즉시항고가 제기되면 원칙적으로 재판의 집행이 정지된다(제410조)

(3) 보통항고
① 보통항고는 즉시항고 이외의 항고를 말한다.
② 보통항고는 원심결정을 취소하여도 실익이 없게 된 때를 제외하고는 기간의 제한 없이 언제든지 제기할 수 있다(제404조)
③ 보통항고가 제기되더라도 재판의 집행은 정지되지 아니한다(제409조)

3. 재항고(특별항고) [2심→3심]
① 재항고란 항고법원 또는 고등법원의 결정에 대하여 대법원에 하는 상소를 말한다.
② 재항고는 즉시항고이므로 그 절차는 즉시항고와 같다.

4. 준항고

> 제416조(준항고) ① 재판장 또는 수명법관이 다음 각 호의 1에 해당한 재판을 고지한 경우에 불복이 있으면 그 법관소속의 법원에 재판의 취소 또는 변경을 청구할 수 있다.
> 1. 기피신청을 기각한 재판
> 2. 구금, 보석, 압수 또는 압수물환부에 관한 재판
> 3. 감정하기 위하여 피고인의 유치를 명한 재판
> 4. 증인, 감정인, 통역인 또는 번역인에 대하여 과태료 또는 비용의 배상을 명한 재판
> ② 지방법원이 전항의 청구를 받은 때에는 합의부에서 결정을 하여야 한다.
> ③ 제1항의 청구는 재판의 고지있는 날로부터 7일 이내에 하여야 한다.
> ④ 제1항 제4호의 재판은 전항의 청구기간 내와 청구가 있는 때에는 그 재판의 집행은 정지된다.
>
> 제417조(준항고) 검사 또는 사법경찰관의 구금, 압수 또는 압수물의 환부에 관한 처분과 제243조의2에 따른 변호인의 참여 등에 관한 처분에 대하여 불복이 있으면 그 직무집행지의 관할법원 또는 검사의 소속검찰청에 대응한 법원에 그 처분의 취소 또는 변경을 청구할 수 있다

① 준항고란 재판장, 수명법관의 재판(명령) 또는 수사기관의 처분에 대하여 법원에 그 취소 또는 변경을 청구하는 불복신청방법이다(제416조, 제417조).
② 준항고는 명령을 한 법관 소속 법원 또는 관할법원에 청구하는 것으로 상급법원에 대하여 구제를 신청하는 것이 아니므로 엄격한 의미에서 상소는 아니나, 불복신청이라는 점에서 항고와 유사한 성질을 가지므로 항고에 관한 규정이 준용된다.

저자	**김 종 욱**
약력	경찰대학교 법학과 졸업
	경기지방경찰청 근무
	前) 경찰수사연수원 형법 교수
	남부경찰학원 형법 담당
	법률저널 형법 모의고사 출제위원
	주요 대학 특강
	메가 CST 경찰공무원 학원 형법 담당
	광주 서울경찰학원 형법 담당
	現) 경찰청 인터넷 강의 형법 담당
	아모르 이그잼 경찰학원 형법 담당
	윌비스 경찰간부학원 형법 담당
	에듀윌 노량진 경찰학원 형법 담당
저서	김종욱 형법 기본서
	김종욱 형법 객관식총정리
	김종욱 형법 기출 1000제
	김종욱 형법 객관식 지문 총정리[객지총]
	김종욱 형법 1개년 최신기출문제
	김종욱 형법 1개년 최신판례
	김종욱 조문&학설
	경찰 형법 승진 모의고사
	경찰면접 Interview

2022 김종욱 형사소송법 1 (수사 및 증거)

인 쇄 일 : 2023년 11월 24일		**발 행 일** : 2023년 11월 24일	
저 자 : 김 종 욱		**발 행 인** : 금 병 희	
발 행 처 : 멘토링		**등 록** : 319-26-60호	
주 소 : 서울시 동작구 만양로84 삼익주상복합아파트 1층상가 162호			
주 문(FAX) : 02-6499-3195			

저자와의 협의하에 인지생략

이 책의 무단 전재, 복제행위는 저작권법에 의거하여 처벌을 받습니다.

정가. 25,000원   ISBN 979-11-6049-294-1